R. T. PETERSON

GUIDE DES OISEAUX

DE L'AMÉRIQUE DU NORD
À L'EST DES ROCHEUSES

texte et illustrations de
Roger Tory Peterson

Cartes de
Virginia Marie Peterson

Traduction de
Philippe Blain, André Cyr, Ph. D,
Normand David, Michel Gosselin

Recommandé par la National Audubon Society
et la National Wildlife Federation

ÉDITIONS FRANCE-AMÉRIQUE

Un mot de la conservation

Les oiseaux contribuent indéniablement à la qualité de nos vies, en plus du plaisir que leur présence nous apporte. Ils sont des indicateurs fidèles de l'environnement, une sorte de « papier tournesol écologique ». Ces mésanges et ces gros-becs qui animent nos jardins, ces gélinottes, ces canards qui remplissent nos gibecières, cette paruline ou ce bécasseau rare que l'ornithologue amateur remarque sont bien plus que quelques espèces supplémentaires qui viendront s'ajouter à la liste des oiseaux recensés. L'observation des oiseaux conduit à une conscience écologique.

Aidez la cause de la conservation de la faune en participant activement à l'œuvre d'une société de conservation ou d'histoire naturelle.

À la mémoire de
CLARENCE E. ALLEN
et
WILLIAM VOGT

Les chants et les cris des oiseaux

On ne peut faire entrer dans un guide de poche tout ce qui peut servir à l'identification des oiseaux. Les descriptions des espèces comprennent un commentaire sur la **voix** ; nous l'avons rédigé de façon très personnelle, en tentant de donner au lecteur quelque indication verbale sur le chant ou le cri qu'il entend. Les auteurs de livres d'ornithologie ont tenté, avec un succès variable, de traduire les chants en syllabes, en mots et en phrases. Dans ces entreprises, on a utilisé des notations musicales, des descriptions comparatives et même des codes ingénieux. La venue des enregistrements a éclipsé ces anciennes techniques. L'enregistrement a également permis l'utilisation d'une nouvelle représentation visuelle, le sonogramme, mais la plupart des gens n'ont pas les prédispositions requises pour pouvoir l'interpréter facilement.

Utilisez donc le *Field Guide to Bird Songs* (n° 1R de la série des guides Peterson). Il se vend sous la forme d'un coffret de deux microsillons de 30 cm, ou sous la forme de cassettes. Dans ce répertoire exhaustif, on retrouvera les chants et les cris de plus de 300 espèces, tant terrestres qu'aquatiques, soit un fort pourcentage de toutes les espèces présentes dans l'est et le centre de l'Amérique du Nord. Avant de partir en excursion, écoutez les enregistrements pour vous préparer ; lisez ensuite les descriptions des chants dans le guide : vous y trouverez des indices utiles et une analyse complémentaire. Mais pour apprendre les chants — et certains ornithologues font 90 p. 100 de leurs identifications à l'oreille — rien ne peut remplacer les chants eux-mêmes.

Introduction

En 1934 paraissait mon premier *Field Guide,* qui couvrait l'avifaune de l'Amérique du Nord à l'est du 90e méridien. Le guide était conçu pour permettre d'identifier aisément les oiseaux à distance par leurs caractéristiques externes, sans devoir recourir à celles qu'utilisaient les premiers naturalistes quand ils avaient les spécimens en main. Durant les cinquante dernières années, les jumelles et le télescope ont remplacé le fusil en cette matière.

Le « **système Peterson** », comme on l'appelle aujourd'hui, est basé sur des dessins schématiques et des flèches indiquant les principales caractéristiques. Ces illustrations quelque peu simplifiées et la comparaison directe entre espèces semblables sont l'essentiel de ce système pratique reconnu par tous non seulement en Amérique du Nord mais aussi en Europe, où des guides du genre existent aujourd'hui en 12 langues. Ce système qui est, en un sens, une clé illustrée basée sur des observations visuelles immédiates plutôt que sur des caractères techniques a été appliqué à d'autres branches des sciences naturelles : la série de guides Peterson compte maintenant plus d'une vingtaine de titres.

La présente édition de ce guide, vaisseau amiral de la collection et traduit pour la première fois en français, est plus qu'une révision : elle est complètement nouvelle et compte 136 planches au lieu des 60 de l'édition précédente. Chaque illustration est soit nouvelle, soit refaite. Toutes les espèces y sont maintenant représentées en couleur; certaines sont illustrées également en noir, mais seulement quand les motifs de l'oiseau en vol sont mieux indiqués de cette façon.

On trouvera également pour la première fois 390 cartes en couleur. Ma femme, Virginia Marie, et moi-même les avons établies ensemble, puis c'est elle qui les a dessinées avec minutie. Ses compétences avaient déjà été mises à contribution au Centre de recherche et de développement de la Garde côtière américaine, où elle a élaboré des méthodes exactes d'identification des déversements de pétrole par spectroscopie infrarouge. Elle a écrit le premier *Infrared Field Manual for Oil Spill Identification.*

Avec cette quatrième édition, trop longtemps attendue, le *Field Guide to the birds* a atteint la maturité. Il y a de cela des années, j'avais conclu que le nombre idéal d'espèces par planche en couleur, pour fins de comparaison, était 4 (plutôt que de 10 à 12 comme dans les éditions antérieures), mais le coût avait empêché cette présentation idéale dans les premières éditions. En fait, il n'y avait que 4 planches en couleur et 26 en noir dans l'édition de 1934. En 1939, 4 nouvelles planches en noir se sont ajoutées. Lorsque le livre a été révisé en profondeur en 1947, et que le territoire couvert a été étendu jusqu'au 110e méridien, toutes les anciennes planches ont été remplacées par 60 nouvelles, dont 36 en couleur. Le succès du guide et du système pratique qu'il utilise a crû constamment au cours des années; les coûts de distribution et les progrès techniques dans l'impression offset permettent maintenant de surmonter les contraintes antérieures.

INTRODUCTION

L'utilisateur de ce guide trouvera un grand changement de présentation particulièrement utile : les descriptions des espèces font maintenant face aux illustrations. Au cours des années, de nombreux observateurs d'oiseaux m'avaient pressé d'adopter cette présentation. Je suis fier de pouvoir faciliter ainsi le travail de consultation dans la présente édition.

Territoire couvert par le guide : En gros, ce guide couvre l'Amérique du Nord à l'est du 110e méridien comme l'illustre la carte en p. 16. Une limite écologique est plus utile qu'une limite politique arbitraire. Aux États-Unis, la division logique de l'avifaune se situe dans une bande se trouvant entre le 100e méridien (au milieu de l'Oklahoma, du Kansas, du Nebraska et des Dakotas) et le pied des Rocheuses. Cette limite n'est certes pas précise, mais les habitants de cette « zone grise écologique » trouveront dans *A Field Guide to Western Birds* toutes les espèces qu'ils sont susceptibles d'y rencontrer. En règle générale, les oiseaux de l'est remontent les vallées vers l'ouest, tandis que les espèces de l'ouest s'avancent vers l'est dans les hautes-terres plus arides. Au Canada, l'influence orientale s'étend beaucoup plus loin à l'ouest, les oiseaux de l'est comblant la zone de transition jusqu'aux Rocheuses par le biais de la forêt de conifères au nord de la Prairie.

Les oiseaux qui habitent l'est du Texas sont traités adéquatement dans le présent guide. On ne peut en dire autant de l'avifaune de la vallée du Rio Grande et des côtes centrale et méridionale de l'État : de nombreuses espèces de l'ouest y atteignent la limite de leur distribution et certains oiseaux mexicains s'y rencontrent. Ces espèces sont présentées dans *A Field Guide to the Birds of Texas* (n° 13 de la série Peterson). Le Texas est le seul État américain doté de son propre guide.

Cartes : Des cartes remplacent désormais les descriptions détaillées de l'aire de distribution ; elles sont réunies en annexe à la fin du livre. La plupart des échelles utilisées permettant d'indiquer les limites des provinces et des États, les cartes de distribution n'en sont que plus précises. Les notes figurant sur les cartes sont autant de renseignements supplémentaires. Le coin gris des pages de cartes facilite leur repérage. Notre connaissance de la distribution des espèces se précisant continuellement grâce à la prolifération des ornithologues amateurs, il sera facile de mettre les cartes à jour périodiquement sans devoir remanier le reste de l'ouvrage.

Bien que les cartes de distribution continentale de certains oiseaux (oiseaux-gibiers, oiseaux de mer) figurent déjà dans le *Handbook of North American Birds* (R.S. Palmer) et dans d'autres ouvrages, Mme Peterson et moi-même avons établi nos propres cartes à partir de documents régionaux et d'États, qui sont très inégaux. Nous recommandons expressément à quiconque prépare une publication de ce type de le faire consciencieusement et d'y inclure des cartes. Les territoires suivants disposent d'ouvrages dotés de cartes : Canada, (W.E.

INTRODUCTION

Godfrey), Alabama (T.A. Imhof), Floride (A. Sprunt ; H.M. Stevenson), Kentucky (R.M. Mengel), Maryland (R.E. Stewart et C. Robbins), Minnesota (J.C. Green et R.B. Janssen), New York (J. Bull), Nord-Dakota (R.E. Stewart), Pennsylvanie (W.E.C. Todd ; E.L. Poole), Sud-Dakota (*South Dakota Ornithologists Union*), Texas (H.C. Oberholser et E.B. Kincaid, Jr.), Wisconsin (O.J. Gromme; S. Robbins) et les États de la Prairie (P.A. Johnsgard). Les cartes de distribution des oiseaux qui nichent au Canada apparaissent dans *Les Oiseaux du Canada* de W.E. Godfrey. Quinze autres États et provinces disposent de bons ouvrages malheureusement dépourvus de cartes. À l'aide de tous ces ouvrages, nous avons réussi à esquisser un bon nombre de cartes approximatives, parfois incertaines. Six ou sept États ne disposent de rien d'autre que de quelques listes locales, certaines imprécises. Nous avons consulté tous les ouvrages régionaux et d'États de la bibliographie annotée préparée par S.R. Drennan et incluse dans le *Special Book Supplement* publié par *American Birds,* ainsi que les dossiers de cette revue rédigée sous la direction de R. Arbib (*National Audubon Society,* 950 Third Ave., New York, N.Y. 10022).

Aires de distribution : Certaines espèces se sont ajoutées à l'avifaune de l'est de l'Amérique du Nord depuis la parution de l'édition précédente de ce guide en 1947. Mentionnons le Héron garde-boeufs qui s'est multiplié et propagé remarquablement depuis qu'il est arrivé de ses propres ailes aux États-Unis vers 1952. La progression du Roselin familier, relaché à l'origine par des oiseliers, a été tout aussi rapide. Certains visiteurs exceptionnels, comme la Mouette pygmée et la Mouette rieuse de l'Ancien-Monde, sont devenus réguliers et commencent à nicher ici. Le Goéland brun pourrait faire de même. Plusieurs oiseaux exotiques, s'étant échappés de captivité, se sont bien acclimatés, en particulier en Floride.

L'aire de nombreuses espèces a changé considérablement au cours des trente ou quarante dernières années. Certains oiseaux ont progressé, grâce à la protection dont ils font l'objet depuis longtemps ; d'autres ont diminué de façon alarmante ou ont disparu dans certaines parties de leur aire à la suite de changements du milieu. L'engouement pour les mangeoires a contribué à étendre l'aire du Cardinal rouge, de la Mésange bicolore, du Gros-bec errant, de la Tourterelle triste et de plusieurs autres oiseaux. Les guides Peterson ont sans doute joué un rôle significatif dans ces expansions d'aire, en faisant connaître les oiseaux à tant de gens.

Dessins et photos : À cause de l'érudition grandissante des amateurs d'oiseaux, j'ai poussé le détail de mes nouvelles illustrations, tout en m'efforçant de conserver l'aspect schématique utilisé dans les éditions antérieures. Un dessin peut mettre en lumière les traits caractéristiques tellement mieux qu'une photo! La photo enregistre un moment fugace ; un dessin est la synthèse de l'expérience de l'artiste. Le dessinateur peut corriger, mettre en valeur une caractéristique, supprimer les

INTRODUCTION

détails inutiles. Il peut choisir la pose et mettre en relief les couleurs et la livrée de base sans qu'elles soient modifiées par la lumière et l'ombre du moment. La photo est sujette aux caprices de la température des couleurs, de la marque du film, de l'heure du jour, de l'angle de la prise, du talent du photographe et, avouons-le, de la chance. Le dessinateur a plus de latitude et plus de contrôle, même s'il se réfère à l'occasion à des photos. Je ne veux pas me lancer dans une diatribe contre la photographie : étant moi-même un photographe obsessionnel en plus d'être un artiste, je suis bien conscient des différences. La photo peut capter l'intimité de la vie, mais un bon dessin est vraiment plus instructif.

Races : Les races correspondent à de simples subdivisions dans l'aire d'une espèce. Elles se distinguent habituellement par des caractéristiques morphologiques subtiles comme de légères différences dans les mensurations et dans la couleur. Ces catégories ne peuvent généralement être identifiées que par la comparaison des oiseaux en main avec des collections de spécimens naturalisés. Souvent vagues, les distinctions sont rarement apparentes sur le terrain et ne devraient pas préoccuper l'observateur. Exemple : le Troglodyte familier de la côte atlantique (*Troglodytes aedon aedon*) ne diffère que très légèrement de celui des Appalaches (*T.a. baldwini*) et appartient à une race différente. Seul un expert pourrait les distinguer, en comparant des séries de spécimens. Contrairement à l'espèce, la race ne constitue pas une population isolée au niveau de la reproduction; en d'autres termes, les individus de deux races peuvent se reproduire ensemble si leurs populations respectives viennent en contact.

Les races ont de l'importance pour l'étude de la distribution et de l'évolution des oiseaux ; elles ont un intérêt pratique en conservation et en gestion de la faune. Le cas échéant, le professionnel ou l'universitaire pourront se référer à la liste de l'*American Ornithologists Union* qui donne le détail des races et de leur aire. Ne nous préoccupons donc pas des races : on en donnait la liste dans les éditions précédentes, mais les pages qui leur étaient consacrées ont été mieux utilisées dans la présente édition. Certaines races sont cependant identifiées lorsque les distinctions sont évidentes sur le terrain : l'exemple le plus connu et le plus controversé est celui de l'Oriole « de Baltimore », aujourd'hui regroupé avec l'Oriole « à ailes blanches » sous le nouveau nom d'Oriole du Nord. Signalons également la Paruline « d'Audubon » (race de la Paruline à croupion jaune), le Junco « à dos roux » (race du Junco ardoisé) et le Bruant « d'Ipswich » (race du Bruant des prés).

Remerciements : C'est William Vogt, le premier rédacteur en chef du magazine *Audubon,* qui m'avait suggéré de réaliser un guide en utilisant mes méthodes d'enseignement de l'identification sur le terrain. Il fut ma bougie d'allumage. J'avais déjà écrit des articles sur le sujet pour le magazine *Nature* (goélands et mouettes) et pour *Field and Stream* (canards). Vogt et moi-même excursionnions souvent durant

INTRODUCTION

mes années de beaux-arts et lorsque nous étions tous deux à l'emploi de la *National Audubon Society.* Il devait se distinguer plus tard comme l'un des premiers gourous du mouvement écologique.

Durant ma jeunesse, il n'existait pas de bon guide d'oiseaux au sens moderne du terme. J'utilisais le petit *Reed's Bird Guide,* du format d'un chéquier, mais ce n'est qu'après avoir rencontré les jeunes membres du *Bronx County Bird Club,* Allan Cruickshank, Richard Herbert, Joseph Hickey, Irving Kassoy et les frères Kuerzi, que j'ai vraiment appris à connaître les oiseaux. La personne à qui nous devons tous notre motivation et notre savoir est Ludlow Griscom du *Museum of Comparative Zoology* de Cambridge (Massachusetts). Il représentait le tribunal de dernière instance en matière d'identification sur le terrain et c'est à lui que je recourais toujours pour un jugement final sur les espèces difficiles et les problèmes épineux. Pendant toute la préparation des premières éditions de ce guide, il m'a généreusement fait bénéficier de sa riche et longue expérience sur le terrain. Charles A. Urner d'Elizabeth (New-Jersey), dont la spécialité était les oiseaux aquatiques, a lui gracieusement commenté mon premier manuscrit. Francis H. Allen de Boston, mon premier éditeur, fit de même. Il a fourni de nombreuses notes précieuses ; je lui dois également le polissage du texte original et des deux versions suivantes.

Je ne donnerai pas à nouveau la liste des cent personnes ou plus qui m'ont aidé en fournissant des notes ou autrement pour les éditions antérieures. Leurs noms figurent dans la préface de l'édition de 1947. Cependant, je voudrais remercier ici ceux qui m'ont offert leurs suggestions pour la présente édition, ou qui m'ont aidé d'autres manières : Ira J. Abramson, E. Ahlquist. Forrest Alexander, Horace Alexander, Robert Arbib, Mme R.A. Arny, Elisha Atkins, Harold et Rachel Axtell, H.D. Bain, James Baird, Wesley Biggs, Dr. J.D. Black, Don Bleitz, Bradford G. Blodget, Leonard C. Brecher, Paul Brooks, Maurice Broun, Carter Bundy, A. Chamberlain, J. Cohn, C. Collins, Mme C.N. Collister, G.D. Constanz, R. Crawford, Davis Crompton, Mme Allan D. Cruickshank, Robert H. Curry, Owen Davies, Susan Roney Drennan, Sam Elliot, Owen W. Ellis, John G. Ericson, Richard Ferren, John Farrand, Jr., Mme Bradley Fisk, E.R. Ford, N.L. Ford, William Foster, Mme Leonard I. French, Peter Gilchrist, F. Gill, Earl Greene, Fred Hall, Samuel A. Harper, Mlle O.C. Hazlett, Donald S. Heintzelman, Fred J. Helgren, R.E. Herman, Philip B. Heywood, Joseph J. Hickey, D.H. Hirth, Stuart Houston, J.B. Hubbard, S.H. Hubbard, Sara Hugus, H. Roy Ivor, Joseph R. Jehl, Jr., Herbert W. Kale II, J. Kleiman, John Lane, David Lank, M.A. Linton, Mme R. Cutler Low, George H. Lowery, Jr., J. Ludwig, Elizabeth F. MacDonald, J. Steven Makasa, Carl Maslowski, Russell Mason, Ian McLaren, Gordon M. Meade, James K. Merrit, Roy Moore, J. Morlan, B.G. Murray, Jr., Robert J. Newman, Isabel O'Brien, John Ogden, Oscar T. Owre, Henry E. Parmer, Wayne Peterson, Allan R. Phillips, Helen Phillips, Charles Chauncey Pool, Peter Post, J.S. Prendergast, Frank W. Preston, Noble Proctor, J.V. Remsen, Tudor

INTRODUCTION

Richards, Sam Robbins, William B. Robertson, Jr., Dudley et Vivian Ross, William C. Rowe, Alvah W. Sanborn, D.B.O. Saville, F.G. Scheider, Fritz Scheider, Seymour Schiff, Ralph Schreiber, Paul W. Schueler, Charles W. Schulze, Frank Shields, William J. Sladen, Mme Charles L. Smith, Doug Smith, J. Murray Speirs, Sally Spofford, Henry M. Stevenson, Robert W. Storer, M. et Mme S.J. Strickler, Robert Sundell, Wendell Taber, Harrison B. Tordoff, Mary M. Tremaine, Peter Vickery, Robert B. Weeden, F.D. Weinstein, Harold Werner, Mimi Westervelt, Francis M. Weston, S.F. White, David Wingate, P. Woodward, William Shepherd et Paul Sykes.

Pour l'aide fournie dans la préparation des cartes, Mme Peterson et moi-même sommes particulièrement obligés envers Noble Proctor, le Rév. Sam Robbins, Richard Ferren, Wayne Peterson et Peter Vickery.

Le spécimens naturalisés qui ont servi à la préparation des nouvelles planches en couleur proviennent presque entièrement du Musée d'histoire naturelle de New York. Je suis profondément reconnaissant envers les conservateurs et le personnel du Département d'ornithologie du Musée pour leur aide, en particulier envers Dean Amadon, John Bull, Allan O'Connor, Eugene Eisenmann, John Farrand et Wesley Lanyon.

Je veux exprimer une gratitude toute spéciale à Cornelia Eastland, Elaine Giambattista, Kerry Pado et Barbara C. Peterson pour leur travail de secrétariat et de soutien administratif en rapport avec cet ouvrage, et particulièrement à Charles W. Schulze qui a tapé et retapé plusieurs fois le manuscrit définitif. Les membres du personnel de la maison Houghton Mifflin qui ont dû se débrouiller avec les corrections, la production et la publication de la présente édition sont Morton Baker, Carol Goldenberg, Richard McAdoo, Austin Olney, Stephen Pekich, Richard Tonachel et surtout Lisa Fisher, Peggy Burlet et James Thompson, qui sont des modèles de minutie.

La qualité des couleurs est le résultat d'une collaboration étroite avec l'imprimeur, Case-Hoyt de Rochester (New-York) ; le travail de Anson Hosley, Directeur de la recherche et du développement, de Gary Meicht, Directeur technique et de Paul Nederlk a été précieux. Madame Peterson a revu attentivement toutes les épreuves des cartes avec Charles Cruickshank, W.C. Pevc et D.L. Milligan. En plus du talent de ces artisans et de ceux du service de la production chez Houghton Mifflin, dirigé par Morton Baker, j'ai également profité des compétences en matière de couleurs de Ian Ballantine ainsi que de Robert et Richard Lewin de la maison Mill Pond Press, qui a produit des tirages limités de mes dessins d'oiseaux.

L'espace me manque pour énumérer ici encore la masse de documents ornithologiques digérés en vue de la préparation des premières éditions du *Field Guide,* de même que les ouvrages d'envergure régionale, les listes, les mémoires et les périodiques qui sont entrés dans la préparation de la présente édition. Je les ai tous consultés minutieusement. La liste de ces sources est en dossier dans ma bibliothèque.

Table des matières

Introduction	7
Carte du territoire couvert par le guide	16
Liste systématique	17
Comment identifier les oiseaux	23
Nageurs : canards et autres oiseaux nageurs	32-73
Huarts : Gaviidae	32
Grèbes : Podicipediae	34
Pingouins, guillemots, etc. : Alcidae	36
Cormorans : Phalacrocoracidae	40
Anhingas : Anhingidae	40
Sauvagine (cygnes, oies, canards) : Anatidae	42
Cygnes : Cygninae	42
Oies : Anserinae	42
Oies et cygnes en vol	46
Dendrocygnes : Dendrocygninae	48
Canards barboteurs : Anatinae	48
Canards plongeurs : Aythyinae	54
Érismatures : Oxyurinae	60
Bec-scies : Merginae	62
Nageurs ressemblant aux canards (foulques, poules-d'eau) : Rallidae (en partie)	64
Canards en vol	66
Voiliers : oiseaux pélagiques, goélands, etc.	74-79
Puffins, fulmars, etc. : Procellariidae	74
Pétrels : Hydrobatidae	76
Pélicans : Pelecanidae	78
Frégates : Fregatidae	78
Fous : Sulidae	80
Paille-en-queue : Phaethontidae	80
Labbes : Stercorariidae	82
Mouettes, goélands et sternes : Laridae	84
Mouettes et goélands : Larinae	84
Sternes : Sterninae	94

Table des matières

Bec-en-ciseaux : Rhynchopidae	98
Grands échassiers	**100-111**
Hérons, butors, etc. : Ardeidae	100
Tantales : Ciconiidae	106
Grues : Gruidae	106
Courlans : Aramidae	108
Ibis et spatules : Threskiornithidae	108
Flamants : Phoenicopteridae	110
Petits échassiers	**112-143**
Râles : Rallidae (en partie)	112
Huîtriers : Haematopodidae	116
Avocettes et échasses : Recurvirostridae	116
Pluviers : Charadriidae	118
Pluviers et tournepierre en vol	122
Bécasseaux, chevaliers, etc. : Scolopacidae	124
Limicoles en vol	140
Gallinacés	**144-149**
Dindons : Meleagrididae	144
Gélinottes, tétras, etc. : Tetraonidae	144
Faisans : Phasianidae (en partie)	144
Perdrix, colins, etc. : Phasianidae (en partie)	148
Rapaces	**150-175**
Buses, aigles, etc. : Accipitridae	150
Milans et élanions : Milvinae et Elaninae	150
Éperviers, autours : Accipitrinae	152
Busards : Circinae	152
Buses : Buteoninae (en partie)	154
Aigles et pygargues : Buteoninae (en partie)	158
Balbuzards : Pandionidae	158
Urubus : Cathartidae	160
Caracaras et faucons : Falconidae	160
Caracaras : Caracarinae	160
Faucons : Falconinae	162
Rapaces diurnes en vol	164
Hiboux et chouettes : Tytonidae (effraies) et Strigidae	172
Oiseaux terrestres différents des passereaux	**178-193**
Perroquets, perruches, etc. : Psittacidae	178
Pigeons, tourterelles et colombes : Columbinae	180
Coulicous, anis, etc. : Cuculidae	182
Engoulevents : Caprimulgidae	184

Table des matières

Colibris : Trochilidae	186
Martins-pêcheurs : Alcedinidae	186
Pics : Picidae	188
Martinets : Apodidae (avec les hirondelles, 204)	
Passereaux	**194-289**
Tyrans et moucherolles : Tyrannidae	194
Alouettes : Alaudidae	200
Pipits : Motacillidae	200
Hirondelles : Hirundinidae	202
Corneilles, geais, etc. : Corvidae	206
Mésanges : Paridae	210
Sittelles : Sittidae	212
Grimpereaux : Certhiidae	212
Troglogytes : Troglodytidae	214
Gobe-moucherons et roitelets : Sylviidae	216
Bulbuls : Pycnonotidae	216
Moqueurs : Mimidae	218
Grives, merles, etc. : Turdidae	220
Pies-grièches : Laniidae	224
Jaseurs : Bombycillidae	224
Viréos : Vireonidae	226
Parulines : Parulidae	230
Carouges, orioles, etc. : Icteridae	252
Étourneaux : Sturnidae	256
Tangaras : Thraupidae	260
Moineaux : Ploceidae	262
Gros-becs, bruants, etc. : Fringillidae	262
Espèces accidentelles, introduites et échappées	**290-304**
Espèces océaniques exceptionnelles	290
Espèces exceptionnelles d'Eurasie	294
Espèces tropicales exceptionnelles	298
Espèces exotiques (introduites ou échappées)	302
Espèces exceptionnelles de l'ouest	304
Cartes de distribution	305
Index	371

Pages de garde

Avant : Silhouettes du bord des routes
Arrière : Silhouettes en vol

TERRITOIRE COUVERT PAR LE GUIDE

L'est et le centre de l'Amérique du Nord, jusqu'au 100e méridien environ, incluant l'Arctique canadien mais non le sud du Texas.

Liste systématique

On peut tenir une liste de contrôle en cochant les espèces que l'on observe.

La présente liste vaut pour le territoire situé à l'est du 100e méridien. Elle ne comprend que les espèces décrites et illustrées dans le corps de ce guide ; les espèces exceptionnelles, introduites et échappées, énumérées ou illustrées aux pp. 290-304, ont été exclues, de même que certains des psittacidés d'origine captive décrits aux pp. 178-179.

Dans cette liste, les espèces sont d'abord groupées à l'intérieur d'un ordre (dont le nom se reconnaît à la terminaison latine *-iformes*), ensuite dans une famille (terminaison *-idae*) et parfois dans une sous-famille (terminaison *-inae*) ou une tribu (terminaison *-ini*). La liste suit la plus récente classification établie par l'*American Ornithologists' Union* (34e supplément de la liste de l'*A.O.U.*). Or, le texte de ce guide est une traduction intégrale de l'édition américaine originale qui suivait une classification antérieure. Le lecteur pourra toutefois retracer les changements intervenus en comparant les groupes d'espèces constitués en familles et sous-familles dans le texte à ceux de la liste systématique.

Les noms américains et scientifiques (latins) donnés aux espèces sont ceux établis par l'*A.O.U.* Les noms français sont ceux établis par Ouellet et Gosselin (*Les noms français des oiseaux d'Amérique du Nord.* Syllogeus n° 43. Musée national des Sciences naturelles du Canada. Ottawa, 1983). Le nom usité en Europe francophone désignant une espèce holarctique, quand il diffère du nom canadien, accompagne ce dernier entre parenthèses. Certains noms français diffèrent de noms utilisés antérieurement dans les publications canadiennes ; afin d'éviter toute confusion, quelques-uns de ces derniers sont indiqués entre parenthèses au début du texte de l'espèce en question.

GAVIIFORMES
Gaviidae
— HUART À GORGE ROUSSE
— HUART ARCTIQUE
— HUART À COLLIER
— HUART À BEC BLANC

PODICIPEDIFORMES
Podicipedidae
— GRÈBE À BEC BIGARRÉ
— GRÈBE CORNU
— GRÈBE JOUGRIS
— GRÈBE À COU NOIR
— GRÈBE ÉLÉGANT

PROCELLARIIFORMES
Procellariidae
— FULMAR BORÉAL
— DIABLOTIN ERRANT
— DIABLOTIN DES BERMUDES
— PUFFIN CENDRÉ
— PUFFIN MAJEUR
— PUFFIN FULIGINEUX
— PUFFIN DES ANGLAIS
— PUFFIN D'AUDUBON
Hydrobatidae
— PÉTREL OCÉANITE
— PÉTREL CUL-BLANC

PELECANIFORMES
Phaethontidae
— PETIT PAILLE-EN-QUEUE

Sulidae
— FOU MASQUÉ
— FOU BRUN
— FOU DE BASSAN
Pelecanidae
— PÉLICAN BLANC D'AMÉRIQUE
— PÉLICAN BRUN
Phalacrocoracidae
— GRAND CORMORAN

LISTE SYSTÉMATIQUE

- CORMORAN À AIGRETTES
- CORMORAN OLIVÂTRE

Anhingidae
- ANHINGA D'AMÉRIQUE

Fregatidae
- FRÉGATE SUPERBE

CICONIIFORMES
Ardeidae
- BUTOR D'AMÉRIQUE
- PETIT BUTOR
- GRAND HÉRON
- GRANDE AIGRETTE
- AIGRETTE NEIGEUSE
- AIGRETTE BLEUE
- AIGRETTE TRICOLORE
- AIGRETTE ROUSSÂTRE
- HÉRON GARDE-BOEUFS
- HÉRON VERT
- BIHOREAU À COURONNE NOIRE
- BIHOREAU VIOLACÉ

Threskiornithidae
- IBIS BLANC
- IBIS FALCINELLE
- IBIS À FACE BLANCHE
- SPATULE ROSÉE

Ciconiidae
- TANTALE D'AMÉRIQUE

PHOENICOPTERIFORMES
Phoenicopteridae
- FLAMANT ROSE

ANSERIFORMES
Anatidae
Anserinae
Dendrocygnini
- DENDROCYGNE FAUVE

Cygnini
- CYGNE SIFFLEUR
- CYGNE TUBERCULÉ

Anserini
- OIE RIEUSE
- OIE DES NEIGES
- OIE DE ROSS
- BERNACHE CRAVANT
- BERNACHE NONNETTE
- BERNACHE DU CANADA

Anatinae
Cairinini
- CANARD BRANCHU

Anatini
- SARCELLE À AILES VERTES
- CANARD NOIR
- CANARD BRUN
- CANARD COLVERT
- CANARD PILET
- SARCELLE À AILES BLEUES
- SARCELLE CANNELLE
- CANARD SOUCHET
- CANARD CHIPEAU
- CANARD SIFFLEUR D'EUROPE
- CANARD SIFFLEUR D'AMÉRIQUE

Aythyini
- MORILLON À DOS BLANC
- MORILLON À TÊTE ROUGE
- MORILLON À COLLIER
- FULIGULE MORILLON
- GRAND MORILLON
- PETIT MORILLON

Mergini
- EIDER À DUVET
- EIDER À TÊTE GRISE
- CANARD ARLEQUIN
- CANARD KAKAWI
- MACREUSE À BEC JAUNE
- MACREUSE À FRONT BLANC
- MACREUSE À AILES BLANCHES
- GARROT À OEIL D'OR
- GARROT DE BARROW
- PETIT GARROT
- BEC-SCIE COURONNÉ
- GRAND BEC-SCIE
- BEC-SCIE À POITRINE ROUSSE

Oxyurini
- CANARD ROUX

FALCONIFORMES
Cathartidae
- URUBU NOIR
- URUBU À TÊTE ROUGE

Accipitridae
Pandioninae
- BALBUZARD

Accipitrinae
- MILAN À QUEUE FOURCHUE
- ÉLANION BLANC
- MILAN DES MARAIS
- MILAN DU MISSISSIPPI
- PYGARGUE À TÊTE BLANCHE
- BUSARD SAINT-MARTIN
- ÉPERVIER BRUN
- ÉPERVIER DE COOPER
- AUTOUR DES PALOMBES
- BUSE À ÉPAULETTES
- PETITE BUSE
- BUSE À QUEUE COURTE
- BUSE DE SWAINSON
- BUSE À QUEUE ROUSSE
- BUSE ROUILLEUSE
- BUSE PATTUE
- AIGLE ROYAL

Falconidae
Polyborini
- CARACARA HUPPÉ

Falconini
- CRÉCERELLE D'AMÉRIQUE
- FAUCON ÉMERILLON
- FAUCON PÈLERIN
- FAUCON GERFAUT

GALLIFORMES
Phasianidae

LISTE SYSTÉMATIQUE

Phasianinae
— PERDRIX GRISE
— FAISAN DE CHASSE
Tetraoninae
— TÉTRAS DU CANADA
— LAGOPÈDE DES SAULES
— LAGOPÈDE DES ROCHERS
— GÉLINOTTE HUPPÉE
— GRANDE POULE-DES-PRAIRIES
— PETITE POULE-DES-PRAIRIES
— GÉLINOTTE À QUEUE FINE
Meleagridinae
— DINDON SAUVAGE
Odontophorinae
— COLIN DE VIRGINIE
— COLIN ÉCAILLÉ

GRUIFORMES
Rallidae
— RÂLE JAUNE
— RÂLE NOIR
— RÂLE DE GENÊTS
— RÂLE GRIS
— RÂLE ÉLÉGANT
— RÂLE DE VIRGINIE
— RÂLE DE CAROLINE
— GALLINULE VIOLACÉE
— POULE-D'EAU
— FOULQUE D'AMÉRIQUE
Aramidae
— COURLAN
Gruidae
— GRUE DU CANADA
— GRUE BLANCHE D'AMÉRIQUE

CHARADRIIFORMES
Charadriidae
— PLUVIER ARGENTÉ
— PLUVIER DORÉ D'AMÉRIQUE
— GRAVELOT À COLLIER INTERROMPU
— PLUVIER DE WILSON
— GRAND GRAVELOT
— PLUVIER SEMIPALMÉ
— PLUVIER SIFFLEUR
— PLUVIER KILDIR
Haematopodidae
— HUÎTRIER D'AMÉRIQUE
Recurvirostridae
— ÉCHASSE D'AMÉRIQUE
— AVOCETTE D'AMÉRIQUE
Scolopacidae
Scolopacinae
— GRAND CHEVALIER
— PETIT CHEVALIER
— CHEVALIER SOLITAIRE
— CHEVALIER SEMIPALMÉ
— CHEVALIER BRANLEQUEUE
— MAUBÈCHE DES CHAMPS
— COURLIS ESQUIMAU
— COURLIS CORLIEU
— COURLIS À LONG BEC
— BARGE HUDSONIENNE
— BARGE MARBRÉE
— TOURNEPIERRE À COLLIER
— BÉCASSEAU MAUBÈCHE
— BÉCASSEAU SANDERLING
— BÉCASSEAU SEMIPALMÉ
— BÉCASSEAU D'ALASKA
— BÉCASSEAU MINUSCULE
— BÉCASSEAU À CROUPION BLANC
— BÉCASSEAU DE BAIRD
— BÉCASSEAU À POITRINE CENDRÉE
— BÉCASSEAU VIOLET
— BÉCASSEAU VARIABLE
— BÉCASEAU COCORLI
— BÉCASSEAU À ÉCHASSES
— BÉCASSEAU ROUSSÂTRE
— BÉCASSEAU COMBATTANT
— BÉCASSEAU ROUX
— BÉCASSEAU À LONG BEC
— BÉCASSINE DES MARAIS
— BÉCASSE D'AMÉRIQUE
Phalaropodinae
— PHALAROPE DE WILSON
— PHALAROPE HYPERBORÉEN
— PHALAROPE ROUX
Laridae
Stercorariinae
— LABBE POMARIN
— LABBE PARASITE
— LABBE À LONGUE QUEUE
— GRAND LABBE
— LABBE ANTARCTIQUE
Larinae
— MOUETTE À TÊTE NOIRE
— MOUETTE DE FRANKLIN
— MOUETTE PYGMÉE
— MOUETTE RIEUSE
— MOUETTE DE BONAPARTE
— GOÉLAND À BEC CERCLÉ
— GOÉLAND DE CALIFORNIE
— GOÉLAND ARGENTÉ
— GOÉLAND DE THAYER
— GOÉLAND ARCTIQUE
— GOÉLAND BRUN
— GOÉLAND BOURGMESTRE
— GOÉLAND À MANTEAU NOIR
— MOUETTE TRIDACTYLE
— MOUETTE ROSÉE
— MOUETTE DE SABINE
— MOUETTE BLANCHE
Sterninae
— STERNE HANSEL
— STERNE CASPIENNE
— STERNE ROYALE
— STERNE CAUGEK
— STERNE DE DOUGALL
— STERNE PIERREGARIN
— STERNE ARCTIQUE
— STERNE DE FORSTER
— PETITE STERNE
— STERNE À COLLIER
— STERNE FULIGINEUSE

LISTE SYSTÉMATIQUE

- GUIFETTE NOIRE
- NODDI NIAIS
- NODDI NOIR

Rynchopinae
- BEC-EN-CISEAUX NOIR

Alcidae
- MERGULE NAIN
- MARMETTE DE TROÏL
- MARMETTE DE BRÜNNICH
- PETIT PINGOUIN
- GUILLEMOT À MIROIR
- MACAREUX MOINE

COLUMBIFORMES
Columbidae
- PIGEON BISET
- PIGEON À COURONNE BLANCHE
- TOURTERELLE RIEUSE
- TOURTERELLE À AILES BLANCHES
- TOURTERELLE TRISTE
- COLOMBE INCA
- COLOMBE À QUEUE NOIRE

PSITTACIFORMES
Psittacidae
- PERRUCHE ONDULÉE
- CONURE VEUVE
- TOUI À AILES JAUNES

CUCULIFORMES
Cuculidae
- COULICOU À BEC NOIR
- COULICOU À BEC JAUNE
- COULICOU MASQUÉ
- GRAND GÉOCOUCOU
- ANI À BEC LISSE
- ANI À BEC CANNELÉ

STRIGIFORMES
Tytonidae
- EFFRAIE DES CLOCHERS

Strigidae
- PETIT-DUC MACULÉ
- GRAND-DUC D'AMÉRIQUE
- HARFANG DES NEIGES
- CHOUETTE ÉPERVIÈRE
- CHOUETTE DES TERRIERS
- CHOUETTE RAYÉE
- CHOUETTE LAPONE
- HIBOU MOYEN-DUC
- HIBOU DES MARAIS
- NYCTALE BORÉALE
- PETITE NYCTALE

CAPRIMULGIFORMES
Caprimulgidae
- ENGOULEVENT MINIME
- ENGOULEVENT D'AMÉRIQUE
- ENGOULEVENT DE GUNDLACH
- ENGOULEVENT DE NUTTALL
- ENGOULEVENT DE CAROLINE
- ENGOULEVENT BOIS-POURRI

APODIFORMES
Apodidae
- MARTINET RAMONEUR
- MARTINET DE VAUX

Trochilidae
- COLIBRI À GORGE RUBIS
- COLIBRI ROUX

CORACIIFORMES
Alcedinidae
- MARTIN-PÊCHEUR D'AMÉRIQUE

PICIFORMES
Picidae
- PIC À TÊTE ROUGE
- PIC À VENTRE ROUX
- PIC MACULÉ
- PIC MINEUR
- PIC CHEVELU
- PIC À FACE BLANCHE
- PIC TRIDACTYLE
- PIC À DOS NOIR
- PIC FLAMBOYANT
- GRAND PIC
- PIC À BEC IVOIRE

PASSERIFORMES
Tyrannidae
- MOUCHEROLLE À CÔTÉS OLIVE
- PIOUI DE L'EST
- MOUCHEROLLE À VENTRE JAUNE
- MOUCHEROLLE VERT
- MOUCHEROLLE DES AULNES
- MOUCHEROLLE DES SAULES
- MOUCHEROLLE TCHÉBEC
- MOUCHEROLLE PHÉBI
- MOUCHEROLLE À VENTRE ROUX
- MOUCHEROLLE VERMILLON
- TYRAN À GORGE CENDRÉE
- TYRAN HUPPÉ
- TYRAN DE L'OUEST
- TYRAN TRITRI
- TYRAN GRIS
- TYRAN À QUEUE FOURCHUE

Alaudidae
- ALOUETTE CORNUE

Hirundinidae
- HIRONDELLE NOIRE
- HIRONDELLE BICOLORE
- HIRONDELLE À AILES HÉRISSÉES
- HIRONDELLE DE RIVAGE
- HIRONDELLE À FRONT BLANC
- HIRONDELLE DES GRANGES

Corvidae
- GEAI DU CANADA

LISTE SYSTÉMATIQUE

- GEAI BLEU
- GEAI À GORGE BLANCHE
- PIE BAVARDE
- CORNEILLE D'AMÉRIQUE
- CORNEILLE DE RIVAGE
- CORBEAU À COU BLANC
- GRAND CORBEAU

Paridae
- MÉSANGE À TÊTE NOIRE
- MÉSANGE MINIME
- MÉSANGE À TÊTE BRUNE
- MÉSANGE BICOLORE

Sittidae
- SITTELLE À POITRINE ROUSSE
- SITTELLE À POITRINE BLANCHE
- SITTELLE À TÊTE BRUNE

Certhiidae
- GRIMPEREAU BRUN

Pycnonotidae
- BULBUL ORPHÉE

Troglodytidae
- TROGLODYTE DES ROCHERS
- TROGLODYTE DE CAROLINE
- TROGLODYTE DE BEWICK
- TROGLODYTE FAMILIER
- TROGLODYTE DES FORÊTS
- TROGLODYTE À BEC COURT
- TROGLODYTE DES MARAIS

Muscicapidae
Sylviinae
- ROITELET À COURONNE DORÉE
- ROITELET À COURONNE RUBIS
- GOBE-MOUCHERONS GRIS-BLEU

Turdinae
- TRAQUET MOTTEUX
- MERLE-BLEU DE L'EST
- MERLE-BLEU AZURÉ
- SOLITAIRE DE TOWNSEND
- GRIVE FAUVE
- GRIVE À JOUES GRISES
- GRIVE À DOS OLIVE
- GRIVE SOLITAIRE
- GRIVE DES BOIS
- MERLE D'AMÉRIQUE
- GRIVE À COLLIER

Mimidae
- MOQUEUR CHAT
- MOQUEUR POLYGLOTTE
- MOQUEUR ROUX

Motacillidae
- PIPIT SPIONCELLE
- PIPIT DES PRAIRIES

Bombycillidae
- JASEUR BORÉAL
- JASEUR DES CÈDRES

Laniidé
- PIE-GRIÈCHE GRISE
- PIE-GRIÈCHE MIGRATRICE

Sturnidae
- ÉTOURNEAU SANSONNET

Vireonidae
- VIRÉO AUX YEUX BLANCS
- VIRÉO DE BELL
- VIRÉO À TÊTE NOIRE
- VIRÉO À TÊTE BLEUE
- VIRÉO À GORGE JAUNE
- VIRÉO MÉLODIEUX
- VIRÉO DE PHILADELPHIE
- VIRÉO AUX YEUX ROUGES
- VIRÉO À MOUSTACHES

Emberizidae
Parulinae
- PARULINE DE BACHMAN
- PARULINE À AILES BLEUES
- PARULINE À AILES DORÉES
- PARULINE OBSCURE
- PARULINE VERDÂTRE
- PARULINE À COLLIER
- PARULINE À JOUES GRISES
- PARULINE À COLLIER
- PARULINE JAUNE
- PARULINE À FLANCS MARRON
- PARULINE À TÊTE CENDRÉE
- PARULINE TIGRÉE
- PARULINE BLEUE À GORGE NOIRE
- PARULINE À CROUPION JAUNE
- PARULINE GRISE À GORGE NOIRE
- PARULINE VERTE À GORGE NOIRE
- PARULINE À GORGE ORANGÉE
- PARULINE À GORGE JAUNE
- PARULINE DES PINS
- PARULINE DE KIRTLAND
- PARULINE DES PRÉS
- PARULINE À COURONNE ROUSSE
- PARULINE À POITRINE BAIE
- PARULINE RAYÉE
- PARULINE AZURÉE
- PARULINE NOIR ET BLANC
- PARULINE FLAMBOYANTE
- PARULINE ORANGÉE
- PARULINE VERMIVORE
- PARULINE DE SWAINSON
- PARULINE COURONNÉE
- PARULINE DES RUISSEAUX
- PARULINE HOCHEQUEUE
- PARULINE DU KENTUCKY
- PARULINE À GORGE GRISE
- PARULINE TRISTE
- PARULINE MASQUÉE
- PARULINE À CAPUCHON
- PARULINE À CALOTTE NOIRE
- PARULINE DU CANADA
- PARULINE POLYGLOTTE

Thraupinae
- TANGARA VERMILLON
- TANGARA ÉCARLATE
- TANGARA À TÊTE ROUGE
- TANGARA GRIS-BLEU

Cardinalinae

LISTE SYSTÉMATIQUE

- CARDINAL ROUGE
- CARDINAL À POITRINE ROSE
- CARDINAL À TÊTE NOIRE
- PASSERIN BLEU
- PASSERIN AZURÉ
- PASSERIN INDIGO
- PASSERIN NONPAREIL
- DICKCISSEL

Emberizinae
- TOHI À FLANCS ROUX
- BRUANT DES PINÈDES
- BRUANT À COURONNE FAUVE
- BRUANT HUDSONIEN
- BRUANT FAMILIER
- BRUANT DES PLAINES
- BRUANT DES CHAMPS
- BRUANT VESPÉRAL
- BRUANT À JOUES MARRON
- BRUANT NOIR ET BLANC
- BRUANT DES PRÉS
- BRUANT DE BAIRD
- BRUANT SAUTERELLE
- BRUANT DE HENSLOW
- BRUANT DE LE CONTE
- BRUANT À QUEUE AIGUË
- BRUANT MARITIME
- BRUANT FAUVE
- BRUANT CHANTEUR
- BRUANT DE LINCOLN
- BRUANT DES MARAIS
- BRUANT À GORGE BLANCHE
- BRUANT À COURONNE BLANCHE
- BRUANT À FACE NOIRE
- JUNCO ARDOISÉ
- BRUANT À COLLIER GRIS
- BRUANT LAPON
- BRUANT DE SMITH
- BRUANT À VENTRE NOIR
- BRUANT DES NEIGES

Icterinae
- GOGLU
- CAROUGE À ÉPAULETTES
- STURNELLE DES PRÉS
- STURNELLE DE L'OUEST
- CAROUGE À TÊTE JAUNE
- QUISCALE ROUILLEUX
- QUISCALE DE BREWER
- GRAND QUISCALE
- QUISCALE DES MARAIS
- QUISCALE BRONZÉ
- VACHER À TÊTE BRUNE
- ORIOLE DES VERGERS
- ORIOLE MACULÉ
- ORIOLE DU NORD

Fringillidae
- DUR-BEC DES PINS
- ROSELIN POURPRÉ
- ROSELIN FAMILIER
- BEC-CROISÉ ROUGE
- BEC-CROISÉ À AILES BLANCHES
- SIZERIN FLAMMÉ
- SIZERIN BLANCHÂTRE
- CHARDONNERET DES PINS
- CHARDONNERET JAUNE
- GROS-BEC ERRANT

Passeridae
- MOINEAU DOMESTIQUE
- MOINEAU FRIQUET

Comment identifier les oiseaux

Les vétérans de l'observation des oiseaux sauront utiliser ce livre. Les néophytes, cependant, devraient passer un certain temps à se familiariser avec les illustrations. Ces dernières ne sont pas placées dans l'ordre systématique ou phylétique utilisé dans la plupart des ouvrages, mais sont plutôt groupées en 8 grandes catégories visuelles:

(1) **les nageurs** : les canards et les oiseaux qui leur ressemblent,
(2) **les voiliers** : les goélands et les oiseaux qui leur ressemblent,
(3) **les grands échassiers** : les hérons, les grues, etc.,
(4) **les petits échassiers** : les râles et les limicoles,
(5) **les gallinacés** : les gélinottes, les colins, etc.,
(6) **les rapaces** : les buses, les éperviers, les hiboux, etc.,
(7) **les oiseaux terrestres différents des passereaux,**
(8) **les passereaux.**

À l'intérieur de ces groupes, on constatera que les canards ne ressemblent pas aux huarts, que les goélands sont faciles à distinguer des sternes. Le bec en aiguille des parulines permet de distinguer immédiatement ces dernières des bruants au bec conique de granivore. Les oiseaux qu'on pourrait confondre sont regroupés dans la mesure du possible et dessinés dans la même pose pour faciliter la comparaison. Les flèches indiquent les caractéristiques les plus visibles. Celles-ci sont décrites dans le texte, où sont également présentés les indices qui ne peuvent être illustrés comme la voix, les comportements et l'habitat. Sous une rubrique distincte, on trouvera les espèces qui peuvent être confondues. Les notes brèves sur l'aire de distribution sont complétées par les cartes détaillées qui se trouvent en annexe et auxquelles renvoient des numéros (pp. 305-370).

En plus des 129 planches de dessins d'oiseaux observés normalement dans le territoire couvert par le guide, on en trouvera 7 autres où figurent 80 espèces exceptionnelles provenant d'Europe, de la haute mer et des tropiques, de même que certains des oiseaux exotiques susceptibles de s'échapper dans la nature.

Quelle est la taille de l'oiseau?

Il faut prendre l'habitude de comparer la taille d'un oiseau inconnu à celle d'une espèce qui nous est familière : le moineau, le merle, le pigeon, etc., de façon à pouvoir se dire : « plus petit qu'un merle ; un peu plus gros qu'un moineau ». Les mesures métriques indiquées entre parenthèses dans cet ouvrage sont des longueurs de spécimens naturalisés, reposant sur le dos et mesurés du bout du bec à l'extrémité de la queue. Cependant, la longueur du spécimen varie beaucoup selon la préparation, le cou pouvant être étiré quelque peu. Pour la majorité des espèces, les longueurs minimale et maximale sont mentionnées; cependant, dans la nature, la taille de la plupart des oiseaux se rapproche plus du premier chiffre que du second.

COMMENT IDENTIFIER LES OISEAUX

Quelle est sa forme?

Est-il trapu comme un étourneau (à gauche), ou élancé comme un coulicou (à droite)?

Quelle forme ont ses ailes?

Sont-elles arrondies comme celles du Colin de Virginie (à gauche), ou très pointues comme celles de l'Hirondelle des granges (à droite)?

Quelle forme a son bec?

Est-il petit et effilé comme celui d'une paruline (1), gros et court comme celui d'un bruant (2), en forme de dague comme celui d'une sterne (3) ou crochu comme celui d'un rapace (4)?

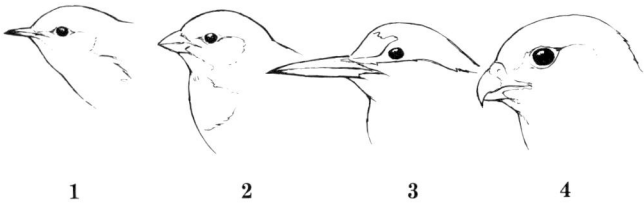

1   2   3   4

COMMENT IDENTIFIER LES OISEAUX

Quelle forme a sa queue?

Est-elle très fourchue comme celle de l'Hirondelle des granges (1), carrée comme celle de l'Hirondelle à front blanc (2), encochée comme celle de l'Hirondelle bicolore (3), arrondie comme celle du Geai bleu (4) ou pointue comme celle de la Tourterelle triste (5)?

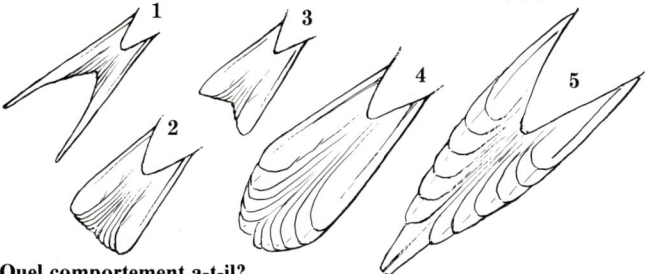

Quel comportement a-t-il?

Relève-t-il la queue comme un troglodyte ou la garde-t-il abaissée comme un moucherolle? Agite-t-il la queue? Se perche-t-il à la verticale bien en évidence, pour partir prestement à la poursuite d'un insecte et revenir se percher au même endroit, comme un moucherolle?

Grimpe-t-il aux arbres?

Si oui, grimpe-t-il en *spirale* comme un grimpereau (à gauche), par saccades et en s'appuyant sur sa queue, comme un pic (au centre) ou descend-il tête première comme une sittelle (à droite)?

25

COMMENT IDENTIFIER LES OISEAUX

Comment vole-t-il?

Ondule-t-il comme le Pic flamboyant (1)? Vole-t-il vite et droit comme une tourterelle (2)? Vole-t-il sur place comme un martin-pêcheur (3)? Plane-t-il?

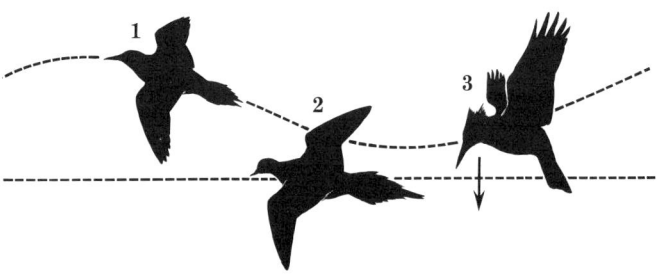

Nage-t-il

Flotte-t-il bas comme un huart (1) ou haut comme une poule-d'eau (2)? S'il s'agit d'un canard, plonge-t-il comme une espèce d'eau profonde (3) ou encore barbotte-t-il et bascule-t-il comme un colvert (4)?

Marche-t-il dans l'eau?

Est-il grand et porté par de longues pattes comme un héron ou petit comme un bécasseau? S'il s'agit d'un bécasseau, sonde-t-il la boue ou ramasse-t-il ses proies en surface? Se trémousse-t-il?

COMMENT IDENTIFIER LES OISEAUX

Quelles sont ses caractéristiques?

Certains oiseaux se reconnaissent à leurs seules couleurs, mais la plupart ne sont pas si faciles à identifier. Les indices les plus importants sont les caractéristiques visuelles, des sortes de « marques de commerce naturelles ». Remarquez si la poitrine est tachetée comme chez la Grive des bois (2), rayée comme chez le Moqueur roux (2) ou unie comme chez un coulicou (3).

Motifs de la queue

La queue présente-t-elle un contraste frappant de couleurs : une extrémité blanche comme chez le Tyran tritri (1), des taches blanches aux coins comme chez le Tohi à flancs roux (2) ou des plumes latérales blanches comme chez le Junco ardoisé (3)?

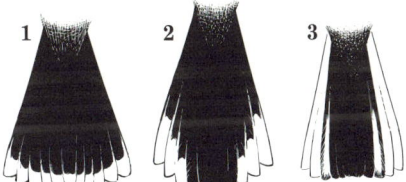

Taches sur le croupion

A-t-il un croupion pâle comme l'Hirondelle à front blanc (1) ou le Pic flamboyant (2)? Le Busard Saint-Martin, la Paruline à croupion jaune et de nombreux limicoles ont également des taches caractéristiques au croupion.

COMMENT IDENTIFIER LES OISEAUX

Lignes et cercles

L'oiseau a-t-il une ligne au-dessus, en travers ou au-dessous de l'œil? Présente-t-il une combinaison de ces lignes? Sa couronne est-elle rayée? A-t-il un cercle autour de l'œil ou des « lunettes »? Une « moustache »? Ces détails sont importants chez beaucoup de passereaux.

Barres alaires

Les ailes portent-elles ou non des barres? Leur présence ou leur absence est importante dans l'identification des parulines, des viréos et des moucherolles. Les barres alaires peuvent être simples ou doubles, nettes ou obscures.

Motifs des ailes

Les motifs des ailes des canards (les trois exemples illustrés), des limicoles et d'autres oiseaux aquatiques sont très importants. Remarquez si les ailes portent une tache (1), ou une bande (2) ; si elles sont d'une seule couleur (3) ou si leur extrémité est d'un noir contrastant (Oie des neiges, etc.).

COMMENT IDENTIFIER LES OISEAUX

Mentions d'oiseaux rares : Il y a cinquante ans, avant l'apparition des *Field Guides,* la plupart des ornithologues professionnels n'auraient pas accepté la mention d'une espèce rare, à moins qu'elle n'ait été attestée par l'oiseau abattu lui-même. Aujourd'hui, il est difficile d'obtenir un permis de capture à moins qu'on ne soit ornithologue professionnel ou étudiant en voie de le devenir. En outre, les oiseaux rares peuvent se présenter dans les parcs et les refuges, ou en d'autres endroits où il est interdit de chasser. Cependant, il n'y a pas de raison de ne pas se fier à notre sens de l'observation de plus en plus averti.

Pour valider l'observation visuelle d'un oiseau très rare ou exceptionnel — une nouvelle espèce pour la province par exemple — la règle veut qu'au moins deux observateurs compétents aient vu l'oiseau et qu'ils aient des notes détaillées à son sujet. Un appareil-photo de 35 mm équipé d'un téléobjectif de 400 mm est de plus en plus utilisé pour étayer de telles observations. Les raretés qui se prennent à l'occasion dans les filets des bagueurs d'oiseaux peuvent être photographiées tenues en main. Un appareil muni d'un objectif de 50 mm convient parfaitement à cette fin, et peut être utilisé avec ou sans éclairage stroboscopique.

Devant des oiseaux de certaines espèces ou en certains plumages, même un expert refusera de se prononcer. C'est d'ailleurs la marque d'un expert que de mettre à l'occasion des points d'interrogation après certains noms d'une liste : Épervier sp.?, *Empidonax* sp.?, bécasseau sp.? jeune Goéland de Thayer? N'ayez pas honte de ne pas pouvoir nommer *tous* les oiseaux que vous voyez. Allan Phillips a démontré de façon convaincante dans *American Birds* que presque tous les Bécasseaux semipalmés signalés si abondamment sur la côte sud-est des États-Unis en hiver sont en fait des Bécasseaux d'Alaska. Il est à peu près impossible d'identifier correctement nombre d'individus de ces deux espèces à moins de les avoir en main, ou d'entendre leur cri distinctif.

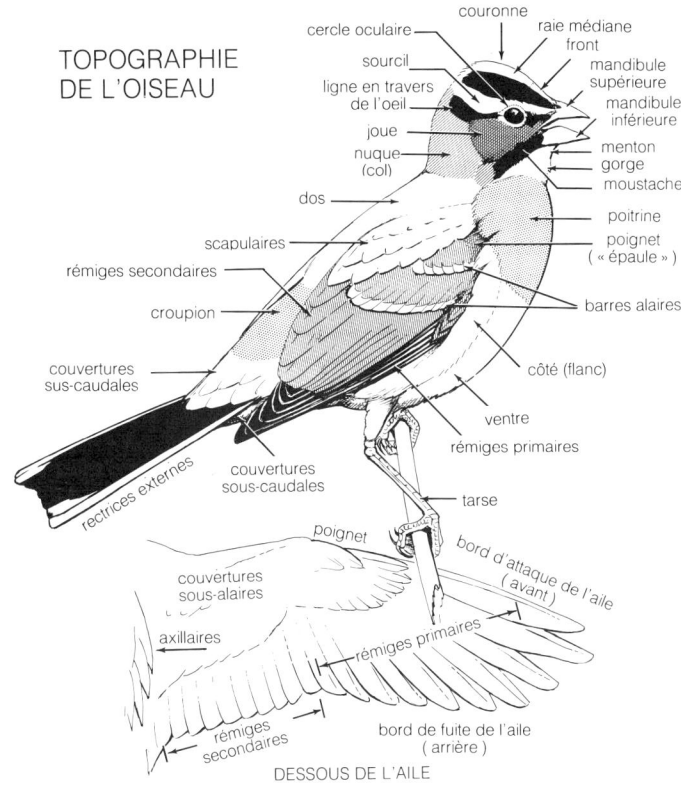

Autres termes employés dans le texte :

Exceptionnel : signalé moins d'une quinzaine de fois dans l'aire du guide ; très éloigné de son aire de distribution (cf. pp. 290-301). À l'échelle d'un État ou d'une province, 1 ou 2 mentions ; pourrait ne jamais se revoir.

Inusité : très peu de mentions ; pourrait se rencontrer à nouveau parce que l'aire de distribution n'est pas très éloignée.

Abréviations:	E : est	Am. : Amérique
	N : nord	g. : golfe
♀ : femelle	O : ouest	l. : lac
♂ : mâle	S : sud	C : carte

Guide des oiseaux
de l'Amérique du Nord

■ **HUARTS (PLONGEONS): Famille Gaviidae.** Grands oiseaux nageurs au bec fort et pointu; plongent de la surface ou se laissent couler. Courent sur l'eau à l'envol. En vol, plus lents que la plupart des canards; dos voûté, cou tombant; tel un gouvernail, les grands pieds dépassent la courte queue. Sexes semblables. Voir les grèbes (corps plus court, cou plus mince) et les cormorans (cou plus mince, queue plus longue). **Nourriture:** Petits poissons, crustacés, autres organismes aquatiques. **Aire:** N de l'hémisphère N. **Espèces:** Monde, 4; Est, 4.

HUART À COLLIER (P. IMBRIN) (70-90 cm) C 1
Gavia immer COMMON LOON

Gros et long, nage à demi-submergé; bec fort et pointu. *Été:* Noter le *dos carrelé* et le collier blanc incomplet. *Hiver:* Dessus sombre, dessous blanchâtre. Noter le bec *droit et fort.*

Espèces semblables: Voir 1) les autres huarts; 2) les cormorans. **Voix:** L'été, plaintes étrangement modulées, rire hystérique chevrotant; la nuit, un *ha-ou-ou* en trémolo. En vol, un *kwouk* sonore. En général, les huarts sont muets l'hiver. **Aire:** Alaska, Canada, N des États-Unis, Groenland, Islande. L'hiver, surtout les côtes, jusqu'au N du Mexique, l'O de l'Europe. **Est:** Carte 1. **Habitat:** Lacs forestiers, étangs de toundra (été); eaux côtières.

HUART À BEC BLANC (83-95 cm)
Gavia adamsii YELLOW-BILLED LOON

Semblable au Huart à collier, mais le bec est *ivoire* pâle, nettement retroussé, droit dessus et angulaire dessous. L'hiver, *tache sombre à l'oreille. Attention:* L'hiver, le bec de plusieurs Huarts à collier est pâle à la base, mais *l'arête supérieure* est toujours *sombre.*

Aire: Arctique, au N des zones boisées, du N de l'U.R.S.S. au N-O du Canada. Hiverne sur les côtes du Pacifique: N de l'Asie, S-E de l'Alaska, C-.B. **Est:** Chevauche l'aire du Huart à collier au N et à l'O de la b. d'Hudson. Exceptionnel sur la côte atlantique. **Habitat:** Lacs de toundra (été), eaux côtières.

HUART À GORGE ROUSSE (P. CATMARIN) (63 cm) C 2
Gavia stellata RED-THROATED LOON

Le mince bec pointu, nettement *retroussé,* est caractéristique. *Été:* Noter la tête grise, le dos uniforme, la tache *rousse* à la gorge. *Hiver:* Semblable au Huart à collier mais plus petit et plus élancé; dos et tête plus pâles, moins contrastés; profil plus sinueux.

Espèces semblables: 1) Huart à collier; plus gros avec un bec *droit* plus massif. 2) Huart arctique; bec mince et *droit.* **Voix:** Muet d'habitude. Dans l'Arctique, plaintes discordantes de plus en plus graves; caquetage de canard; *kwouk* répété. **Aire:** Arctique, circompolaire. Hiverne sur les côtes, jusqu'en Méditerranée, en Inde, au N-O du Mexique. **Est:** Carte 2. **Habitat:** Lacs de toundra (été), baies, estuaires, océan.

HUART ARCTIQUE (65 cm) C 3
Gavia arctica ARCTIC LOON

Plus petit que le Huart à collier, avec un bec droit et mince. *Été:* Calotte et nuque *gris pâle.* Dos en damier, divisé en quatre zones. *Hiver:* Bec mince, *droit* (non retroussé).

Espèce semblable: H. à gorge rousse, l'hiver; plus pâle, bec relevé. **Voix:** *Kwaow* grave et aboyé. Plaintes discordantes de plus en plus aiguës. **Aire:** N de l'Eurasie, N-O de l'Am. du N. Hiverne sur les côtes jusqu'en Méditerranée, en Inde, au N-O du Mexique. **Est:** Carte 3. **Habitat:** Lacs de toundra (été), océan.

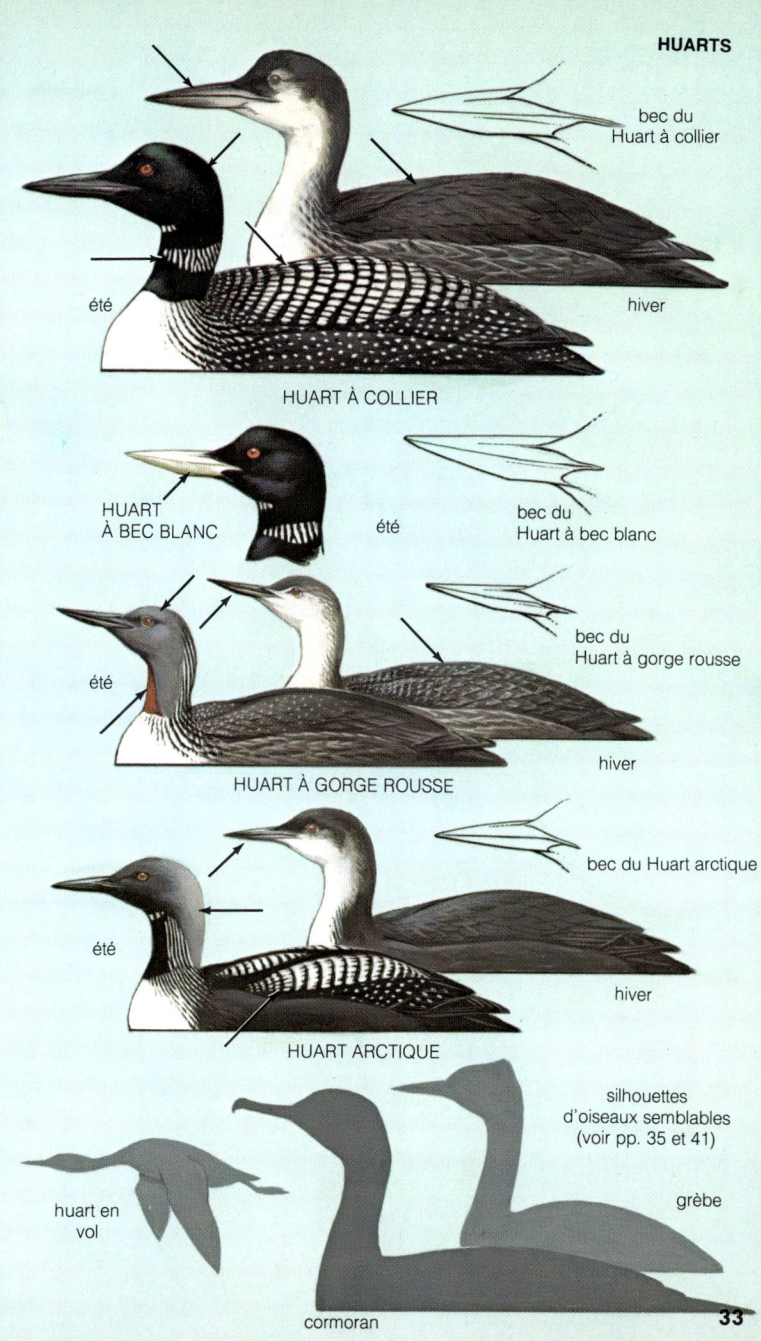

■ **GRÈBES: Famille Podicipedidae.** Plongeurs aux allures de canard, à cou mince, tête petite, doigts lobés et queue peu apparente; ils ont tous (sauf le G. à bec bigarré) une tache blanche à l'aile et un bec pointu. Sexes semblables. Les jeunes ont généralement la tête rayée. Les grèbes peuvent plonger de la surface ou se laisser couler. Courent sur l'eau à l'envol; vol laborieux, cou tombant. **Nourriture:** Petits poissons, crustacés, têtards, insectes. **Aire:** Mondiale. **Espèces:** Monde, 20; Est, 5 (+ 1 exceptionnelle).

GRÈBE CORNU (G. ESCLAVON) (30-38 cm) C 4
Podiceps auritus HORNED GREBE

Été: Noter la combinaison des *aigrettes dorées, à l'oreille,* et du *cou marron. Hiver:* Plumage noir et blanc contrasté. Noter la calotte noire, nette, et le bec mince et droit.

Espèce semblable: Dans la Prairie, voir le Grèbe à cou noir. **Voix:** En nidification, un trille grinçant; *kirra* strident répété. **Aire:** N de l'hémisphère N. Hiverne jusqu'au S des É.-U. et de l'Eurasie. **Est:** Carte 4. **Habitat:** Lacs, étangs, côtes.

GRÈBE À COU NOIR (30-35 cm) C 5
Podiceps nigricollis EARED GREBE

Été: Tête noire, *huppée,* plumes dorées à l'oreille, cou *noir (marron* chez le Grèbe cornu). *Hiver:* Semblable au Grèbe cornu; cou plus mince, *gris;* bec un peu plus relevé; calotte floue. Joues grises encadrant la gorge blanche, *tache blanche à l'oreille.*

Voix: Aux étangs où il niche, *pou-îp* ou *krrîip* rappelant une grenouille. **Aire:** Eurasie, Afrique, O de l'Am. du N. **Est:** Carte 5. **Habitat:** Étangs et lacs de la Prairie; en hiver, baies côtières, océan.

GRÈBE À BEC BIGARRÉ (33 cm) C 6
Podilymbus podiceps PIED-BILLED GREBE

Noter le bec de poule, épais, différent de celui des autres grèbes, et le dessous du croupion blanc et ouateux. Pas de tache blanche à l'aile. *Été:* La *tache noire à la gorge* et le *cercle noir* autour du bec blanchâtre sont caractéristiques. *Hiver:* Plus brun, *sans* tache à la gorge *ni* cercle autour du bec.

Espèces semblables: Les autres grèbes ont le bec pointu et une tache blanche à l'aile. **Voix:** Rappelle un coulicou, *couc-couc-cou-cou-cou-coucoup-coup* etc. **Aire:** Du S du Can. à l'Argentine. Migrateur dans le N. **Est:** Carte 6. **Habitat:** Étangs, lacs, marais; en hiver, baies côtières.

GRÈBE JOUGRIS (45 cm) C 7
Podiceps grisegena RED-NECKED GREBE

Le plus gros grèbe de l'Est. *Été:* Long cou *roux,* joues pâles, calotte noire. *Hiver:* Grisâtre (cou compris); *croissant blanc* sur le côté de la tête (souvent absent chez les jeunes). En vol, double tache blanche à l'aile.

Voix: *Kik-kik-kik,* etc., rapide; notes plaintives et stridentes. **Aire:** Eurasie, N de l'Am. du N. Hiverne jusqu'au N de l'Afrique et au S des États-Unis. **Est:** Carte 7. **Habitat:** Lacs, étangs; l'hiver, eau salée.

GRÈBE ÉLÉGANT (63 cm) C 8
Aechmophorus occidentalis WESTERN GREBE

Grand grèbe ardoisé et blanc, avec un *cou de cygne.* Bec très fin, *jaune pâle.* Les jeunes en duvet sont gris, sans raie.

Voix: *Kirik-kirik-kirik-rik-rik-rik,* etc., strident et roulé. **Aire:** O de l'Am. du N. Hiverne jusqu'au Mexique. **Est:** Carte 8. **Habitat:** Mares et lacs marécageux; en hiver, baies, océan.

■ **PINGOUINS, GUILLEMOTS, ETC.: Famille Alcidae.** Oiseaux de mer noir et blanc, ressemblant aux manchots, et remplaçant ceux-ci dans l'hémisphère N. Plongeurs accomplis, ils utilisent sous l'eau leurs ailes comme nageoires, à la façon des manchots, mais peuvent aussi s'en servir pour voler d'un battement rapide et bourdonnant. Ils ont tendance à tourner souvent en vol, et étendent leurs pieds pour freiner en se posant. À l'eau, ils se distinguent des canards par leur cou court et leur bec pointu, trapu, ou aplati latéralement. Sexes semblables. La plupart nichent en colonies denses sur des îles rocheuses, où ils se tiennent dressés. Oiseaux du large, on les voit rarement en eau douce; ils descendent à la latitude du N des É.-U. en automne ou en hiver. On peut les voir de la côte par gros temps. **Nourriture:** Poissons, crustacés, mollusques, algues. **Aire:** Atlantique N, Pacifique N, océan Arctique. **Espèces:** Monde, 22; Est, 6 (+ 2 exceptionnelles et 1 disparue).

PETIT PINGOUIN (40-45 cm)   C 9
Alca torda   RAZORBILL

(Gode) Taille d'un petit canard. Dessus noir et dessous blanc; caractérisé par une tête assez massive, un cou épais, un *bec comprimé latéralement,* traversé d'une ligne blanche au milieu. Sur l'eau, la *queue retroussée et pointue* est souvent caractéristique.

Espèce semblable: Le jeune peut ressembler à la Marmette de Brünnich à cause de son bec plus petit que celui de l'adulte et dépourvu de ligne blanche. Ce bec, massif et arrondi, reste pourtant caractéristique du pingouin. **Voix:** Faible sifflement roulé; *hé-al* grave et grogné. **Aire:** Les deux côtes de l'Atlantique N; niche de l'Arctique au Maine et aux îles Britanniques. **Est:** Carte 9. **Habitat:** Niche sur des falaises maritimes; haute mer.

MARMETTE DE BRÜNNICH (GUILLEMOT DE B.) (43-48 cm)   C 10
Uria lomvia   THICK-BILLED MURRE

Ressemble à la Marmette de Troïl, mais un peu plus grosse et plus noire; bec plus épais avec une *ligne blanchâtre* à la commissure. Noter aussi la pointe plus aiguë formée par le blanc sur la gorge. L'hiver, le noir de la calotte s'étend *sous l'oeil;* pas de ligne noire sur la joue; la marque blanche au bec est moins évidente.

Voix: Très semblable à celle de la Marmette de Troïl. **Aire:** Mers froides de l'hémisphère N. **Est:** Carte 10. **Habitat:** Niche sur des falaises maritimes; haute mer.

MARMETTE DE TROÏL (GUILLEMOT DE T.) (40-43 cm)   C 11
Uria aalge   COMMON MURRE

(M. commune). Taille d'un petit canard, avec un bec *fin* et pointu. *Été:* Tête, dos et ailes brun foncé; dessous et bordure postérieure de l'aile blancs. *Forme « bridée »:* Certains spécimens ont un mince cercle oculaire blanc qui se prolonge en une ligne vers l'arrière. *Hiver:* Semblable, mais la gorge et les joues sont blanches. Une *marque noire* va de l'oeil à la joue. Sur l'eau, les marmettes s'assemblent, et en vol, elles vont en file. Nichent en colonies très serrées.

Voix: Grognements graves et rauques, *ârrr* ou *ârra.* **Aire:** N du Pacifique N, Atlantique N. **Est:** Carte 11. **Habitat:** Niche sur des falaises maritimes; océan.

MERGULE NAIN (19-23 cm)
Alle alle   DOVEKIE
Le plus petit Alcidé (gros comme un étourneau environ), il est rondelet et semble dépourvu de cou. Les troupes volent en formation serrée, comme des étourneaux. Le motif contrasté des Alcidés, *noir dessus, blanc dessous,* allié à la *petite taille et au bec très court,* en font un oiseau unique. C'est de loin notre plus petit oiseau de mer en hiver.
Espèces semblables: Les jeunes des autres Alcidés sont vraiment plus gros (la taille est trompeuse en mer); tous ont un *bec plus gros.* **Voix:** Babillage strident. Bruyant sur les lieux de nidification. **Aire:** Niche sur les côtes du Groenland, dans le N de l'Islande, au Spitsberg, etc. Hiverne en mer jusqu'à l'E des É.-U. et en Méditerranée. **Est:** Hiverne loin au large dans l'Atlantique N, de la limite de la banquise au New Jersey, occasionnellement jusqu'en Floride. Exceptionnellement déporté dans l'intérieur des terres par les tempêtes de novembre. **Habitat:** Marin; haute mer.

GUILLEMOT À MIROIR (30-35 cm)   **C 12**
Cepphus grylle   BLACK GUILLEMOT
(G. noir) Noter la grande *tache blanche (miroir) à l'aile.* *Été:* Petit oiseau *noir* ressemblant à un canard; grand miroir *blanc,* pieds rouge vif et bec pointu. L'intérieur du bec est *rouge orangé. Hiver:* Clair, avec le dessous blanc et le dos barré. Ailes noires avec le même miroir blanc qu'en été. *Jeune:* Dessus plus foncé que l'adulte en hiver; le miroir est moucheté et plus sombre.
Espèces semblables: Aucun autre Alcidé de l'Atlantique n'a de miroir blanc (certaines espèces ont l'arrière de l'aile bordé d'un peu de blanc). La Macreuse à ailes blanches a une tache blanche située à l'arrière de l'aile; elle est bien plus grosse et assez noire en hiver, alors que le Guillemot à miroir est en général blanchâtre. **Voix:** *Piiiii* ronflé ou chuintant; très aigu. **Aire:** Portion atlantique de l'Arctique, au S jusqu'en Nouv.-Angleterre et aux îles Britanniques. **Est:** Carte 12. **Habitat:** Eaux côtières; niche en petits groupes ou isolément dans des trous ou sous les rochers des îles et des côtes rocheuses. Moins pélagique que les autres Alcidés.

MACAREUX MOINE (30 cm)   **C 13**
Fratercula arctica   ATLANTIC PUFFIN
Le *bec triangulaire et coloré* est le trait le plus frappant du petit « perroquet de mer ». En l'air, c'est un oiseau trapu, au cou court, à la tête massive, et au vol bourdonnant. Aile sans ligne blanche. *Été:* Dessus noir, dessous blanc, joues *gris pâle;* bec triangulaire, à large bordure *rouge.* Pattes orange vif. *Hiver:* Joues plus grises, bec plus petit et plus jaune; l'oiseau garde son allure caractéristique. *Jeune:* Bec beaucoup plus petit, noirâtre, mais aux deux mandibules nettement courbées. Le profil trapu et les joues grises sont néanmoins ceux du macareux.
Espèce semblable: On peut confondre le jeune macareux et le jeune pingouin. Noter les joues grises et le dessous de l'aile tout noir du premier. **Voix:** Silencieux d'habitude. Sur les lieux de nidification, un râlement grave, *â-ou* ou *ârr.* **Aire:** Atlantique N, du S du Groenland et de l'Islande jusqu'en Nouv.-Angleterre et aux îles Britanniques. **Est:** Carte 13. **Habitat:** Eaux côtières et haute mer. Niche en colonies dans des trous, sous le terreau et entre les roches des îles océaniques.

■ **CORMORANS: Famille Phalacrocoracidae.** Grands oiseaux aquatiques noirs; se tiennent souvent à la verticale sur des rochers ou des piliers, le cou en « S », les ailes parfois ouvertes. Peau de la face et de la gorge des adultes parfois vivement colorée, de même que les yeux (souvent verts). Bec mince, crochu à l'extrémité. Sexes semblables. Les troupes volent en ligne ou en « V » comme des oies (mais en silence). Nagent enfoncés comme les huarts, mais le bec relevé. **Nourriture:** Poissons, crustacés. **Aire:** Presque mondiale. **Espèces:** Monde, 30; Est, 3.

CORMORAN À AIGRETTES (83 cm) C 14
Phalacrocorax auritus DOUBLE-CRESTED CORMORANT
Voir l'introduction de la famille. Seul cormoran répandu dans l'E de l'Am. du N; présent à la fois sur les côtes et dans l'intérieur.
Voix: Silencieux, sauf pour des grognements dans les colonies de nidification. **Aire:** Presque toute l'Am. du N, hiverne jusqu'au Belize; **Est:** Carte 14. **Habitat:** Côtes, estuaires, lacs, rivières.

GRAND CORMORAN (93 cm) C 15
Phalacrocorax carbo GREAT CORMORANT
Plus gros que le C. à aigrettes; noter le bec *plus fort*, la peau du menton *jaune pâle* (et non orangée), bordée de *blanc sur la gorge*. En plumage nuptial, une *tache blanche* orne les flancs. Le jeune a le *ventre plus blanc* que la plupart des jeunes C. à aigrettes (qui ont généralement la poitrine pâle et le ventre foncé).
Aire: Atlantique N, Eurasie, Afrique, Australie, etc. **Est:** Carte 15. **Habitat:** Niche sur des falaises maritimes; strictement côtier.

CORMORAN OLIVÂTRE (63 cm)
Phalacrocorax olivaceus OLIVACEOUS CORMORANT
Semblable au C. à aigrettes, mais plus petit. Noter la peau du menton plus terne (moins orange) et, en été, la bande blanche derrière le menton. De très près, on voit que les plumes du dos et les scapulaires sont pointues et non arrondies. En plumage nuptial, plumes filamenteuses blanches au cou.
Aire: Du g. du Mexique à l'Argentine. **Est:** Côte du Texas et S-O de la Louisiane (paroisse de Cameron); s'égare plus à l'E en Louisiane. **Habitat:** Zone intertidale, lacs près de la côte.

■ **ANHINGAS: Famille Anhingidae.** Caractères de la famille présentés sous la rubrique de l'unique espèce des É.-U. (ci-dessous). **Nourriture:** Poissons, petits animaux aquatiques. **Aire:** Amérique, Afrique, Inde, Asie du S-E, Australie. **Espèces:** Monde, 4 (ou 1); Est, 1.

ANHINGA D'AMÉRIQUE (85 cm) C 16
Anhinga anhinga ANHINGA
Ressemble à un cormoran, mais le cou est encore *plus sinueux*, le bec *plus pointu* et la queue beaucoup *plus longue*. Noter la grande tache *argentée* à l'aile. *Le mâle* a le corps noir; *la femelle* a le cou et la poitrine chamois; *le jeune* est brunâtre. Bat des ailes et plane en alternance, le cou allongé et la longue queue étalée. Tournoie souvent haut comme un rapace. Se perche comme un cormoran, les ailes souvent ouvertes. Peut nager submergé, avec seulement la tête hors de l'eau.
Aire: Du S-E des É.-U. à l'Argentine. **Est:** Carte 16. **Habitat:** Marécages boisés, rizières, rivières, étangs.

CORMORANS

CORMORAN À AIGRETTES

jeune

adulte été

GRAND CORMORAN

jeune

CORMORAN À AIGRETTES
adulte

GRAND CORMORAN
plumage nuptial

CORMORAN À AIGRETTES
plumage nuptial

CORMORAN OLIVÂTRE
plumage nuptial

ANHINGAS

♂

♂

♀

♀

corps immergé

ANHINGA D'AMÉRIQUE

41

- **CYGNES, OIES, CANARDS: Famille Anatidae.** Sauvagine; les sous-familles sont traitées séparément. **Aire:** Mondiale. **Espèces:** Monde, 145; Est, 39 (+15 exceptionnelles, 1 introduite, 1 disparue).
- **CYGNES: Sous-famille Cygninae.** Oiseaux nageurs tout blancs; plus grands que les oies, et au cou plus long. Les jeunes sont teintés de brun. Sexes semblables. Migrent en formation linéaire ou en « V ». Peuvent s'immerger la tête, le cou, ou l'avant du corps pour se nourrir. **Nourriture:** Plantes aquatiques, graines.

CYGNE TUBERCULÉ (150 cm)   C 17
Cygnus olor   MUTE SWAN

Cygne gardé dans les parcs, maintenant bien établi à l'état sauvage; en expansion. Plus gracieux que le Cygne siffleur, nage souvent le cou en « S »; ailes arquées. Le *bec orange et tuberculé* pointe vers le bas. Les jeunes sont ternes et leur bec rosâtre est noir à la base. Les ailes « chantent » quand l'oiseau *vole*.
Aire: Eurasie; introduit dans le N-E des É.-U. et ailleurs. **Est:** Carte 17. **Habitat:** Étangs d'eau douce ou salée; lagunes et baies côtières.

CYGNE SIFFLEUR (133 cm)   C 18
Cygnus columbianus   TUNDRA SWAN

Envergure d'environ 2 m. C'est le cygne indigène commun en Am. du N. Ses troupes migrent en longues lignes et sont souvent entendues de très loin. Les ailes *toutes blanches* et le cou très long sont caractéristiques des cygnes. Le bec *noir* du C. siffleur a souvent une petite tache jaune à la base. Le jeune est terne, avec le bec rosé.
Espèce semblable: Le Cygne trompette, du N-O, est plus gros et a la voix plus grave. Au Minnesota, des oiseaux captifs ont produit des jeunes qui volent librement. **Voix:** Un doux roucoulement aigu: *wou-ho, wou-wou, wou-ho.* **Aire:** N de l'hémisphère N. Hiverne sur les côtes E et O aux É.-U. **Est:** Carte 18. **Habitat:** Toundra (été), lacs, fleuves, baies, estuaires, champs inondés.

- **OIES: Sous-famille Anserinae.** Grands oiseaux, au corps plus massif et au cou plus long que les canards; bec épais à la base. Bruyants en vol; certains volent en lignes ou en « V ». Sexes semblables. Plus terrestres que les canards, broutent au sol (sauf la Bernache cravant). Grégaires. **Nourriture:** Herbes, graines, plantes aquatiques; la Bernache cravant préfère la zostère.

OIE DES NEIGES (forme blanche) (63-95 cm)   C 19
Chen caerulescens   SNOW GOOSE

(Oie blanche) Corps *blanc* et *primaires noires.* Souvent avec des taches rouille à la tête. Bec et pattes roses. Le jeune est gris pâle avec un bec sombre.
Voix: *Whouk* ou *houk* résonnant, nasal et fort, émis en chœur. **Aire:** N-E de la Sibérie, Arctique nord-am. Hiverne jusqu'au Japon, au N du Mexique et aux États du g. du Mex. **Est:** Carte 19. **Habitat:** Toundra (été), marais, champs de céréales, étangs, baies.

OIES DE ROSS (58 cm)
Chen rossii   ROSS' GOOSE

Oie des neiges miniature. Bec nettement plus court, sombre et verruqueux à la base, sans lamelles noires exposées. Les deux espèces s'hybrident.
Aire: N-O du Canada; hiverne en Californie. **Est:** Confinée au N-O de la baie d'Hudson. L'hiver, quelques-unes atteignent le Texas et la Louisiane par la Prairie.

jeune
CYGNE SIFFLEUR
CYGNE TUBERCULÉ
adulte
adulte
jeune

CYGNES, OIES

adulte

CYGNE TUBERCULÉ

jeune

adulte CYGNE SIFFLEUR

OIE DE ROSS

jeune

adulte

OIE DES NEIGES
forme blanche

DE ROSS

OIE DES NEIGES

intermédiaire entre
les formes blanche et sombre

forme blanche

DES NEIGES

OIE DES NEIGES (forme sombre)   (63-75 cm)   **C 19**
Chen caerulescens   SNOW GOOSE
   (Oie bleue) Forme sombre, *à tête blanche,* de l'Oie des neiges; elle s'associe généralement à la forme blanche. Les formes intermédiaires sont courantes (voir planche précédente, p. 43).
   Espèce semblable: Le jeune est sombre, comme la jeune Oie rieuse, mais son bec et ses pattes sont *foncés;* ailes plus pâles, bleutées. **Aire:** Niche dans l'E de l'Arctique nord-am., surtout dans les parties S et E de l'aire de l'Oie des neiges. Migre à travers la Prairie, jusqu'au g. du Mexique. **Est:** Carte 19. **Habitat:** Le même que l'Oie des neiges « blanche ».

OIE RIEUSE   (75 cm)   **C 20**
Anser albifrons   GREATER WHITE-FRONTED GOOSE
   (O. à front blanc) Aucune autre oie de l'Est n'a les pattes *jaunes ou orange.* Oie *grise,* à bec *rose,* à *tache blanche autour du bec,* et à *barres noires* irrégulières sur le ventre. La race du Groenland a le bec *jaune.* **Jeune:** sombre, avec un bec pâle et des pattes jaunes ou orange; n'a pas les autres traits de l'adulte.
   Voix: *Kah-lah-a-louk* résonnant et aigu, émis en chœur. **Aire:** Arctique; circompolaire; hiverne jusqu'au Mexique, aux États du g. du Mexique, au N de l'Afrique et en l'Inde. **Est:** Carte 20. **Habitat:** Marais, steppes, champs, lacs, baies, toundra (été).

BERNACHE DU CANADA   (63-108 cm)   **C 21**
Branta canadensis   CANADA GOOSE
   L'oie la plus répandue en Amérique du N. Noter la tête et le cou noirs contrastant vivement avec la poitrine pâle et la *mentonnière blanche.* Les troupes voyagent en formations en « V » et annoncent leur approche par des cris. Races de tailles très différentes.
   Voix: Un aboiement ou criaillement musical et sourd: *ka-rônk* ou *ka-lônnk.* **Aire:** De l'Alaska, du Canada et du N des É.-U. au Mexique. **Est:** Carte 21. **Habitat:** Lacs, étangs, baies, marais, champs.

BERNACHE CRAVANT   (55-65 cm)   **C 22**
Branta bernicla   BRANT
   Petite oie à cou noir, presque de la taille du colvert. Arrière du corps blanc, évident lorsqu'elle bascule, et marque blanche au cou (absente chez les jeunes). Voyage en grandes formations irrégulières.
   Espèce semblable: La poitrine de la Bernache du Canada est claire au-dessus de la ligne de flottaison (celle de la B. cravant est noire *jusqu'à l'eau*). La Bernache du Canada a une grande tache blanche à la face. La B. cravant est beaucoup plus côtière. **Voix:** *Cr-r-r-rouk* ou *kurr-ônk, krrr-ônk* guttural. **Aire:** Littoral arctique du N de l'Eurasie et de l'Am. **Est:** Carte 22. **Habitat:** Surtout eau salée, estuaires; toundra (été).

BERNACHE NONNETTE   (65 cm)
Branta leucopsis   BARNACLE GOOSE
   Semblable à la B. cravant (flancs blancs, poitrine noire jusqu'à la ligne de flottaison), mais noter la *tache blanche entourant l'oeil.* Dessus très écaillé.
   Aire: Niche dans le N-E du Groenland, au Spitsberg et dans le N-O de la Sibérie. **Est:** Visiteur exceptionnel ou inusité sur le littoral N-E de l'Am. du N. Certaines mentions peuvent être le fait d'oiseaux échappés de captivité.

OIES ET CYGNES EN VOL

Beaucoup d'**oies** et de **cygnes** volent en formation linéaire ou en « V »

	Texte et planche en couleurs
BERNACHE DU CANADA* *Branta canadensis* Poitrine claire, tête et cou noirs, mentonnière blanche.	pp. 44, 45
BERNACHE CRAVANT *Branta bernicla* Petite; poitrine noire, tête et cou noirs.	pp. 44, 45
OIE RIEUSE *Anser albifrons* *Adulte:* Cou gris, taches noires au ventre. *Jeune:* Sombre, bec clair, pattes claires.	pp. 44, 45
OIE DES NEIGES (forme blanche) *Chen caerulescens* *Adulte:* Blanc avec les primaires noires.	pp. 42, 43
OIE DES NEIGES (forme sombre) *Chen caerulescens* *Adulte:* Corps sombre, tête blanche *Jeune:* Sombre; bec et pattes sombres.	pp. 44, 45
CYGNE SIFFLEUR *Cygnus columbianus* Très long cou; plumage entièrement blanc.	pp. 42, 43

* Les chasseurs appellent la Bernache du Canada « outarde ».

- **DENDROCYGNES: Sous-famille Dendrocygninae.**

DENDROCYGNE FAUVE (45-53 cm)
Dendrocygna bicolor FULVOUS WHISTLING-DUCK
Longues pattes, allure d'oie. Noter le corps *fauve,* le dos sombre et la *ligne pâle sur le côté.* Vole le cou légèrement abaissé et les pattes traînantes, révélant le dessous *noir* des ailes et la *bande blanche* au croupion.
Voix: Cri sifflé, *ka-whî-ô.* **Aire:** Du S des É.-U. à l'Am. centrale; aussi en Am. du S, Asie du S, Afrique de l'E. **Est:** Côtes du Texas et de Louisiane. A envahi récemment le S de la côte atlantique; a niché localement de la Flor. à la Car. du N. Inusité (en troupe) au N jusqu'en Nouv.-Angleterre et aux Maritimes. **Habitat:** Marais, surtout côtiers. Non arboricole.

- **CANARDS BARBOTEURS: Sous-famille Anatinae.** Barbotent dans les ruisseaux et les étangs; se nourrissent à la surface de l'eau, sous l'eau en s'immergeant l'avant du corps, et parfois au sol. S'envolent directement à la verticale. La plupart des espèces ont un miroir iridescent sur l'arrière de l'aile. Sexes dissemblables; tard en été, les mâles prennent un plumage terne, dit d'« éclipse ». **Nourriture:** Plantes aquatiques, graines, herbes, petits organismes aquatiques, insectes.

CANARD NOIR (53-63 cm) **C 23**
Anas rubripes AMERICAN BLACK DUCK
En vol, le Canard noir est *très sombre,* sauf pour le *blanc éclatant sous les ailes.* Brun sombre, tête plus pâle et, à l'aile, miroir d'un violet métallique; pattes rouges ou brunes. Sexes semblables.
Voix: Le ♂ a un croassement grave; la ♀ cancane comme un colvert de basse-cour. **Aire:** N-E de l'Am. du N. Hiverne jusqu'au g. du Mexique. **Est:** Carte 23. **Habitat:** Marais, étangs, rivières, lacs, estuaires, baies.

CANARD BRUN (50 cm) **C 24**
Anas fulvigula MOTTLED DUCK
Version brun pâle ou fauve du Canard noir. Tête fauve, *gorge chamois, sans rayure* et bec jaune sans marque.
Aire: De la Floride à la côte du Texas. **Est:** Carte 24. **Habitat:** Marais.

CANARD CHIPEAU (48-58 cm) **C 25**
Anas strepera GADWALL
Mâle: Canard *gris* au *croupion noir,* avec un *miroir blanc* à l'arrière de l'aile et une tache roux terne à l'avant. À la nage, les taches de l'aile peuvent être cachées; noter alors l'arrière du corps noir. Ventre blanc, pattes jaunes, bec sombre. *Femelle:* Brun moucheté; *miroir blanc,* pattes jaunes, du jaune au bec.
Voix: Le ♂ émet un *bik* grave et un cri sifflé. La ♀ cancane fort. **Aire:** N de l'Am. du N et de l'Eurasie. Hiverne jusqu'au Mexique, en Afrique et en Inde. **Est:** Carte 25. **Habitat:** Lacs, étangs, marais.

CANARD COLVERT (50-70 cm) **C 26**
Anas platyrhynchos MALLARD
Mâle: La *tête d'un vert luisant,* sans huppe, et le *collier blanc* le caractérisent. Grisâtre, avec une poitrine marron et une queue blanche; bec jaunâtre, pattes orange, miroir bleu. *Femelle:* Brun moucheté; *queue blanchâtre.* Taches orange au bec, pattes orange. En vol, barre blanche *de chaque côté* du miroir bleu.
Voix: ♂, *yîb, kouèk* grave; la ♀ cancane fort. **Aire:** N de l'hémisphère N. Hiverne jusqu'au Mexique, en Afrique du N, en Inde. **Est:** Carte 26. **Habitat:** Marais, marécages boisés, champs de céréales, étangs, rivières, lacs, baies.

CANARD PILET (65-75 cm) **C 27**
Anas acuta NORTHERN PINTAIL
Mâle: Canard élancé, à cou effilé, poitrine blanche et longue *queue pointue*. Une *pointe blanche* très évidente monte sur le côté de la tête. *Femelle:* Brun moucheté; noter la queue assez pointue, le cou effilé, le bec gris. En vol, *bordure claire* à l'arrière du miroir brun.
Espèces semblables: Voir 1) Le C. colvert ♀ ; 2) le C. siffleur d'Am. ♀ ; 3) le C. chipeau ♀ . Voir aussi 4) le C. kakawi (qui n'est pas un canard barboteur). **Voix:** Le ♂ siffle sur deux notes, *prrip, prrip,* et râle comme une sarcelle. La ♀ émet un *couac* grave. **Aire:** N de l'hémisphère N. Hiverne jusqu'au N de l'Am. du S, en Afrique et en Inde. **Est:** Carte 27. **Habitat:** Marais, steppes, étangs, lacs, eau salée.

CANARD SIFFLEUR D'AMÉRIQUE (48-58 cm) **C 28**
Anas americana AMERICAN WIGEON
En vol, le C. siffleur se reconnaît à la *large plaque blanche sur l'avant de l'aile.* (La plaque bleue de l'avant de l'aile du C. souchet ou de la Sarcelle à ailes bleues peut paraître blanchâtre). Flotte haut sur l'eau, picorant à la surface comme une foulque. Broute souvent au sol. *Mâle:* Brunâtre, *éclatante couronne blanche;* tête grise, avec une tache vert foncé. *Femelle:* Brune, avec la tête et le cou gris; ventre et avant de l'aile blanchâtres.
Espèces semblables: La ♀ est facile à confondre avec celles 1) du C. chipeau, et 2) du C. pilet; retenir la large plaque blanchâtre sur l'avant de l'aile, le bec bleuté et la tête grise contrastante. 3) Voir le C. siffleur d'Europe. **Voix:** ♂ , *whî whî whîou* sifflé; ♀ , *coua-ac.* **Aire:** Alaska, O du Canada, N des É.-U. Hiverne jusqu'en Am. centrale et aux Antilles. **Est:** Carte 28. **Habitat:** Marais, lacs, baies, champs.

CANARD SIFFLEUR D'EUROPE (45-50 cm)
Anas penelope EURASIAN WIGEON
Mâle: Tête *rouille,* calotte chamois. Canard siffleur *gris,* avec une poitrine vieux rose. *Femelle:* Très semblable au C. siffleur d'Amérique ♀ , mais la tête est teintée de rouille (non de gris). En main, les axillaires, ou « aisselles » sombres (et non blanches) sont le critère le plus sûr.
Espèces semblables: Voir 1) le C. siffleur d'Amérique; 2) le Morillon à tête rouge. **Voix:** ♂ , un sifflement, *whî-ou;* , *peurrr* ou *couac.* **Aire:** Niche en Eurasie et en Islande. **Est:** Visiteur rare, surtout près des côtes en automne et en hiver, dans l'intérieur au printemps.

CANARD BRANCHU (43-51 cm) **C 29**
Aix sponsa WOOD DUCK
(C. huppé) Vivement coloré; se perche souvent dans les arbres. En vol, le ventre blanc contraste avec la poitrine et les ailes sombres. Noter aussi la longue queue carrée et sombre, le cou court, et l'angle avec lequel le bec pointe vers le bas. *Mâle:* L'étrange motif facial, la huppe tombante et le plumage irisé sont uniques. *Femelle:* Couleurs ternes; noter la tête sombre et huppée ainsi que la *tache blanche à l'oeil.*
Voix: ♂ , *whou-îk* inquiet et fort, *djiii* de pinson, montant; ♀ , *crrik, crrik.* **Aire:** S du Canada, N-O et E des É.-U., Cuba. Hiverne jusqu'au Mexique et à Cuba. **Est:** Carte 29. **Habitat:** Marécages boisés, rivières, étangs.

CANARDS BARBOTEURS

CANARD PILET

♂ ♀

CANARD SIFFLEUR D'AMÉRIQUE

♂ ♀

CANARD SIFFLEUR D'EUROPE

♂ ♀

CANARD BRANCHU

♂   ♂ en « éclipse » (automne)   ♀

PROFILS DE CANARDS, AU SOL

canards barboteurs — canards plongeurs — bec-scies (plongeurs) — Canard roux (plongeur) — dendrocygnes (barboteurs)

CANARD SOUCHET (43-50 cm)   **C 30**
Anas clypeata   NORTHERN SHOVELER
    Noter le *bec en forme de cuillère*. Petit canard; en vol, à cause du long bec, les ailes semblent placées très en arrière. Nage enfoncé, le bec pointant vers l'eau. *Mâle:* Beaucoup de noir et de blanc; ventre et flancs roux; plaque bleu pâle sur l'avant de l'aile; pattes orange. *Femelle:* Brune, gros bec, plaque bleue sur l'avant de l'aile; pattes orange.
    Voix: ♂·, *touk, touk, touk* grave; ♀, léger *couac*. **Aire:** Répandu dans l'hémisphère N. Hiverne jusqu'en Am. centrale et en Afrique. **Est:** Carte 30. **Habitat:** Marais d'eau douce, étangs, baies marines aussi l'hiver.

SARCELLE A AILES BLEUES (38-40 cm)   **C 31**
Anas discors   BLUE-WINGED TEAL
    Canard barboteur « demi-format ». *Mâle:* Noter le *croissant facial blanc* et la grande plaque *bleu pastel* sur l'*avant de l'aile*. Le mâle garde son plumage d'éclipse tard en saison et peut ressembler à la femelle. *Femelle:* Brune, tachetée; plaque bleue sur l'avant de l'aile.
    Espèces semblables: Voir 1) S. à ailes vertes; 2) Canard souchet. **Voix:** Le ♂piaille; ♀, léger *couac* **Aire:** Du Canada au S des É.-U. Hiverne jusqu'en Am. du S. **Est:** Carte 31. **Habitat:** Etangs d'eau douce, marais.

SARCELLE À AILES VERTES (35 cm)   **C 32**
Anas crecca carolinensis   GREEN-WINGED TEAL
    En vol, les sarcelles se reconnaissent à leur petite taille et leurs troupes serrées. Si elles n'ont pas de tache claire à l'aile, ce sont des S. à ailes vertes (le miroir est *vert foncé et irisé*). *Mâle:* Petit canard trapu, gris, à la tête brune (au soleil, on y voit une tache verte). À l'eau, *ligne verticale blanche* devant l'aile. *Femelle:* Tout petit canard tacheté, à miroir vert.
    Espèce semblable: La Sarcelle à ailes bleues (♂ ou ♀) a une plaque bleu pâle à l'aile. En vol, la S. à ailes bleues ♂ a le ventre sombre; la S. à ailes vertes, le ventre blanc. La S. à ailes bleues ♀ est plus grosse et a le bec plus long. **Voix:** ♂, sifflement court, pépiements de grenouille. ♀, *couac* net. **Aire:** N de l'Am. du N. Hiverne jusqu'en Am. centrale et aux Antilles. **Est:** Carte 32. **Habitat:** Marais, rivières, baies.

SARCELLE D'HIVER (33-39 cm)
Anas crecca (en partie)   TEAL
    Appartient à la même espèce que la Sarcelle à ailes vertes. *Mâle:* Noter la ligne blanche longitudinale sur les scapulaires. *Femelle:* Impossible à distinguer de la S. à ailes vertes ♀.
    Aire: Islande, N de l'Europe, Asie, Aléoutiennes. **Est:** Visiteur rare sur la côte atlantique, dans les étangs ou sur le littoral.

SARCELLE CANNELLE (38-43 cm)
Anas cyanoptera   CINNAMON TEAL
    Mâle: Petit canard *marron foncé* ayant une grande plaque bleu pastel sur l'avant de l'aile. En vol, ressemble à la Sarcelle à ailes bleues. *Femelle:* Très semblable à la S. à ailes bleues ♀.
    Aire: S-O du Canada, O des É.-U., Mexique; Am. du S. **Est:** Quelques-unes à l'E jusque dans la Prairie; exceptionnelle sur la côte atlantique.

CANARD MUSQUÉ   ♂ (80 cm); ♀ (63 cm)
Cairina moschata   MUSCOVY
    Originaire d'Amérique tropicale (du Mexique à l'Argentine). Un canard noir, lourdaud, à l'allure d'oie, ayant une grande tache blanche dessus et dessous l'aile. *Mâle: Face nue, rouge et verruqueuse. Femelle:* Plus terne, parfois sans excroissances faciales. Le Canard musqué domestique (C. de Barbarie) peut être blanc, noir, ou tacheté. Des oiseaux échappés redeviennent souvent plus ou moins sauvages.

- **CANARDS PLONGEURS: Sous-famille Aythyinae.** Ces canards se rencontrent en mer, dans les estuaires, sur les fleuves et les grands plans d'eau, mais plusieurs d'entre eux nichent dans les marais. Tous plongent (alors que les canards barboteurs le font rarement) et courent sur l'eau à l'envol. Pattes placées très en arrière. Le doigt arrière possède un lobe palmé, absent chez les barboteurs. Sexes dissemblables. **Nourriture:** Petits animaux et plantes aquatiques. Les espèces marines mangent des mollusques et des crustacés.

MACREUSE À AILES BLANCHES (M. BRUNE) (53 cm)   C 33
Melanitta fusca   WHITE WINGED SCOTER

Les macreuses sont de gros canards noirâtres, présents sur toute la côte, et volant en formations linéaires. La M. à ailes blanches est la plus grosse des 3 espèces. Sur l'eau, la tache blanche de l'aile est souvent cachée (attendre que l'oiseau batte de l'aile ou s'envole). *Mâle:* Noir, avec une virgule blanche près de l'oeil; bec orange, avec une excroissance noire à la base. *Femelle:* très sombre, avec une tache blanche à l'aile et 2 marques faciales pâles (parfois obscurcies; plus prononcées chez le jeune).
Espèces semblables: Voir 1) la Macreuse à front blanc et 2) la Macreuse à bec jaune. **Voix:** En vol, sifflement grave en série de 6-8 notes, ressemblant à une clochette (Kortright) et attribué aux ailes. **Aire:** N de l'hémisphère N. Hiverne sur les 2 côtes aux É.-U. **Est:** Carte 33. **Habitat:** Grands plans d'eau, estuaires, eau salée.

MACREUSE À FRONT BLANC   (48 cm)   C 34
Melanitta perspicillata   SURF SCOTER

Mâle: Noir, avec 1 ou 2 *plaques blanches* sur la calotte et la nuque. Bec orange, noir et blanc. *Femelle:* Brun sombre; 2 taches claires sur le côté de la tête (parfois obscurcies; plus évidentes chez le jeune).
Espèce semblable: La M. à ailes blanches ♀ a un motif semblable à la tête, mais noter la tache blanche à l'aile (surtout visible lorsque l'oiseau bat de l'aile). **Voix:** Silencieuse en général. Croassement grave; grognements. **Aire:** Alaska, N du Canada. Hiverne jusqu'au S des É.-U. (sur les 2 côtes). **Est:** Carte 34. **Habitat:** Ressac, estuaires, grands plans d'eau; l'été, lacs de l'Arctique, toundra.

MACREUSE À BEC JAUNE (M. NOIRE) (46 cm)   C 35
Melanitta nigra   BLACK SCOTER

Mâle: Plumage entièrement noir. L'excroissance jaune-orange vif sur le bec est caractéristique. En vol, les deux tons du dessous de l'aile sont plus évidents que chez les autres macreuses. *Femelle:* Très sombre; *joues claires* contrastant avec la *calotte sombre.*
Espèces semblables: 1) La foulque est noirâtre, mais a le bec blanc et une tache blanche sous la queue. 2) Certaines jeunes Macreuses à front blanc ♂, sans tache à la tête, peuvent sembler toutes noires; chercher alors le rond noir à la base du bec. 3) Les ♀ et jeunes des 2 autres espèces de macreuses ont des taches claires sur le côté de la tête. 4) La Macreuse à bec jaune ♀ peut ressembler au Canard roux l'hiver (p. 60). **Voix:** ♂, roucoulement mélodieux; ♀, grognements. **Aire:** Alaska, N-E du Canada, Islande, N de l'Eurasie. Hiverne jusqu'au S des É.-U., en Méditerranée. **Est:** Carte 35. **Habitat:** Côtes, toundra côtière (l'été).

Les macreuses volent en formation linéaire ou en « V ».

MACREUSES (plongeurs)

M. à ailes blanches

M. à front blanc

M. à bec jaune

♂ ♀ jeune

MACREUSE À AILES BLANCHES

♂ ♀ jeune

MACREUSE À FRONT BLANC

vignette
CANARD DU LABRADOR
1878
disparu
♂

♂ ♀

MACREUSE À BEC JAUNE

Les canards plongeurs se tiennent en groupes sur l'eau et courent à la surface pour s'envoler.

CANARD KAKAWI (HARELDE) ♂ (53 cm); ♀ (40 cm)   **C 36**
Clangula hyemalis   OLDSQUAW
   Le seul canard marin ayant à la fois beaucoup de *blanc sur le corps et des ailes uniformément sombres*. Vole en troupes irrégulières et compactes. *Mâle en hiver:* Longue queue pointue, motif noir et blanc, poitrine sombre. *Femelle en hiver:* Ailes sombres, face blanche, tache sombre à la joue. *Mâle en été:* Sombre, avec les flancs et le ventre blancs. Noter la tache blanche à l'oeil. *Femelle en été:* Semblable mais plus foncée.
   Voix: Loquace; un *ah-ah-wè* musical. **Aire:** Arctique, circompolaire. Hiverne jusqu'au S des É.-U., en Europe centrale, en Asie centrale. **Est:** Carte 36. **Habitat:** Mer, grands plans d'eau; l'été, étangs et lacs de toundra.

CANARD ARLEQUIN (45 cm)   **C 37**
Histrionicus histrionicus   HARLEQUIN DUCK
   Sombre et bariolé. *Mâle:* Petit canard ardoisé ayant les flancs marron et des taches blanches curieusement placées. En vol, a la silhouette ramassée du garrot, mais apparaît entièrement sombre. *Femelle:* Obscure, avec 3 ronds blancs sur le côté de la tête; pas de tache à l'aile.
   Espèces semblables: 1) Le Petit Garrot ♀ a une tache blanche à l'aile, et une seule marque faciale. 2) Voir les ♀ des macreuses (plus grosses, avec un bec plus gros). **Voix:** ♂, grincement, aussi, *gwa gwa gwa;* ♀, *îk-îk-îk-îk*. **Aire:** N-E de l'Asie, Alaska, Canada, O des É.-U., Groenland, Islande. **Est:** Carte 37. **Habitat:** Torrents de montagne (été); côtes rocheuses (hiver).

EIDER À TÊTE GRISE (53-60 cm)   **C 38**
Somateria spectabilis   KING EIDER
   (E. remarquable) *Mâle:* Canard marin trapu; sur l'eau, le devant apparaît blanc et l'arrière noir, un peu comme chez le Goéland à manteau noir. Noter le *tubercule orange du bec.* Les ailes ont de grandes plaques blanches. *Femelle:* Trapue; d'un brun riche, fortement barrée. Noter le profil facial (illustré). *Jeune mâle:* Sombre, avec poitrine claire et tête brun foncé.
   Espèce semblable: 1) L'Eider à duvet ♂ a le dos *blanc.* 2) L'Eider à duvet ♀ a le front fuyant, un lobe frontal plus long et plus plat. **Voix:** ♂ en pariade, murmures graves; ♀, croassements. **Aire:** Régions arctiques, hémisphère N. **Est:** Carte 38. **Habitat:** Côtes, océan.

EIDER À DUVET (58-68 cm)   **C 39**
Somateria mollissima   COMMON EIDER
   Se tient près des hauts-fonds, en mer. Gros canard, au cou assez fort. Vol lent et bas, les oiseaux généralement en file. *Mâle:* Notre seul canard au *ventre noir et au dos blanc.* Avant de l'aile blanc; tête blanche, à calotte noire et nuque verdâtre. *Femelle:* Grosse, brune, *très barrée;* front fuyant. *Jeune mâle:* D'abord brun grisâtre, puis sombre avec un collier blanc; la tête ou la poitrine peuvent devenir brun chocolat; le blanc apparaît irrégulièrement.
   Espèces semblables: 1) L'Eider à tête grise ♂ a le dos *noir;* la ♀ a un profil facial différent, tel qu'illustré. 2) Les macreuses ♀ sont plus foncées et n'ont pas le dos barré des eiders ♀. **Voix:** ♂, *aw-ouu-ourr* plaintif; ♀, *kor-r-r* guttural. **Aire:** N de l'hémisphère N. **Est:** Carte 39. **Habitat:** Côtes rocheuses, hauts-fonds; l'été, également îles et toundra.

MORILLON À DOS BLANC   (50-60 cm)   C 40
Aythya valisineria   CANVASBACK
Noter le *front fuyant* (chez les deux sexes). Les troupes voyagent en files ou en « V ». *Mâle:* Semble très blanc, sauf pour la tête et le cou *marron*, la poitrine noire, et le long bec *noirâtre*. *Femelle:* Grisâtre, la tête et le cou à peine rouille pâle.
Voix. ♂, croassement grave, grognements; ♀, *couac*. **Aire:** Alaska, O du Canada, N-O des É.-U. Hiverne jusqu'au Mexique, aux côtes de l'Atlantique et du g. du Mexique. **Est:** Carte 40. **Habitat:** Marais d'eau douce (été), lacs, estuaires, eau salée.

MORILLON À TÊTE ROUGE   (45-58 cm)   C 41
Aythya americana   REDHEAD
Mâle: Gris, avec la poitrine noire et la *tête rousse, arrondie;* bec bleuté, à bout noir. *Femelle:* Brunâtre; noter la *tache claire diffuse* près du bec. Les deux sexes ont une bande *grise* à l'aile.
Espèces semblables: 1) le Morillon à dos blanc ♂ est beaucoup plus blanc, a le front en pente et le bec noir. 2) Voir le Morillon à collier ♀.
Voix. ♂, miaulement rauque, ronronnement; ♀, *scouac*. **Aire:** O du Canada, O et centre-N des É.U. Hiverne jusqu'au Mexique et aux Antilles. **Est:** Carte 41. **Habitat:** Marais d'eau douce (été), lacs, estuaires, eau salée.

MORILLON À COLLIER   (38-45 cm)   C 42
Aythya collaris   RING-NECKED DUCK
Mâle: Morillon à *dos noir*. Noter la *marque verticale blanche* devant l'aile; bec à anneau blanc. En vol, large bande *grise* (et non blanche) à l'aile. *Femelle:* Silhouette de Petit Morillon ♀, mais présente une marque faciale claire *indistincte,* un oeil sombre cerclé de blanc, et un *anneau au bec*. La bande alaire est *grise*.
Espèce semblable: Fuligule morillon (*A. fuligula*), exceptionnel dans l'E des É.-U.; le ♂ a une mince *huppe, des flancs blancs et une bande alaire blanche* (voir p. 296). **Aire:** Canada, N des É.-U. Hiverne jusqu'au Panama. **Est:** Carte 42. **Habitat:** Lacs forestiers, étangs; l'hiver, également rivières et eau salée.

PETIT MORILLON   (38-45 cm)   C 43
Aythya affinis   LESSER SCAUP
Grands et Petits Morillons sont nos seuls canards à large bande blanche sur l'arrière de l'aile. *Mâle:* Sur l'eau, il est blanc au centre et noir aux deux bouts. Bec *bleuté;* tête à reflets *violacés*. Flancs et dos finement barrés. *Femelle:* Brun foncé, avec un masque blanc net près du bec.
Espèce semblable: Voir le Grand Morillon. **Voix:** *Couac* ou *scôp* fort, ronronnements; ♂, sifflement grave. **Aire:** Alaska, O du Canada. Hiverne jusqu'au N de l'Am. du S. **Est:** Carte 43. **Habitat:** Étangs marécageux (été), lacs, estuaires, eau salée.

GRAND MORILLON (FULIGULE MILOUINAN)   (40-50 cm)   C 44
Aythya marila   GREATER SCAUP
Très semblable au Petit Morillon, mais le mâle est plus blanc; tête moins huppée, plus aplatie, avec des reflets *verdâtres* plutôt que *violacés*. Plus gros onglet noir au bec (visible seulement de près). La *bande alaire du Grand Morillon est plus longue* et s'étend aux primaires.
Aire: Alaska, Canada, N de l'Eurasie. Hiverne jusqu'au Mexique, au S-E des É.-U., en Méditerranée, en Inde. **Est:** Carte 44. **Habitat:** Lacs, rivières, estuaires, eau salée, étangs de toundra (été).

GARROT À OEIL D'OR (50 cm) **C 45**
Bucephala clangula COMMON GOLDENEYE
(G. commun) *Mâle:* Gros *rond blanc* devant l'oeil. Semble blanc, sauf pour le dos noir et la tête ronde à reflets verts (noire à distance). En vol, cou court; les ailes produisent un sifflement et arborent une grande plaque blanche. *Femelle:* Grise, avec un collier blanc et une tête brun foncé; l'aile porte un carré blanc (visible même sur l'aile fermée).
Espèces semblables: Voir 1) Le Garrot de Barrow; 2) les morillons (poitrine noire chez ♂); 3) le Grand Bec-Scie ♂ (profil long et bas).
Voix: Le ♂ en pariade émet deux notes nasales rappelant le *pî-ik* de l'Engoulevent d'Amérique; ♀, *couac* sonore. **Aire:** N de l'hémisphère N. Hiverne jusqu'au g. du Mexique et au S de l'Eurasie. **Est:** Carte 45. **Habitat:** Lacs forestiers, cours d'eau; l'hiver, également estuaires, côtes.

GARROT DE BARROW (G. D'ISLANDE) (53 cm) **C 46**
Bucephala islandica BARROW'S GOLDENEYE
Mâle: Noter le *croissant* facial *blanc*. Semblable au Garrot à oeil d'or, mais dessus plus noir; tête à reflets *violets* (et non verts); nuque plus « gonflée ». *Femelle:* Très semblable au G. à oeil d'or ♀; bec plus court et épais, front plus abrupt. Au printemps le bec peut devenir tout *jaune* (souvent un bon critère).
Voix: ♂ en pariade, miaulement; ♀, *couac* rauque. **Aire:** Alaska, Canada, N-O des É.-U., S-O du Groenland, Islande. **Est:** Carte 46. **Habitat:** Lacs forestiers, étangs de castor; l'hiver, côtes et, occasionnellement, les rivières.

PETIT GARROT (33-38 cm) **C 47**
Bucephala albeola BUFFLEHEAD
Petit canard. *Mâle:* Principalement blanc, avec le dos noir; tête ronde à *gros bonnet blanc.* En vol, grande plaque blanche à l'aile. *Femelle:* Sombre et trapue; *tache blanche à la joue,* petit bec, tache blanche à l'aile.
Espèces semblables: 1) Voir le Bec-scie couronné (bec pointu). 2) Voir le Canard roux en hiver. **Voix:** ♂, note roulée et rauque; ♀, *couac* sonore. **Aire:** Alaska, Canada. Hiverne jusqu'au Mexique et à la côte du g. du Mexique. **Est:** Carte 47. **Habitat:** Lacs, étangs, rivières; l'hiver, eau salée.

- **ÉRISMATURES: Sous-famille Oxyurinae.** Canards petits et ramassés, presque sans moyens au sol; queue rigide à 18 ou 20 plumes. Sexes dissemblables; **Nourriture:** Insectes, organismes et plantes aquatiques.

CANARD ROUX (38-40 cm) **C 48**
Oxyura jamaicensis RUDDY DUCK
Petit, rondelet; noter la *joue blanche,* la calotte foncée. Queue souvent dressée à la verticale. Vol bourdonnant. Incapable de marcher. *Mâle en été:* Roux; joue blanche, calotte noire, gros bec bleu. *Mâle en hiver:* Gris; *joue blanche,* bec gris ou bleu terne. *Femelle:* Semblable au ♂ en hiver, mais la joue est traversée d'une ligne sombre.
Espèce semblable: Voir le Canard masqué (Espèces exceptionnelles p. 299). **Voix:** ♂ en pariade, *tchik-ik-ik-ik-k-k-kwrrr.* **Aire:** Du Canada au N de l'Am. du S (par endroits). **Est:** Carte 48. **Habitat:** Marais d'eau douce, étangs, lacs; en hiver, baies marines.

**GARROTS, CANARD ROUX
(plongeurs)**

♂ GARROT À OEIL D'OR ♀

♀ été
♂ GARROT DE BARROW ♀ hiver

♂ PETIT GARROT ♀

♂ été   CANARD ROUX   ♂ hiver   ♀

- **BEC-SCIES (HARLES): Sous-famille Merginae.** Canards piscivores plongeurs au bec pointu et aux mandibules à dents de scie. La plupart des espèces ont une huppe et un corps long et fuyant. En vol, le bec, la tête, le cou et le corps sont sur le même axe horizontal. Sexes dissemblables. **Nourriture:** Petits poissons surtout.

GRAND BEC-SCIE (H. BIÈVRE) (55-68 cm) C 49
Mergus merganser COMMON MERGANSER

Mâle: Long corps blanchâtre, dos noir, tête vert noirâtre. Bec et pattes rouges; poitrine teintée de rose-saumon pâle. *Femelle:* Grise, avec une tête rousse et huppée, une poitrine blanche, un grand carré blanc à l'aile. Bec et pattes rouges. En vol, les files de ces bec-scies suivent les méandres des cours d'eau. La blancheur du mâle et le profil de bec-scie (bec, cou, tête et corps à l'horizontale) caractérisent l'espèce.

Espèces semblables: 1) Voir le Bec-scie à poitrine rousse ♀ . 2) Les garrots ♂ ont une tache faciale blanche, un cou plus court, une tête ronde, et sont plus trapus. 3) La tête rousse des bec-scies ♀ fait songer aux Morillons à dos blanc et à tête rouge ♂ , mais ceux-ci ont la poitrine noire et n'ont pas de huppe. **Voix:** ♂ , croassements graves, détachés; ♀ , *karrr* guttural. **Aire:** N de l'hémisphère N. Hiverne jusqu'au Mexique, en Afrique du N, en Chine du S. **Est:** Carte 49. **Habitat:** Lacs forestiers, étangs, rivières; l'hiver, lacs, rivières, rarement en eau salée.

BEC-SCIE À POITRINE ROUSSE (H. HUPPÉ) (50 - 65 cm) C 50
Mergus serrator RED-BREASTED MERGANSER

Mâle: Cou fin; tête noire, à reflets verts et à *huppe évidente;* poitrine rousse à la ligne de flottaison, séparée de la tête par un *large collier blanc;* bec et pattes rouges. *Femelle:* Grise; tête rousse et huppée, grande tache blanche à l'aile, bec et pattes rouges.

Espèce semblable: Le Grand-Bec-scie ♂ est plus blanc, sans collier ni bande pectorale; il n'a pas de huppe. Chez le Grand Bec-scie ♀ le menton blanc et la poitrine blanche sont *nettement découpés* (chez le B. à poitrine rousse, le roux de la tête est plus pâle et *dégradé* sur la gorge et le cou). **Voix:** Généralement silencieux. Croassement rauque; ♀ , *karrr*. **Aire:** N de l'hémisphère N. Hiverne jusqu'au Mexique et au g. du Mex., en Afrique du N, en Chine du S. **Est:** Carte 50. **Habitat:** Lacs; en hiver, estuaires, mer.

BEC-SCIE COURONNÉ (40-48 cm) C 51
Lophodytes cucullatus HOODED MERGANSER

Mâle: Noter la *huppe blanche* qui peut être ouverte *en éventail* ou fermée. Poitrine blanche, avec deux barres de chaque côté. Tache blanche à l'aile; flancs bruns. *Femelle:* Bec pointu et profil de bec-scie; la petite taille, la *couleur sombre de tout le corps (bec et poitrine compris)* caractérisent l'espèce. Noter la *huppe rousse,* sans consistance.

Espèces semblables: 1) Le Petit Garrot ♂ : plus trapu, flancs *blancs.* Voir aussi le Petit Garrot ♀ . 2) Les autres bec-scies ♀ sont plus gros, *plus gris,* avec la tête rousse et le bec rouge. 3) En vol, la tache blanche à l'aile et le profil distinguent la ♀ de celle du Canard branchu. **Voix:** Grognements ou croassements graves. **Aire:** S-E de l'Alaska, Canada, N des É.-U. Hiverne jusqu'au N du Mexique et au g. du Mex. **Est:** Carte 51. **Habitat:** Lacs forestiers, étangs, rivières.

BEC-SCIES (plongeurs)

Les bec-scies volent avec le bec, la tête, le corps et la queue sur un même axe horizontal.

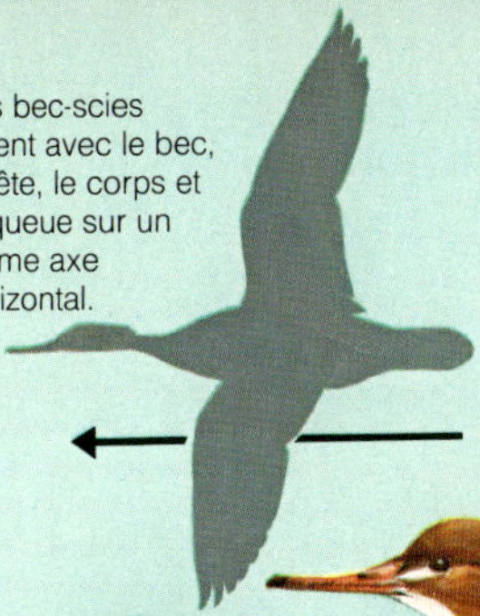

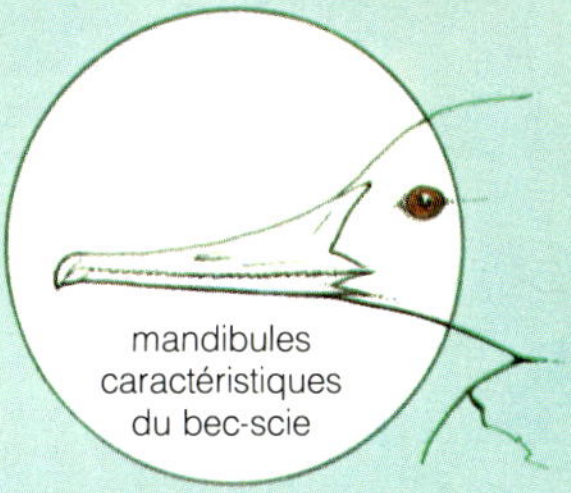

mandibules caractéristiques du bec-scie

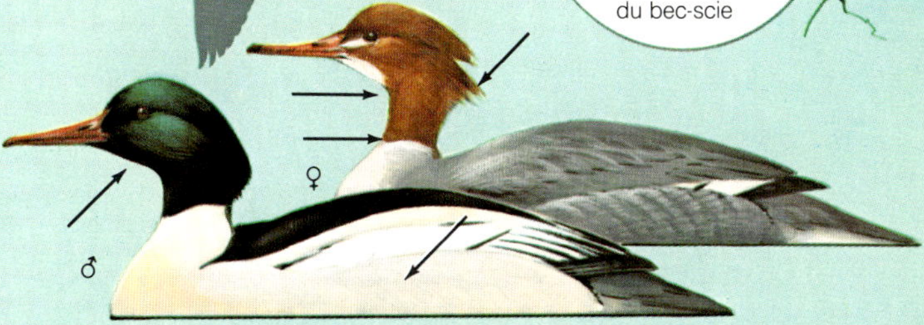

GRAND BEC-SCIE

BEC-SCIE À POITRINE ROUSSE

BEC-SCIE COURONNÉ

Grand B.-s.   B.-s. à poitrine rousse   B.-s. couronné

■ NAGEURS RESSEMBLANT AUX CANARDS (FOULQUES, POULES-D'EAU): Famille Rallidae (en partie).

Les foulques et les poules-d'eau appartiennent à la famille des râles (voir p. 112). Tandis que les râles ressemblent aux poules, sont discrets, et parcourent les marais sur leurs longues pattes, les foulques et les poules-d'eau ressemblent superficiellement aux canards, sauf pour leur tête plus petite, leur plaque frontale et leur bec de poule. Elles passent la plupart de leur temps à la nage, quoiqu'elles peuvent aussi se nourrir sur les rives des étangs et dans l'herbe.

FOULQUE D'AMÉRIQUE (30-40 cm)   C 52
Fulica americana   AMERICAN COOT

Oiseau ardoisé, à allure de canard; tête et cou noirs, *bec blanc* et double tache blanche sous la queue. Grands pieds aux doigts lobés (voir illustration). Grégaire. À la nage, il hoche la tête d'avant en arrière (comme la poule-d'eau). Se nourrit en surface, mais plonge également. Court sur l'eau à l'envol. Vol laborieux, les grandes pattes dépassant la courte queue; mince bordure blanche visible sur l'arrière de l'aile. *Jeune:* Plus pâle, avec un bec plus terne. Le jeune en duvet a la tête et les épaules *rouge-orange*.
Espèces semblables: Les poules-d'eau sont plus petites et ont le bec rouge (à bout jaune). Les foulques ressemblent plus aux canards que les poules-d'eau, et s'assemblent plus en eau libre. Voir la Foulque à cachet (p. 298). **Voix:** *Kuk-kuk-kuk-kuk* raclé; *kakakakakaka;* etc.; aussi un *ka-ha, ha-ha* plus retenu; divers caquètements et croassements. **Aire:** Du Canada à l'Équateur. **Est:** Carte 52. **Habitat:** Étangs, lacs, marais; l'hiver, également champs, étangs de parcs, eau salée.

POULE-D'EAU (33 cm)   C 53
Gallinula chloropus   COMMON MOORHEN

(Gallinule commune) Bec court, rouge; *plaque frontale rouge,* et bande blanche sur les flancs. En marchant, elle fait voir ses sous-caudales blanches; hoche la tête en nageant.
Espèces semblables: 1) La Foulque d'Amérique est plus robuste, avec un cou plus court, un dos gris et un bec blanc. 2) Voir la Gallinule violacée. **Voix:** Croassement, *kr-r-ruk* répété; *koûp* de grenouille; aussi, *kik-kik-kik,* et caquetage plaintif et fort. **Aire:** Du S du Canada à l'Argentine; Eurasie, Afrique. **Est:** Carte 53. **Habitat:** Marais d'eau douce, roselières.

GALLINULE VIOLACÉE (33 cm)   C 54
Porphyrula martinica   PURPLE GALLINULE

Très colorée; nage, marche dans l'eau et grimpe aux buissons. Taille de la Poule-d'eau, mais la tête et les dessous sont *violet sombre* et le dos vert bronzé. Plaque frontale *bleu pâle;* bec rouge, à bout jaune. Pattes *jaunes,* évidentes en vol. *Jeune:* brunâtre, foncé dessus, pâle dessous, *sans raie sur le côté;* bec foncé.
Espèces semblables: 1) La Poule-d'eau a une plaque frontale *rouge,* des pattes verdâtres, une raie blanche sur le côté; la jeune Poule-d'eau a aussi la raie blanchâtre sur le côté. 2) La jeune Foulque d'Amérique a un bec pâle; la tache blanche sous la queue divisée par du noir. **Voix:** Caquetage de poule, *kik, kik, kik,* émis en vol; aussi des notes gutturales. **Aire:** Du S des É.-U. au N de l'Argentine. Hiverne surtout au S des É.-U. **Est:** Carte 54. **Habitat:** Marais d'eau douce, étangs.

NAGEURS RESSEMBLANT AUX CANARDS

Les foulques courent sur l'eau à l'envol.

pied lobé de la foulque

jeune

poussin de la foulque

adulte

FOULQUE D'AMÉRIQUE

poussin de la Poule-d'eau

jeune

adulte

POULE-D'EAU

POULE-D'EAU

jeune

adulte

GALLINULE VIOLACÉE

GALLINULE VIOLACÉE

CANARDS BARBOTEURS EN VOL

Note: Les mâles sont caractérisés ci-dessous. Les femelles sont assez semblables.

	Texte et planche en couleurs
CANARD PILET *Anas acuta* *Dessous:* Queue longue et pointue, poitrine blanche, cou mince *Dessus:* Queue longue et pointue, raie sur le cou, bordure blanche à l'arrière de l'aile.	pp. 50, 51
CANARD BRANCHU *Aix sponsa* *Dessous:* Ventre blanc, ailes sombres, longue queue carrée. *Dessus:* Robuste; longue queue foncée, bordure blanche à l'aile sombre.	pp. 50, 51
CANARD SIFFLEUR D'AMÉRIQUE *Anas americana* *Dessous:* Ventre blanc, queue pointue foncée. *Dessus:* Grande plaque blanche à l'épaule.	pp. 50, 51
CANARD SOUCHET *Anas clypeata* *Dessous:* Ventre sombre, poitrine blanche, bec en cuillère. *Dessus:* Grande plaque bleutée à l'épaule, bec en cuillère.	pp. 52, 53
CANARD CHIPEAU *Anas strepera* *Dessous:* Ventre blanc, carré blanc à l'arrière de l'aile (miroir) *Dessus:* Tache blanche à l'arrière de l'aile (miroir).	p. 48, 49
SARCELLE À AILES VERTES *Anas crecca* *Dessous:* Petite taille; ventre clair, tête sombre. *Dessus:* Petite, aile sombre, miroir vert.	pp. 52, 53
SARCELLE À AILES BLEUES *Anas discors* *Dessous:* Petite taille; ventre sombre. *Dessus:* Petite; grande plaque bleutée à l'épaule.	pp. 52, 53

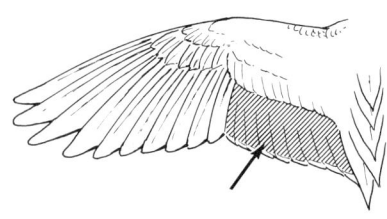

Aile d'un **canard barboteur** montrant le miroir iridescent.

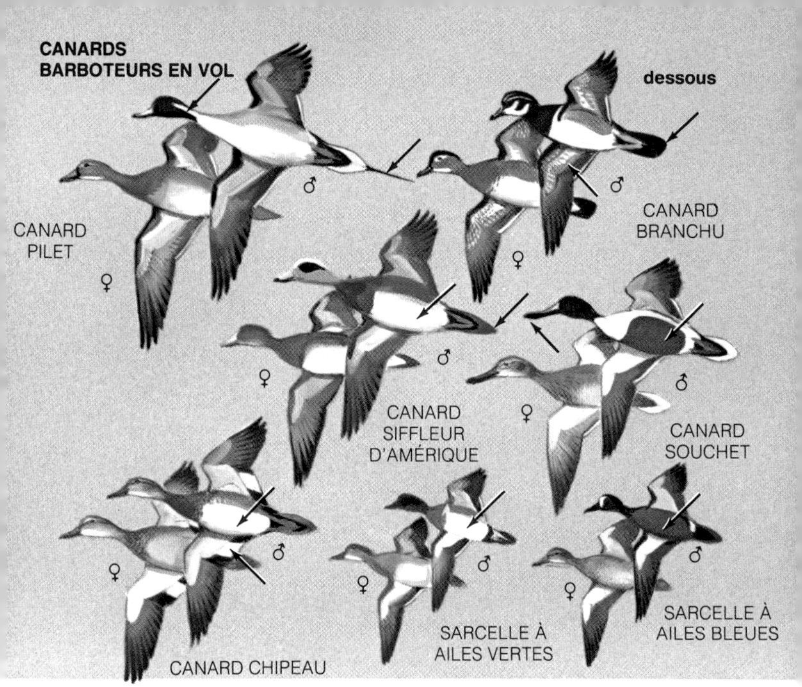

CANARDS BARBOTEURS EN VOL

dessous

CANARD PILET ♀ — ♂

CANARD BRANCHU ♂

CANARD SIFFLEUR D'AMÉRIQUE ♂ ♀

CANARD SOUCHET ♂

CANARD CHIPEAU ♀ ♂

SARCELLE À AILES VERTES ♀ ♂

SARCELLE À AILES BLEUES ♂

dessus

CANARD PILET ♂ ♀

CANARD BRANCHU ♂ ♀

CANARD SIFFLEUR D'AMÉRIQUE ♀ ♂

CANARD SOUCHET ♂ ♀

CANARD CHIPEAU ♀ ♂

SARCELLE À AILES VERTES ♀ ♂

SARCELLE À AILES BLEUES ♀

CANARDS BARBOTEURS ET BEC-SCIES EN VOL

Note: Les mâles sont caractérisés ci-dessous. Les bec-scies ont un profil distinctif en vol, ayant le bec, la tête, le cou, le corps et la queue sur un même axe horizontal.

	Texte et planche en couleurs
CANARD COLVERT *Anas platyrhynchos* *Dessous:* Poitrine sombre, ventre clair, collier blanc. *Dessus:* Tête sombre, collier, miroir bordé de deux lignes blanches.	pp. 48, 49
CANARD NOIR *Anas rubripes* *Dessous:* Corps sombre, couvertures blanches sous l'aile. *Dessus:* Corps sombre, tête plus pâle.	pp. 48, 49
DENDROCYGNE FAUVE *Dendrocygna bicolor* *Dessous:* Fauve, avec des couvertures noirâtres sous l'aile. *Dessus:* Aile sombre et sans motif, arc blanc au croupion.	pp. 48, 49
GRAND BEC-SCIE *Mergus merganser* *Dessous:* Profil de bec-scie, tête noire, corps blanc, couvertures blanches sous l'aile. *Dessus:* Profil de bec-scie; poitrine blanche, grandes taches à l'aile.	pp. 62,63
BEC-SCIE À POITRINE ROUSSE *Mergus serrator* *Dessous:* Profil de bec-scie; bande pectorale sombre. *Dessus:* Profil de bec-scie; poitrine sombre, grandes taches à l'aile.	pp. 62,63
BEC-SCIE COURONNÉ *Lophodytes cucullatus* *Dessous:* Profil de bec-scie; couvertures sombres sous l'aile. *Dessus:* Profil de bec-scie; petites taches à l'aile.	pp. 62, 63

CANARDS EN VOL

dessous

CANARD COLVERT ♀ ♂

CANARD NOIR

DENDROCYGNE FAUVE

GRAND BEC-SCIE ♀ ♂

BEC-SCIE À POITRINE ROUSSE

BEC-SCIE COURONNÉ ♂ ♀

Les bec-scies volent sur un axe horizontal.

dessus

CANARD COLVERT ♀ ♂

CANARD NOIR

DENDROCYGNE FAUVE

BEC-SCIE À POITRINE ROUSSE ♀ ♂

GRAND BEC-SCIE ♀

BEC-SCIE COURONNÉ ♂ ♀

CANARDS MARINS EN VOL

Note: Seuls les mâles sont caractérisés ci-dessous.

	Texte et planche en couleurs
CANARD KAKAWI *Clangula hyemalis* *Dessous:* Aile sombre et sans motif, ventre blanc. *Dessus:* Aile sombre et sans motif, beaucoup de blanc sur le corps.	**pp. 56, 57**
CANARD ARLEQUIN *Histrionicus histrionicus* *Dessous:* Dessous entièrement sombre, taches blanches à la tête, petit bec. *Dessus:* Trapu, sombre et marqué de blanc, petit bec.	**pp. 56, 57**
MACREUSE À FRONT BLANC *Melanitta perspicillata* *Dessous:* Corps noir, taches blanches sur la tête (difficilement visible de dessous). *Dessus:* Corps noir, taches blanches sur la tête.	**pp. 54, 55**
MACREUSE À BEC JAUNE *Melanitta nigra* *Dessous:* Plumage noir, rémiges plus pâles. *Dessus:* Plumage tout noir.	**pp. 54, 55**
MACREUSE À AILES BLANCHES *Melanitta fusca* *Dessous:* Corps noir, plaque blanche à l'aile. *Dessus:* Corps noir, plaque blanche à l'aile.	**pp. 54, 55**
EIDER À DUVET* *Somateria mollissima* *Dessus:* Dos blanc, devant de l'aile blanc, ventre noir.	**pp. 56, 57**
EIDER À TÊTE GRISE * *Somateria spectabilis* *Dessus:* Avant du corps blanchâtre, arrière du corps noir.	**pp. 56, 57**

* Les deux eiders sont souvent appelés « moyacs » par les chasseurs.

CANARDS MARINS EN VOL

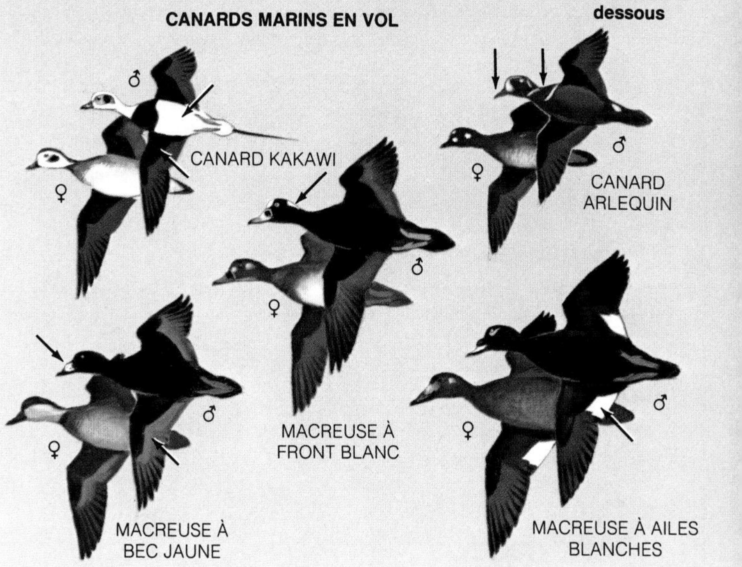

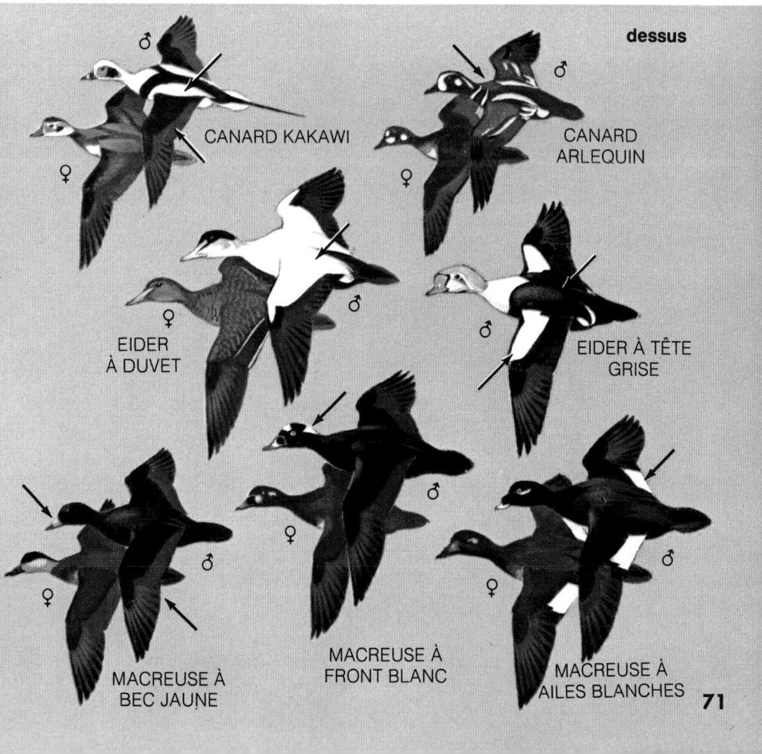

dessous

CANARD KAKAWI

CANARD ARLEQUIN

MACREUSE À BEC JAUNE

MACREUSE À FRONT BLANC

MACREUSE À AILES BLANCHES

dessus

CANARD KAKAWI

CANARD ARLEQUIN

EIDER À DUVET

EIDER À TÊTE GRISE

MACREUSE À BEC JAUNE

MACREUSE À FRONT BLANC

MACREUSE À AILES BLANCHES

CANARDS PLONGEURS EN VOL

Note: Seuls les mâles sont caractérisés ci-dessous. Les cinq premiers ont la poitrine noire.

	Texte et planche en couleurs
MORILLON À DOS BLANC *Aythya valisineria* *Dessous:* Poitrine noire, profil allongé. *Dessus:* Dos blanc, profil allongé.	pp. 58, 59
MORILLON À TÊTE ROUGE *Aythya americana* *Dessous:* Poitrine noire, tête rousse et arrondie. *Dessus:* Dos gris, large bande alaire grise.	pp. 58, 59
MORILLON À COLLIER *Aythya collaris* *Dessous:* Difficile à distinguer de dessous des Grands et Petits Morillons. *Dessus:* Dos noir, large bande alaire grise.	pp. 58, 59
GRAND MORILLON (« bluebill » *) *Aythya marila* *Dessous:* Poitrine noire, bande alaire blanche translucide. *Dessus:* Large bande alaire blanche (s'étendant sur les primaires).	pp. 58, 59
PETIT MORILLON (« bluebill » *) *Aythya affinis* *Dessous:* Bande alaire plus courte que celle du Grand Morillon.	pp. 58, 59
GARROT À OEIL D'OR (« siffleur » *) *Bucephala clangula* *Dessous:* Couvertures alaires noirâtres, tache blanche à l'aile. *Dessus:* Grand carré blanc à l'aile, cou court, tête noire.	pp. 60, 61
CANARD ROUX *Oxyura jamaicensis* *Dessous:* Trapu; face blanche, poitrine sombre. *Dessus:* Petit; sombre, avec des joues blanches.	pp. 60, 61
PETIT GARROT *Bucephala albeola* *Dessous:* Ressemble au Garrot à oeil d'or, en plus petit; noter la tache à la tête. *Dessus:* Petit; grande plaque à l'aile, tache blanche à la tête.	pp. 60, 61

* Les noms entre parenthèses sont communément utilisés par les chasseurs.

| canards barboteurs | canards plongeurs | bec-scies (plongeurs) | Canard roux (plongeur) | dendrocygnes (barboteurs) |

PROFILS DE CANARDS AU SOL

CANARDS PLONGEURS EN VOL

dessous

MORILLON À DOS BLANC

MORILLON À TÊTE ROUGE

MORILLON À COLLIER

GRAND MORILLON

GARROT À OEIL D'OR

CANARD ROUX

PETIT GARROT

MORILLON À DOS BLANC

MORILLON À TÊTE ROUGE

dessus

MORILLON À COLLIER

GRAND MORILLON

ci-dessous, aile du Petit Morillon

GARROT À OEIL D'OR

CANARD ROUX

PETIT GARROT

■ **PUFFINS: Famille Procellariidae.** Oiseaux pélagiques, ressemblant aux goélands, et rasant les vagues en vol plané, les ailes raidies. Le bec porte des narines externes tubulaires. L'aile est plus étroite que celle des goélands, la queue plus petite. Sexes semblables. Bruyants de nuit sur leurs lointains terrains de nidification; généralement silencieux en mer. **Nourriture:** Poissons, calmars, crustacés, déchets de navires. **Aire:** Tous les océans. **Espèces:** Monde, 56; Est, 7 (+ 4 ou 5 exceptionnelles).

PUFFIN CENDRÉ (53 cm)   C 55
Calonectris diomedea   CORY'S SHEARWATER

Semblable au Puffin majeur, mais plus gros et plus pâle. Le *gris* de la tête *se fond* au blanc de la gorge, alors que le P. majeur semble avoir une calotte sombre. Le bec du P. cendré est *jaune* (noir chez le P. majeur). Le blanc au croupion est indistinct ou absent. Pas de tache au ventre.

Aire: Niche aux Açores, aux Canaries et dans d'autres îles de l'Atlantique E; aussi en Méditerranée. Erre jusqu'aux côtes des É.-U. en été. **Est:** Carte 55. **Habitat:** Haute mer.

PUFFIN MAJEUR (48 cm)   C 56
Puffinus gravis   GREATER SHEARWATER

L'oiseau de mer aux allures de goéland, sombre dessus et blanc dessous, qui plane au-dessus des vagues, les ailes raides, est probablement un P. majeur ou un P. cendré. Le P. majeur a une *calotte sombre* délimitée par une bande claire sur la nuque. Noter aussi la *tache blanche au croupion,* généralement indistincte ou absente chez le P. cendré, ainsi que la tache sombre au ventre.

Aire: Niche surtout à l'île Tristan da Cunha, dans l'Atlantique S. Vagabonde en mer vers le N jusqu'au S du Groenland et en Islande, puis retourne mai-oct. **Est:** Carte 56. **Habitat:** Haute mer, loin au large.

PUFFIN FULIGINEUX (43 cm)   C 57
Puffinus griseus   SOOTY SHEARWATER

Oiseau de mer, de la taille de la Mouette à tête noire, semblant entièrement sombre à distance; passe au-dessus des vagues, les ailes étroites tenues bien raides. Noter les *couvertures blanchâtres* sous l'aile.

Espèces semblables: Voir les labbes foncés (du blanc sur les primaires), p. 83. **Aire:** Niche en Nouv.-Zélande, en Am. du S australe; vient dans l'Atlantique N et le Pacifique N en été. **Est:** Carte 57. **Habitat:** Haute mer.

PUFFIN DES ANGLAIS (33 cm)
Puffinus puffinus   MANX SHEARWATER

Petit puffin *noir et blanc* deux fois moins massif que le Puffin majeur; *aucun blanc* à la base de la queue. La calotte sombre s'étend sous l'oeil. Le vol plané bondissant est distinctif.

Aire: Niche dans les îles au large de l'Europe. **Est:** A niché à Terre-Neuve, au Massachusetts. En augmentation. Régulier en mer, de Terre-Neuve à la Virginie; inusité en Floride.

PUFFIN D'AUDUBON (30 cm)
Puffinus lherminieri   AUDUBON'S SHEARWATER

Tout petit puffin à dos sombre, semblable au P. des Anglais, mais au battement d'ailes plus rapide, souvent sans grande amplitude. Ailes *plus courtes,* queue *plus longue.* Montre *plus de noir* sous la queue.

Espèce semblable: Voir aussi le Puffin obscur (p. 292). **Aire:** Niche aux Bermudes, aux Antilles, aux îles du Cap Vert, aux Galapagos, etc. **Est:** Erre dans l'Atlantique et le g. du Mexique, au large des côtes du S-E des É.-U., régulier vers le N jusqu'en Car. du N; rarement jusqu'en Nouv.-Angleterre.

FULMAR BORÉAL (PÉTREL F.) (45 cm)   **C 58**
Fulmarus glacialis   NORTHERN FULMAR
Plus robuste qu'un puffin, il plane en mer, les ailes bien rigides; à la nage, flotte haut. Cou épais, front bombé, *bec jaune et trapu,* gros oeil sombre, queue courte. Les primaires peuvent arborer une *tache claire.* Pattes bleutées. *Forme foncée:* Gris fuligineux, primaires plus sombres, bec jaunâtre. Les individus intermédiaires sont fréquents.
Voix: Grognement rauque, *âg-âg-âg-arrr,* ou *ik-ik-ik-ik-ik.* **Aire:** Mers du N de l'hémisphère N. **Est:** Carte 58. **Habitat:** Haute mer; niche en colonies sur les falaises maritimes.

DIABLOTIN ERRANT (40 cm)
Pterodroma hasitata   BLACK-CAPPED PETREL
Légèrement plus gros que les Puffins d'Audubon ou des Anglais. Noter le front blanc, le *col blanc* et la tache blanche au croupion.
Aire: Antilles. Probablement régulier dans le Gulf Stream, au N jusqu'en Car. du N, au moins. Exceptionnel dans les terres après des tempêtes.

DIABLOTIN DES BERMUDES (38 cm)
Pterodroma cahow   BERMUDA PETREL
Confiné aux Bermudes. Un des oiseaux de mer les plus rares au monde. Rappelle le Puffin d'Audubon ou le P. des Anglais, mais noter le *front blanc* et la *tache pâle au croupion.* Diffère du Diablotin errant par son croupion plus gris et l'absence de col blanc.
Aire: Attesté seulement dans certains îlots au N-E des Bermudes (quelques couples); viennent à terre la nuit.

■ **PÉTRELS: Famille Hydrobatidae.** Petits oiseaux sombres voltigeant au-dessus de l'océan. Comme les puffins et les diablotins, nichent dans des îles en mer, revenant à leur terrier de nuit. Les narines sont dans un tube soudé au bec. Sexes semblables. **Nourriture:** Plancton, crustacés, petits poissons. **Aire:** Tous les océans (sauf l'Arctique). **Espèces:** Monde 21; Est, 2 (+3 ou 4 exceptionnelles).

PÉTREL OCÉANITE (18 cm)   **C 59**
Oceanites oceanicus   WILSON'S STORM-PETREL
Plus petit que l'Hirondelle noire; fuligineux, avec une tache plus pâle à l'aile, et une *bande blanche* très évidente *au croupion; rectrices de longueur égale.* Les pattes, à palmures jaunes, peuvent dépasser le bout de la queue. Rase les vagues comme une hirondelle, voletant sur place tout en pataugeant sur l'eau. Voir l'espèce suivante.
Aire: Niche dans l'Antarctique; de passage dans l'hémisphère N. **Est:** Carte 59. **Habitat:** Haute mer. Suit souvent les navires (au contraire du Pétrel cul-blanc). On peut l'attirer en lançant du poisson haché, du suif, du blé soufflé trempé dans de l'huile de poisson, etc.

PÉTREL CUL-BLANC (20 cm)   **C 60**
Oceanodroma leucorhoa   LEACH'S STORM-PETREL
Noter la *queue fourchue.* Semblable par ailleurs au Pétrel océanite, mais plus brun; ailes plus longues, plus angulaires. Vole de façon erratique, changeant de vitesse et de direction (comme l'Engoulevent d'Amérique). Seul pétrel nicheur de l'O de l'Atlantique N, il se voit moins souvent au large que le précédent. Ne suit pas les navires.
Voix: De nuit, en vol autour des colonies, hululements discordants rythmés. Aux terriers, longs trilles doux. **Aire:** Atlantique N, Pacifique N. **Est:** Carte 60. **Habitat:** Haute mer; niche en colonies dans le terreau des îles océaniques.

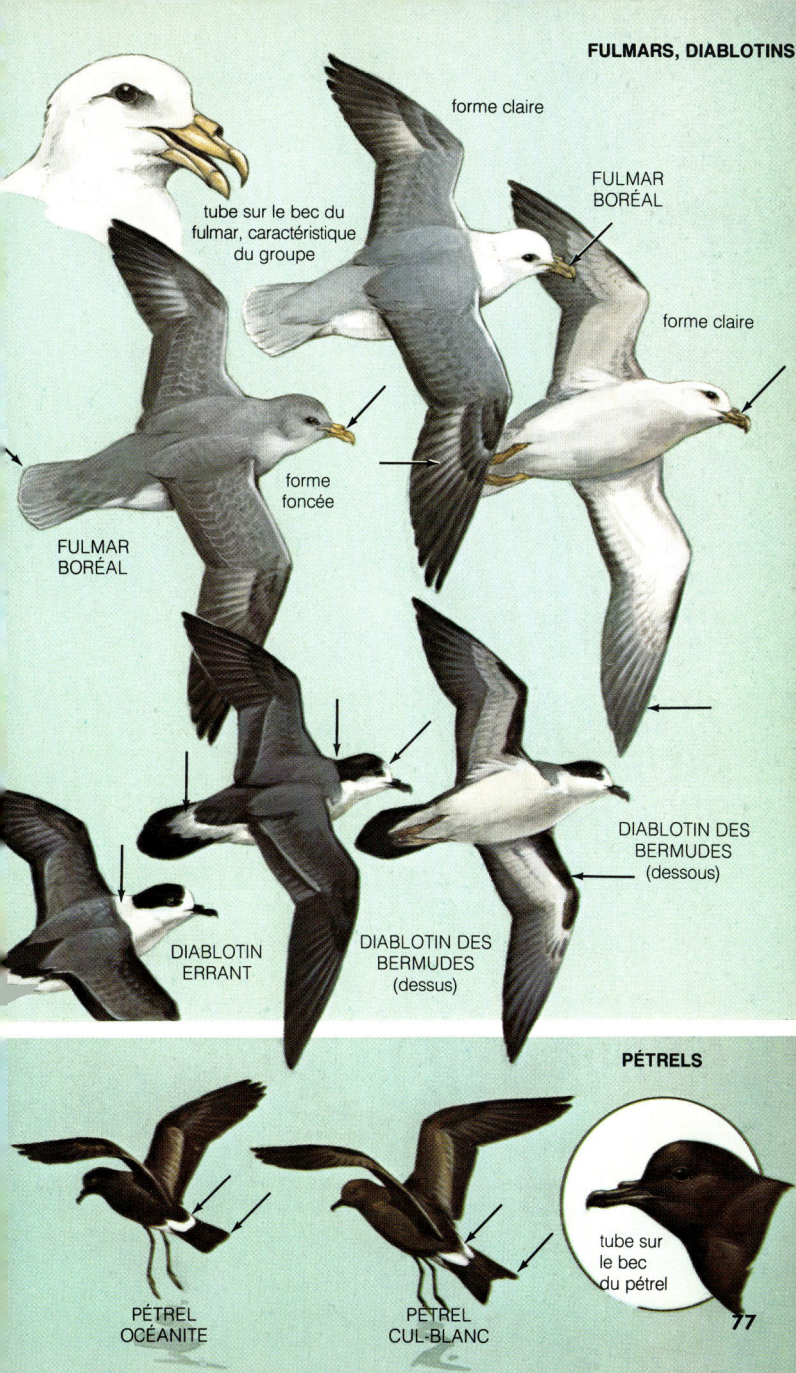

■ **PÉLICANS: Famille Pelecanidae.** Très gros oiseaux aquatiques, à long bec plat et à grande poche gulaire (aplatie lorsque dégonflée). Long cou, corps robuste. Les troupes volent en ligne, alternant les planés avec plusieurs battements d'aile. En vol, la tête est ramenée sur les épaules, le bec reposant sur la poitrine. Les pélicans flottent haut sur l'eau. **Nourriture:** Poissons surtout, crustacés. **Aire:** Am. du N et du S, Afrique, S-E de l'Europe, S de l'Asie, Inde, Australie. **Espèces:** Monde, 6; Est, 2.

PÉLICAN BLANC D'AMÉRIQUE (155 cm) C 61
Pelecanus erythrorhynchos AMERICAN WHITE PELICAN

Énorme oiseau blanc (envergure 2,40-2,90 m) avec des primaires noires et un gros bec orange. En période nuptiale, l'arête du bec porte un « aileron ». Le jeune a le bec sombre. Ne plonge pas du haut des airs comme le Pélican brun, mais recueille les poissons en nageant. Les troupes volent en ligne et tournoient souvent haut dans les courants d'air ascendants.

Espèces semblables: 1) Les cygnes n'ont pas de noir à l'aile. 2) Le Tantale d'Amérique et 3) la Grue blanche d'Amérique volent le cou étendu, leurs longues pattes étirées. 4) L'Oie des neiges, bruyante, est beaucoup plus petite et a un petit bec. **Voix:** Aux colonies, grognement grave. Les jeunes émettent des gémissements grognés. **Aire:** O et centre de l'Am. du N, hiverne jusqu'au S-E des É.U. **Est:** Carte 61. **Habitat:** Lacs, marais, eau salée, plages.

PÉLICAN BRUN (125 cm) C 62
Pelecanus occidentalis BROWN PELICAN

Imposant oiseau de mer, *sombre* (envergure 2 m); l'adulte a beaucoup de *blanc* sur la tête et le cou. Le jeune a la tête sombre, les dessous blanchâtres. La taille, le profil et le vol (quelques battements et un plané) sont ceux d'un pélican; la couleur foncée et l'habitude de *plonger tête première* caractérisent l'espèce. Ces pélicans volent en file au ras de l'eau, la touchant presque du bout des ailes.

Voix: Adultes généralement silencieux, émettant parfois un croassement grave. Les poussins produisent des plaintes. **Aire:** Côtier; du S des É.-U. au N et à l'O de l'Am. du S. **Est:** Carte 62. **Habitat:** Lagunes, plages, mer. Se perche sur les piliers et les bateaux.

■ **FRÉGATES: Famille Fregatidae.** Oiseaux sombres des mers tropicales, aux ailes extrêmement longues (envergure plus grande par rapport au poids que tout autre oiseau). Bec long et crochu; queue très fourchue. Ne nagent normalement pas. **Nourriture:** Poissons, méduses, calmars, jeunes oiseaux. Proies prises au vol à la surface de l'eau, trouvées mortes, ou subtilisées à d'autres oiseaux de mer. **Aire:** Toutes les mer tropicales. **Espèces:** Monde, 5; Est, 1 (+ 1 exceptionnelle).

FRÉGATE SUPERBE (95-103 cm; envergure 2,10-2,40 m) C 63
Fregata magnificens MAGNIFICENT FRIGATEBIRD

Gros oiseau de mer noir, aux ailes angulaires extrêmement longues et à queue en ciseaux (souvent fermée en pointe). Plane avec très grande aisance. Bec long et crochu. *Mâle:* Tout noir, avec un sac gulaire rouge (gonflé en pariade). *Femelle:* Poitrine blanche, tête sombre. *Jeune:* Tête et poitrine blanches.

Voix: Muet en mer. Gargouillis durant la pariade. **Aire:** G. du Mexique, Atlantique tropical, E du Pacifique. **Est:** Carte 63. **Habitat:** Îles et côtes marines.

■ **FOUS: Famille Sulidae.** Oiseaux de mer au grand bec et à la queue pointus (corps en fuseau). Plus gros, et à cou plus long que la plupart des goélands. Sexes semblables. Pêchent en plongeant du haut des airs. **Nourriture:** Poissons, calmars. **Aire:** Mers froides ou tropicales. **Espèces:** Monde, 9; Est, 3 (+1 exceptionnelle).

FOU DE BASSAN (95 cm) **C 64**
Sula bassanus NORTHERN GANNET
Oiseau de mer, blanc, de la taille d'une oie, avec les ailes *noires à l'extrémité*. Vole au-dessus de la mer et pêche en plongeant tête première. Beaucoup plus gros que le Goéland argenté; *queue pointue,* cou plus long, bec plus gros (souvent pointé vers l'eau). Le jeune est sombre, mais noter le corps en fuseau. En transition, le jeune peut apparaître tacheté de noir et blanc.
Voix: Dans les colonies, aboiement grave, *ârrâh.* **Aire:** Atlantique N. **Est:** Carte 64. **Habitat:** Océanique; souvent vu loin au large. Niche en colonies sur des falaises maritimes.

FOU MASQUÉ (68 cm)
Sula dactylatra MASKED BOOBY
Fou blanc, plus petit que le Fou de Bassan, ayant la queue et *tout l'arrière de l'aile noirs. Jeune:* Sombre, avec une *tache blanchâtre* sur le haut du dos et le croupion.
Aire: Mers tropicales. **Est:** Occasionnel dans le g. du Mexique (sur les bouées, les derricks) et au S de la Floride (fréquent aux Dry Tortugas).

FOU BRUN (70-75 cm)
Sula leucogaster BROWN BOOBY
Brun sombre, le *ventre blanc contrastant nettement* avec la poitrine foncée. Bec et pattes jaunâtres. *Jeune:* Brun dessus, plus pâle dessous; pattes *jaunâtres.*
Espèce semblable: Le jeune Fou de Bassan n'a pas de contraste net sur la poitrine; les pattes sont *sombres* (et non jaunâtres). **Aire:** Mers tropicales. **Est:** Occasionnel en mer dans le g. du Mexique et en Floride (surtout Dry Tortugas). Exceptionnel jusqu'au Mass.

■ **PAILLE-EN-QUEUE: Famille Phaethontidae.** Quoiqu'ils ne leur soient pas apparentés, les paille-en-queue ressemblent à de grosses sternes; bec plus fort, légèrement courbé; deux plumes *médianes* très allongées à la queue. Comme les sternes, ils plongent tête première. Sexes semblables. **Nourriture:** Calmars, crustacés. **Aire:** Toutes les mers tropicales. **Espèces:** Monde, 3; Est, 1 (+1 exceptionnelle).

PETIT PAILLE-EN-QUEUE (80 cm, incl. queue de 40 cm)
Phaethon lepturus WHITE-TAILED TROPICBIRD
Les paille-en-queue ont, en mer, le vol puissant et rapide du pigeon. Noter les *2 rectrices médianes très longues.* Le bec va du jaune au rouge orangé. Les jeunes n'ont pas de longues rectrices; bec jaune.
Voix: Cri rauque de sterne. Aussi, *tik-èt, tik-èt.* **Aire:** Toutes les mers tropicales. **Est:** Niche aux Bermudes. Vu à l'occasion dans le Gulf Stream plus au S et dans les Keys de Floride. Inusité sur la côte N du g. du Mexique et jusqu'en Nouv.-Écosse après des tempêtes.

■ **LABBES: Famille Stercorariidae.** Sombres oiseaux de mer, aux allures de rapace et au bec légèrement crochu; harcèlent mouettes et sternes, les forçant à rendre leurs proies. Formes claire, foncée ou intermédiaire. Tous ont un peu de blanc sur les primaires. Les *Stercorarius* ont 2 rectrices médianes allongées, absentes chez les jeunes; on peut tenter d'identifier ces derniers par leur taille relative. Les *Catharacta* n'ont pas de longues rectrices. Sexes semblables. **Nourriture:** Dans l'Arctique, lemmings, œufs, jeunes oiseaux. En mer, nourriture volée à d'autres oiseaux ou prise à l'eau. **Aire:** Tous les océans; nichent dans les régions sub-polaires. **Espèces:** Monde, 5; Est, 5.

GRAND LABBE (53-60 cm)
Catharacta skua　　　　　　　　　　　　　　　　　　　GREAT SKUA
Tache blanche voyante à l'aile. Presque de la taille du Goéland argenté, mais plus trapu. Brun foncé, avec le dessous rouille et une queue courte, un peu cunéiforme. Vol puissant et rapide; harcèle les autres oiseaux de mer.
Espèces semblables: Les *Stercorarius* foncés n'ont pas toujours de longues rectrices. Les ailes du Grand Labbe sont plus larges, très différentes de celles d'un faucon; le blanc de l'aile est plus voyant. **Aire:** Niche par endroits dans les mers boréales et australes, notamment dans l'E de l'Atlantique N. **Est:** Fréquent en mer au large des Maritimes et de la Nouv.-Angleterre. Des labbes de cette espèce ou de la suivante se rencontrent jusqu'en Car. du N.

LABBE ANTARCTIQUE (53 cm)
Catharacta maccormicki　　　　　　　　　　　　SOUTH POLAR SKUA
Très semblable au Grand Labbe; bec et pattes plus courts. La forme « blonde » a la tête et les dessous beaucoup plus pâles que le Grand Labbe. La forme foncée n'a pas les mouchetures rouille éparses du Grand Labbe.
Aire: Atlantique. Erre jusqu'au Groenland dans l'Atlantique N. Les *Catharacta* vus l'été pourraient fort bien appartenir à cette espèce.

LABBE PARASITE (45 cm)　　　　　　　　　　　　　　　　C 65
Stercorarius parasiticus　　　　　　　　　　　　　PARASITIC JAEGER
Allure de faucon; poursuit mouettes et sternes. Chez l'adulte, les plumes pointues dépassent la queue de 1 à 9 cm. Comme les autres labbes, arbore du blanc à l'aile. C'est le labbe vu le plus souvent de la côte.
Aire: Arctique, circumpolaire. Hiverne en mer, de la latitude du S des É.-U. à celle de la Terre de Feu. **Est:** Carte 65. **Habitat:** Haute mer, baies, grands lacs (rarement); toundra (été).

LABBE POMARIN (55 cm)　　　　　　　　　　　　　　　　C 66
Stercorarius pomarinus　　　　　　　　　　　　　POMARINE JAEGER
Noter les rectrices *larges et tordues* dépassant la queue de 5 à 20 cm. Plus grand et plus massif que les autres *Stercorarius*, souvent très barré dessous, avec une large bande pectorale, et plus de blanc sur les primaires. Le jeune n'a pas les longues plumes caudales, mais il est plus gros que les autres jeunes *Stercorarius*, et a le bec plus fort.
Aire: Arctique; circumpolaire. Hiverne en mer, du S des É.-U. jusque dans l'hémisphère S. **Est:** Carte 66. **Habitat:** Haute mer, eaux côtières; toundra (été).

LABBE À LONGUE QUEUE (51-58 cm)　　　　　　　　　　C 67
Stercorarius longicaudus　　　　　　　　　　　LONG-TAILED JAEGER
Les longues rectrices de l'adulte peuvent dépasser la queue de 25 cm (en général de 7 à 15 cm). Dessous beaucoup plus blanc que le Labbe parasite; pas de bande pectorale. La calotte noire est bien démarquée du dos gris pâle. Bec court; pattes gris-bleu (noires chez le L. parasite).
Aire: Arctique; circumpolaire. Hiverne en mer dans l'hémisphère S. **Est:** Carte 67. **Habitat:** Haute mer; toundra (été).

■ **GOÉLANDS** (ci-dessous) **ET STERNES** (p. 94): **Famille Laridae.**
• **GOÉLANDS: Sous-famille Larinae.** Oiseaux nageurs à ailes longues et au vol superbe. Plus robustes que les sternes, avec des ailes plus larges et des pattes plus longues. Bec légèrement crochu. Queue carrée ou arrondie (les sternes ont en général la queue fourchue). Plongent rarement (les sternes font du sur-place, et plongent tête première). **Nourriture:** Omnivores; organismes marins; nourriture animale ou végétale, déchets, charogne. **Espèces:** Monde, 45; Est, 17 (+ 3 exceptionnelles).

GOÉLAND BOURGMESTRE (65-80 cm)   **C 68**
Larus hyperboreus   GLAUCOUS GULL
Noter l'extrémité « givrée » des ailes. Gros goéland blanchâtre, de la taille du G. à manteau noir. Les adultes ont un manteau gris pâle et des *primaires blanches, sans marque*. **Jeune:** Voir pp. 90, 91.
Espèce semblable: Le Goéland arctique de la taille du G. argenté ou plus petit; son bec est plus petit, sa tête plus ronde, ses ailes plus longues et plus étroites en proportion. L'adulte a un étroit cercle rouge, difficile à voir, autour de l'oeil (*jaune chez le G. bourgmestre*). **Aire:** Arctique; circompolaire. Hiverne jusqu'aux É.-U., en G.-Bretagne, en Chine du N. **Est:** Carte 68. **Habitat:** Surtout côtier, mais aussi à l'intérieur.

GOÉLAND ARCTIQUE (race groenlandaise)   (58-65 cm)   **C 69**
Larus g. glaucoides   ICELAND GULL
Goéland blafard, presque de la taille du Goéland argenté. L'adulte a un manteau gris clair et des *primaires blanchâtres, ou blanc pur, sans marque sombre*. **Jeune:** Voir pp. 90, 91. Voir la race américaine.
Espèce semblable: Le Goéland bourgmestre a un bec plus fort. **Aire:** Niche au Groenland. Hiverne jusque dans l'E du Canada et des É.-U. **Est:** Carte 69. **Habitat:** Côtier, moins fréquent dans l'intérieur des terres.

GOÉLAND ARCTIQUE (race américaine)   **C 69**
Larus glaucoides kumlieni   ICELAND GULL
Cette race du Goéland arctique, qui niche dans l'E de l'Arctique canadien, diffère par ses *marques grises ou sombres*, d'étendue variable, près de l'extrémité des primaires blanches (et non pas noires avec des points blancs, comme chez le Goéland argenté).
Espèce semblable: Le Goéland de Thayer a un manteau plus sombre, des yeux foncés. **Aire:** E de l'Arctique canadien; hiverne jusqu'au N-E des É.-U. **Est:** Carte 69.

MOUETTE BLANCHE (GOÉLAND SÉNATEUR) (38-43 cm)
Pagophila eburnea   IVORY GULL
La seule mouette *toute blanche* à pattes *noires*. De la taille d'un pigeon; longues ailes, vole un peu comme une sterne. Bec noir, à extrémité jaune. *Jeune:* Voir pp. 92, 93.
Espèces semblables: Les Goélands 1) arctiques et 2) bourgmestres sont plus gros, avec des pattes couleur chair. **Voix:** Cris perçants de sterne: *kîîîr*, etc. **Aire:** Grand Nord; circompolaire. **Est:** Niche par endroits dans l'archipel arctique canadien. Hiverne depuis la banquise jusqu'au g. du St-Laurent. Inusitée en Nouv.-Angleterre, exceptionnelle au N.-J. et dans les Grands Lacs.

MOUETTE ROSÉE (31-35 cm)
Rhodostethia rosea   ROSS' GULL
Mouette rare des zones de glace flottante. *Été:* Noter la *queue cunéiforme*, la poitrine rosée, le *mince collier noir*, les couvertures gris-bleu sous l'aile. *Hiver:* Perd la couleur rosée et le collier noir. *Jeune:* Voir p. 92.
Aire: Niche surtout en Sibérie. **Est:** Visiteuse rare dans l'Arctique canadien, où elle a niché. Exceptionnelle au Massachusetts, et Grands Lacs.

GOÉLAND ARGENTÉ (58-65 cm) **C 70**
Larus argentatus HERRING GULL
Le plus commun des goélands côtiers. *Adulte:* Goéland à manteau gris et à *pattes de couleur chair.* Bout des ailes noir, marqué de points blancs; bec jaune et fort, avec une tache rouge. *Jeune:* Voir p. 90.
Voix: *Aillâk... aillâh... aillâh-illâk* ou *yuk-yuk-yuk-yuk-yukl-yukl* fort. Miaulements. Cri d'alarme, *gâh-gâh-gâh*. **Aire:** N de l'hémisphère N. **Est:** Carte 70. **Habitat:** Côtes, estuaires, lacs, champs cultivés, dépotoirs.

GOÉLAND DE THAYER (58-63 cm) **C 70**
Larus thayeri THAYER'S GULL
Très semblable au Goéland argenté, et le remplaçant dans l'Arctique canadien. L'adulte a des yeux dans *des tons de brun* (et non jaunes), un mince cercle oculaire rouge (et non jaune), du gris ardoise (et non du noir) sur les primaires, un manteau légèrement plus foncé, des pattes *plus roses.*
Aire: Arctique canadien. Hiverne sur la côte du Pacifique. **Est:** Carte 70.

GOÉLAND À BEC CERCLÉ (48 cm) **C 71**
Larus delawarensis RING-BILLED GULL
Adulte: Semblable au Goéland argenté mais plus petit et plus gracieux en vol. Noter le *cercle noir* autour du bec, et les pattes *jaunâtres ou verdâtre clair.* Beaucoup de noir *sous* les primaires. *Jeune:* Voir pp. 90, 91.
Espèce semblable: Le Goéland argenté adulte a les pattes couleur chair.
Voix: Notes plus aiguës que celles du Goéland argenté. **Aire:** Canada, N des É.-U. Hiverne jusqu'au Mexique et à Cuba. **Est:** Carte 71. **Habitat:** Lacs, côtes, dépotoirs, champs labourés.

GOÉLAND DE CALIFORNIE (50-58 cm)
Larus californicus CALIFORNIA GULL
Adulte: Ressemble au Goéland à bec cerclé, qui est plus petit (tous deux ont les pattes vert-jaunâtre); manteau plus foncé, *oeil sombre,* et *tache rouge et noir* sur la mandibule inférieure (et non un cercle noir). Arbore plus de blanc sur le bout des ailes. *Jeune:* Voir pp. 90, 91.
Aire: O de l'Am. du N; hiverne du S de la C.-B. au Guatemala. **Est:** Niche jusqu'au centre du Nord-Dakota. Exceptionnel plus à l'E.

MOUETTE TRIDACTYLE (43 cm) **C 72**
Rissa tridactyla BLACK-LEGGED KITTIWAKE
Mouette maritime très gracieuse. Chez les adultes, l'extrémité noire des ailes est *coupée droit,* comme si elle avait été plongée dans l'encre. Petit bec jaune pâle, sans marque. Pattes *noires.* *Jeune:* Voir p. 92.
Voix: Dans les colonies, *kaka-ouik* ou *kîtti-waak* rauque. **Aire:** Mers froides de l'hémisphère N. Hiverne jusqu'aux côtes des É.-U., de la Méditerranée, du Japon. **Est:** Carte 72.

GOÉLAND À MANTEAU NOIR (G. MARIN) (70-78 cm) **C 73**
Larus marinus GREAT BLACK-BACKED GULL
Plus gros que le Goéland argenté. *Adulte:* Caractéristique; dos et ailes noirs; dessous blanc neige. *Jeune:* Voir pp. 90, 91.
Espèce semblable: Voir le Goéland brun (inusité). **Voix:** Un *kîow* ou *âohk* rude et grave. **Aire:** Surtout les côtes N de l'Atlantique N, hivernant jusqu'aux États du centre de la côte atlantique et en Méditerranée. **Est:** Carte 73. **Habitat:** Côtes et estuaires surtout; moins commun sur les grands plans d'eau douce.

GOÉLAND BRUN (58 cm)
Larus fuscus LESSER BLACK-BACKED GULL
Semblable au Goéland à manteau noir mais plus petit (taille du Goéland argenté). Se distingue à ses pattes *jaunes* (et non chair).
Aire: N de l'Europe, hivernant jusqu'en Méditerranée. **Est:** Nombreuses mentions récentes depuis l'E du Canada jusque dans le S de la Floride.

MOUETTE À TÊTE NOIRE (40-43 cm)   C 74
Larus atricilla   LAUGHING GULL

Mouette côtière dont le *manteau sombre se fond dans l'extrémité noire des ailes.* Bordure blanche à l'arrière de l'aile. Tête noire en été, blanc ombré en hiver. *Jeune:* Voir p. 92.

Voix: Un rire strident, *ha-ha-ha-ha-haah-haah-haah,* etc. **Aire:** Côtes, de la Nouv.-Écosse au Venezuela; par endroits, dans le S-E de la Californie et l'O du Mexique. Hiverne dans le S des É.-U. et plus au S. **Est:** Carte 74. **Habitat:** Marais côtiers, lagunes, quais, plages, mer.

MOUETTE DE FRANKLIN (35-38 cm)   C 74
Larus pipixcan   FRANKLIN'S GULL

Noter la *bande blanche* séparant le noir et le gris *de l'aile.* L'été, la poitrine a une teinte rosée, la tête est noire. L'automne, tête blanche, joues et nuque sombres. *Jeune:* Voir pp. 92, 93.

Voix: *Kuk-kuk-kuk* perçant; miaulements et rires également. **Aire:** Niche dans l'O du Canada, le N-O et le centre-N des É.-U. Hiverne sur le Pacifique, du Guatemala au Chili. **Est:** Carte 74. **Habitat:** Steppes, marais, lacs; l'hiver, côtes et mer.

MOUETTE DE SABINE (35 cm)   C 75
Xema sabini   SABINE'S GULL

Notre seule mouette à *queue nettement fourchue.* Noter les primaires externes noires et le *triangle blanc sur l'aile.* Bec noir à *extrémité jaune,* pattes noires. Capuchon ardoisé l'été. *Jeune:* Voir p. 92.

Aire: Arctique; circompolaire. Hiverne dans le Pacifique jusqu'au Pérou; par endroits dans l'Atlantique. **Est:** Carte 75. **Habitat:** Toundra (été); mer.

MOUETTE RIEUSE (35-38 cm)
Larus ridibundus   BLACK-HEADED GULL

Par son motif, semblable à la Mouette de Bonaparte, avec laquelle elle se tient; légèrement plus grosse. L'adulte a la tête *brune* (et non noire) l'été. Perd son capuchon en hiver. Bec *rouge foncé,* et non noir; *noirâtre sous les primaires. Jeune:* Voir p. 92.

Aire: Eurasie, Islande. **Est:** De plus en plus fréquente ces dernières années sur la côte atlantique, surtout dans les Maritimes; moins fréquente dans le S des É.-U. et dans les Grands Lacs. A niché à Terre-Neuve.

MOUETTE DE BONAPARTE (33 cm)   C 76
Larus philadelphia   BONAPARTE'S GULL

Petite mouette aux allures de sterne. Noter la *longue pointe blanche* au bout de l'aile. Capuchon noir l'été; pattes rouges, petit bec noir. L'hiver l'adulte a la tête blanche et un *point noir à l'oreille. Jeune:* Voir pp. 92, 93.

Voix: *Tchîîr* ou *tchèrr,* nasal. Quelques notes de sterne. **Aire:** Alaska, O et centre du Canada. Hiverne du N des É.-U. au Mexique et à Cuba. **Est:** Carte 76. **Habitat:** Côtes, lacs; tourbières (été).

MOUETTE PYGMÉE (28 cm)
Larus minutus   LITTLE GULL

La plus petite mouette. Noter *l'aile arrondie, noirâtre dessous* et sans noir dessus. Capuchon noir l'été, *calotte* noirâtre l'hiver. Pattes rouges. Bec rouge foncé et poitrine rosée, l'été; bec noir l'hiver. *Jeune:* Voir p. 92.

Aire: Eurasie; hiverne jusqu'en Méditerranée. **Est:** Rare mais régulière dans les Grands Lacs et sur la côte. A niché en Ontario, au Michigan, au Wisconsin. **Habitat:** Lacs, côtes; avec la M. de Bonaparte.

JEUNES GOÉLANDS

Les jeunes Laridés sont plus difficiles à identifier que les adultes. Leur plumage est généralement foncé la première année et plus pâle la deuxième; les goélands n'atteignent parfois la maturité complète qu'à la troisième ou la quatrième année. La couleur des pattes et du bec de la plupart des jeunes n'est pas aussi caractéristique de l'espèce que chez les adultes. Noter surtout la livrée et la taille. Les plumages les plus typiques sont illustrés ci-contre; on peut rencontrer des plumages intermédiaires. N'essayez pas d'identifier nécessairement *tous* les jeunes goélands. Des facteurs comme l'avancement de la mue, l'usure des plumes, l'âge, la variation individuelle, et même à l'occasion, l'albinisme ou l'hybridisme, font que certains oiseaux demeurent un mystère pour l'expert, à moins que ce dernier n'ait le spécimen en main.

GOÉLAND BOURGMESTRE *Larus hyperboreus* **Adulte pp. 84. 85**
Premier hiver: Reconnaissable à sa grande taille (celle du G. à manteau noir), à sa coloration fauve clair, et à ses *primaires givrées,* un peu plus pâles que le reste de l'aile. Bec pâle, de *couleur chair*, à l'extrémité sombre. **Deuxième année:** Entièrement blanchâtre ou très pâle. Le manteau gris clair apparaît plus tard, à l'âge adulte.

GOÉLAND ARCTIQUE *Larus glaucoides* **Adulte pp.84, 85**
Série des plumages semblable à celle du G. bourgmestre, mais l'oiseau est plus petit (taille du G. argenté), a un bec plus petit et des ailes proportionnellement plus longues (dépassant la queue, au sol). Vol plus léger. La première année, le bec du Goéland arctique est presque entièrement sombre (couleur chair et extrémité sombre chez le bourgmestre).

GOÉLAND ARGENTÉ *Larus argentatus* **Adulte pp.86, 87**
Premier hiver: Brun relativement uniforme; le goéland noirâtre commun. Aucun autre jeune goéland n'est aussi uniformément foncé. **Deuxième et troisième hiver:** Plus pâle. Tête et dessous plus blancs; plumes de la queue à extrémité sombre, contrastant avec le croupion blanc. Le manteau gris apparaît peu avant la maturité.

GOÉLAND DE CALIFORNIE *Larus californicus* **Adulte pp.86, 87**
Premier hiver: Aussi *sombre* que le Goéland argenté au premier hiver, mais avec un *bec bicolore* plus court.

GOÉLAND À MANTEAU NOIR *Larus marinus* **Adulte pp. 86, 87**
Le jeune est plus gros et moins brun que le G. argenté de première année. Le manteau est déjà esquissé et contraste avec la tête, la queue et les dessous plus pâles. L'oiseau peut ressembler aux phases avancées du jeune G. argenté, mais le dos est plus sombre, la tête et le bec sont plus gros.

GOÉLAND À BEC CERCLÉ *Larus delawarensis* **Adulte pp. 86, 87**
Le jeune peut être confondu avec le G. argenté de deuxième ou de troisième hiver, qui semble aussi avoir un cercle au bout de son bec plus long. La queue du G. argenté est terminée par une *large* bande mal définie. Chez le G. à bec cerclé, la bande sub-terminale est plus étroite (environ 3 cm de large) et généralement (mais pas toujours) bien nette. La couleur des pattes n'est pas habituellement pas utile, car de nombreux jeunes G. à bec cerclé ont les pattes de couleur chair ou gris-chair, guère différentes de celles du jeune G. argenté.

JEUNES MOUETTES

MOUETTE À TÊTE NOIRE *Larus atricilla* **Adulte pp. 88, 89**
Première année: Très *foncée,* avec un *croupion blanc* et une *bordure blanche* sur l'arrière de l'aile sombre. **Deuxième hiver:** Plus pâle ou plus blanche sur la poitrine et le front; difficile à distinguer de la jeune M. de Franklin (voir ci-dessous).

MOUETTE DE FRANKLIN *Larus pipixcan* **Adulte pp. 88, 89**
Le jeune de premier hiver ressemble beaucoup à la M. à tête noire de deuxième hiver, mais son bec et son corps sont plus petits. Se distingue surtout par sa *joue plus sombre* et son *capuchon plus net.* Les aires diffèrent: la M. de Franklin dans l'intérieur, la M. à tête noire sur la côte. Enfin, la M. à tête noire de première année se distingue aisément de la M. de Franklin à sa poitrine et son front bruns.

MOUETTE TRIDACTYLE *Rissa tridactyla* **Adulte pp. 86, 87**
Noter le *bandeau sombre sur la nuque,* les primaires externes noires, et la barre sombre à travers l'aile. La queue peut paraître encochée.

MOUETTE DE SABINE *Xema sabini* **Adulte pp. 88, 89**
Dos brun-grisâtre foncé et *ailes à triangles caractéristiques* comme chez l'adulte. Noter aussi la queue *fourchue.* La jeune M. tridactyle est semblable, sauf pour le col sombre, la barre diagonale sur l'aile, et l'extrémité à peine concave de la queue.

MOUETTE DE BONAPARTE *Larus philadelphia* **Adulte pp. 88, 89**
Petite mouette aux allures de sterne. Noter la tache à la joue, l'étroite bande noire à la queue, et le motif noir et blanc des primaires externes.

MOUETTE RIEUSE *Larus ridibundus* **Adulte pp. 88, 89**
Par son plumage, semblable à la M. de Bonaparte avec laquelle elle se tient, mais plus grosse et ressemblant moins à une sterne; bec plus long, ocre à la base et noir au bout. Dessous de l'aile semblable à celui de la M. rieuse adulte, mais moins sombre.

MOUETTE BLANCHE *Pagophila eburnea* **Adulte pp. 84, 85**
Mouette blanche aux allures de sterne, ayant la face tachée de gris, le dessus *maculé de quelques points noirs,* et une ligne noire à l'arrière de l'aile.

MOUETTE PYGMÉE *Larus minutus* **Adulte pp. 88, 89**
Plus petite que la jeune M. de Bonaparte, aux ailes plus rondes, portant un « M » *noir plus net* (formé par les primaires externes et la bande diagonale noire). Noter surtout la *calotte foncée.*

MOUETTE ROSÉE *Rhodostethia rosea* **Adulte pp. 84, 85**
Par sa livrée, semblable à la jeune M. tridactyle, mais noter la queue *cunéiforme,* et les couvertures gris-bleu sous l'aile. N'a pas le col sombre de la jeune M. tridactyle.

- **STERNES: Sous-famille Sterninae.** Oiseaux aquatiques gracieux, plus élancés que les goélands, et à queue généralement fourchue. Bec très pointu, souvent tenu incliné vers l'eau. La plupart des sternes sont blanchâtres et ont une calotte noire; l'hiver, le noir du front est remplacé par du blanc. Sexes semblables. Les sternes volent souvent sur place et pêchent en plongeant tête première. Se posent rarement sur l'eau, contrairement aux goélands. **Nourriture:** Petits poissons, organismes marins, gros insectes. **Aire:** Presque mondiale. **Espèces:** Monde, 42; Est, 14 (+ 2 exceptionnelles).

STERNE HANSEL (35 cm)   **C 77**
Sterna nilotica   GULL-BILLED TERN

Noter le bec *noir, presque aussi fort que celui d'un goéland.* Plus robuste et plus pâle que la S. pierregarin; queue beaucoup moins fourchue; pattes *noires.* L'hiver, la tête est presque blanche. Le jeune ressemble à une mouette à queue fourchue. Chasse souvent les insectes au-dessus des terres.
Voix: *Za-za-za,* rauque; aussi, *ké-ouèk, ké-ouèk.* **Aire:** Niche en colonies isolées, puis se disperse très loin. **Est:** Carte 77. **Habitat:** Marais côtiers, champs, littoral.

STERNE CAUGEK (40-45 cm)   **C 78**
Sterna sandvicensis   SANDWICH TERN

Un peu plus grande que la S. pierregarin. Noter le *long bec noir* à extrémité *jaune* (souvent plus sombre chez les jeunes). Acquiert le front blanc durant la période nuptiale; huppe de plumes allongées à l'arrière de la calotte. Pattes noires.
Espèces semblables: Voir la Sterne hansel (bec noir et fort). **Voix:** *Kirr-ik* raclé (plus aigu que le *ké-wèk* de la hansel). **Aire:** Côtes du S-E des É.-U., îles Britanniques, Europe. Hiverne jusqu'en Am. du S et en Afrique. **Est:** Carte 78. **Habitat:** Eaux côtières, jetées, plages. Aime la compagnie des Sternes royales.

STERNE ROYALE (45-53 cm)   **C 79**
Sterna maxima   ROYAL TERN

Grande sterne, plus élancée que la S. caspienne, à gros bec *orange* (celui de la S. caspienne est plus rouge). Queue très fourchue. Quoique quelques Sternes royales arborent une calotte complète au printemps, elles ont habituellement beaucoup de blanc sur le front, les plumes noires formant une huppe.
Voix: *Kîr,* plus aigu que le cri de la S. caspienne; aussi, *kâak* ou *kak.* **Aire:** Côtes du S-E des É.-U., du N-O du Mexique, des Antilles, de l'O de l'Afrique. Hiverne du S des É.-U.à l'Argentine; O de l'Afrique. **Est:** Carte 79. **Habitat:** Eaux côtières, plages.

STERNE CASPIENNE (48-58 cm)   **C 80**
Sterna caspia   CASPIAN TERN

La grande taille (presque celle du Goéland argenté) et le gros bec rouge distinguent la S. caspienne de toutes les autres sternes sauf de la S. royale. La S. caspienne se voit dans l'intérieur des terres (contrairement à la S. royale); elle a la queue plus courte et le bec plus fort, *rouge* plutôt qu'orange. La S. royale est plus élancée, plus *huppée* et a généralement un front *blanc pur* (en plumage comparable, la S.caspienne a un front obscurci et rayé). La S. caspienne a plus de noir sous les primaires.
Voix: *Krâa-uh* ou *kârr* rauque et grave; aussi des *kak* répétés. **Aire:** Niche en colonies, puis se disperse très loin. **Est:** Carte 80. **Habitat:** Grands plans d'eau, eaux côtières, plages.

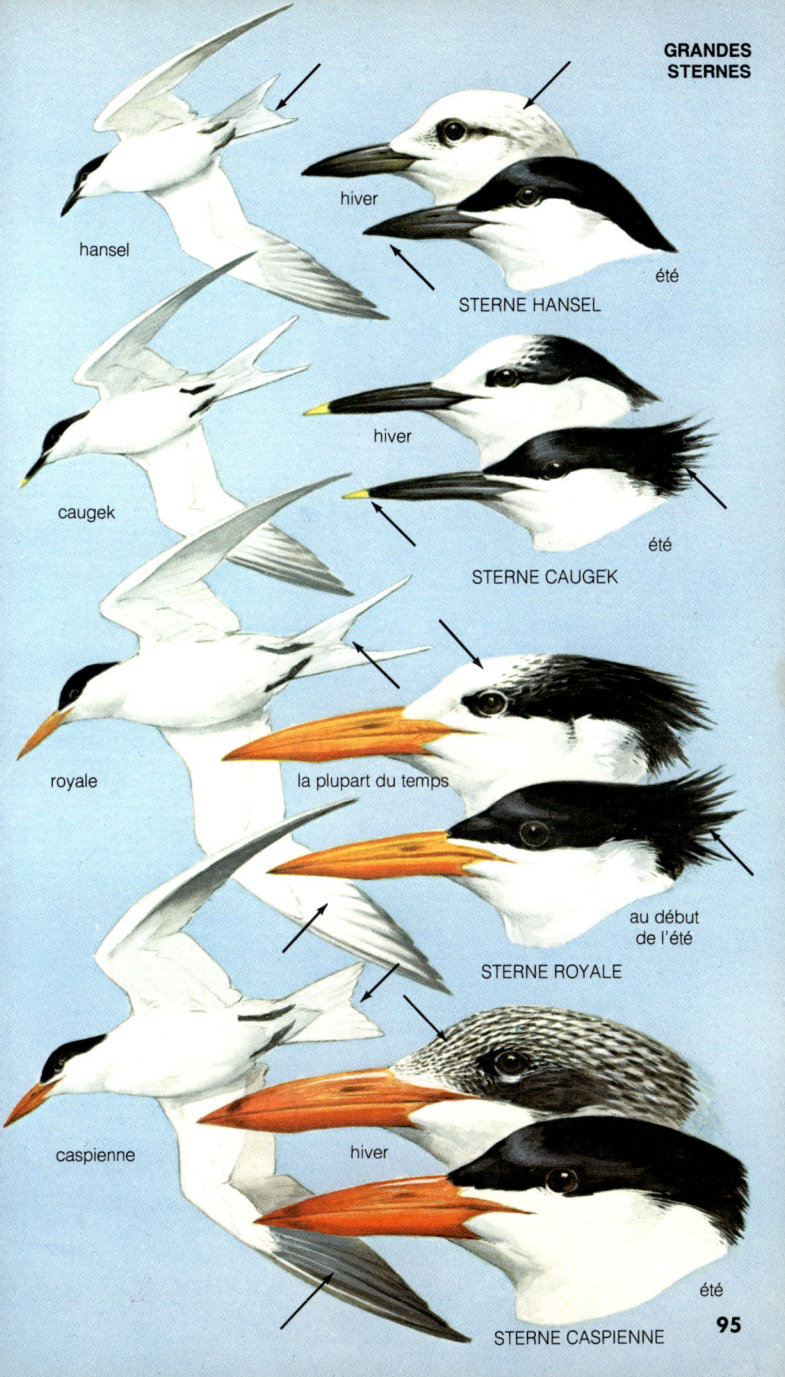

PETITE STERNE (23 cm) **C 81**
Sterna antillarum LEAST TERN
Très petite sterne claire, à bec et pattes *jaunes,* et à front blanc. Battement d'ailes plus rapide que chez les autres sternes. *Jeune:* Bec sombre; nuque sombre; bord avant de l'aile très foncé dessus. À l'automne, les Petites Sternes de tout âge peuvent avoir le bec sombre, mais leurs pattes montrent du jaune.
Voix: *Kit* répété et perçant; *zrî-îk* ou *zîk* grinçant; également, *kitti-kitti-kitti* rapide. **Aire:** Eaux tropicales et tempérées. Hiverne au S des É.-U. **Est:** Carte 81. **Habitat:** Eaux côtières, plages; fleuves.

STERNE ARCTIQUE (35-43 cm) **C 82**
Sterna paradisaea ARCTIC TERN
Très semblable à la S. pierregarin, mais *plus grise; joues blanches* contrastant avec la gorge et la poitrine grises. Le bec, plus court, est habituellement *rouge sang* jusqu'au bout. Pattes plus courtes. De dessous, noter l'aspect *translucide* des primaires et la *mince* bordure noire. L'automne, le bec et les pattes deviennent sombres et l'identification des adultes est plus difficile.
Voix: *Kî-yah,* comme la S. pierregarin, mais moins roulé et plus aigu. *Kîr-kîr* aigu plus caractéristique. **Aire:** N de l'hémisphère N; circompolaire. Hiverne dans les mers sub-antarctiques. **Est:** Carte 82. **Habitat:** Haute mer, côtes rocheuses, îles; lacs de toundra (été).

STERNE PIERREGARIN (33-40 cm) **C 83**
Sterna hirundo COMMON TERN
(S. commune). Gracieux oiseau aux allures de mouette, *à calotte noire* et à *queue fourchue. Été:* Blanche, manteau gris pâle, calotte noire; bec rouge-orangé, à bout noir; pattes rouge-orangé. *Hiver, et jeune:* Calotte noire incomplète; bec noirâtre.
Voix: *Kî-arr* étiré (descendant); aussi, *kik-kik-kik;* un *kirri-kirri* rapide. **Aire:** L'hémisphère N tempéré. Hiverne jusque dans l'hémisphère S. **Est:** Carte 83. **Habitat:** Lacs, mer, lagunes, plages; niche en colonies sur les plages et les îlots.

STERNE DE FORSTER (35-38 cm) **C 84**
Sterna forsteri FORSTER'S TERN
Extrémité des ailes givrée. Se distingue de la S. pierregarin par les primaires plus claires que le reste de l'aile (plus foncées chez la S. pierregarin). Queue plus grise; bec plus orangé. L'automne et l'hiver, l'adulte et la jeune S. de Forster ont un *bandeau noir traversant l'oeil et l'oreille* (et non la nuque). Le jeune n'a pas l'avant de l'aile sombre de la S. pierregarin.
Voix: *Za-a-ap* rauque et nasal, *kiârr* nasal. **Aire:** De l'O du Canada, l'O des É.-U. et le centre de la côte atlantique jusqu'au Tamaulipas. Hiverne du S des É.-U. au Guatemala. **Est:** Carte 84. **Habitat:** Niche dans les marais (d'eau douce ou côtiers); lacs, lagunes, plages, mer.

STERNE DE DOUGALL (35-43 cm) **C 85**
Sterna dougallii ROSEATE TERN
Ressemble à la S. pierregarin mais plus pâle dessus et à queue plus fourchue. D'ordinaire, son *bec noir* la distingue des autres sternes semblables, qui ont toutes le bec rougeâtre (sauf l'hiver). Durant l'incubation, la S. de Dougall peut avoir du rouge à la base du bec; se fier alors aux autres caractères. Au sol, la queue dépasse de beaucoup le bout des ailes.
Voix: *Ka-a-ak* de crécelle; *tchou-ick* ou *tchivi* doux et dissyllabique. **Aire:** Niche en colonies, puis se disperse sur les côtes des océans Atlantique, Pacifique et Indien. **Est:** Carte 85. **Habitat:** Côtes; lagunes, estuaires, mer.

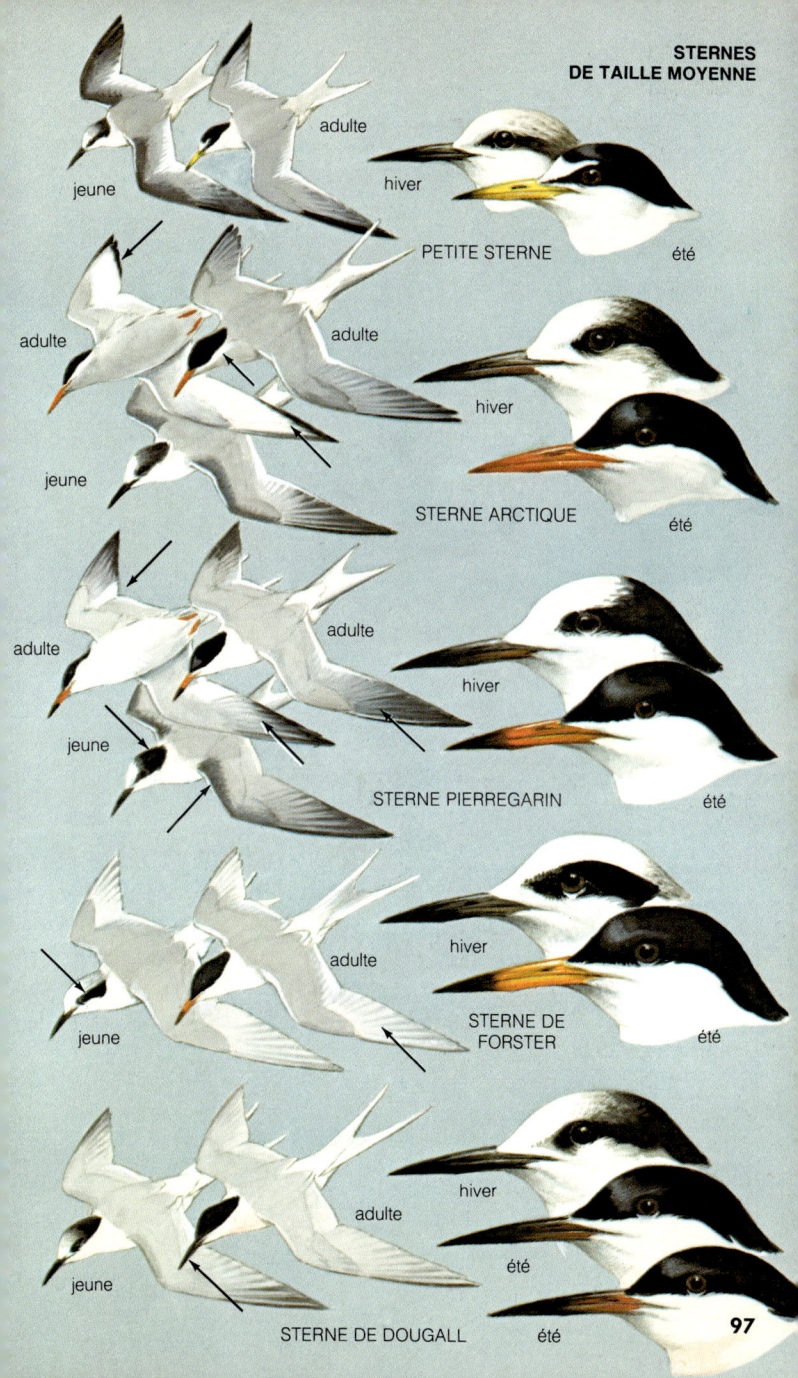

GUIFETTE NOIRE (23-25 cm) **C 86**
Chlidonias niger BLACK TERN
(Sterne n.). Notre seule sterne *au corps noir. Plumage nuptial:* Tête et dessus noirs; dos, ailes et queue gris foncé. Au milieu de l'été les oiseaux en mue sont bigarrés; une bonne partie du noir est alors remplacé par du blanc. Noter la tête bicolore et la tache sur le côté de la poitrine. Jeune semblable.
Voix: *Kik, kîk,* ou *kli* dur. **Aire:** Am. du N tempérée, Eurasie. Hiverne surtout en Am. du S, en Afrique. **Est:** Carte 86. **Habitat:** Marais d'eau douce, lacs; en migration, eaux côtières.

NODDI NIAIS (38 cm)
Anous stolidus BROWN NODDY
Sterne brun noirâtre, à calotte blanchâtre. La *queue cunéiforme* a une légère encoche. Le jeune n'a du blanc que sur le front.
Espèce semblable: Le Noddi noir (*A. minutus*) se rencontre parfois en compagnie des Noddis niais aux Dry Tortugas. Il est plus petit (30 cm), plus noir, et a une calotte plus blanche. **Voix:** *Karrrrk* ou *arrrrôk* déchirant. *Aille-ak* perçant. **Aire:** Mers tropicales. **Est:** Niche aux Dry Tortugas, au large de la Floride. Comme la Sterne fuligineuse, les ouragans tropicaux l'amènent parfois sur la côte plus loin au N.

STERNE FULIGINEUSE (38-43 cm)
Sterna fuscata SOOTY TERN
Sterne bicolore caractéristique, *noire dessus et blanche dessous.* Joues et front blancs; bec et pattes noirs. *Jeune:* Brun foncé; dos moucheté de blanc; queue fourchue.
Voix: *Ouaida-wek* ou *ouacki-wac* nasal. **Aire:** Répandue dans les mers tropicales. **Est:** Grosse colonie aux Dry Tortugas, au large des Keys de Floride. A niché en Louisiane. Les ouragans l'amènent sur la côte plus loin au N.

STERNE À COLLIER (35 cm)
Sterna anaethetus BRIDLED TERN
Sterne antillaise à rechercher après les ouragans. Ressemble à la S. fuligineuse, mais son dos est plus gris; noter le large *col blanchâtre* séparant le dos de la calotte noire; la tache blanche du front se prolonge *derrière l'oeil* (s'arrête *à* l'oeil chez la S. fuligineuse).
Aire: Mers tropicales. **Est:** Les tempêtes tropicales l'ont amenée sur la côte jusqu'au Massachusetts au N. Fréquente sans doute le Gulf Stream jusqu'en Car. du N.

■ **BEC-EN-CISEAUX: Famille Rynchopidae.** Oiseaux élancés, à pattes courtes, proches parents des goélands et des sternes. Bec en ciseaux, rouge; longue mandibule inférieure. **Nourriture:** Petits poissons, crustacés. **Aire:** Côtes, fleuves des pays chauds. **Espèces:** Monde, 3; Est, 1.

BEC-EN-CISEAUX NOIR (40-50 cm) **C 87**
Rynchops niger BLACK SKIMMER
Noter le bec en ciseaux, asymétrique. Dessus noir et dessous blanc; plus élancé qu'un goéland, ailes extrêmement longues. Le bec rouge vif (noir au bout) est long et comprimé latéralement; la mandibule inférieure dépasse d'un tiers la supérieure. Jeune brunâtre, moucheté, à bec plus petit. Cette espèce écume les eaux côtières, le bec ouvert et la mandibule inférieure à l'eau.
Voix: Jappements courts et doux. Aussi, *kôp, kôp.* **Aire:** Du Mass. au S de l'Am. du S. Hiverne sur les côtes du S-E des É.-U. et plus au S. **Est:** Carte 87. **Habitat:** Plages, lagunes, eaux côtières; aussi les lacs intérieurs en Floride.

■ **HÉRONS, BUTORS: Famille Ardeidae.** Échassiers de grande ou moyenne taille, au bec long et pointu, et au long cou. Tiennent leur cou dressé ou replié sur les épaules. En vol, cou plié en « S » et pattes traînantes. Certaines espèces portent des aigrettes, en pariade. Sexes semblables. **Nourriture:** Poissons, grenouilles, écrevisses, autres organismes aquatiques; souris, insectes. **Aire:** Mondiale, sauf les régions très froides, certains déserts et certaines îles. **Espèces:** Monde, 59; Est, 12 (+ 1 exceptionnelle).

GRAND HÉRON (forme bleue) (105-130 cm)   C 88
Ardea herodias   GREAT BLUE HERON
Long oiseau gris pouvant mesurer 1,20 m de haut, souvent appelé « grue », à tort. Les longues pattes, le long cou, le bec long et pointu, et le cou replié en vol sont caractéristiques des hérons. La grande taille, la couleur gris-bleu et le blanc sur la tête (chez l'adulte) caractérisent l'espèce.
Espèce semblable: Voir la Grue du Canada (pp. 106, 107). **Voix:** Croassements rauques et graves: *frahnk, frahnk, frahnk.* **Aire:** Du S du Canada au Mexique. Hiverne jusqu'au N de l'Am. du S. **Est:** Carte 88. **Habitat:** Marais, rivages, vasières.

GRAND HÉRON (forme intermédiaire)
Ardea herodias (en partie)   GREAT BLUE HERON
Keys de Floride. Comme le Grand H., mais à tête blanche *sans aigrettes noires.* Anciennement considéré comme un hybride entre le Grand H. et le « H. blanc » (p. 103), il s'agit sans doute d'une forme intermédiaire entre les formes bleues et blanches du Grand Héron.

AIGRETTE BLEUE (60 cm)   C 89
Egretta caerulea   LITTLE BLUE HERON
Héron élancé, de taille moyenne. *Adulte:* Corps ardoisé; cou brunâtre sombre, pattes sombres. *Jeune:* Tout blanc; pattes *olive terne;* bec bleuté pâle, noir au bout. En plumage de transition, bigarré de blanc et de gris foncé. Voir pp. 102, 103.
Espèce semblable: La jeune Aigrette neigeuse peut avoir l'arrière des pattes jaunâtre, mais son bec est tout noir. **Aire:** De l'E des É.-U. au Pérou et à l'Argentine. **Est:** Carte 89. **Habitat:** Marais, rizières, étangs, rivages.

AIGRETTE TRICOLORE (65 cm)   C 90
Egretta tricolor   TRICOLORED HERON
Noter le *ventre blanc* contrastant, caractère clé de cette aigrette sombre et élancée. Croupion *blanc.*
Aire: De l'E des É.-U. au Brésil. **Est:** Carte 90. **Habitat:** Marais, cours d'eau, rivages.

AIGRETTE ROUSSÂTRE (73 cm)   C 91
Egretta rufescens   REDDISH EGRET
Noter le bec toujours *de couleur chair,* à bout noir. Deux formes de coloration: 1) corps gris neutre, tête et cou rouille; 2) forme *blanche* à pattes *bleues* (illustrée en p. 103). Plumes effilochées; cou hérissé. Pour se nourrir, marche en titubant, semble manquer de coordination.
Espèces semblables: 1) La forme grise ressemble à l'Aigrette bleue, adulte, qui est plus sombre et a la base du bec *bleu pâle.* 2) La forme blanche rappelle la Grande Aigrette, mais ses pattes sont bleutées (et non noires). **Aire:** G. du Mexique, Antilles, Mexique. **Est:** Carte 91. **Habitat:** Vasières, marais côtiers, rivages, lagunes.

GRANDE AIGRETTE (95 cm) C 92
Casmerodius albus GREAT EGRET

Grand oiseau blanc, élancé et majestueux, au *bec jaune* (orange à la pariade). Pattes et pieds *noirs*. En plumage nuptial, les aigrettes du dos sont *droites* et dépassent la queue. Chasse à l'affût, penché en avant, le cou étendu, dans une pose très différente de celle de l'A. neigeuse.
Espèce semblable: L'Aigrette neigeuse a le bec *noir*, les pieds *jaunes*. **Voix:** Croassement rauque et grave; également *couk, couk, couk*. **Aire:** Des É.-U. au S de l'Am. du S; régions chaudes de l'Ancien Monde. **Est:** Carte 92. **Habitat:** Marais, étangs, rivages, vasières.

AIGRETTE NEIGEUSE (50-68 cm) C 93
Egretta thula SNOWY EGRET

Noter les « *pantoufles dorées* ». Héron blanc assez petit; *mince bec noir*, pattes noires et *pieds jaunes*. En plumage nuptial, *aigrettes retroussées* sur le dos. Tache jaune devant l'oeil (rouge lors de la pariade). Pour se nourrir, se déplace prestement, en agitant l'eau de ses pattes pour effrayer les proies.
Espèces semblables: 1) Grande Aigrette (bec jaune); 2) Héron garde-boeufs (bec jaune); 3) jeune Aigrette bleue (bec bleuté). **Voix:** Croassement grave; dans les colonies, *woula-woulu-woula* bafouillé. **Aire:** Du N des É.-U. à l'Argentine. **Est:** Carte 93. **Habitat:** Marais, étangs, rivages, vasières.

AIGRETTE BLEUE *Egretta caerulea*
Jeune: Bec *bleuté,* pattes verdâtres terne. Voir p. 100.

HÉRON GARDE-BOEUFS (50 cm) C 94
Bubulcus ibis CATTLE EGRET

Un peu plus petit, plus trapu et au cou plus large que l'Aigrette neigeuse. À la pariade, plaques *chamois* sur la calotte, la poitrine et le dos (l'oiseau semble blanchâtre à distance); aux autres périodes, peu ou pas de chamois. Bec *jaune* (rose-orange à la pariade). Pattes rose-corail (pariade); jaunes, verdâtres, ou sombres (jeunes).
Espèces semblables: 1) Aigrette neigeuse (bec *noir*); 2) jeune Aigrette bleue (bec *bleuté*); 3) Grande Aigrette (plus grosse). **Aire:** S de l'Eurasie, Afrique; a immigré récemment en Am. du S, en Am. du N, en Australie. Introduit à Hawaï. **Est:** Carte 94. **Habitat:** Fermes, marais, bords de route (Floride); en compagnie du bétail.

AIGRETTE ROUSSÂTRE *Egretta rufescens*
Forme blanche: Noter le bec *rose chair,* les pattes bleutées. Voir p. 100.

GRAND HÉRON (forme blanche) (125 cm) C 95
Ardea herodias occidentalis GREAT BLUE HERON

Notre plus grand héron blanc, et celui dont l'aire est la plus réduite. Tout blanc, avec le bec jaune et les *pattes jaunâtres*, celles-ci le différenciant à coup sûr de la Grande Aigrette, plus petite et à pattes noirâtres. Anciennement considéré comme une espèce distincte; maintenant traité comme une forme blanche du Grand Héron (p. 100), dont il a la stature.
Aire: S de la Floride, Cuba, côtes du Yucatan. **Est:** Carte 95. **Habitat:** Palétuviers, bancs calcaires, vasières.

BIHOREAU À COURONNE NOIRE (HÉRON B.) (58-70 cm) C 96
Nycticorax nycticorax BLACK-CROWNED NIGHT-HERON
Trapu, bec épais et pattes courtes. Habituellement vu au repos, le cou rentré; nocturne, il s'envole au crépuscule pour aller se nourrir. *Adulte:* Noter le *dos noirâtre et la couronne noire* contrastant avec les dessous perlés, ou blanchâtres, et les ailes grises. Oeil rouge; pattes jaunâtres ou jaune-vert (roses à la pariade). À la pariade, porte deux longues plumes blanches sur la tête. *Jeune:* Brun, *tacheté* et rayé de blanc ou de chamois.
Espèces semblables: Voir 1) le Butor d'Amérique; 2) le jeune Bihoreau violacé. **Voix:** *Couok!* ou *couark!* terne. Entendu surtout au crépuscule. **Aire:** Du S du Canada à l'Argentine; Eurasie, Afrique, îles du Pacifique. **Est:** Carte 96. **Habitat:** Marais, rivages; se juchent dans les arbres.

BIHOREAU VIOLACÉ (55-70 cm) C 97
Nycticorax violaceus YELLOW-CROWNED NIGHT-HERON
Héron *gris,* trapu; tête noire, avec *une tache à la joue et une couronne blanchâtres. Jeune:* Très semblable au jeune B. à couronne noire, mais plus sombre, *plus finement moucheté.* Bec plus fort, pattes *plus longues,* plus jaunes. En vol, tout le pied dépasse la queue.
Voix: *Couark,* plus aigu que celui du B. à couronne noire. **Aire:** De l'E des É.-U. au N et à l'E de l'Am. du S. **Est:** Carte 97. **Habitat:** Palétuviers, bayous, marais, cours d'eau.

HÉRON VERT (40-55 cm) C 98
Butorides striatus GREEN-BACKED HERON
Petit héron sombre, ressemblant en vol à une corneille (mais bat des ailes en les arquant). En état d'alerte, il étire le cou, hérisse la huppe et agite la queue. Les pattes, relativement *courtes,* sont *jaune-verdâtre* ou *orange* (à la pariade). Dos bleuté, cou marron foncé. Le jeune a le cou rayé.
Voix: Série de *kouck; skiou* ou *skiouk* forts. **Aire:** Du N-O des É.-U. et du S-E du Canada jusqu'au N de l'Am. du S. **Est:** Carte 98. **Habitat:** Lacs, étangs, marais, bords de cours d'eau.

PETIT BUTOR (28-35 cm) C 99
Ixobrychus exilis LEAST BITTERN
Très petit, grêle et furtif; monte sur les roseaux. Noter la grande *tache chamois à l'aile* (absente chez les râles). Il existe aussi une forme de coloration marron, très rare.
Voix: Le chant, *cou-cou-cou,* sourd et grave, s'entend dans les marais. **Aire:** Depuis le S-E du Canada et les É.-U. jusqu'à l'Am. du S. **Est:** Carte 99. **Habitat:** Étangs d'eau douce, roselières; difficile à faire voler.

BUTOR D'AMÉRIQUE (58 cm) C 100
Botaurus lentiginosus AMERICAN BITTERN
Héron brun et trapu; taille du jeune bihoreau, mais d'un brun plus riche. En vol, l'extrémité de l'aile est plus *noirâtre,* et le bec tenu plus horizontalement. Au sol, reste souvent figé, le bec pointé en l'air. *Raie noire* sur le cou.
Voix: Bruit de pompe, *oong-ka' choonk, oong-ka' choonk, oong-ka' choonk,* etc., lent et grave. *Kok-kok-kok* en s'enfuyant. **Aire:** Du Canada au g. du Mexique; hiverne jusqu'au Panama. **Est:** Carte 100. **Habitat:** Marais, roselières des lacs. Se perche rarement dans les arbres.

■ **CIGOGNES: Famille Ciconiidae.** Gros oiseaux aux allures de héron, à longues pattes et à long bec (droit, retroussé ou courbé); certaines espèces ont la tête nue. Sexes semblables. Marchent d'un pas lent. Vol franc; pattes et cou étendus. **Nourriture:** Grenouilles, crustacés, lézards, rongeurs. **Aire:** S des É.U., Am. centrale, Am. du S, Afrique, Eurasie, Inde, Australie. **Espèces:** Monde, 17; Est, 1.

TANTALE D'AMÉRIQUE (85-118 cm)   C 101
Mycteria americana   WOOD STORK

Très gros (envergure 1,60 m); blanc, *tête nue et sombre, beaucoup de noir à l'aile*, queue noire. Bec long, *épais et courbé*. Le jeune a le bec jaune. Se nourrit en marchant, tête baissée. En vol, les battements d'ailes alternent avec les planés. Tournoie souvent très haut, dans les courants d'air ascendants.

Espèce semblable: Le Pélican blanc d'Am., qui tournoie aussi dans les courants ascendants, a un motif semblable à l'aile. **Voix:** Croassement rauque; généralement silencieux. **Aire:** Du S des É.-U. à l'Argentine. **Est:** Carte 101. **Habitat:** Marécages de taxodiers (colonies de nidification); marais, étangs, lagunes.

■ **GRUES: Famille Gruidae.** Oiseaux majestueux, plus robustes que les hérons, à *face souvent nue et rouge*. Noter le croupion *panaché*. Cou étendu en vol; migrent en « V » ou en file, comme les oies. Le Grand Héron est parfois appelé « grue » à tort. **Nourriture:** Les grues sont omnivores. **Aire:** Presque mondiale, sauf l'Am. centrale, l'Am. du S et l'Océanie. **Espèces:** Monde 14; Est, 2 (+ 1 exceptionnelle).

GRUE BLANCHE D'AMÉRIQUE (125 cm)
Grus americana   WHOOPING CRANE

Le plus grand oiseau d'Am. du N, et l'un des plus rares. Envergure de 2,25 m. Grande grue *blanche* à *face rouge*. Rémiges primaires *noires*. Les jeunes sont teintés de rouille, surtout à la tête.

Espèces semblables: 1) Le Tantale d'Amérique a la tête sombre et plus de noir à l'aile; 2) les aigrettes et 3) les cygnes n'ont pas de noir à l'aile. Voir aussi 4) le Pélican blanc d'Am., p. 78, et 5) l'Oie des neiges, p. 42. **Voix:** *Kèr-lou! kèr-li-ou!* claironnant. **Aire:** Niche dans le N de l'Alberta (parc de Wood Buffalo); migre à travers la Prairie (par le Nebraska) jusqu'à la côte du Texas (Aransas). **Habitat:** Tourbières (été); étangs de la Prairie, marais.

GRUE DU CANADA (100-120 cm)   C 102
Grus canadensis   SANDHILL CRANE

Envergure, 1,80-2,10 m. Noter la *calotte rouge et nue,* le croupion panaché. Oiseau gris à longues pattes et long cou, souvent teinté de rouille. Le jeune est assez brun. En vol, le cou est tendu, et le battement d'ailes marqué d'un vif mouvement vers le haut.

Espèce semblable: Le Grand Héron (p. 100) est parfois appelé « grue », à tort. **Voix:** *Garoou-a-a-a* roulé et perçant; répété. **Aire:** N-E de la Sibérie, Am. du N, Cuba. Hiverne jusqu'au Mexique. **Est:** Carte 102. **Habitat:** Steppes, champs, marais, toundra (été).

■ **COURLANS: Famille Aramidae.** Famille monotypique caractérisée dans la description de la seule espèce. **Nourriture:** Gros gastéropodes d'eau douce avant tout; insectes et grenouilles aussi. **Aire:** S-E des É.-U., Antilles, du S du Mexique à l'Argentine. **Espèces:** Monde, 1; Est, 1.

COURLAN (70 cm)   **C 103**
Aramus guarauna   LIMPKIN
Gros échassier de marécage, moucheté, un peu plus gros que les ibis auxquels il ressemble par ses longues pattes et son *bec arqué;* cependant, aucun ibis n'est brun avec des *taches et* des *raies blanches.* Vole comme une grue (rejet sec des ailes vers le haut).
Espèces semblables: Jeunes ibis, bihoreaux, Butor d'Amérique. **Voix:** Plainte retentissante, *kri-ow, kra-ow,* etc., etc., répétée, surtout la nuit et par temps couvert. **Aire:** S-E des É.-U., Antilles, du S du Mexique à l'Argentine. **Est:** Carte 103. **Habitat:** Marécages d'eau douce, marais peuplés de gros gastéropodes.

■ **IBIS ET SPATULES:Famille Threskiornithidae.** Les ibis sont des échassiers à longues pattes de héron avec un bec effilé et *arqué;* les spatules ont un bec spatulé. Volent en file ou en « V », le cou *allongé* contrairement aux hérons. **Nourriture:** Petits crustacés, petits poissons, insectes, etc. **Aire:** Régions tropicales et tempérées chaudes. **Espèces:** Monde, 28; Est, 4 (+1 introduite).

IBIS FALCINELLE (55-63 cm)   **C 104**
Plegadis falcinellus   GLOSSY IBIS
Échassier de marais de taille moyenne, *marron pourpré sombre et lustré,* à long bec *arqué;* de loin, on dirait un gros courlis tout noir. Ces ibis volent en file le cou allongé, des planés alternant avec des battements d'ailes (ces derniers plus rapides que chez les hérons).
Voix: *Ka-onk* guttural, répété; *krouk-krouk* grave. **Aire:** E des É.-U., Antilles, S de l'Eurasie, Afrique, Australie, etc. **Est:** Carte 104. **Habitat:** Marais, rizières, marécages.

IBIS À FACE BLANCHE (55-63 cm)   **C 104**
Plegadis chihi   WHITE-FACED IBIS
Très semblable à l'I. falcinelle, mais l'été, *les pattes et les lorums* sont *rougeâtres* et une *ligne blanche* court à la base du bec. L'I. falcinelle a parfois une fine ligne blanchâtre, mais elle ne va pas *derrière l'œil et sous le menton.* Ce trait disparaît l'hiver.
Aire: De l'O des É.-U. à l'Argentine. **Est:** Carte 104. Du S de la Louisiane au S du Texas; occasionnel en Floride. **Habitat:** Comme l'Ibis falcinelle.

IBIS BLANC (55-68 cm)   **C 105**
Eudocimus albus   WHITE IBIS
Noter la *face rouge,* le long *bec rouge arqué* et la petite tache noire au bout des ailes. Le jeune est sombre; noter le *ventre et le croupion blancs,* le bec rouge arqué. Le cou est allongé en vol; les groupes forment des files, planant et battant des ailes; tournoient souvent.
Espèces semblables: 1) Le Tantale d'Amérique est plus gros, a bien plus de noir (comparaison p. 107). 2) Le jeune de l'Ibis falcinelle paraît uniformément sombre. 3) Si ce n'était du bec, le jeune pourrait être pris pour une Aigrette tricolore. **Aire:** Du S-E des É.-U. au N de l'Am. du S. **Est:** Carte 105. **Habitat:** Marais d'eau salée, saumâtre ou douce, rizières, palétuviers.

COURLAN, IBIS

Comparer ci-dessous les faces en saison de reproduction

IBIS À FACE BLANCHE

IBIS FALCINELLE

COURLAN

IBIS FALCINELLE adulte

IBIS FALCINELLE jeune

IBIS BLANC adulte

IBIS BLANC jeune

109

IBIS ROUGE (55-63 cm)
Eudocimus ruber SCARLET IBIS
Ibis *écarlate;* même taille, profil et motif (aile à bout noir) que l'Ibis blanc. **Aire:** N de l'Am. du S. **Est:** Exceptionnel dans les États du g. du Mexique. Les individus rosâtres peuvent provenir de zoos (décoloration fréquente en captivité). Récemment, des jeunes nés d'oeufs placés dans des nids d'I. blancs à Miami ont atteint l'âge adulte. Cette expérience a donné lieu à de l'hybridation.

SPATULE ROSÉE (80 cm) **C 106**
Ajaia ajaja ROSEATE SPOONBILL
Échassier *rose vif* à long bec spatulé. L'adulte a le corps *rose* avec une tache rouge sur l'aile et la queue orange; la tête nue est verdâtre. Le jeune est blanchâtre et devient rosé avec l'âge. Les spatules se nourrissent en promenant rapidement leur bec de côté. En vol, le cou est allongé et l'oiseau plane souvent entre les séries de coups d'ailes.
Voix: Au nid, croassement grave. **Aire:** Du S des É.-U. au Chili et à l'Argentine. **Est:** Carte 106. **Habitat:** Marais côtiers, lagunes, vasières; niche dans les palétuviers.

■ FLAMANTS: Famille Phoenicopteridae.
Ces échassiers à pattes et cou très longs ont un plumage qui va du blanc rosâtre au vermillon. Bec épais fortement coudé, garni de lamelles pour filtrer la nourriture. **Nourriture:** Petits mollusques, crustacés, algues bleues, diatomées. **Aire:** Antilles, Yucatan, Galapagos, Am. du S, Afrique, S de l'Eurasie. **Espèces:** Monde, 6; Est, 1.

FLAMANT ROSE (113 cm)
Phoenicopterus ruber GREATER FLAMINGO
Échassier très svelte rose orangé, aussi grand que le Grand Héron mais bien plus gracile. Noter le bec fortement coudé en « nez » busqué. Se nourrit le bec ou la tête immergée. En vol, beaucoup de noir apparaît dans les ailes; le très long cou tombe un peu à l'avant comme les longues pattes à l'arrière: on peut avoir l'impression que l'oiseau vole dans la mauvaise direction. Les individus clairs et délavés peuvent provenir de zoos car ils pâlissent souvent en captivité. Le jeune aussi est bien plus clair que l'adulte.
Voix: Cris d'oie, caquetages; *ar-honk,* etc. **Aire:** Antilles, Yucatan, Galapagos, S de l'Eurasie, Afrique. **Est:** Occasionnel sur les côtes de la Floride, exceptionnel ailleurs. Il est difficile de dire si les oiseaux égarés sont vraiment sauvages ou échappés. Ils originent peut-être de la piste Hialeah, du refuge Bok ou des jardins Busch, etc. **Habitat:** Lacs salés, marais salants.

■ **RÂLES, POULES-D'EAU ET FOULQUES: Famille Rallidae.** Échassiers de marais aux mœurs secrètes et à la voix mystérieuse, plus souvent entendus que vus, les râles ont la forme ramassée d'une poule. Vol bref et hésitant, pattes pendantes. Poules-d'eau et foulques nagent; se distinguent des canards par la petite tête, la plaque frontale et le bec de poule. Elles sont traitées à part aux pp. 64, 65 (têtes illustrées aussi à la p. 115). Les sexes sont semblables chez tous les Rallidés. **Nourriture:** Plantes aquatiques, graines, bourgeons, insectes, grenouilles, crustacés, mollusques. **Aire:** Partout sauf dans les régions polaires. **Espèces:** Monde, 132; Est, 9 (+ 5 exceptionnelles).

RÂLE DE VIRGINIE (23 cm)   **C 107**
Rallus limicola   VIRGINIA RAIL
Petit râle roux à joues grises; barres noires sur les flancs et long bec rougeâtre un peu arqué. Le seul petit râle à bec *effilé* de la taille d'une sturnelle. En fin d'été les jeunes entièrement développés présentent beaucoup de noir.
Voix: *Ouak-ouak-ouak,* etc. descendant; aussi, *quiddik, quiddik,* etc.; divers grognements et cris secs. **Aire:** Du S du Canada au S de l'Am. du S. Hiverne surtout dans le S des É.-U. et plus au sud. **Est:** Carte 107. **Habitat:** Surtout les marais d'eau douce ou saumâtre; marais côtiers également en hiver.

RÂLE ÉLÉGANT (38-48 cm)   **C 108**
Rallus elegans   KING RAIL
Gros râle brun roux à bec grêle; deux fois la taille du R. de Virginie, ou à peu près celle d'une petite poule. Semblable au R. gris, mais plus roux; préfère les marais d'eau douce.
Espèces semblables: 1) Le R. de Virginie est deux fois plus petit et a les joues gris ardoise. 2) Voir le R. gris (plus gris). **Voix:** Grognement grave: *bop-bop, bop-bop-bop,* etc. ou *tchok-tchok-tchok* (plus grave que chez le R. de Virginie, ne descend pas). **Aire:** E des É.-U., Cuba, Mexique (rarement). Les populations du N migrent. **Est:** Carte 108. **Habitat:** Marais d'eau douce ou saumâtre, rizières, marécages; marais côtiers parfois en hiver.

RÂLE GRIS (35-40 cm)   **C 109**
Rallus longirostris   CLAPPER RAIL
Gros râle brun des marais côtiers. Aspect d'une poule, pattes fortes, bec long et un peu arqué, flancs barrés, et tache blanche sous la queue courte d'habitude relevée ou agitée. Nage parfois.
Espèce semblable: Le R. élégant préfère les marais d'eau douce (parfois d'eau saumâtre). Généralement plus gros, il a les raies du dos et des flancs plus foncés, les ailes *brun roux* et la poitrine cannelle. Mais certains R. gris montrent des tons fauves aussi chauds. Le R. gris a les *joues plus grises.* En fait, là où ils habitent des marais d'eau salée et d'eau douce voisins, leur hybridation occasionnelle amène à croire qu'il s'agit peut-être de races de la même espèce. **Voix:** *Kek-kek-kek-kek,* etc. bruyant, ou *tcha-tcha-tcha,* etc. **Aire:** Côtes de l'E des É.-U. et de la Californie jusque dans le N de l'Am. du S. **Est:** Carte 109. **Habitat:** Marais d'eau salée, rarement d'eau saumâtre; localement dans les palétuviers.

RÂLE DE CAROLINE (20-24 cm)   C 110
Porzana carolina   SORA
Noter le *court* bec *jaune* de ce petit râle dodu. L'adulte est gris-brun, avec une *tache noire* sur la face et la gorge. La courte queue relevée laisse voir des sous-caudales blanches ou chamois. Jeune sans tache noire sur la gorge, brun chamois.
Espèces semblables: Le jeune peut être pris pour le R. jaune, plus petit et plus rare. Voir le R. de Virginie (bec effilé). **Voix:** Hennissement descendant. Au printemps, *keûr-oui* plaintif et sifflé. Réagit à un caillou lancé dans le marais par un *kîk* perçant. **Aire:** Canada; O, centre-N et N-E des É.-U. Hiverne du S des É.-U. au Pérou. **Est:** Carte 110. **Habitat:** Marais d'eau douce, prés humides; marais côtiers également, en hiver.

RÂLE DE GENÊTS (23-25 cm)
Crex crex   CORN CRAKE
Visiteur européen exceptionnel; environ 15 mentions, assez anciennes. Râle au bec court comme le R. de Caroline, mais plus gros; *chamois jaunâtre* avec des ailes *rousses* voyantes; habite les champs.

RÂLE NOIR (13-15 cm)   C 111
Laterallus jamaicensis   BLACK RAIL
Minuscule râle noirâtre à petit bec *noir;* taille d'un jeune moineau à queue écourtée. Nuque marron foncé. Très difficile à entrevoir; on peut le lever en traînant une corde dans l'herbe ou l'attirer la nuit avec un enregistrement.
Espèces semblables: *Attention:* Tous les jeunes râles en duvet sont noir luisant (mais sans barres sur les flancs). **Voix:** Le ♂ la nuit, *kiki-dou* ou *kiki-krrr.* **Aire:** N-E et centre des É.-U., centre de la Californie et localement plus au sud jusqu'aux Antilles et au Chili. **Est:** Carte 111. **Habitat:** Marais littoraux, salicornes (sur la côte), marais herbeux, champs fauchés dans l'intérieur.

RÂLE JAUNE (18 cm)   C 112
Coturnicops noveboracensis   YELLOW RAIL
Noter la *tache blanche de l'aile* (en vol). Petit râle chamois; on dirait un poussin d'une semaine. Bec très court, verdâtre. Dos rayé et carrelé chamois et noir. Comportement de souris; difficile à faire lever, mais on peut l'attirer avec un enregistrement.
Espèce semblable: Le jeune du R. de Caroline est plus gros, a le dessous moins chamois, n'a pas la tache à l'aile. Noter le motif très différent du dos. **Voix:** Cris secs répétés la nuit, souvent en longues séries: *tic-tic, tic-tic-tic, tic-tic, tic-tic-tic,* etc. (par 2 et 3). **Aire:** Surtout le Canada, N des É.-U. Hiverne dans le S des É.-U. **Est:** Carte 112. **Habitat:** Marais herbeux d'eau douce, prés; l'hiver, aussi les champs fauchés, rarement les marais d'eau salée.

FOULQUE D'AMÉRIQUE *Fulica americana*
Bec blanc. Voir pp. 64, 65.

POULE-D'EAU *Gallinula chloropus*
Plaque frontale rouge, bec rouge. Voir pp. 64, 65.

GALLINULE VIOLACÉE *Porphyrula martinica*
Plaque frontale bleu pâle, bec rouge. Voir pp. 64, 65.

RÂLES À BEC COURT

adulte — jeune
RÂLE DE CAROLINE
RÂLE DE CAROLINE
poussin

RÂLE NOIR

RÂLE DE GENÊTS
(exceptionnel)

RÂLE JAUNE

RALLIDÉS NAGEURS

FOULQUE D'AMÉRIQUE — POULE-D'EAU — GALLINULE VIOLACÉE

(Illustration complète en p. 65)

■ **HUÎTRIERS: Famille Haematopodidae.** Grands limicoles à long bec rouge, comprimé latéralement, biseauté au bout. Sexes semblables. **Nourriture:** Mollusques, crabes, vers marins. **Aire:** Répandus sur les côtes du Monde; dans l'intérieur en Europe et en Asie. **Espèces:** Monde, 6; Est, 1.

HUÎTRIER D'AMÉRIQUE (43-53 cm) **C 113**
Haematopus palliatus AMERICAN OYSTERCATCHER
Gros limicole bruyant, trapu, à tête noire, dos sombre et ventre blanc, avec grandes taches blanches sur les ailes et la queue. Le trait saillant est le *gros bec rouge, droit,* comprimé latéralement. Pattes couleur chair pâle. **Espèce semblable:** Voir le Bec-en-ciseaux noir, pp. 98, 99. **Voix:** *Ouîp!* ou *klîp!* retentissant; *pic, pic, pic* sonore. **Aire:** Du Mass. à l'Argentine et au Chili. **Est:** Carte 113. **Habitat:** Plages côtières, estrans.

■ **AVOCETTES ET ÉCHASSES: Famille Recurvirostridae.**
Limicoles svelts à pattes très longues et bec très mince (retroussé chez les avocettes). Sexes semblables. **Nourriture:** Insectes, crustacés, autres organismes aquatiques. **Aire:** É.-U., Am. centrale et du S, Afrique, S de l'Eurasie, Océanie. **Espèces:** Monde, 7; Est, 2.

ÉCHASSE D'AMÉRIQUE (33-43 cm) **C 114**
Himantopus mexicanus BLACK-NECKED STILT
Grand limicole très gracile; dessus noir, dessous blanc. Noter les *pattes rouges ridiculement longues,* le bec en aiguille. Montre en vol des ailes *toutes noires* contrastant avec le croupion, la queue et le ventre blancs. **Voix:** *Kjip, kjip, kjip* perçant, répété avec excitation. **Aire:** Niche dans le S-O du Canada, l'O des É.-U. Hiverne du S des É.-U. au Guatemala. **Est:** Carte 115. **Habitat:** Plages, vasières, lacs peu profonds, étangs de la Prairie.

AVOCETTE D'AMÉRIQUE (40-50 cm) **C 115**
Recurvirostra americana AMERICAN AVOCET
Grand limicole svelte à bec très mince, *retroussé,* un peu comme celui des barges. Ces traits et le motif blanc et noir frappant en font un oiseau unique. La tête et le cou sont cannelle en plumage nuptial, gris clair en hiver. Les avocettes se nourrissent en fauchant l'eau de leur bec.
Voix: *Ouîk* ou *klît* perçant, répété avec excitation. **Aire:** Niche dans le S-O du Canada, l'O des É.-U. Hiverne du S des États-Unis au Guatemala. **Est:** Carte 115. **Habitat:** Plages, vasières, lacs peu profonds, étangs de la Prairie.

■**PLUVIERS: Famille Charadriidae.** Limicoles trapus à cou large, grands yeux et bec court ressemblant à celui du pigeon. Les cris aident à l'identification. À la différence de beaucoup d'autres limicoles, font de petites courses et des arrêts brefs. Sexes semblables. *Note:* Le Tournepierre à collier, représenté ici, faisait auparavant partie de cette famille; on le range maintenant parmi les Scolopacidés (p. 126). **Nourriture:** Petits organismes marins, insectes, un peu de matière végétale. **Aire:** Presque mondiale. **Espèces:** Monde, 63; Est, 8 (+ 4 exceptionnelles).

PLUVIER ARGENTÉ (26-34 cm)   C 116
Pluvialis squatarola   BLACK-BELLIED PLOVER

Gros pluvier; en plumage nuptial, *poitrine noire* et dos clair, moucheté. En plumage d'hiver, le jeune et l'adulte sont gris et se distinguent par la forme trapue, le profil voûté et le bec de pigeon. En vol, *axillaires* (aisselles) toujours *noires,* queue et croupion toujours blancs.
Espèce semblable: Le P. doré d'Am. est plus brun, n'a pas de blanc dans les ailes et la queue; ses axillaires ne sont pas noires. **Voix:** Sifflement plaintif et doux: *tlî-ou-î* ou *oui-eûr-î* (note médiane plus basse). **Aire:** L'Arctique. Hiverne des côtes des É.-U. et du S de l'Eurasie à l'hémisphère S. **Est:** Carte 116. **Habitat:** Vasières, marais, plages; toundra (l'été).

PLUVIER DORÉ D'AMÉRIQUE (24-28 cm)   C 117
Pluvialis dominica   LESSER GOLDEN-PLOVER

Taille du P. kildir. L'adulte en plumage nuptial: sombre, le dessus *pointillé d'or,* le dessous noir; une *large bande blanche* court au-dessus des yeux et descend sur le côté du cou et de la poitrine. Jeunes et adultes en plumage d'hiver: bruns, le dessus plus sombre que le dessous, caractérisés en vol par le *dessus uniforme.*
Espèce semblable: Le P. argenté est plus gros; dessus plus clair, avec *bande alaire, sous-caudales et croupions blancs;* ses *axillaires noires* (aisselles) sont caractéristiques. **Voix:** *Couidoul* sifflé ou *coui-i-a* (tombant à la fin). **Aire:** Sibérie, Arctique américain. Hiverne en Am. du S, dans le S de l'Asie, d'Hawaï à l'Australie. **Est:** Carte 117. **Habitat:** Steppes, champs, vasières, rivages; toundra (l'été).

TOURNEPIERRE À COLLIER (20-25 cm)   C 118
Arenaria interpres   RUDDY TURNSTONE

(T. roux) Noter le plumage bariolé. Limicole trapu, robuste, à *pattes orange.* En plumage nuptial, le dos roux et le curieux motif de la face et de la poitrine en font un oiseau unique, encore plus frappant en vol. Jeunes et adultes en plumage d'hiver sont ternes, mais gardent suffisamment du motif de base pour être identifiables.
Voix: *Tok-a-tok* ou *kot-a-kot* à notes détachées; *kiouk* aussi. **Aire:** Arctique, sub-arctique; circompolaire. Hiverne à Hawaï, des côtes des É.-U. et du S de l'Eurasie à l'hémisphère S. **Est:** Carte 118. **Habitat:** Plages, vasières, jetées, côtes rocheuses; toundra (l'été).

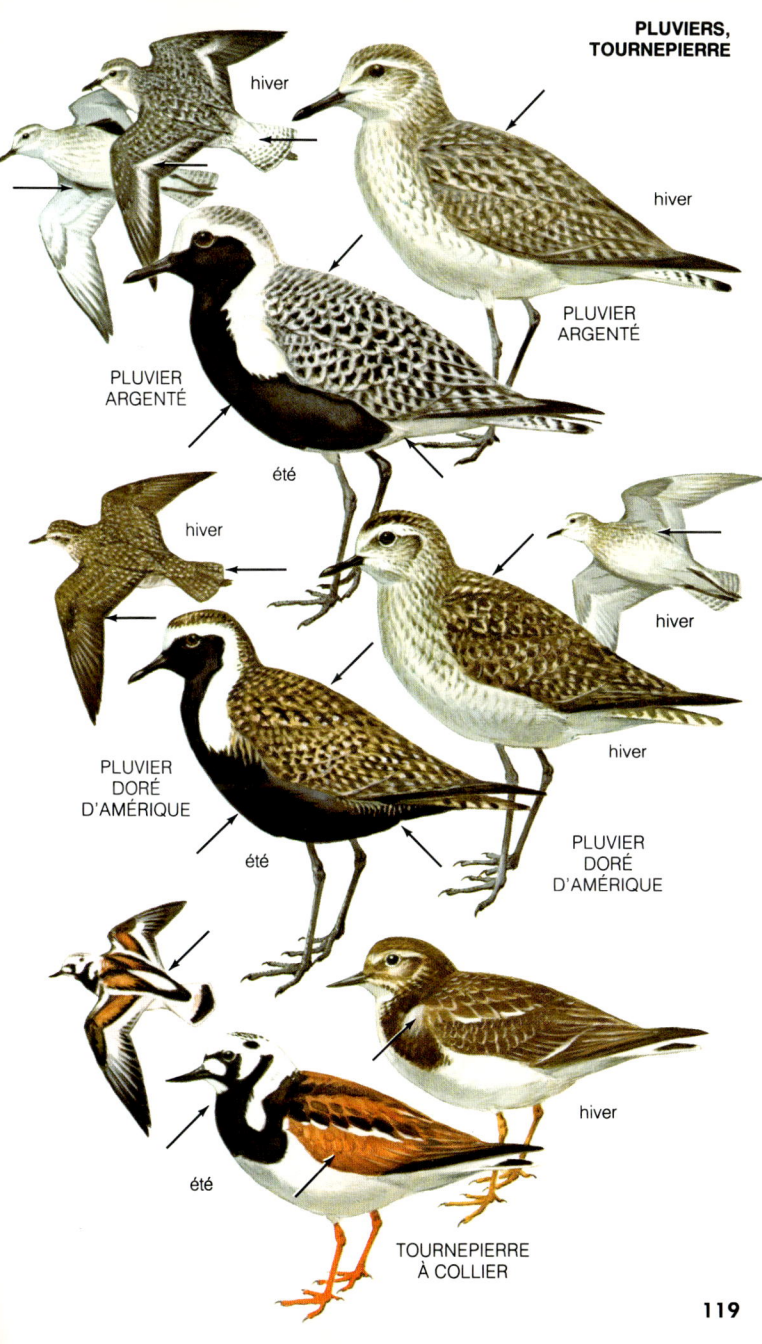

PLUVIER SEMIPALMÉ (16-19 cm) C 119
Charadrius semipalmatus   SEMIPALMATED PLOVER
(P. à collier) Petit pluvier dodu, à dos brun, deux fois plus petit que le P. kildir; *un seul collier.* Bec jaune foncé à bout noir ou tout noir (l'hiver). Pattes orangées ou jaunes.
Espèce semblable: Le P. siffleur est clair, de la couleur du sable sec (le P. semipalmé est plus sombre, comme le sable humide). **Voix:** *Tchi-oui* ou *tou-li* plaintif, doux et montant. **Aire:** Arctique américain. Hiverne jusqu'en Am. du S. **Est:** Carte 119. **Habitat:** Rivages, estrans.

GRAND GRAVELOT (19 cm)
Charadrius hiaticula   COMMON RINGED PLOVER
Très semblable au P. semipalmé, le remplaçant au Groenland et dans le N-E de l'archipel arctique. Migre vers l'Europe. Se distingue en main par l'absence de palmure entre les doigts médian et interne. Le collier peut être un peu plus large.

PLUVIER SIFFLEUR (15-19 cm) C 120
Charadrius melodus   PIPING PLOVER
Plumage blafard, de la couleur du sable sec. Collier complet ou non. Pattes jaunes; bec jaune à bout noir. L'hiver, bec et pattes sombres.
Voix: Sifflement plaintif; *pîp-lo* (note initiale plus aiguë). **Aire:** Du S du Canada au N-E et au centre des É.-U. **Est:** Carte 120. **Habitat:** Plages de sable, estrans.

GRAVELOT À COLLIER INTERROMPU (16 cm) C 121
Charadrius alexandrinus   SNOWY PLOVER
Pluvier pâle de la côte du golfe du Mexique. Semblable au P. siffleur mais avec un *fin bec noir,* des *pattes noirâtres* et une *tache sombre à l'oreille.*
Espèce semblable: Les juvéniles et les adultes en plumage d'hiver du P. siffleur peuvent avoir le bec et les pattes sombres, mais ont le *croupion blanc* et n'ont ni collier noir, ni la tache sombre à l'oreille. **Voix:** Sifflement mélodieux: *pi-oui-ah* ou *o-oui-ah.* **Aire:** Du S des É.-U. à l'Am. du S, Eurasie, Afrique, Australie. **Est:** Carte 121. **Habitat:** Plages, plaines sablonneuses.

PLUVIER DE WILSON (18-20 cm) C 122
Charadrius wilsonia   WILSON'S PLOVER
Plus gros que le P. semipalmé avec un collier plus large et un *gros bec noir* bien plus long. Pattes couleur chair grisâtre.
Voix: *Ouit!* ou *ouît!,* sifflé et énergique. **Aire:** Du New Jersey au N de l'Am. du S. **Est:** Carte 122. **Habitat:** Plages, estrans, îles sableuses.

PLUVIER KILDIR (23-28 cm) C 123
Charadrius vociferus   KILLDEER
Bruyant; le pluvier commun l'été dans nos campagnes. Noter le *double* collier noir (le poussin n'en a qu'un). Révèle en vol un *croupion roux orangé,* une queue assez longue et une bande blanche sur l'aile.
Voix: Criard; *kill-dîâ* fort, insistant, répété; *dî-î* plaintif (montant); *dî-dî-dî,* etc. Aussi, un trille grave. **Aire:** Du Canada au centre du Mex., Antilles, côtes du Pérou. Les populations du N migrent. **Est:** Carte 123. **Habitat:** Champs, aérodromes, pelouses, berges, rivages.

PLUVIERS ET TOURNEPIERRE EN VOL

Les cris émis en vol sont caractéristiques.

Texte et planche en couleurs

PLUVIER SIFFLEUR *Charadrius melodus* — pp. 120, 121
Couleur du sable sec, tache noire à la queue, *croupion blanchâtre.*
Cri, sifflement plaintif: *Pîp-lo* (note initiale plus haute).

GRAVELOT À COLLIER INTERROMPU — pp. 120, 121
Charadrius alexandrinus
Couleur du sable sec; queue à centre sombre et côtés blancs; *le croupion n'est pas blanc.*
Cri, sifflement mélodieux: *Pi-oui-ah* ou *o-oui-ah.*

PLUVIER SEMIPALMÉ *Charadrius semipalmatus* — pp. 120, 121
Couleur du sable humide; queue sombre bordée de blanc.
Cri: *Tchi-oui* ou *tou-li* plaintif, lié et montant.

PLUVIER DE WILSON *Charadrius wilsonia* — pp. 120, 121
Motif comme celui du P. semipalmé; plus gros; *gros bec.*
Cri différent: *Ouit!* ou *ouît!*, sifflé et énergique.

PLUVIER KILDIR *Charadrius vociferus* — pp. 120, 121
Croupion roux orangé, queue assez longue.
Criard; *kill-dîâ* ou *kill-dîr* sonore; *dî-dî-dî* etc.

PLUVIER ARGENTÉ *Pluvialis squatarola* — pp. 118, 119
Au printemps: Dessous noir, sous-caudales *blanches.* Motif du dessus comme à l'automne.
À l'automne: Axillaires (aisselles) *noires,* du blanc dans les ailes et la queue.
Cri, sifflement plaintif et doux: *Oui-eûr-î.*

PLUVIER DORÉ D'AMÉRIQUE *Pluvialis dominica* — pp. 118, 119
Au printemps: Dessous noir, sous-caudales *noires.* Motif comme à l'automne.
À l'automne: Absence de motif dessus et dessous; dessous de l'aile plus gris que chez le P. argenté; *les axillaires ne sont pas noires.*
Cri: *Couidoul* ou *coui* sifflé et criard.

TOURNEPIERRE À COLLIER *Arenaria interpres* — pp. 118, 119
Motif bariolé.
Cri: *Ket-a-kek* ou *kot-a-kot* gloussé et grave.

■ BÉCASSEAUX, CHEVALIERS, ETC.: Famille Scolopacidae.
Limicoles de taille variable à bec plus mince que celui des pluviers. Sexes semblables, sauf chez les phalaropes (nageurs autrefois rangés dans une famille distincte). **Nourriture:** Insectes, crustacés, mollusques, vers, etc. **Aire:** Monde entier. **Espèces:** Monde, 80; Est, 33 (+14 exceptionnelles).

BÉCASSE D'AMÉRIQUE (28 cm)   C 124
Scolopax minor   AMERICAN WOODCOCK
Oiseau brun, rondelet, presque sans cou, de la couleur des feuilles mortes avec de larges barres sur la tête. Sensiblement plus petit que la Gélinotte huppée. Bec très long et grands yeux ronds. Levé d'habitude dans les fourrés; ses courtes ailes *arrondies* produisent un sifflement.
Voix: Le printemps au crépuscule, le ♂ lance un *bîzp* nasillard (évoquant l'Engoulevent d'Amérique); en vol, trille mécanique (produit par les ailes) lorsque l'oiseau monte, devenant un pétillement à la descente. **Aire:** Du S-E du Canada au g. du Mexique. Hiverne dans le S des É.-U. **Est:** Carte 124. **Habitat:** Fourrés et bois humides, marais broussailleux. Parade nocturne au-dessus des champs buissonneux.

BÉCASSINE DES MARAIS (28 cm)   C 125
Gallinago gallinago   COMMON SNIPE
Noter le *bec très long*. Échassier de marais qui demeure tapi; brun, *tête rayée, raies chamois sur le dos*. S'envole en poussant un *skép* grinçant et zigzague, laissant voir une *courte queue orangée*.
Voix: *Skép* grinçant. Chant: *Tchip-a, tchip-a, tchip-a*, etc., cadencé. En parade aérienne: *houhouhouhouhouhouhou* vibrant. **Aire:** N de l'Am. du N, N de l'Eurasie. Hiverne jusqu'au Brésil et jusqu'au centre de l'Afrique. **Est:** Carte 125. **Habitat:** Marais, tourbières, prés humides.

BÉCASSEAU ROUX (26-30 cm)   C 126
Limnodromus griseus   SHORT-BILLED DOWITCHER
Oiseau des grandes *vasières* ressemblant à une bécassine. Noter le très long bec et le *long triangle blanc* sur le dos. Poitrine roux vif l'été, grise l'automne. Lorsque l'oiseau se nourrit, le bec a des mouvements de machine à coudre.
Voix: *Tiou-tiou-tiou* à notes détachées; même ton que chez le Petit Chevalier. **Aire:** S de l'Alaska, Canada. Hiverne du S des E.-U. au Brésil. **Est:** Carte 126. **Habitat:** Vasières, marais, étangs.

BÉCASSEAU A LONG BEC (28-31 cm)
Limnodromus scolopaceus   LONG-BILLED DOWITCHER
Les longueurs de bec des *Limnodromus* se chevauchent, mais des individus à très long bec (7,5 cm) de cette espèce sont faciles à distinguer. En plumage nuptial, côtés de la poitrine *barrés* et non mouchetés, dessous *rougeâtre jusqu'au bas du ventre*. L'automne, est le meilleur critère.
Voix: *Kîk* grêle, parfois doublé ou triplé. **Aire:** Du N-E de la Sibérie au N-O du Canada. Hiverne du S des É.-U. au Guatemala. **Est:** Migrateur; préfère les eaux douces. L'hiver, même aire dans le S des É.-U. que le B. roux (Carte 126); arrive plus tard.

BÉCASSEAU MAUBÈCHE (25-28 cm)   C 127
Calidris canutus   RED KNOT
(B. à poitrine rousse) Trapu, avec un bec assez court; bien plus gros que le B. sanderling. *Au printemps:* Poitrine *rouge brique pâle. À l'automne:* Limicole replet, d'aspect délavé; bec court, croupion clair, pattes verdâtres. De près, noter le *motif en écailles créé par le liséré blanc des plumes.*
Voix: *Knout* bas; aussi, *touit-ouit* ou *ouah-quoit* grave et doux. **Aire:** Arctique; circompolaire. Hiverne jusque dans l'hémisphère S. **Est:** Carte 127. **Habitat:** Estrans, rivages; toundra (l'été).

BARGE HUDSONIENNE (33-40 cm) **C 128**
Limosa haemastica   HUDSONIAN GODWIT
   Noter le motif en vol. La grande taille et le bec droit ou *un peu retroussé* de ce limicole annoncent une barge; la queue noire *à large bande blanche* caractérise cette espèce. Le dessous de l'aile est *noirâtre*. Au printemps, la poitrine est rougeâtre chez le ♂, plus terne chez la ♀; en automne les deux ont le dos gris, la poitrine claire.
   Voix: *Ta-ouit!,* plus aigu que chez la B. marbrée. **Aire:** Surtout l'Arctique canadien; hiverne en Am. du S. **Est:** Carte 128. **Habitat:** Plages, mares de la Prairie; toundra (l'été).

BARGE MARBRÉE (40-50 cm) **C 129**
Limosa fedoa   MARBLED GODWIT
   Les barges sont de gros limicoles à bec très long, droit ou un peu *retroussé*. Le plumage d'un riche *chamois-brun,* tacheté, caractérise cette espèce. Les couvertures sous-alaires sont *cannelle.*
   Espèce semblable: La B. hudsonienne a du blanc sur les ailes et la queue. **Voix:** *Keûr-ouit!* expressif; *raddica, raddica,* aussi. **Aire:** N de la Prairie. Hiverne du S des É.-U. au N de l'Am. du S. **Est:** Carte 129. **Habitat:** Steppes, mares, rivages; estrans.

COURLIS À LONG BEC (50-65 cm) **C 130**
Numenius americanus   LONG-BILLED CURLEW
   Noter le *très long bec en faucille* (10-21 cm). Bien plus gros que le C. corlieu, plus chamois; n'a pas de raies nettes sur la tête. *Couvertures sous-alaires cannelle.* Le bec du jeune peut être à peine plus long que celui du C. corlieu.
   Voix: *Keûr-lî* fort (avec inflexion montante); *kli-li-li-li* rapide, sifflé. « Chant », trille doux: *keûrliiiiiiiiou.* **Aire:** S-O du Canada, O des É.-U. Hiverne du S des É.-U. au Guatemala. **Est:** Carte 130. **Habitat:** Steppes, hauts plateaux. L'hiver, aussi terres cultivées, estrans, plages et marais côtiers.

COURLIS ESQUIMAU (30-35 cm)
Numenius borealis   ESKIMO CURLEW
   Bien plus petit que le C. corlieu. Bec plus court (4-6,5 cm), plus fin, *à peine un peu arqué.* Dessus plus bigarré que chez le C. corlieu, chamois vif tacheté de noir, comme chez le C. à long bec. Couvertures sous-alaires *chamois orangé.* Pattes ardoisées. Primaires non barrées.
   Voix: Cri diversement décrit: *tî-dî-dî* ou *tî-dî* répété, ou une note évoquant celle de la Sterne pierregarin. **Aire:** Presque disparu. Autrefois l'Arctique américain, hivernant dans le S de l'Am. du S. Passait sur la côte est l'automne, à travers la Prairie au printemps. Observations récentes dans plusieurs États.

COURLIS CORLIEU (38-48 cm) **C 131**
Numenius phaeopus   WHIMBREL
   Gros limicole gris-brun à long *bec arqué.* Plus gris que le C. à long bec; bec plus court (6,8-10 cm), sommet de la *tête rayé.* Les corlieus volent en file.
   Voix: 5-7 sifflements brefs: *pu-pu-pu-pu-pu-pu.* **Aire:** Arctique; circompolaire. Hiverne jusque dans le S de l'Am. du S. **Est:** Carte 131. **Habitat:** Rivages, vasières, marais, steppes; toundra.

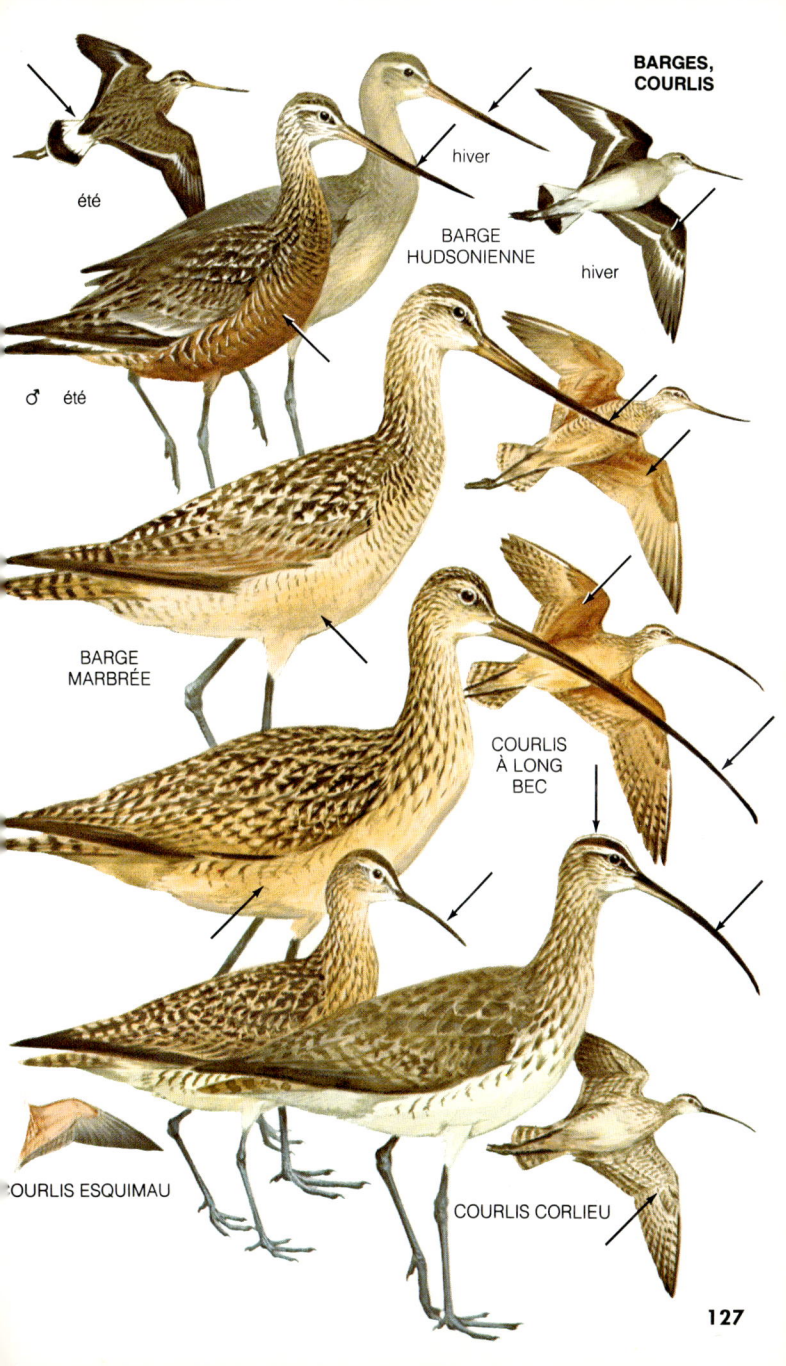

CHEVALIER SEMIPALMÉ (35-43 cm)   **C 132**
Catoptrophorus semipalmatus   WILLET
En vol, noter le motif noir et blanc frappant des ailes. Au sol, les ailes fermées, ce gros limicole est terne: dessus gris et dessous un peu barré l'été, dessous uni l'automne et l'hiver; pattes gris-bleu.
Espèce semblable: Posé, plus trapu que le Grand Chevalier; en diffère par le plumage plus gris, le bec plus fort, les pattes sombres. **Voix:** *Pill-ouill-ouillett* mélodieux, répété en pariade; *ké-i* fort (2e note plus grave). Aussi, *kip-kip-kip,* etc. répété rapidement. En vol, *houî-ouî-ouî*. **Aire:** Du S du Canada au g. du Mexique, Antilles. Hiverne du S des É.-U. au Brésil. **Est:** Carte 132. **Habitat:** Marais, prés humides, vasières, plages.

GRAND CHEVALIER (35 cm)   **C 133**
Tringa melanoleuca   GREATER YELLOWLEGS
Noter les *pattes jaune vif* (comme chez le Petit Chevalier, mais aux articulations plus fortes). Limicole svelte, gris; dos carrelé en gris, noir et blanc. En vol, *croupion et queue blanchâtres,* les *ailes* sans bande paraissant *sombres*. Bec long, à peine retroussé.
Espèce semblable: Voir le Petit Chevalier. **Voix:** Sifflement trisyllabique: *kiou-kiou-kiou*, ou *dirr! dirr! dirr!* **Aire:** Alaska, Canada. Hiverne des É.-U. à la Terre de Feu. **Est:** Carte 133. **Habitat:** Marais, vasières, cours d'eau, étangs; l'été, tourbières boisées.

PETIT CHEVALIER (25-28 cm)   **C 134**
Tringa flavipes   LESSER YELLOWLEGS
Comme le Grand Chevalier, mais nettement plus petit. Son bec plus court et plus grêle est bien droit; celui du Grand Chevalier paraît souvent un peu retroussé. Se distingue facilement par la voix.
Espèces semblables: 1) Le Bécasseau à échasses et 2) le Phalarope de Wilson ont un motif similaire en vol. 3) Voir aussi le C. solitaire. **Voix:** *Piou* ou *piou-piou* (1 ou 2 notes), plus grave, moins sonore que le *kiou-kiou-kiou* clair et trisyllabique du Grand Chevalier. **Aire:** Alaska, Canada. Hiverne du S des É.-U. à l'Argentine. **Est:** Carte 134. **Habitat:** Marais, vasières, rivages, étangs; l'été, forêts boréales claires.

CHEVALIER SOLITAIRE (20-23 cm)   **C 135**
Tringa solitaria   SOLITARY SANDPIPER
Noter les ailes sombres et les *côtés blancs de la queue* (avec barres noires nettes). Limicole à dos sombre, dessous blanchâtre et *cercle oculaire clair.* Exécute les petites révérences nerveuses typiques des chevaliers.
Espèces semblables: 1) Le Petit Chevalier a les pattes jaunes (pas verdâtres), le croupion blanc (pas foncé). 2) Le C. branlequeue (p. 132) se trémousse plus et ses battements d'ailes, marquées d'une bande blanche, sont de faible amplitude; plus puissants, ceux du C. solitaire tiennent de l'hirondelle.
Voix: *Pît* ou *pît-ouît-ouît!* (plus aigu que chez le C. branlequeue). **Aire:** Alaska, Canada. Hiverne du g. du Mexique à l'Argentine. **Est:** Carte 135. **Habitat:** Rives, étangs, marais boisés, marais d'eau douce.

BÉCASSEAU À ÉCHASSES *Calidris himantopus*   Voir p. 132
L'hiver: Longues pattes jaune verdâtre, croupion blanc, sourcil clair.

PHALAROPE DE WILSON *Phalaropus tricolor*   Voir p. 136
L'hiver: Bec très fin, dessous bien blanc, pattes jaune terne.

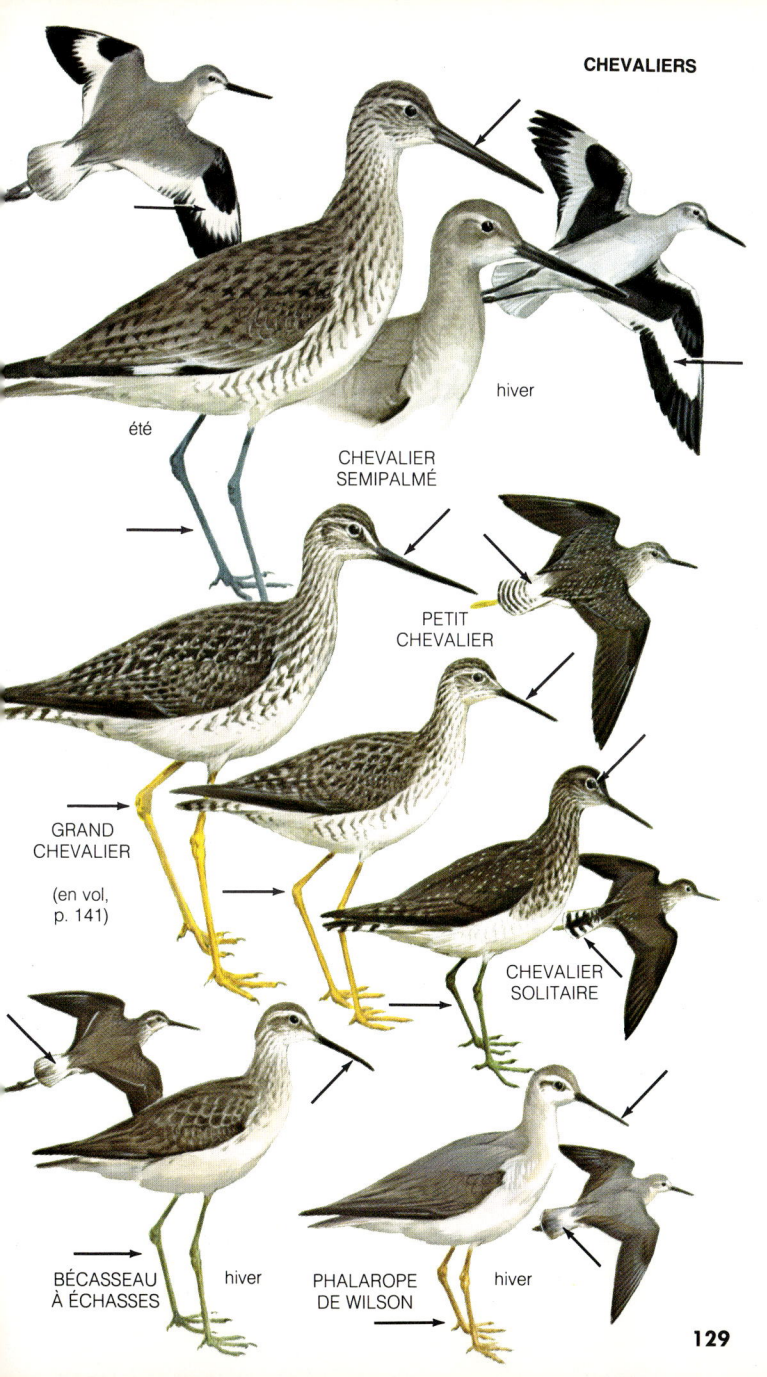

BÉCASSEAU SANDERLING (18-20 cm)   C 136
Calidris alba   SANDERLING

Noter la *bande alaire blanche* bien nette. Limicole dodu des plages littorales qui poursuit inlassablement les vagues comme un jouet mécanique. *En été:* Tête, dos et poitrine rouille vif. *En hiver:* Le plus pâle des limicoles; dessous blanc neige, dessus gris clair, *épaules noires*.
Voix: Le *twik* ou *quit* bref est distinctif. **Aire:** Arctique; circompolaire. Hiverne du S des É.-U., de l'Angleterre et de la Chine à l'hémisphère S. **Est:** Carte 136. **Habitat:** Plages, estrans, rives des lacs; toundra pierreuse (l'été).

BÉCASSEAU ROUSSÂTRE (19 cm)
Tryngites subruficollis   BUFF-BREASTED SANDPIPER

Aucun autre petit limicole n'a le *dessous entièrement chamois* uni (sous-caudales incluses). Petit échassier peu farouche à port dressé, bec court, cercle oculaire clair et pattes jaunâtres. Au vol ou en parade, le chamois tranche sur le blanc du dessous des ailes (marbrées de noir à l'extrémité).
Voix: Trille bas: *pr-r-rît. Tik* perçant. **Aire:** O de l'Arctique américain. Hiverne en Argentine. **Est:** Migre par la Prairie; des individus atteignent la côte atlantique l'automne. **Habitat:** Steppes et prés à herbe courte; parties hautes de la toundra (l'été).

MAUBÈCHE DES CHAMPS (29 cm)   C 137
Bartramia longicauda   UPLAND SANDPIPER

Limicole brun à tête de pigeon, plus grand que le Pluvier kildir. Le bec court, la *petite tête,* l'oeil bien découpé, le cou mince et la *longue queue* aident à l'identification. Souvent perché sur un poteau; en se posant, garde les ailes relevées un instant.
Voix: Sifflement doux, souvent émis la nuit: *kip-ip-ip-ip*. Chant, sifflements étranges et éthérés: *houlîîîîî, ouilou* (note finale prolongée). **Aire:** Surtout le Canada; le N des É.-U. Hiverne dans la Pampa argentine. **Est:** Carte 137. **Habitat:** Steppes, prés, champs.

BÉCASSEAU À POITRINE CENDRÉE (20-23 cm)   C 138
Calidris melanotos   PECTORAL SANDPIPER

Noter les raies serrées de la poitrine formant une *bavette*. Taille moyenne (variable); cou plus long que chez les petits bécasseaux (p. 134). Dos sombre *rayé* de blanc, comme chez la bécassine; bande alaire peu nette ou absente; sommet de la tête rouille. Pattes et bec vert jaunâtre terne.
Voix: *Krik, krik* ou *trrip, trrip* nasillard. **Aire:** N-E de la Sibérie, Arctique américain. Hiverne en Am. du S. **Est:** Carte 138. **Habitat:** À la migration, mares de la Prairie, rivages boueux, marais d'eau douce et salée; toundra (l'été).

BÉCASSEAU COMBATTANT (♂ 30 cm; ♀ : 23 cm)
Philomachus pugnax   RUFF

Mâle en été: Unique; *aigrettes* et *collerette* érectiles, noires, brunes, rousses, chamois, blanches ou barrées, en combinaisons diverses. Pattes vertes, jaunes, orangées ou couleur chair. Bec également variable (rouge, jaune, brun ou noirâtre). *Mâle en hiver:* Plutôt terne, dos brun d'aspect écailleux, poitrine chamois cendré, sans raie. Noter le *port dressé* et (en vol) la *tache blanche ovale* sur chaque côté de la queue sombre. *Femelle:* Comme le ♂ en plumage d'hiver, mais plus petite.
Voix: Cri en vol: *tou-i* ou *tyou-houit* grave. **Aire:** N de l'Eurasie; hiverne dans le S de l'Eurasie, en Afrique. Visiteur rare en Am. du N. **Est:** Vu chaque année, plus souvent en automne qu'au printemps dans le N-E.

BÉCASSEAU À ÉCHASSES (20 cm)   C 139
Calidris himantopus   STILT SANDPIPER

Au printemps, dessous fortemnent *barré transversalement*. Noter la *tache rouille à l'oreille*. En automne, comme le Petit Chevalier: dessus gris, dessous blanc, ailes sombres et *croupion blanc;* noter les *pattes verdâtres* et le *sourcil blanc*. Bec effilé, un peu arqué au bout. Se nourrit comme le B. roux (mouvements de machine à coudre).
Voix: *Wou;* rappelle le Petit Chevalier, plus grave, plus rauque. **Aire:** Arctique américain. Hiverne en Am. du S. **Est:** Carte 139. **Habitat:** Mares peu profondes, vasières, marais; toundra (l'été).

BÉCASSEAU COCORLI (18-23 cm)
Calidris ferruginea   CURLEW SANDPIPER

Noter le *bec* mince et *arqué,* le *croupion blanc*. *Au printemps:* Tête et dessous rouge brique. *En automne:* Comme le B. variable mais à pattes plus longues, poitrine moins rayée et bec *un peu arqué sur toute sa longueur;* la différence principale est le *croupion blanc*.
Voix: *Tchirrip* doux, moins grinçant que le cri du B. variable. **Aire:** E de l'Arctique asiatique. Migre en Afrique. **Est:** Visiteur rare dans l'E de l'Am. du N. **Habitat:** Comme le B. variable.

BÉCASSEAU VARIABLE (20-23 cm)   C 140
Calidris alpina   DUNLIN

Un peu plus gros que le B. sanderling; bec fort, assez long et un peu *arqué au bout*. *En été:* Dos roux, *tache noire au ventre*. *En hiver:* Dessus gris-brun uni et poitrine délavée de gris (pas franchement blanche comme chez le B. sanderling). Noter le bout arqué du bec. Port souvent voûté.
Voix: *Tchîzp,* ou *trîzp,* âpre et nasillard. **Aire:** Arctique; circompolaire. Hiverne des côtes des É.-U. et du S de l'Eurasie au Mexique, au N de l'Afrique, à l'Inde. **Est:** Carte 140. **Habitat:** Estrans, plages, mares boueuses; toundra humide (l'été).

BÉCASSEAU VIOLET (20-23 cm)   C 141
Calidris maritima   PURPLE SANDPIPER

(B. maritime) Les limicoles trapus et sombres vus l'hiver sur les rochers, les jetées et les brise-lames des côtes septentrionales appartiennent sans doute à cette espèce. La coloration de junco, ardoisé et blanc, est un bon indice. De près, noter les courtes pattes jaunes, la base jaunâtre du bec et le cercle oculaire blanc. En été, plus brun et fortement rayé. Voir le B. variable en plumage d'hiver (pattes et bec noirs).
Voix: *Ouît-ouit* ou *twit* grave. **Aire:** E de l'Arctique américain, N-O de l'Eurasie; hiverne sur les rives de l'Atlantique-N. **Est:** Carte 141. **Habitat:** Jetées et rochers battus par les vagues.

CHEVALIER BRANLEQUEUE (19 cm)   C 142
Actitis macularia   SPOTTED SANDPIPER

(Maubèche b.) Le limicole nicheur le plus commun des rives des lacs et des cours d'eau. Se balance à chaque pas comme s'il craignait de perdre l'équilibre. En été, noter les *taches rondes de la poitrine*. En automne et en hiver: dessous uni, dessus brun olive et sourcil blanc; la tache sombre bordant une pointe blanche devant l'épaule est un bon indice. Le vol est distinctif: le battement d'ailes *très court* fait paraître l'oiseau empesé et lui donne un profil arqué.
Voix: *Pît,* ou *pît-ouît* clair, ou *pî-huit-huit-huit-huit*. **Aire:** Alaska, Canada et centre-N des É.-U. Hiverne du S des É.-U. au N de l'Argentine. **Est:** Carte 142. **Habitat:** Rives cailloteuses, étangs; les côtes aussi en hiver.

BÉCASSEAU MINUSCULE (13-16 cm)   C 143
Calidris minutilla   LEAST SANDPIPER

La plupart des bécasseaux de la taille du moineau se ressemblent par leur livrée rayée. Le B. minuscule se reconnaît à sa taille plus petite, son plumage *plus brun,* ses pattes *jaunâtres ou verdâtres* (pas noirâtres), son *bec plus mince* et sa poitrine plus rayée.
Voix: *Trru-î* ténu, avec voyelle plus haute que chez le B. semipalmé. **Aire:** Alaska, Canada. Hiverne du S des É.-U. au Brésil. **Est:** Carte 143. **Habitat:** Vasières, marais herbeux, mares, rivages.

BÉCASSEAU SEMIPALMÉ (14-16 cm)   C 144
Calidris pusilla   SEMIPALMATED SANDPIPER

En migration, le plus abondant des petits bécasseaux. Un peu plus gros et plus gris dessus que le B. minuscule; bec *plus fort* et pattes généralement *noirâtres.*
Espèce semblable: Souvent confondu avec le B. d'Alaska. **Voix:** *Tchit* ou *tchéh* (sans la voyelle haute du B. minuscule et du B. d'Alaska). **Aire:** Arctique américain. Hiverne surtout dans le N de l'Am. du S. **Est:** Carte 144. **Habitat:** Plages, vasières; toundra (l'été).

BÉCASSEAU D'ALASKA (15-18 cm)   C 145
Calidris mauri   WESTERN SANDPIPER

Très semblable au B. semipalmé; parfois un peu plus gros. La femelle adulte typique a un bec nettement plus épais à la base, plus long et un peu plus arqué au bout. L'été, l'adulte a le dessus de la tête et le dos plus roux (une trace de roux peut persister sur les scapulaires l'automne, produisant un plumage à deux tons). L'hiver, peut-être le plus clair du groupe; les ♂ au bec court ne se distinguent des B. semipalmés (inusités en hiver aux É.-U.) que par la voix.
Voix: *Djît* ou *tchîp* ténu, différent du *tchit* doux du B. semipalmé. **Aire:** Alaska; hiverne du S des É.-U. au Pérou. **Est:** Carte 145. **Habitat:** Rivages, plages, vasières.

BÉCASSEAU DE BAIRD (18-19 cm)   C 146
Calidris bairdii   BAIRD'S SANDPIPER

Plus gros que les deux précédents, d'*aspect* plus *élancé* (les ailes dépassent la queue de 1 cm), plus brun et à poitrine plus chamois. On dirait un gros B. minuscule à pattes noires. Le dos du jeune a un aspect assez *écailleux.*
Espèces semblables: 1) Le B. roussâtre est chamois de la gorge aux sous-caudales et a les pattes *jaunâtres* (pas noirâtres). Voir aussi 2) le B. sanderling l'été et 3) le B. à poitrine cendrée. **Voix:** *Krîp* ou *krî;* trille roulé. **Aire:** N-E de la Sibérie et Arctique américain. Hiverne dans l'O et le S de l'Am. du S. **Est:** Carte 146. **Habitat:** Mares, étangs, vasières, rivages.

BÉCASSEAU À CROUPION BLANC (18-20 cm)   C 147
Calidris fuscicollis   WHITE-RUMPED SANDPIPER

Plus gros que le B. semipalmé, plus petit que le B. à poitrine cendrée. Le seul *petit* bécasseau à *croupion* entièrement *blanc,* remarquable en vol. Bien roux au printemps, plus gris que les autres l'automne. Au repos, les ailes dépassent la queue; le flanc *rayé sous l'aile* est un bon indice.
Voix: *Djît* de souris, comme le bruit de deux silex frottés. **Aire:** Arctique américain. Hiverne dans le S de l'Am. du S. **Est:** Carte 147. **Habitat:** Prés, rivages, vasières; toundra (l'été).

- **PHALAROPES.** Ces limicoles à doigts lobés sont de bons nageurs. Tournent souvent sur l'eau comme des toupies, happant dans l'eau troublée plancton, invertébrés marins, crevettes, larves de moustiques et insectes. Les ♀ sont plus grosses et plus colorées que les ♂. Deux des 3 espèces sont circompolaires et hivernent en mer; l'autre niche dans la Prairie et hiverne en Am. du S.

PHALAROPE DE WILSON (23 cm)   C 148
Phalaropus tricolor   WILSON'S PHALAROPE

Ce phalarope élégant a les ailes sombres (sans bande) et le croupion blanc. La ♀ en plumage nuptial est unique: large bande noire *virant au marron* sur la tête et le cou. Le ♂ est plus terne avec un soupçon de cannelle sur les côtés du cou et une tache blanche à la nuque. *L'automne:* Rappelle le Petit Chevalier (ailes sombres, croupion blanc), mais dessous plus blanc sans raie, bec *en aiguille,* pattes verdâtres ou jaune paille (pas jaune citron). **Espèces semblables:** Les autres phalaropes ont une bande alaire. **Voix:** *Weûrk* nasillard; aussi, *tchèk, tchèk, tchèk.* **Aire:** S-O du Canada, O des É.-U. Hiverne dans le S de l'Am. du S. **Est:** Carte 148. **Habitat:** Étangs de la Prairie, marais d'eau douce, mares, rivages, vasières; marais côtiers également, en migration.

PHALAROPE HYPERBORÉEN (P. À BEC ÉTROIT) (18-20 cm) C 149
Phalaropus lobatus   RED-NECKED PHALAROPE

En mer, un oiseau ressemblant au B. sanderling est très probablement un phalarope. Cette espèce est la plus commune en mer et la plus fréquente dans les terres. La ♀ en plumage nuptial a le dessus gris, *du roux au cou* et la gorge blanche. Le ♂ est plus brun mais le motif est semblable. L'hiver, chez les deux sexes, le dessus est gris (fortement rayé) et le dessous blanc; noter le bandeau sombre (typique des phalaropes) et le fin bec noir. **Voix:** *Kit* ou *ouit* perçant, comme le cri du B. sanderling. **Aire:** Circomboréal. Hiverne en mer jusque dans l'hémisphère S. **Est:** Carte 149. **Habitat:** Océans, lacs, étangs, rivages; toundra (l'été).

PHALAROPE ROUX (P. À BEC LARGE) (20-23 cm)   C 150
Phalaropus fulicaria   RED PHALAROPE

Le port en mer (flotte haut comme une mouette) annonce un phalarope; le *dessous rouge brique* et la *face blanche* du plumage nuptial caractérisent cette espèce. Le ♂ est plus terne que la ♀. En automne et en hiver, dessus gris et dessous blanc: on dirait un B. sanderling avec un *bandeau.* **Espèce semblable:** En automne, le P. hyperboréen est plus sombre, a le dos plus fortement rayé et une calotte noire plus grande; bande alaire plus contrastante, bec plus mince. Le bec plus épais du P. roux peut être jaunâtre à la base en automne (rarement). **Voix:** Semblable au *ouit* ou *prip* du P. hyperboréen. **Aire:** Arctique; circompolaire. Aire d'hivernage mal connue; de l'Atlantique N à l'hémisphère S. **Est:** Carte 150. **Habitat:** Plus strictement pélagique que le P. hyperboréen. En été, la toundra.

GRANDS LIMICOLES EN VOL

Se familiariser avec les cris assez distinctifs émis en vol.

	Texte et planche en couleurs
BARGE HUDSONIENNE *Limosa haemastica*	**pp. 126, 127**

Bec retroussé, bande alaire blanche, queue noire et blanche.
Dessous: Couvertures alaires noirâtres.
Cri en vol: Ta-ouit! Plus aigu que chez la B. marbrée.

CHEVALIER SEMIPALMÉ *Catoptrophorus semipalmatus*   **pp. 128, 129**
   Motif de l'aile contrasté: noir, gris et blanc
   Dessous: Motif encore plus frappant.
   Cri en vol: Houî-ouî-ouî sifflé.

BARGE MARBRÉE *Limosa fedoa*   **pp. 126, 127**
   Long bec retroussé, corps chamois.
   Dessous: Couvertures alaires cannelle.
   Cri en vol: Keûr-ouit! accentué.

COURLIS CORLIEU *Numenius phaeopus*   **pp. 126, 127**
   Bec arqué, corps gris-brun, raies sur la tête.
   Dessous: Plus gris que chez le C. à long bec, sans couvertures alaires cannelle.
   Cri en vol: 5-7 sifflements brefs et rapprochés, *pu-pu-pu-pu-pu-pu*.

COURLIS À LONG BEC *Numenius americanus*   **pp. 126, 127**
   Très long bec en faucille; tête sans raies.
   Dessous: Couvertures alaires cannelle vif.
   Cri en vol: Kli-li-li-li sifflé, rapide.

LIMICOLES EN VOL

On présente ces limicoles et ceux de la planche suivante en noir et blanc pour faire ressortir les motifs de leur plumage. La plupart des espèces illustrées ici ont les ailes unies, sans bande centrale. Toutes sont illustrées en couleurs aux pages précédentes. Se familiariser avec les cris distinctifs émis en vol.

	Texte et planche en couleurs
BÉCASSINE DES MARAIS *Gallinago gallinago* Bec long, ailes pointues, queue orangée, vol en zigzag. *Cri en vol: Skép* grinçant lancé quand on la lève.	pp. 124, 125
BÉCASSE D'AMÉRIQUE *Scolopax minor* Bec long, ailes arrondies, formes rondes. Les ailes sifflent en vol. La nuit, « chant » aérien.	pp. 124, 125
CHEVALIER SOLITAIRE *Tringa solitaria* Ailes sombres sans marque, queue marquée en « arêtes de poisson ». *Cri en vol: Pît* ou *Pît-ouît-ouît!* plus aigu que chez le C. branlequeue.	pp. 128, 129
PETIT CHEVALIER *Tringa flavipes* Semblable au Grand Chevalier, mais plus petit, avec un bec plus petit. Distingué par le cri à 1 ou 2 notes (pas 3). *Cri en vol: Piou* ou *piou-piou* plus doux que chez le Grand Chevalier.	pp. 128, 129
GRAND CHEVALIER *Tringa melanoleuca* Ailes sombres sans marque, croupion et queue blanchâtres. *Cri en vol:* Sifflement énergique à 3 notes: *kiou-kiou-kiou!*	pp. 128, 129
PHALAROPE DE WILSON *Phalaropus tricolor* *L'automne:* Rappelle le Petit Chevalier, mais plus petit, plus blanc, avec un bec en aiguille. *Cri en vol: Weûrk* nasillard, grave.	pp. 128, 136
BÉCASSEAU À ÉCHASSES *Calidris himantopus* Rappelle le Petit Chevalier, mais ses pattes sont verdâtres. *Cri en vol: Wou,* plus bas que le cri du Petit Chevalier.	pp. 128, 132
MAUBÈCHE DES CHAMPS *Bartramia longicauda* Brune, petite tête, longue queue; bordure blanche à l'arrière de l'aile. Vole souvent « du bout des ailes » comme le Chevalier branlequeue. *Cri en vol: Kip-ip-ip-ip* sifflé, doux.	pp. 130, 131
BÉCASSEAU ROUSSÂTRE *Tryngites subruficollis* Dessous tout chamois, en contraste avec les couvertures blanches. *Cri en vol:* Trille bas, *pr-r-r-rît.*	pp. 130, 131
BÉCASSEAU À POITRINE CENDRÉE *Calidris melanotos* Comme un B. minuscule dont la taille a doublé. Bande alaire faible ou absente. *Cri en vol: Krik, krik* ténu.	pp. 130, 131

LIMICOLES EN VOL
La plupart de ces espèces ont une bande alaire claire. Retenir les cris.

Texte et planche en couleurs

BÉCASSEAU ROUX et B. À LONG BEC *Limnodromus.* pp. 126, 127
Bec de bécassine et long triangle blanc au bas du dos.
Cri en vol du Bécasseau roux (*L. griseus*): *tiou-tiou-tiou* à notes détachées; celui du B. à long bec (*L. scolopaceus*): *kîk,* parfois doublé ou triplé.

BÉCASSEAU VARIABLE *Calidris alpina* pp. 132, 133
En automne: Gris-brun, plus gros que les petits bécasseaux (p. 135), plus sombre que le B. sanderling.
Cri en vol: Tchîzp ou *trîzp* nasillard et grinçant.

BÉCASSEAU MAUBÈCHE *Calidris canutus* pp. 124, 125
En automne: Gris délavé, croupion clair.
Cri en vol: Knout grave.

BÉCASSEAU VIOLET *Calidris maritima* pp. 132, 133
Ardoisé; sur les rochers, les brise-lames, les jetées, etc.
Cri en vol: Ouît, ouit ou *twit* grave.

BÉCASSEAU À CROUPION BLANC *Calidris fuscicollis* pp. 134, 135
Le seul des petits bécasseaux à avoir le croupion blanc.
Cri en vol: Cri aigu de souris, *djît.*

BÉCASSEAU COCORLI *Calidris ferruginea* pp. 132, 133
En automne: Rappelle le B. variable, mais son croupion est blanc.

BÉCASSEAU COMBATTANT *Philomachus pugnax* pp. 130, 131
Tache blanche ovale de chaque côté de la queue sombre.

CHEVALIER BRANLEQUEUE *Actitis macularia* pp. 132, 133
Les coups d'ailes très courts lui donnent un air empesé, un profil arqué.
Cri en vol: Pît ou *pît-ouît* clair.

BÉCASSEAU SANDERLING *Calidris alba* pp. 130, 131
Le petit bécasseau à la bande alaire la plus contrastante.
Cri en vol: Twick ou *quit* bref.

PHALAROPE ROUX *Phalaropus fulicaria* pp. 136, 137
En automne: Plus clair que le P. hyperboréen; bec plus épais.

PHALAROPE HYPERBORÉEN *Phalaropus lobatus* pp. 136, 137
En automne: Marin; comme le B. sanderling, mais bande alaire plus courte.
Cri en vol (les deux phalaropes): *Ouit* perçant.

BÉCASSEAU MINUSCULE *Calidris minutilla* pp. 134, 135
Très petit, brun; bande alaire mal définie.
Cri en vol: Trru-î ténu.

BÉCASSEAU SEMIPALMÉ *Calidris pusilla* pp. 134, 135
Plus gros, plus gris que le B. minuscule; se distingue par la voix.
Cri en vol: Tchet doux (sans la voyelle haute du B. minuscule).

BÉCASSEAU D'ALASKA *Calidris mauri* (non illustré) pp. 134, 135
Se distingue en vol du B. semipalmé par la voix seulement.
Cri en vol: Djît ou *tchîp* ténu.

BÉCASSEAU DE BAIRD *Calidris bairdii* pp. 134, 135
Plus gros que les deux précédents. Taille du B. à croupion blanc; croupion sombre.
Cri en vol: Krîp ou *krî.*

■ DINDONS: Famille Meleagrididae.
Très gros gallinacés au plumage irisé et à la tête nue; en parade, le ♂ se pavane, la queue en éventail; la ♀ est plus petite. **Nourriture:** Fruits, glands, noix, graines, insectes. **Aire:** De l'E et du S des É.-U. au Guatemala. Domestiqués presque partout dans le monde. **Espèces:** Monde, 2; Est, 1.

DINDON SAUVAGE (♂: 120 cm; ♀ : 90 cm)   C 151
Meleagris gallopavo   WILD TURKEY

Dindon de basse-cour en plus svelte, avec le bout de la queue *rouille* et non blanc. Tête nue, bleuâtre; caroncules rouges que le mâle en parade avive, en plus de faire la roue. Plumes du corps bronzées et irisées, primaires et secondaires barrées, «barbe» sur la poitrine. Femelle: plus petite, tête plus petite, plumage moins irisé, barbe peu fréquente.
Voix: Le ♂ fait glouglou comme le dindon de basse-cour. Cri d'alarme: *pit!* ou *pot-pot!* Appel en groupe: *kiow-kiow*. La dinde lance des gloussements à ses poussins. **Aire:** De l'E et du S-O des É.-U. au N du Mexique. Introduit ailleurs. **Est:** Carte 151. **Habitat:** Bois, forêts de montagne, marécages boisés.

■ GÉLINOTTES, TÉTRAS, ETC: Famille Tetraonidae.
Oiseaux semblables à la poule, se déplaçant au sol, plus gros que les colins, sans la longue queue des faisans. **Nourriture:** Insectes, graines, bourgeons, petits fruits, etc. **Aire:** Am. du N, Europe, Asie. **Espèces:** Monde, 18; Est, 7.

GÉLINOTTE HUPPÉE (40-48 cm)   C 152
Bonasa umbellus   RUFFED GROUSE

Noter la queue en éventail avec une large *bande noire* près du bout. Gros gallinacé des bois broussailleux qu'on découvre rarement avant son envol bruyant qui fait sursauter. Deux formes existent: oiseaux *brun-roux* à queue rousse et oiseaux *gris-brun* à queue grise. La forme rousse est plus répandue dans le S de l'aire, la grise dans le N.
Voix: Le tambourinage du ♂ évoque un moteur qui démarre au loin. Des coups sourds, d'abord espacés, se rapprochent en un vrombissement: *bop... bop...bop...bop...bop.op.r-rrrrrr*. **Aire:** Alaska, Canada, N des É.-U. **Est:** Carte 152. **Habitat:** Strates basses des forêts décidues et mixtes.

■ FAISANS: Famille Phasianidae (en partie). Voir p. 148.

FAISAN DE CHASSE (♂: 75-90 cm; ♀ : 53-63 cm)   C 153
Phasianus colchicus   RING-NECKED PHEASANT

Gros gallinacé à longue queue pointue et ondoyante. Court rapidement; vol vigoureux (envol bruyant). Le ♂ au plumage très coloré a des caroncules écarlates et un *collier blanc* (parfois absent). La ♀ tachetée de brun a une *queue pointue,* un peu moins *longue*.
Voix: Le chant du ♂, un double cri rauque et fort, *kôrk-kok,* est suivi d'un bruissement bref produit par les ailes. Levé, il émet des croassements aigus. Juché, il répète un appel dissyllabique, *kottok*. **Aire:** Eurasie. Introduit et répandu en Am. du N et ailleurs. **Est:** Carte 153. **Habitat:** Fermes, champs, lisières de marais, broussailles.

TÉTRAS DU CANADA (38-43 cm)   **C 154**
Dendragapus canadensis   SPRUCE GROUSE
(T. des savanes) Il faut rechercher ce gallinacé sombre *très peu farouche* dans l'épaisse forêt boréale. Mâle: *poitrine noire* bien délimitée, flancs barrés de blanc et *bout* de la queue *rouille;* une caroncule rouge au-dessus de l'oeil est visible de près. Femelle: brun rouille foncé avec barres serrées et courte queue sombre à bout rouille.
Aire: Alaska, Canada, N des É.-U. **Est:** Carte 154. **Habitat:** Forêts de conifères, tourbières, talles de bleuets, etc.

GÉLINOTTE À QUEUE FINE (38-50 cm)   **C 155**
Tympanuchus phasianellus   SHARP-TAILED GROUSE
Noter la *courte queue pointue* à côtés *blancs* visibles en vol. Gallinacé brun pâle et moucheté habitant les fourrés de la Prairie. Le ♂ en parade gonfle des sacs *pourprés*.
Espèces semblables: 1) La ♀ du Faisan de chasse (p. 144) a une *longue* queue pointue. 2) Les poules-des-prairies ont une queue *courte, sombre et arrondie*. 3) La G. huppée a une largue queue *en éventail*. **Voix:** *Cac-cac-cac,* etc. caqueté. Cri de parade: *coû-te* ou *cou-ou* avec bruissements de plumes et piétinements. **Aire:** Alaska, Canada, N-O et centre-N des É.-U. **Est:** Carte 155. **Habitat:** Steppes, bosquets broussailleux, fourrés clairs, orée des bois, abattis, coulées, brûlis en forêt de conifères, etc.

GRANDE POULE-DES-PRAIRIES (43-45 cm)   **C 156**
Tympanuchus cupido   GREATER PRAIRIE-CHICKEN
Noter la courte *queue sombre et arrondie* (noire chez le ♂, barrée chez la ♀). Gallinacé brun de la Prairie, fortement barré. Les ♂ en parade «dansent» ensemble, gonflant leurs sacs orangés et dressant comme des cornes les plumes noires du cou.
Espèces semblables: 1) La ♀ du Faisan de chasse (p. 144) a une longue queue pointue. 2) La Gélinotte à queue fine a une queue blanchâtre. 3) La G. huppée (p .144) vit dans les bois, a une large queue en éventail. 4) Voir la Petite Poule-des-Prairies. **Voix:** En danse nuptiale, le ♂ émet un *ou-lou-wou* creux évoquant le bruit de l'air soufflé à ras du goulot d'une bouteille. **Aire:** De la Prairie canadienne (très rare aujourd'hui) à la côte du Texas. **Est:** Carte 156. **Habitat:** Steppes à herbe longue, aujourd'hui très restreintes.

PETITE POULE-DES-PRAIRIES (40 cm)
Tympanuchus pallidicinctus   LESSER PRAIRIE-CHICKEN
Petit gallinacé de la Prairie identifié surtout à l'aide de son aire (voir plus bas). Les sacs du ♂ sont pourpre terne ou prune (pas orangés comme chez l'espèce précédente).
Voix: Le « ronflement » de la parade n'est pas aussi fort ni aussi roulant que chez l'espèce précédente. Les deux espèces gloussent et caquètent.
Aire: Réside localement dans le S-E du Colorado, l'E du Nouveau-Mexique, le N du Texas et, dans notre région, dans l'extrême N du Kansas et de l'Oklahoma, juste à l'O de l'aire de l'espèce précédente indiquée sur la Carte 156. **Habitat:** Dunes colonisées par des armoises, des pâturins.

LAGOPÈDE DES SAULES (40 cm)   **C 157**
Lagopus lagopus   WILLOW PTARMIGAN
 Petits gallinacés de l'Arctique, nos deux lagopèdes se ressemblent: bruns avec les ailes blanches en été, et blancs avec la queue noire en hiver. En été, le Lagopède des saules est souvent d'un marron plus intense que le L. des rochers.
 Espèce semblable: Certaines races du L. des rochers sont franchement grises, barrées finement. Le bec est plus petit, plus fin. L'hiver, la plupart des L. des rochers ont une *marque noire* entre l'oeil et le bec. Leurs habitats diffèrent, le L. des rochers préférant les terrains plus élevés et plus dénudés. **Voix:** Cris assez rauques: *go-hâte, go-hâte*. Le ♂ émet un cocorico saccadé: *kwow, kwow, tôbacco, tôbacco*, etc. ou *ké-bek, ké-bek*. **Aire:** Arctique; circompolaire. **Est:** Carte 157. **Habitat:** Toundra, saules nains, tourbières; vallées abritées en hiver.

LAGOPÈDE DES ROCHERS (L. ALPIN) (33 cm)   **C 158**
Lagopus mutus   ROCK PTARMIGAN
 Voir le L. des saules (ci-dessus).
 Aire: Régions arctiques et alpines de l'hémisphère N. **Est:** Carte 158. **Habitat:** Au-dessus de la ligne des arbres en haute montage (plus bas l'hiver); toundra.

■ PERDRIX, COLINS, ETC.: Famille Phasianidae.
Perdrix et colins sont généralement plus petits que les gélinottes. Les faisans sont de la taille de la poule avec une longue queue mobile. Sexes semblables ou dissemblables. **Nourriture:** Insectes, graines, bourgeons, baies. **Aire:** Presque mondiale. **Espèces:** Monde, 165; Est, 2 (+ 2 introduites avec succès; d'autres introductions ont échoué).

PERDRIX GRISE (30-35 cm)   **C 159**
Perdix perdix   GRAY PARTRIDGE
 En vol, noter la *courte queue rousse*. Oiseau rondelet, gris et brun, plus gros que le Colin de Virginie; face rouille, barres marron sur les flancs et tache sombre sur le ventre.
 Espèce semblable: La Perdrix choukar (*Alectoris chukar*), originaire elle aussi de l'Ancien-Monde, a été introduite avec succès dans l'Ouest, sans succès dans le Nord-Est. Voir p. 302. **Voix:** *Kar-ouit, kar-ouit*, rauque. Caquetage à l'envol. **Aire:** Eurasie; introduite en Am. du N. **Est:** Carte 159. **Habitat:** Champs, terres cultivées.

COLIN DE VIRGINIE (21-26 cm)   **C 160**
Colinus virginianus   NORTHERN BOBWHITE
 Petit gallinacé rondelet de la taille d'une sturnelle. Rougeâtre avec une courte queue sombre. Le ♂ a une gorge blanche voyante et un sourcil blanc, chamois chez la ♀.
 Espèce semblable: La Gélinotte huppée, plus grosse, a une queue en éventail. **Voix:** *Bob-wait!* net, sifflé, ou *pour-bob-whoit!* En compagnie: *ka-loil-kî?* auquel répond *woil-kî!* **Aire:** Du centre et de l'E des É.-U. au Guatemala. **Est:** Carte 160. **Habitat:** Fermes, lieux découverts avec broussailles, haies, orées des bois.

COLIN ÉCAILLÉ (25-30 cm)
Callipepla squamata   SCALED QUAIL
 Colin gris des terres arides du S-O, au plumage d'aspect écailleux, avec une houppe blanche à la tête. S-O du Kansas et de l'Oklahoma. Seule la tête est illustrée.

LAGOPÈDES

hiver

LAGOPÈDE DES SAULES

♂ été
♀ été

hiver

LAGOPÈDE DES ROCHERS

♂ été
♀ été

PERDRIX, COLINS

PERDRIX GRISE

sexes semblables

COLIN ECAILLÉ

COLIN DE VIRGINIE

♂ ♀

■ **BUSES, AIGLES, ETC.: Famille Accipitridae.** Rapaces diurnes à serres et bec crochus. Les sous-familles sont présentées séparément. Persécutés et méconnus, ils tiennent pourtant une place importante dans les biocénoses. **Aire:** Presque mondiale. **Espèces:** Monde, 208; Est, 17 (+ 5 exceptionnelles).

• **MILANS: Sous-familles Elaninae et Milvinae.** Rapaces gracieux du S. Avec leurs ailes pointues, les espèces des É.-U. (sauf le Milan des marais) ont un profil de faucon. **Nourriture:** Gros insectes, reptiles, rongeurs. Les gastéropodes sont la spécialité du M. des marais.

MILAN À QUEUE FOURCHUE (60 cm)   C 161
Elanoides forficatus   AMERICAN SWALLOW-TAILED KITE
Par ses formes et son vol gracieux, on dirait une immense Hirondelle des granges. Noter le dessus noir, la tête et le dessous bien blancs, la longue queue mobile et *très fourchue*.
Voix: *Î-î-î* ou *pî-pî-pî* vif et aigu. **Aire:** S-E des É.-U. et Am. tropicale. Absent des É.-U. l'hiver. **Est:** Carte 161. **Habitat:** Bois marécageux.

MILAN DU MISSISSIPPI (35 cm)   C 162
Ictinia mississippiensis   MISSISSIPPI KITE
Gracieux et gris. Corps sombre dessus, plus clair dessous; tête *gris très pâle;* queue et dessous des ailes noirâtres. Le seul oiseau à forme de faucon avec une queue noire sans barre. Montre en vol une *zone claire* sur l'arrière de l'aile (qu'on ne voit pas d'en dessous). Le jeune a le dessous fortement rayé et la queue barrée.
Voix: *Fî-fiou* (G. M. Sutton); *kî-î* clair. **Aire:** Surtout le S des É.-U. Hiverne en Am. centrale et dans le N de l'Am. du S. **Est:** Carte 162. **Habitat:** Rives boisées, bosquets.

ÉLANION BLANC (38-43 cm)
Elanus caeruleus   BLACK-SHOULDERED KITE
Ce milan blanchâtre a les ailes longues et pointues et une *longue queue blanche*. Tournoie et plane comme un petit goéland; *vole souvent sur place*. *Adulte:* Gris pâle; tête, queue et dessous blancs; *grande zone noire* sur l'avant de l'aile. *Jeune:* Semblable, mais la poitrine est rouille, le dos brun, et la queue porte une fine barre noire près du bout.
Aire: S-E de l'Asie, Afrique, S-O de l'Europe; de la Californie et du S du Texas au Chili et à l'Argentine. Étend son aire en Am. du N. **Est:** visite rarement le S-E des É.-U. **Habitat:** Bosquets clairs, vallées, marais.

MILAN DES MARAIS (43-48 cm)   C 162
Rostrhamus sociabilis   SNAIL KITE
Rappelle le busard, quelle que soit la distance, mais ne plane pas comme lui en balançant le corps; vole de façon plus lâche, la tête penchée, à la recherche de gastéropodes. *Mâle:* Tout noir sauf pour une large bande blanche à la base de la queue; pattes *rouges. Femelle:* Raies fortes sur fond chamois, sourcil blanc, queue noire et blanche.
Voix: *Kor-î-î-a, kor-î-î-a* caqueté. **Aire:** Floride, Antilles et du Mexique à l'Argentine. **Est:** Carte 162. **Habitat:** Marais d'eau douce peuplés de gastéropodes (*Pomacea*).

- **ÉPERVIERS, AUTOURS: Sous-famille Accipitrinae.** Rapaces forestiers à longue queue et courtes ailes arrondies. Vol typique: plusieurs battements rapides et un plané. Même plumage chez les deux sexes; femelles plus grosses. **Nourriture:** Surtout des oiseaux; aussi, des petits mammifères.

ÉPERVIER BRUN (25-35 cm)   **C 163**
Accipiter striatus   SHARP-SHINNED HAWK
   Petit rapace forestier à corps svelte, queue élancée et *courtes ailes arrondies*. Vol: plusieurs battements rapides et un plané. L'adulte a le dos foncé, la poitrine barrée de roux. La queue fermée du ♂ est *légèrement encochée* ou *carrée* (étalée, elle peut paraître arrondie). Jeune plus brun, rayé dessous.
Espèce semblable: La ♀ de l'É. de Cooper est nettement plus grosse, avec une queue *bien arrondie;* cependant, la taille et la forme de la queue peuvent être si semblables chez les ♂ de l'É. de Cooper et les ♀ de l'É. brun que de nombreux individus ne peuvent être identifiés à coup sûr sur le terrain. Voir *American Birds,* mai 1979. **Voix:** Comme chez l'É. de Cooper, mais plus stridente; *kik, kik, kik* aigu. **Aire:** De la limite des arbres au Canada jusqu'aux États du g. du Mexique; hiverne dans le N des É.-U. et plus au sud. **Est:** Carte 163. **Habitat:** Forêts, bosquets.

ÉPERVIER DE COOPER (35-50 cm)   **C 164**
Accipiter cooperii   COOPER'S HAWK
   Rapace à ailes courtes et queue longue, très semblable à l'É. brun mais plus gros; les ♀ sont en moyenne presque aussi grandes que la corneille. Même fermée, la queue de la ♀ est *bien arrondie,* celle du ♂ un peu moins.
Voix: Au nid, *kek, kek, kek* rapide; évoque le Pic flamboyant. **Aire:** Du S du Canada au N du Mexique. **Est:** Carte 164. **Habitat:** Forêts claires, bosquets ripariens.

AUTOUR DES PALOMBES (50-65 cm)   **C 165**
Accipiter gentilis   NORTHERN GOSHAWK
   Adulte: Gros épervier à queue assez longue et ailes arrondies. Calotte et joues noirâtres, *sourcil blanc*. Dessous gris pâle, finement barré; dos plus clair et plus gris que chez les éperviers. *Jeune:* Comme celui de l'É. de Cooper; d'habitude plus gros; noter le sourcil clair et les raies en zigzag de la queue.
Voix: *Kak, kak, kak* ou *kok, kok, kok,* plus sonore que chez l'É. de Cooper. **Aire:** Eurasie, N de l'Am. du N. **Est:** Carte 165. **Habitat:** Forêts boréales et mixtes; bois de feuillus aussi en hiver.

- **BUSARDS: Sous-Famille Circinae.** Rapaces sveltes à queue longue et ailes fines. Vol bas, mou, glissé, les ailes en « V » très ouvert. Sexes dissemblables. Chassent en terrain découvert.

BUSARD SAINT-MARTIN (44-60 cm)   **C 166**
Circus cyaneus   NORTHERN HARRIER
   (B. des marais) Noter le *croupion blanc* de ce rapace svelte. *Mâle* gris clair, *femelle* rayée de brun, *jeune* roux foncé dessous. Plane et se balance légèrement en rase-mottes avec les ailes un peu relevées, rappelant en silhouette l'Urubu à tête rouge. Chez le ♂ clair le bout des ailes paraît « trempé dans l'encre ».
Voix: Un faible sifflement nasillard: *tsiê, tsiê, tsiê.* **Aire:** De l'Alaska et du Canada au S des É.-U.; N de l'Eurasie. Hiverne jusque dans le N de l'Am. du S et le N de l'Afrique. **Est:** Carte 166. **Habitat:** Marais, champs, etc.

- **BUSES: Sous-famille Buteoninae** (en partie). Gros rapaces trapus à ailes larges et large queue arrondie. Planent souvent haut dans le ciel en tournoyant. Plumages très variables; sexes semblables; femelles plus grosses. Les jeunes sont généralement *rayés* dessous. Formes sombres fréquentes. **Nourriture:** Rongeurs, lapins; parfois petits oiseaux, reptiles et criquets.

BUSE À QUEUE ROUSSE (48-63 cm) — C 167
Buteo jamaicensis (en partie)   RED-TAILED HAWK

Quand ce rapace à ailes larges et queue en éventail plane dans le ciel, on peut voir, au moment où il tourne, le *roux* du dessus de la queue (chez l'adulte). La queue est claire dessous mais peut laisser transparaître un peu de roux. Le jeune a la queue gris foncé, avec ou sans barre. Le dessous des individus typiques est « zoné » (poitrine blanche, large bande formée de raies sur le ventre). Le plumage varie beaucoup dans l'O où l'on peut rencontrer la race claire *kriderii,* la race noirâtre *harlani* et aussi divers oiseaux mélaniques ou roux.

Voix: Plainte perçante: *Kîîir-r-r* (descendant). **Aire:** De l'Alaska et du Canada au Panama. **Est:** Carte 167. **Habitat:** Lieux découverts, bois, bosquets, montagnes, plaines.

BUSE À QUEUE ROUSSE (race de Krider)
Buteo jamaicensis kriderii   RED-TAILED HAWK

Race ou forme claire de l'Ouest, à queue blanche parfois teintée de roux pâle.

Aire: La Prairie du S du Canada et du N des É.-U. Hiverne jusqu'au Texas et à la Louisiane.

BUSE À QUEUE ROUSSE (race de Harlan)
Buteo jamaicensis harlani   RED-TAILED HAWK

Race noirâtre variable; considérée comme une espèce distincte par certains. Très semblable aux autres formes sombres de la B. à queue rousse. La queue n'est jamais toute rousse, mais blanc sale, mâchurée *en long* et avec une bande sombre au bout, donnant *l'illusion d'un croupion blanc;* il y a généralement un soupçon de roux sur la queue.

Aire: E de l'Alaska et N-O du Canada. Hiverne jusqu'au Texas et en Louisiane.

BUSE DE SWAINSON (48-55 cm) — C 168
Buteo swainsoni   SWAINSON'S HAWK

Buse de la Prairie; proportionnée comme la B. à queue rousse, mais aux ailes un peu plus fines. Plane les ailes légèrement relevées. L'adulte typique a une *bande pectorale sombre.* En dessous, les couvertures chamois contrastent avec les rémiges *sombres.* Dessus de la queue gris virant souvent au blanc à la base. Il existe des individus trompeurs, foncés ou à poitrine claire; retenir les rémiges sombres.

Voix: Sifflement plaintif et perçant: *kriiiiiir.* **Aire:** Du N-O de l'Am. du N au N du Mexique; hiverne jusqu'en Argentine. **Est:** Carte 168. **Habitat:** Plaines, pâturages, collines dénudées, arbres épars.

BUSE ROUILLEUSE (58-63 cm)
Buteo regalis   FERRUGINOUS HAWK

Grosse buse de la Prairie, *rousse dessus* et blanchâtre dessous, avec une *queue blanchâtre ou roux pâle* et une tache claire sur l'aile. Tête souvent assez blanche. D'en dessous, l'adulte typique montre un « *V » sombre* formé par les pattes rousses.

Aire: S-O du Canada et O des É.-U. Hiverne dans le S-O des É.-U. et le N du Mexique. **Est:** Niche dans la Prairie, du S de la Saskatchewan à l'O de l'Oklahoma. S'égare jusqu'au Mississippi.

BUSES

Les buses sont trapues et ont une queue large.

représentées en vol pp. 165, 169

jeune

adulte

BUSE À QUEUE ROUSSE

BUSE À QUEUE ROUSSE (race de Harlan)

B. à queue rousse (race de Harlan)

BUSE À QUEUE ROUSSE (race de Krider)

jeune

forme sombre

forme claire

BUSE DE SWAINSON

BUSE ROUILLEUSE

BUSE PATTUE (48-60 cm) **C 169**
Buteo lagopus ROUGH-LEGGED HAWK
Cette grosse buse *vole* souvent *sur place* en terrain découvert. Plus grosse que la plupart des buses, avec les ailes et la queue quelque peu plus longues. Les individus typiques ont le *ventre sombre ou taché* et une *tache noire* sous le « poignet ». Queue blanche *avec une ou plusieurs larges bandes noires* au bout. Chez la forme sombre, il n'y a pas autant de blanc sur la queue, mais il y en a beaucoup sous les rémiges.
Espèces semblables: 1) Le Busard Saint-Martin (croupion blanc) a les ailes et la queue plus fines. Voir 2) l'Aigle royal et 3) la B. à queue rousse. **Aire:** Arctique; circumpolaire. Hiverne jusque dans le S des É.-U. et le centre de l'Eurasie. **Est:** Carte 169. **Habitat:** Escarpements de la toundra, côtes arctiques; champs, plaines et marais en hiver.

BUSE À ÉPAULETTES (43-60 cm) **C 170**
Buteo lineatus RED-SHOULDERED HAWK
Adulte: La queue et les ailes larges annoncent une buse; les larges bandes sombres sur les deux faces de la queue caractérisent l'espèce. L'adulte a des *épaulettes rousses* (pas toujours visibles d'en dessous) et le dessous rouge brique. Noter aussi en vol la zone translucide ou « fenêtre » à la base des primaires. *Jeune:* Rayé; reconnu à ses proportions, aux barres de la queue et, en vol, à la fenêtre dans l'aile.
Espèces semblables: 1) L'adulte de la Petite Buse a les sous-alaires plus claires et les barres blanches de la queue plus larges. Voir le jeune de la Petite Buse, ainsi que 2) la B. à queue rousse et 3) l'Épervier de Cooper (profil différent). **Voix:** *Ki-yeûr* perçant, dissyllabique (descendant). **Aire:** S-E du Canada, E des É.-U., Californie, Mexique. **Est:** Carte 170. **Habitat:** Bois, rivières en forêt, forêts marécageuses.

PETITE BUSE (35-48 cm) **C 171**
Buteo platypterus BROAD-WINGED HAWK
Petite buse trapue de la taille d'une corneille. Noter les bandes noires et blanches, *de largeur à peu près égale,* de la queue de l'adulte. Couvertures sous-alaires blanches. *Jeune:* Bandes plus nombreuses et moins de blanc dans la queue. En migration, ces buses planent souvent en groupe.
Espèce semblable: Le jeune de la B. à épaulettes est semblable à celui de la Petite Buse, mais ce dernier est plus trapu, avec une queue et des ailes plus courtes; le dessous des ailes est généralement plus blanc. **Voix:** *Ti-piiiiii* très aigu, en diminuendo. **Aire:** Du S du Canada au g. du Mexique. Hiverne surtout en Am. centrale et en Am. du S. **Est:** Carte 171. **Habitat:** Forêts, bosquets.

BUSE À QUEUE COURTE (43 cm) **C 172**
Buteo brachyurus SHORT-TAILED HAWK
Petite buse noire, ou noire et blanche, de la taille d'une corneille. Deux formes: 1) corps noir et couvertures sous-alaires noires; 2) noire dessus et blanche dessous avec couvertures blanches. Aucune autre buse de la Floride n'a le dessous tout noir ou tout blanc.
Aire: Floride; du Mexique au Chili, au N de l'Argentine et à la Bolivie. **Est:** Carte 172. **Habitat:** Pinèdes, orées des bois, marécages de taxodiers, palétuviers.

- **AIGLES ET PYGARGUES: Sous-famille Buteoninae** (en partie). Apparentés aux buses, ces oiseaux s'en distinguent par la taille bien plus grande et les ailes proportionnellement plus longues. Bec énorme, presque aussi long que la tête. **Nourriture:** L'Aigle royal mange surtout des lièvres et de gros rongeurs; le Pygargue à tête blanche, surtout des poissons morts ou mourants.

PYGARGUE À TÊTE BLANCHE (75-108 cm)   C 173
Haliaeetus leucocephalus   BALD EAGLE

(Aigle à tête blanche) Emblème des É.-U. L'adulte à *tête blanche* et *queue blanche* s'identifie instantanément. Bec jaune et fort. Le jeune a le bec, la tête, le corps et la queue sombres; beaucoup de blanc dans les couvertures sous-alaires et souvent sur la poitrine (voir le dessous p. 167). Envergure: 2-2,5 m.
Espèce semblable: Voir l'Aigle royal. **Voix:** Ricanement aigre et grinçant: *Klik-kik-ik-ik-ik,* ou *kak-kak-kak* plus grave. **Aire:** De l'Alaska et du Canada au S des É.-U. **Est:** Carte 173. **Habitat:** Côtes, rivières, lacs; les montagnes aussi en migration.

AIGLE ROYAL (75-100 cm)   C 174
Aquila chrysaetos   GOLDEN EAGLE

(A. doré) Majestueux, l'Aigle royal plane les ailes à plat, avec des battements occasionnels. Sa grande taille et ses longues ailes (envergure: un peu plus de 2 m) le distinguent des grosses buses. *Adulte:* Dessous entièrement sombre ou queue avec bandes obscures et tache claire à la base. La nuque est *teintée de doré. Jeune:* plus facile à identifier que l'adulte, par la *tache blanche à la base des primaires* et la queue blanche à large bande sombre au bout.
Espèces semblables: 1) D'habitude, le jeune du Pygargue à tête blanche a du blanc dans les couvertures sous-alaires et souvent sur le corps; la queue peut être marbrée de blanc à la base, mais sans bande nette. 2) La Buse pattue (forme sombre) est plus petite, avec plus de blanc sous les ailes. **Voix:** Rarement entendue; glapissement aboyé: *kia;* cris sifflés. **Aire:** Surtout les régions montagneuses de l'hémisphère N. **Est:** Carte 174. **Habitat:** Montagnes, escarpements, avant-monts, plaines, lieux découverts.

- **BALBUZARDS: Famille Pandionidae.** L'unique espèce de cette famille est un grand rapace qui plonge sur les poissons pattes premières. Sexes semblables. **Aire:** Tous les continents sauf l'Atlantique. **Espèces:** Monde, 1; Est, 1.

BALBUZARD (53-61 cm)   C 175
Pandion haliaetus   OSPREY

(Aigle-pêcheur) Notre seul rapace plongeur. Grande taille (envergure 1,3-1,8 m); dessus noirâtre et dessous blanc. Tête en partie blanche, pouvant rappeler celle du pygargue, mais traversée par un *large bandeau noir.* Les ailes souvent coudées en vol ont une tache noire sous le « poignet ». Vole sur place et plonge les pattes tendues pour saisir les poissons.
Voix: Sifflements perçants et contrariés, en série: *tchîp, tchîp* ou *youk, youk,* etc. Au nid, *tchîrik!* affolé. **Aire:** Presque mondiale. **Est:** Carte 175. **Habitat:** Rivières, lacs, estuaires, côtes.

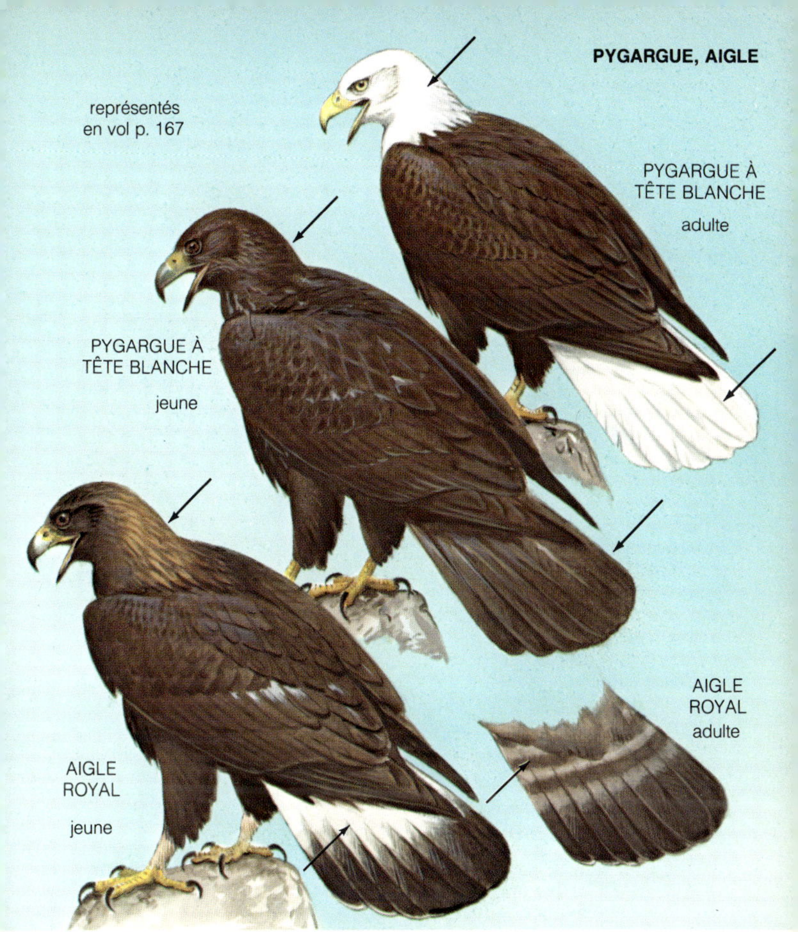
PYGARGUE, AIGLE
représentés
en vol p. 167
PYGARGUE À
TÊTE BLANCHE
adulte
PYGARGUE À
TÊTE BLANCHE
jeune
AIGLE
ROYAL
adulte
AIGLE
ROYAL
jeune

BALBUZARD
vol sur place
BALBUZARD
adulte

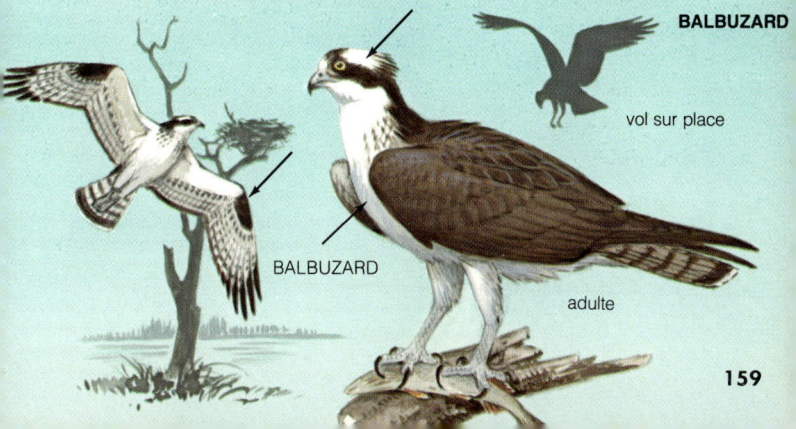

■ **URUBUS: Famille Cathartidae.** Gros rapaces ressemblant aux aigles, qui planent haut dans le ciel en dessinant de grands cercles. La tête nue est relativement plus petite que celle des buses et des aigles. Correspondent en Amérique aux vautours de l'Ancien-Monde. Sexes semblables. **Nourriture:** Charogne. **Aire:** Du S du Canada au cap Horn. **Espèces:** Monde, 7; Est, 2.

URUBU À TÊTE ROUGE (65-80 cm)   **C 176**
Cathartes aura   TURKEY VULTURE
Presque de la taille de l'aigle (envergure: 1,8 m). D'en dessous, noter les grandes ailes noirâtres en deux tons (rémiges plus claires). Plane les ailes un peu relevées (en « V » très ouvert); tangue et roule comme s'il était déséquilibré. La petite *tête rouge* et nue de l'adulte est voyante de près; le jeune a la tête noirâtre.
Espèces semblables: 1) Voir l'Urubu noir. 2) L'Aigle royal et le Pygargue à tête blanche ont une plus grosse tête et une queue plus courte; ils planent en ligne droite. **Aire:** Du S du Canada au cap Horn. Les populations du N migrent. **Est:** Carte 176. **Habitat:** Généralement vu soit en train de planer, soit perché dans un arbre mort ou sur un poteau, soit posé au sol, ou près d'une charogne.

URUBU NOIR (58-68 cm)   **C 177**
Coragyps atratus   BLACK VULTURE
On reconnaît facilement ce gros charognard noir à sa courte queue carrée qui dépasse à peine le bord arrière des ailes et à la zone blanchâtre du bout de l'aile. Pattes plus longues et plus claires que chez l'Urubu à tête rouge. Noter les rapides battements d'ailes laborieux alternant avec des planés courts. Envergure: moins de 1,5 m.
Espèce semblable: L'Urubu à tête rouge a une plus longue queue, bat moins des ailes et plane davantage. L'Urubu noir est plus noir, a la queue courte, les ailes moins longues et plus larges. *Attention:* Le jeune de l'Urubu à tête rouge a la tête noire.
Aire: De l'Ohio et la Pennsylvanie au N du Chili et de l'Argentine. **Est:** Carte 177. **Habitat:** Comme l'Urubu à tête rouge, mais évite les hautes montagnes.

CONDOR ROYAL (80 cm)
Sarcoramphus papa   KING VULTURE
Charognard blanchâtre à rémiges noires avec la tête et le cou vivement colorés. Résidant rare de l'Am. tropicale. Signalé par John et William Bartram en Floride, sur la rivière St. Johns en 1765-66; n'a jamais été vu aux É.-U.

■ **CARACARAS ET FAUCONS: Famille Falconidae.**
• **CARACARAS: Sous-famille Caracarinae.** Grands rapaces à pattes longues et face nue. Sexes semblables. **Nourriture:** L'unique espèce des É.-U. est surtout charognarde. **Aire:** Du S des É.-U. à la Terre de Feu; Malouines. **Espèces:** Monde, 10; Est, 1.

CARACARA HUPPÉ (50-63 cm)   **C 178**
Polyborus plancus   CRESTED CARACARA
Gros rapace sombre à longues pattes et long cou qui se nourrit souvent avec les urubus; sa *huppe noire* et sa *face rouge* sont caractéristiques. En vol, le dessous présente plusieurs zones où le clair voisine le sombre: poitrine blanche, ventre noir, queue blanche à extrémité sombre; noter la combinaison *poitrine blanche* et taches alaires *claires*. Le jeune est plus brun et rayé sur la poitrine.
Aire: Du S-O des É.-U. et de la Floride à l'Am. du S. **Est:** Carte 178. **Habitat:** Prés, pâturages.

- **FAUCONS: Sous-Famille Falconinae.** Les faucons sont des rapaces aérodynamiques aux ailes pointues et à la queue assez longue, comme les milans. **Nourriture:** Oiseaux, rongeurs, insectes. **Aire:** Presque mondiale. **Espèces:** Monde, 52; Est, 5 (+ 1 exceptionnelle).

CRÉCERELLE D'AMÉRIQUE (23-30 cm) C 179
Falco sparverius — AMERICAN KESTREL

Faucon de la taille d'un geai. Aucun autre *petit* rapace n'a du *roux sur le dos ou la queue*. Le ♂ a les ailes bleu-gris. Les deux sexes ont le motif noir et blanc sur la joue. *Vole sur place* avec des battements rapides, comme le martin-pêcheur. Se perche assez droit, hochant la queue à l'occasion.

Espèces semblables: 1) L'Épervier brun a les ailes arrondies. Lui et 2) le Faucon émerillon ont la queue et le dos gris ou bruns. **Voix:** *Kli kli kli* ou *killi killi killi* rapide et aigu. **Aire:** Majeure partie de l'Am. du N et du S. **Est:** Carte 179. **Habitat:** Lieux découverts, terres cultivées, villes, orées des bois, arbres morts, fils.

FAUCON ÉMERILLON (25-34 cm) C 180
Falco columbarius — MERLIN

Petit faucon massif de la taille d'un geai; F. pèlerin en miniature. *Mâle:* Gris-bleu dessus avec une queue grise à larges bandes noires. *Femelle et jeune:* Brun foncé avec queue barrée. L'adulte et le jeune ont le dessous fortement rayé.

Espèces semblables: 1) L'Épervier brun a les ailes arrondies. 2) La Crécelle d'Amérique a la queue et le dos roux. **Aire:** N de l'hémisphère N. Hiverne jusque dans le N de l'Am. du S et le N de l'Afrique. **Est:** Carte 180. **Habitat:** Forêts claires de conifères; en migration, avant-monts, marais et lieux découverts également.

FAUCON DES PRAIRIES (43 cm)
Falco mexicanus — PRAIRIE FALCON

Comme le F. pèlerin, mais brun avec des *favoris plus fins*. Montre en vol une *tache noirâtre* aux aisselles (voir p. 171).

Espèce semblable: Le F. pèlerin a des favoris noirs plus larges et un dos ardoisé. **Aire:** Du S-O du Canada et de l'O des É.-U. au S du Mexique. **Est:** S'égare occasionnellement à l'est du 100ᵉ méridien dans les États de la Prairie. Exceptionnel à l'est du Mississippi (oiseaux de fauconnerie échappés ?).

FAUCON PÈLERIN (38-50 cm) C 181
Falco peregrinus — PEREGRINE FALCON

Noter les gros favoris noirs. C'est un faucon par ses ailes pointues, sa queue étroite, ses battements d'ailes rapides rappelant ceux du pigeon; la taille, à peu près celle de la corneille, et le motif net de la face caractérisent cette espèce. L'adulte a le dos ardoisé, le dessous barré et tacheté. Le jeune est brun, fortement rayé.

Voix: Au nid, *oui-tchiou* répété; *kek kek kek kek* rapide. **Aire:** Presque mondiale. **Est:** Carte 181. **Habitat:** Lieux découverts surtout (de la montagne à la côte); même dans les villes. Espèce menacée.

FAUCON GERFAUT (50-63 cm) C 182
Falco rusticolus — GYRFALCON

Très gros faucon de l'Arctique, plus gros et plus massif que le F. pèlerin; queue un peu plus large. Les battements d'aile lents sont trompeurs. De couleur plus uniforme que le F. pèlerin. On rencontre des oiseaux noirs, gris ou blancs; il s'agit de formes et non de races.

Espèce semblable: Le F. pèlerin a une livrée plus contrastée avec son capuchon sombre et ses larges favoris noirs; plus svelte; queue plus étroite. **Aire:** Arctique; circompolaire. **Est:** Carte 182. **Habitat:** Toundra, côtes, montagnes dénudées.

FAUCONS

représentés en vol p. 171

Les faucons ont de longues ailes pointues et une longue queue.

CRÉCERELLE D'AMÉRIQUE

F. émerillon

F. pèlerin

FAUCON ÉMERILLON

FAUCON DES PRAIRIES

jeune

adulte

FAUCON PÈLERIN

forme sombre

forme grise

forme blanche

FAUCON GERFAUT

BUSES ET BUSARD EN VOL

Les oiseaux de la planche ci-contre sont surtout des adultes.

Les **buses** sont trapues, avec des ailes larges et une large queue arrondie. Elles planent et tournoient haut dans le ciel.

	Texte et planche en couleurs
BUSE À QUEUE ROUSSE *Buteo jamaicensis* Poitrine claire, ventre rayé. Queue à peine barrée ou pas du tout.	pp. 154, 155
BUSE À ÉPAULETTES *Buteo lineatus* Queue barrée (les barres blanches sont étroites) « Fenêtres » translucides (trait non infaillible).	pp. 156, 157
BUSE DE SWAINSON *Buteo swainsoni* Poitrine sombre, couvertures claires, primaires sombres.	pp. 154, 155
PETITE BUSE *Buteo platypterus* *Adulte:* Barres larges à la queue (les barres blanches sont larges); couvertures blanchâtres. *Jeune:* Bandes étroites dans la queue; couvertures blanchâtres.	pp. 156, 157
BUSE À QUEUE COURTE *Buteo brachyurus* *Forme claire:* Couvertures et ventre bien blancs. (La seule buse ayant ce plumage en Floride).	pp. 156, 157
BUSE PATTUE *Buteo lagopus* *Forme claire:* Ventre sombre, « poignets » noirs. Queue blanchâtre avec une ou plusieurs larges bandes sombres.	pp. 156, 157
BUSE ROUILLEUSE *Buteo regalis* Queue blanche ou rouille clair; « V » foncé formé par les pattes rousses.	pp. 154, 155

Les **busards** sont sveltes, avec de longues ailes arrondies et une longue queue. Ils volent bas, les ailes un peu relevées comme les urubus.

BUSARD SAINT-MARTIN *Circus cyaneus*   pp. 152, 153
Mâle: Svelte, pâle, avec le bout des ailes noir.
Femelle: Profil de busard; brune; rayée et barrée.

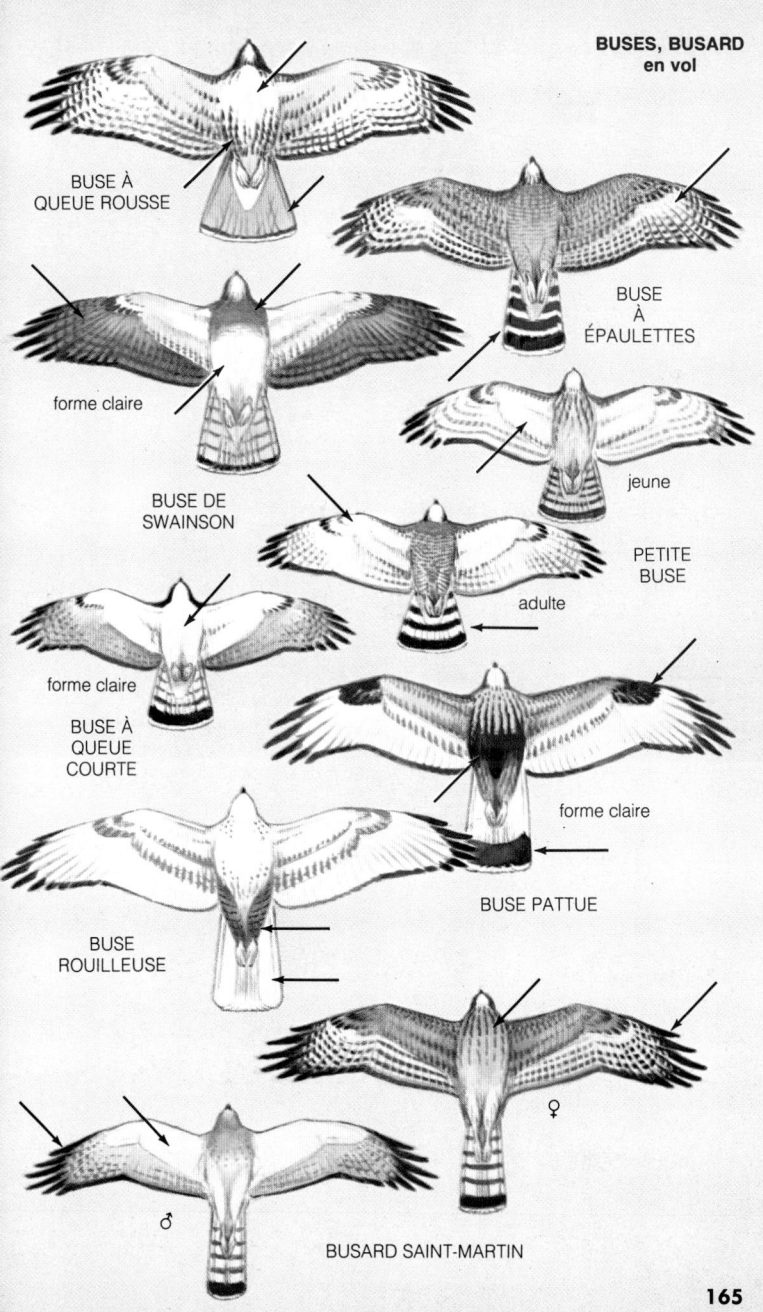

PYGARGUE, AIGLE ET BALBUZARD EN VOL

	Texte et planche en couleurs
PYGARGUE À TÊTE BLANCHE *Haliaeetus leucocephalus* *Adulte:* Tête et queue blanches. *Jeune:* Du blanc dans les couvertures.	**pp. 158, 159**
AIGLE ROYAL *Aquila chrysaetos* *Adulte:* Presque uniformément sombre; couvertures sombres. *Jeune:* Queue blanche et noire; tache blanche à la base des primaires.	**pp. 158, 159**
BALBUZARD *Pandion haliaetus* Ventre bien blanc, « poignets » noirs.	**pp. 158, 159**

Là où on rencontre à la fois le **Pygargue à tête blanche,** l'**Urubu à tête rouge** et le **Balbuzard,** on peut les distinguer de très loin par leur façon de planer. Le pygargue garde les ailes droites, l'urubu les tient relevées et le balbuzard les coude souvent.

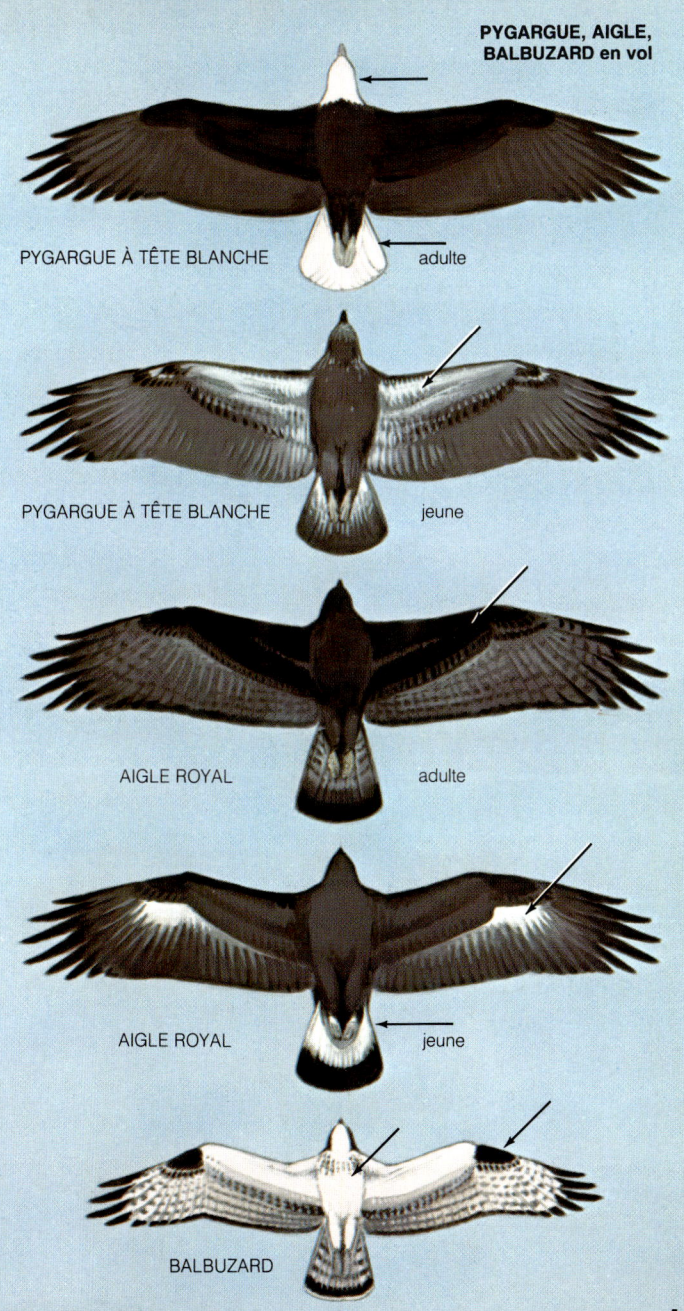

RAPACES NOIRÂTRES EN VOL

                                                                           Texte et planche en couleurs

URUBU À TÊTE ROUGE *Cathartes aura*   **pp. 160, 161**
Ailes à deux tons, tête petite, queue assez longue.

URUBU NOIR *Coragyps atratus*   **pp. 160, 161**
Queue courte, tache blanche à l'aile.

CARACARA HUPPÉ *Polyborus plancus*   **pp. 160, 161**
Poitrine blanchâtre, ventre noir, tache claire sur les primaires.

MILAN DES MARAIS *Rostrhamus sociabilis*   **pp. 150, 151**
Jeune: Brun, rayé; queue blanche à large bande noire.
Mâle adulte: Corps noir, queue blanche à large bande noire.

BUSE PATTUE *Buteo lagopus*   **pp. 156, 157**
Forme sombre: Corps sombre, rémiges blanchâtres; queue blanchâtre à large bande noire au bout.

BUSE DE SWAINSON *Buteo swainsoni*   **pp. 154, 155**
Forme sombre: Ailes d'habitude entièrement sombres, y compris les rémiges. Barres étroites sur la queue.

BUSE À QUEUE ROUSSE (race de Harlan)   **pp. 154, 155**
Buteo jamaicensis harlani
Profil de B. à queue rousse, corps sombre; queue claire, marbrée. Des Buses à queue rousse mélaniques peuvent être semblables, excepté pour la queue.

BUSE À QUEUE COURTE *Buteo brachyurus*   **pp. 156, 157**
Forme sombre: Couvertures et corps noirs; queue claire, barrée. La seule petite buse *noire* en Floride.

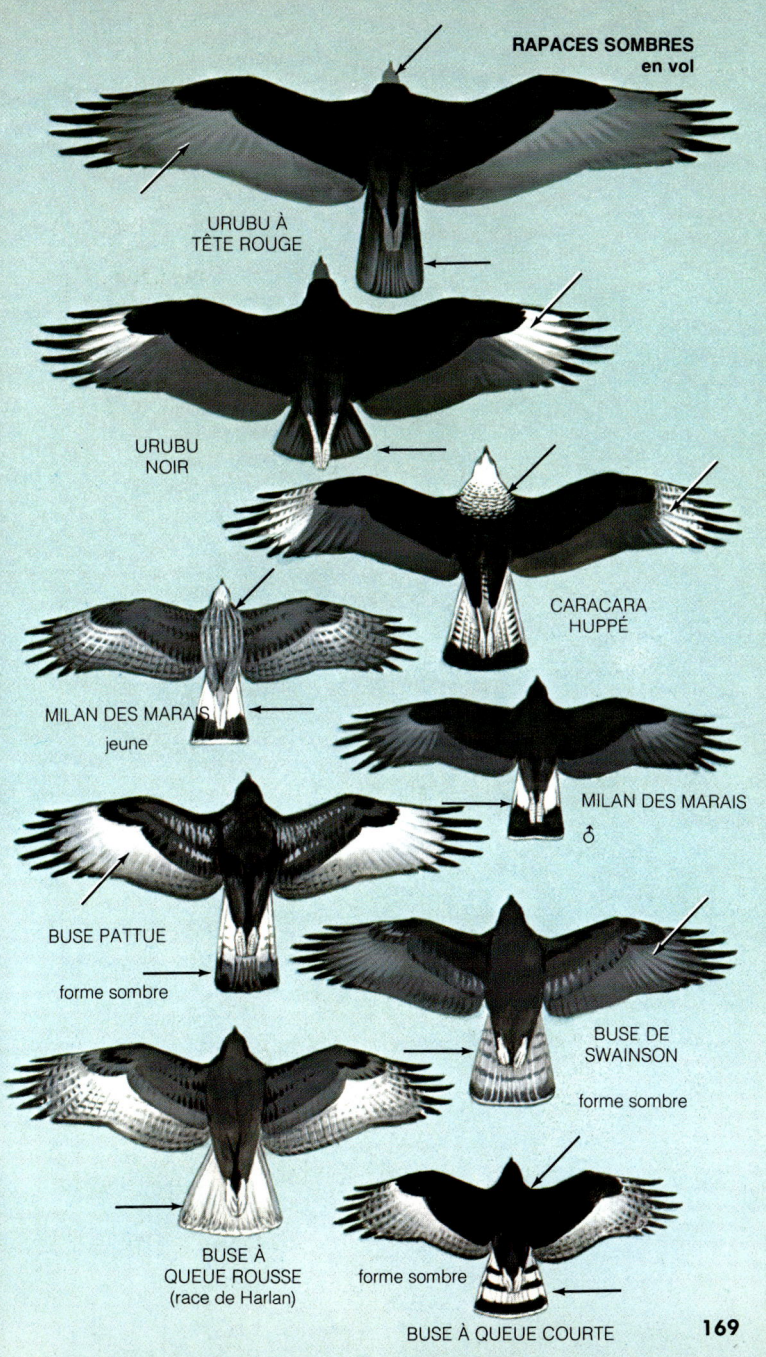

ÉPERVIERS, FAUCONS ET MILANS EN VOL

Les éperviers et **l'autour** ont de courtes *ailes arrondies* et une longue queue. En vol, plusieurs battements rapides alternent avec un plané court. Les femelles sont plus grosses que les mâles. Les jeunes (non illustrés) ont la poitrine rayée.

	Texte et planche en couleurs
ÉPERVIER DE COOPER *Accipiter cooperii*	**pp. 152, 153**

Dessous roux. Presque de la taille d'une corneille. Queue de la ♀ *bien arrondie,* même quand elle est fermée; celle du ♂, un peu moins.

AUTOUR DES PALOMBES *Accipiter gentilis* **pp. 152, 153**
  Adulte: Plus gros qu'une corneille; ventre *gris clair.*

ÉPERVIER BRUN *Accipiter striatus* **pp. 152, 153**
  De la taille d'un geai ou plus gros. Queue fermée du ♂, *carrée ou encochée;* celle de la ♀, un peu moins. Une queue ouverte peut paraître plus arrondie.

Les **faucons** ont de longues ailes *pointues;* battements d'ailes puissants et rapides.

FAUCON GERFAUT *Falco rusticolus* **pp. 162, 163**
  Forme noire: Dessous plus noir que chez le F. pèlerin.
  Forme grise: Plumage plus uniforme que chez le F. pèlerin.
  Forme blanche (non illustrée): Blanc comme le Harfang des neiges.

CRÉCERELLE D'AMÉRIQUE *Falco sparverius* **pp. 162, 163**
  Petite; queue rousse à bout sombre ou barres sombres.

FAUCON ÉMERILLON *Falco columbarius* **pp. 162, 163**
  Petit; sombre; queue grise, barrée.

FAUCON PÈLERIN *Falco peregrinus* **pp. 162, 163**
  Profil typique; presque de la taille d'une corneille; marques contrastées à la tête.

FAUCON DES PRAIRIES *Falco mexicanus* **pp. 162, 163**
  Taille du F. pèlerin; plus clair; noter la tache noire aux « aisselles ».

Les **milans** (sauf le M. des marais) ont la forme des faucons mais, à la différence de ceux-ci, ils planent légèrement et n'ont pas un vol puissant. Tous sont méridionaux.

MILAN À QUEUE FOURCHUE *Elanoides forficatus* **pp. 150, 151**
  Couvertures et corps blancs; queue noire très fourchue.

ÉLANION BLANC *Elanus caeruleus* **pp. 150, 151**
  Profil de faucon; corps blanc, queue blanchâtre.

MILAN DU MISSISSIPPI *Ictinia mississippiensis* **pp. 150, 151**
  Profil de faucon. *Adulte:* Queue noire, ailes noirâtres, corps gris. *Jeune:* Poitrine rayée; queue barrée, carrée ou encochée.

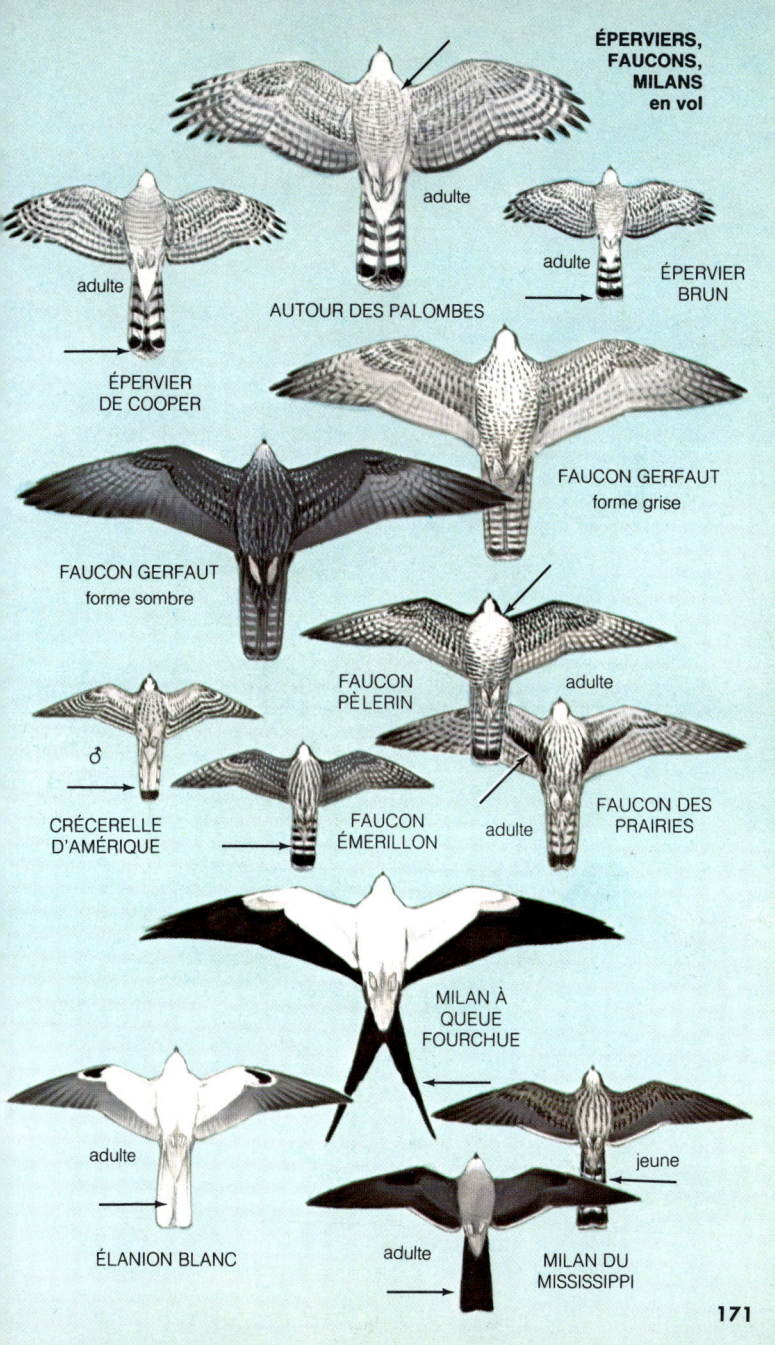

■ **HIBOUX ET CHOUETTES: Familles Tytonidae (effraies) et Strigidae.** Rapaces surtout nocturnes; tête grosse, la face formant un disque, les yeux dirigés vers l'avant. Bec et griffes crochus, pattes généralement emplumées (doigt externe repliable). Vol silencieux, papillonnant. Les hiboux ont des aigrettes, les chouettes n'en ont pas. Sexes semblables; ♀ plus grosses. **Nourriture:** Rongeurs, oiseaux, reptiles, poissons, gros insectes. **Aire:** Presque mondiale. **Espèce:** Monde, 134; Est, 12 (+1 exceptionnelle).

HIBOU DES MARAIS (33-43 cm)   C 183
Asio flammeus   SHORT-EARED OWL

Hibou des lieux découverts, chassant souvent le jour. Se reconnait à son plumage brun chamois rayé et à son vol inégal et paresseux. De grandes taches alaires chamois et une tache noire sous le « poignet » sont visibles en vol. Le *disque facial sombre* rehausse les yeux jaunes.
Espèce semblable: L'Effraie des clochers a une face blanche et simiesque, et les yeux *sombres*. **Voix:** Aboiement éternué énergique: *kî-yow!, wow!* ou *waow!* **Aire:** Presque mondiale. En Am. du N, niche de l'Arctique au centre des É.-U. et hiverne jusqu'au Mexique. **Est:** Carte 183. **Habitat:** Prés, marais, dunes, toundra.

PETIT-DUC MACULÉ (18-25 cm)   C 184
Otus asio   EASTERN SCREECH-OWL

Le seul *petit* hibou dans l'Est. Deux formes: rousse et grise. Aucun autre hibou n'est aussi roux. Les aigrettes ne sont pas toujours apparentes chez le jeune.
Voix: Hennissement ou gémissement lugubre, chevrotant et descendant. Parfois des hululements de même tonalité. **Aire:** Du S du Canada au centre du Mexique. **Est:** Carte 184. **Habitat:** Bois, bosquets, arbres d'ombrage.

HIBOU MOYEN-DUC (33-40 cm)   C 185
Asio otus   LONG-EARED OWL

Hibou svelte de la taille d'une corneille. Souvent découvert « figé » contre le tronc d'un arbre touffu. Se juche souvent en groupe. Beaucoup plus petit que le Grand-duc d'Amérique. Dessous rayé *sur la longueur* (et non barré sur la largeur) et aigrettes plus rapprochées, érectiles.
Voix: Gémissement grave, *houououou*. Geignements de chat également. **Aire:** Du Canada au S-O et au centre-S des É.-U., Eurasie, N de l'Afrique. **Est:** Carte 185. **Habitat:** Forêts, fourrés, bosquets de conifères.

GRAND-DUC D'AMÉRIQUE (45-63 cm)   C 186
Bubo virginianus   GREAT HORNED OWL

Hibou *énorme*. Dessous fortement *barré; bavette blanche* voyante. En vol, aussi gros que nos plus grosses buses; semble sans cou mais sa tête est grosse. Races variées au Canada: très sombre dans les Maritimes, presque aussi pâle que le harfang dans les Territoires du N-O.
Espèce semblable: Le H. moyen-duc est bien plus petit (gros comme une corneille en vol); son ventre est rayé longitudinalement plutôt que barré transversalement. Pas de bavette blanche; aigrettes plus rapprochées.
Voix: De 3 à 8 hululements résonnants. Chez le ♂, 4 ou 5: *Hou, hou-ou, hou, hou*. Ceux (6 à 8) de la ♀ sont plus graves: *Hou, hou-hou-hou, hou-ou, hou-ou*. **Aire:** De la limite des arbres à la Terre de Feu. **Est:** Carte 186. **Habitat:** Forêts, fourrés, rives des cours d'eau, lieux découverts.

HIBOUX

HIBOU DES MARAIS

forme rousse

PETIT-DUC MACULÉ

forme grise

HIBOU MOYEN-DUC

race subarctique claire

GRAND-DUC D'AMÉRIQUE

race nominale

173

CHOUETTE RAYÉE (43-60 cm) — C 187
Strix varia — BARRED OWL

Grosse chouette forestière gris-brun à très grosse tête. Noter les grands yeux *bruns* larmoyants et le dessin: poitrine barrée *sur la largeur* et ventre rayé *sur la longueur.* Dos moucheté de blanc.
Espèce semblable: Seule l'Effraie des clochers a aussi les yeux bruns. **Voix:** Hululements plus énergiques que ceux du Grand-duc d'Amérique, moins caverneux, ressemblant parfois à des aboiements. Souvent en 2 groupes de 4: *houhou-houhou, houhou-houhouhâ.* Le *hâ* final est distinctif. **Aire:** Du Canada au Honduras. **Est:** Carte 187. **Habitat:** Forêts, bois inondés.

EFFRAIE DES CLOCHERS (35-50 cm) — C 188
Tyto alba — COMMON BARN-OWL

Notre seule chouette à la *face blanche en forme de cœur.* Pattes longues et cagneuses, plumage clair, *yeux sombres.* En vol, la grosse tête et le vol léger et papillonnant annoncent une chouette; le dessous crème ou blanchâtre uni (fantomatique la nuit) et le dessus ambré ou rouille caractérisent l'espèce.
Espèce semblable: Le Hibou des marais est rayé, a la face et le dessous plus sombres, les yeux jaunes et les pattes plus courtes; son habitat est différent. **Voix:** Chuintement grinçant et criard, *kschh* ou *chiiich.* **Aire:** Presque toutes les régions tropicales et tempérées; en Amérique, du Canada à la Terre de Feu. **Est:** Carte 188. **Habitat:** Bois, bosquets, fermes, granges, villages, falaises.

CHOUETTE LAPONE (60-83 cm) — C 189
Strix nebulosa — GREAT GRAY OWL

(C. cendrée) Le plus grand strigidé de l'Am. du N; gris-brun, le dessous fortement rayé *sur la longueur.* La tête est ronde, sans aigrettes; le *disque facial,* très grand en proportion et *fortement ligné,* rapetisse les yeux jaunes. Noter la *tache noire au menton* bordée par les *moustaches blanches.* La queue est particulièrement longue (30 cm). Chasse souvent le jour; très peu farouche.
Espèce semblable: La C. rayée est bien plus petite, plus brune; yeux *bruns* (pas jaunes), disque facial plus petit, queue plus courte. **Voix:** *Whou-hou-hou* grave et retentissant. Des *whou* graves répétées aussi. **Aire:** Forêt boréale de l'hémisphère N; rare. **Est:** Carte 189. **Habitat:** Épaisses forêts de conifères et les tourbières et prés voisins.

HARFANG DES NEIGES (50-68 cm) — C 190
Nyctea scandiaca — SNOWY OWL

Grosse chouette *blanche,* mouchetée ou barrée. Tête ronde et yeux *jaunes.* Certains individus sont entièrement blancs ou presque. Diurne. Se perche au sol, sur les poteaux, les tas de fumier, les granges, etc.
Espèces semblables: 1) L'Effraie des clochers n'a que le dessous blanchâtre et ses yeux sont bruns. 2) Chez les Strigidés, tous les juvéniles en duvet sont blanchâtres. 3) Voir le Faucon gerfaut (forme blanche). **Voix:** D'habitude silencieux. Quand il niche, émet en vol un *krow-ow* fort et répété; *rik* répété aussi. **Aire:** Arctique; circompolaire. Fait irruption de façon cyclique jusqu'aux É.-U. en hiver. **Est:** Carte 190. **Habitat:** Champs, marais, rivages, dunes; en été, la toundra.

NYCTALE BORÉALE (CHOUETTE DE TENGMALM) (23-25 cm) C 191
Aegolius funereus BOREAL OWL
Petite chouette à tête plate. Très peu farouche. Semblable à la Petite Nyctale, mais un peu plus grosse; disque facial blanc grisâtre, *bordé de noir;* bec *jaunâtre;* front *fortement pointillé* de blanc. *Juvénile:* Semblable à celui de la Petite Nyctale mais plus sombre; sourcils gris ou blanc sale; le ventre, qui n'est pas ocre, porte des taches obscures.
Espèces semblables: 1) La Petite Nyctale est plus petite. L'adulte a un bec foncé, de fines raies blanches sur le front (non des points) et un disque sans bordure noire. 2) La Chouette épervière est plus grosse et plus grise, avec une *longue queue* et le *dessous barré.* **Voix:** Tintements doux et aigus comme l'eau qui dégoutte: *ting-ting-ting-ting-ting-ting,* etc. répété inlassablement. **Aire:** Forêt boréale de l'hémisphère N. **Est:** Carte 191.
Habitat: Forêts de conifères ou mixtes, tourbières.

PETITE NYCTALE (18-21 cm) C 192
Aegolius acadicus NORTHERN SAW-WHET OWL
Petite chouette très peu farouche, plus petite que le Petit-duc maculé. Dessous avec raies brunes, larges et floues. Juvénile en été: brun chocolat avec le ventre ocre et d'épais sourcils blancs formant un triangle.
Espèce semblable: La N. boréale est un peu plus grosse, a la face bordée de noir et un bec jaunâtre. **Voix:** Sifflements doux répétés inlassablement, souvent de 100 à 130 par minute: *tou, tou, tou, tou, tou, tou,* etc.
Aire: Du S-E de l'Alaska et du S du Canada au centre du Mexique. **Est:** Carte 192. **Habitat:** Forêts, conifères, bosquets.

CHOUETTE DES TERRIERS (23-28 cm) C 193
Athene cunicularia BURROWING OWL
Petite chouette des lieux découverts, souvent vue le jour dressée sur un poteau ou au sol. Noter les *pattes* particulièrement *longues.* À peu près de la taile du Petit-duc maculé; barrée et mouchetée, bavette blanche, tête ronde, queue courte. Lorsqu'elle est inquiète, elle se baisse et s'incline nerveusement.
Voix: *Couik-couik-couik* rapide, caqueté. La nuit, *co-hou* doux, plus aigu que le *cou* de la Tourterelle triste. **Aire:** Du S-O du Canada à l'Argentine; Floride. Les populations du N migrent. **Est:** Carte 193. **Habitat:** Prés, steppes, terres cultivées, aérodromes.

CHOUETTE ÉPERVIÈRE (36-44 cm) C 194
Surnia ulula NORTHERN HAWK-OWL
Chouette diurne de taille moyenne (plus petite qu'une corneille) à allure d'épervier; *longue queue arrondie et dessous entièrement barré.* Ne se tient pas aussi dressée que les autres strigidés; se perche souvent à la cime d'un arbre et hoche la queue comme la crécerelle. Comme la pie-grièche, vole bas et remonte brusquement se percher. Noter les larges favoris noirs encadrant la face pâle.
Voix: *Kikikiki* caqueté, évoquant plus un faucon qu'une chouette; *illi-illi-illi-illi* de crécerelle; cri aigre également. **Aire:** Forêt boréale de l'hémisphère N. **Est:** Carte 194. **Habitat:** Forêts de conifères, fourrés de bouleaux, mélèzes, tourbières.

■ **PERROQUETS, PERRUCHES: Famille Psittacidae.** Oiseaux trapus, à cou court et à bec crochu et fort. Pieds zygodactyles (2 doigts devant, 2 derrière). Bruyants et vivement colorés. **Aire:** Presque tout l'hémisphère S; aussi, les régions tropicales et subtropicales de l'hémisphère N. **Espèces:** Monde, 317; Est, une seule endémique, la **CONURE DE CAROLINE,** *Conuropsis carolinensis,* **CAROLINA PARAKEET,** maintenant disparue (signalée pour la dernière fois en 1920, en Floride). Plusieurs espèces exotiques ont été relâchées ou se sont échappées, surtout près de Miami et de New-York. Deux au moins, le Toui à ailes jaunes et la Perruche ondulée, nichent et se sont bien acclimatés en Floride. Une autre espèce, la Conure veuve, n'y réussira probablement pas. Au moins une vingtaine d'autres espèces ont été vues en liberté.

TOUI À AILES JAUNES *Brotogeris versicolorus* (23 cm)
CANARY-WINGED PARAKEET (Am. du S) Tache jaune et blanc à l'aile. Acclimaté dans la région de Miami (centaines). Quelques-uns ailleurs, jusqu'au N.-Y. et au Mass.

CONURE VEUVE *Myiopsitta monachus* (29 cm)
MONK PARAKEET (Argentine) Poitrine gris pâle, bande chamois sur le ventre. A tenté de nicher dans plusieurs États, du Mass. à la Flor., à l'O jusqu'en Okl., mais ne s'acclimatera probablement pas.

PERRUCHE ONDULÉE *Melopsittacus undulatus* (18 cm)
BUDGERIGAR (Australie) Dos d'aspect écailleux. Généralement verte; certains spécimens bleus, jaunes ou blancs. Des milliers vivent sur la côte O de Floride. Des individus échappés sont vus ailleurs.

- **1 - AMAZONE À TÊTE JAUNE** *Amazona ochrocephala* (35 cm)
  YELLOW-HEADED PARROT (Am. tropicale) Vue à l'occasion.
- **2 - CONURE NANDAY** *Nandayus nenday* (30 cm)
  BLACK-HOODED PARAKEET (Am. du S) Tête et bec noirs. N.-Y., S de l'Ont. (grande troupe).
- **3 - PERRUCHE À TÊTE ROSE** *Psittacula roseata* (30 cm)
  BLOSSOM-HEADED PARAKEET (Himalaya) Tête rosée, queue fine. Observée au N.-Y., au Vermont.
- **4 - PERRUCHE À COLLIER** *Psittacula krameri* (40 cm)
  ROSE-RINGED PARAKEET (Inde) Mince collier noir et rouge, queue fine. Signalée au Mass., au Conn., dans le N.-Y. (troupes), et jusqu'en Flor. (troupes).
- **5 - INSÉPARABLE MASQUÉ** *Agapornis personata* (15 cm)
  MASKED LOVEBIRD (Afr. orientale) Petit, trapu; tête noire, poitrine jaune; N.-Y.
- **6 - CONURE MAÎTRESSE** *Aratinga chloroptera* (31 cm)
  HISPANIOLAN PARAKEET (Hispaniola) Verte, avec du rouge sous le rebord de l'aile; cercle oculaire blanc. Signalée à Miami avec des Touis à ailes jaunes.
- **7 - CONURE VERTE** *Aratinga holochlora* (25-30 cm)
  GREEN PARAKEET (Mexique) Toute verte. Flor.
- **8 - AMAZONE À JOUES VERTES** *Amazona viridigenalis* (30 cm)
  RED-CROWNED PARROT (Mexique) Calotte rouge. Fréquente dans le S-E de la Flor. (a niché).
- **9 - CONURE À FRONT ROUGE** *Aratinga canicularis* (23 cm)
  ORANGE-FRONTED PARAKEET (Mexique) Front orangé, poitrine olive, bleu dans l'aile. Flor., Penn., N.-J., N.-Y. etc.
- **10 - TOUI À MENTON D'OR** *Brotogeris jugularis* (18 cm)
  ORANGE-CHINNED PARAKEET (Am. centrale) Petit; tache orangée au menton, couvertures jaunes sous l'aile.
- **11 - CALOPSITTE** *Nymphicus hollandicus* (30-33 cm)
  COCKATIEL (Australie) Grise; huppée; plaque blanche à l'aile, joue orangée.

PERROQUETS
(échappés)

CONURE DE CAROLINE
(autrefois endémique, aujourd'hui disparue)

TOUI À AILES JAUNES

CONURE VEUVE

PERRUCHE ONDULÉE
Il y a aussi des individus jaunes ou bleus.

ÉCHAPPÉS À L'OCCASION

■ PIGEONS, TOURTERELLES ET COLOMBES: Famille Columbidae.
Oiseaux dodus et rapides à petite tête; voix basse, roucoulante. Deux types: 1) à queue en éventail (Pigeon biset) et 2) à queue arrondie ou pointue, plus petit, brunâtre (Tourterelle triste). Sexes semblables. **Nourriture:** Graines, fruits, insectes. **Aire:** Presque toutes les régions tropicales et tempérées. **Espèces:** Monde, 289; Est, 4 (+ 5 exceptionnelles, 3 introduites, 1 disparue).

TOURTERELLE TRISTE (30 cm)   C 195
Zenaida macroura   MOURNING DOVE

La colombe sauvage la plus répandue. Brune, plus petite et plus svelte que le Pigeon biset. Noter la *queue pointue* bordée de blanc.

Voix: *Cou-ah-cou, cou, cou* creux et mélancolique. De loin, on entend surtout les trois dernières notes. **Aire:** Du S-E de l'Alaska et du S du Canada au Panama. **Est:** Carte 195. **Habitat:** Fermes, villages, bois clairs, broussailles, bords de route, champs.

COLOMBE À QUEUE NOIRE (16 cm)   C 196
Columbina passerina   COMMON GROUND-DOVE

Colombe minuscule, *à peine plus grosse qu'un moineau*. Noter la *courte queue noire* et les ailes arrondies remarquablement *rousses* en vol. Hoche la tête en marchant. Pattes jaunes.

Voix: *Wou-ou, wou-ou,* etc. répété avec monotonie. Peut sembler monosyllabique: *wou* montant. **Aire:** Du S des É.-U. au Costa-Rica; N de l'Am. du S. **Est:** Carte 196. **Habitat:** Fermes, vergers, orées des bois, bords de route.

COLOMBE INCA (19 cm)
Columbina inca   INCA DOVE

Très petite colombe svelte d'aspect *écailleux*; primaires *rousses*. Diffère de la précédente par sa queue *relativement longue,* carrée et *bordée de blanc*.

Aire: Du S-O des É.-U. au N-O du Costa-Rica. **Est:** A déjà niché à Key West (Flor.). Inusitée en Louisiane. **Habitat:** Villes, parcs, fermes.

TOURTERELLE À AILES BLANCHES (28-29 cm)
Zenaida asiatica   WHITE-WINGED DOVE

Grande tache blanche sur l'aile. Queue arrondie à coins blancs.

Aire: Du S-O des É.-U. au Pérou. **Est:** Acclimatée dans le S de la Floride (introduite). Hiverne en petit nombre sur la côte du g. du Mexique; a niché en Louisiane. Exceptionnelle dans le N des É.-U.

PIGEON À COURONNE BLANCHE (33 cm)
Columba leucocephala   WHITE-CROWNED PIGEON

Pigeon trapu, manifestement sauvage; taille et forme du P. biset. Complètement sombre sauf pour la *coiffe blanc pur*.

Voix: Cri grave: *wof, wof, wo, co-wou* (Maynard), évoquant un hibou. **Aire:** Antilles, S de la Floride; localement au Belize. **Est:** S de la Floride, surtout en été. **Habitat:** Palétuviers, îles boisées.

TOURTERELLE RIEUSE (30 cm)
Streptopelia risoria   RINGED TURTLE-DOVE

Très pâle, beige. Noter la *fine barre noire sur la nuque*.

Aire: D'origine inconnue; très répandue à l'état domestique. **Est:** Acclimatée dans plusieurs villes de Floride. **Habitat:** Parcs urbains.

PIGEON BISET (33 cm)
Columba livia   ROCK DOVE

Les individus typiques sont gris; ils ont un croupion *blanchâtre, deux barres alaires noires* et une large queue à bout sombre. Les oiseaux d'élevage ont des couleurs variées.

Voix: *Co-rou-cou*, roucoulement doux bien connu des citadins. **Aire:** Originaire de l'Ancien-Monde; élevé partout. **Est:** Se maintient à l'état sauvage dans les villes et près des fermes, des falaises et des ponts.

■ **COULICOUS, ANIS, ETC.: Famille Cuculidae.** Oiseaux sveltes à longue queue; pied zygodactyle. Sexes semblables. **Nourriture:** Chenilles, autres insectes. Les géocoucous mangent des reptiles; les anis, des graines et des fruits. **Aire:** Régions chaudes et tempérées. **Espèces:** Monde, 128; Est, 6.

COULICOU À BEC JAUNE (28-33 cm)   C 197
Coccyzus americanus   YELLOW-BILLED CUCKOO

L'aspect svelte et sinueux, le dos brun et la poitrine bien blanche annoncent un coulicou; le *roux* dans les ailes, les *grandes* taches *blanches* au bout des rectrices (plus apparentes vues d'en dessous) et la mandibule *jaune* du bec un peu arqué caractérisent cette espèce.
Voix: *Ka-ka-ka-ka-ka-ka-ka-ka-ka-ka-ka-kow-kow-kowlp-kowlp-kowlp-kowlp* rapide, guttural (notes finales détachées). **Aire:** Du S du Canada au Mexique; Antilles. Hiverne jusqu'en Argentine. **Est:** Carte 197. **Habitat:** Bois, fourrés, vergers, fermes.

COULICOU À BEC NOIR (28-30 cm)   C 198
Coccyzus erythropthalmus   BLACK-BILLED CUCKOO

Semblable au précédent, mais à bec noir; étroit cercle oculaire *rouge* (chez l'adulte). Pas de roux dans les ailes, petites taches blanches dans la queue.
Voix: *Coucoucou, coucoucou, coucoucou,* etc., rapide et rythmé. Le groupe rythmé (de 3 ou 4 notes) est distinctif. Peut chanter la nuit. **Aire:** S du Canada, centre et N-E des É.-U. Hiverne dans le N de l'Am. du S. **Est:** Carte 198. **Habitat:** Orées des bois, bosquets, fourrés.

COULICOU MASQUÉ (30 cm)   C 199
Coccyzus minor   MANGROVE CUCKOO

Semblable au C. à bec jaune (les deux se rencontrent dans le S de la Floride), mais son ventre est *ocre pâle;* pas de roux dans les ailes. Noter les *auriculaires noires.*
Aire: Du S de la Floride au N du Brésil; Antilles. **Est:** Carte 199. **Habitat:** En Floride, palétuviers.

ANI À BEC LISSE (31 cm)   C 390
Crotophaga ani   SMOOTH-BILLED ANI

Oiseau noir charbon à queue apparemment désarticulée; ailes courtes et bec énorme *fortement courbé* (lui donnant un profil de macareux). Vole sans vigueur, alternant battements et planés. De la taille d'un geai.
Voix: Sifflement plaintif. *Ké-lik* grognon. **Aire:** Du S de la Floride et des Antilles à l'Argentine. **Est:** Carte 390. **Habitat:** Lisières broussailleuses, fourrés.

ANI À BEC CANNELÉ (33 cm)
Crotophaga sulcirostris   GROOVE-BILLED ANI

Très semblable au précédent, mais avec 3 rainures sur la mandibule supérieure; *pas de bosse* à la base du bec.
Voix: *Oui-o* ou *ti-ho* répété, la première note montante. **Aire:** De la côte du g. du Mexique à l'Argentine. **Est:** Étend son aire vers l'est; niche maintenant sur la côte de la Louisiane; inusité en Floride sur la côte du g. du Mexique. Exceptionnel plus au nord jusqu'aux Grands Lacs.

GRAND GÉOCOUCOU (50-60 cm)   C 199
Geococcyx californianus   GREATER ROADRUNNER

Coucou coureur (les traces montrent 2 doigts dirigés vers l'avant, 2 vers l'arrière). Gros, svelte et rayé, avec une longue queue bordée de blanc, une tête ébouriffée et de longues pattes. Croissant blanc sur l'aile déployée.
Voix: 6 à 8 *cou* graves et descendants; évoquent un pigeon. **Aire:** Du S-O des É.-U. au centre du Mexique. **Est:** Carte 199. **Habitat:** Lieux secs découverts avec broussailles éparses.

■ **ENGOULEVENTS: Famille Caprimulgidae.** Oiseaux nocturnes à queue ample, grands yeux, bec minuscule, grande bouche bordée de vibrisses et pattes très courtes. Le jour, se reposent à l'horizontale sur une branche ou au sol, camouflés par leur coloration de feuilles mortes. Les cris émis la nuit sont le meilleur critère d'identification. L'Engoulevent d'Amérique est atypique: il chasse souvent le jour. **Nourriture:** Insectes nocturnes. **Aire:** Presque toutes les zones continentales tropicales et tempérées. **Espèces:** Monde, 67; Est, 5 (+1 exceptionnelle).

ENGOULEVENT D'AMÉRIQUE (24 cm)   **C 200**
Chordeiles minor   COMMON NIGHTHAWK
Oiseau gris-brun, à ailes élancées, vu souvent haut dans le ciel; vole avec des battements aisés, passant souvent à des battements rapides et irréguliers. Noter la *large bande blanche* traversant l'aile pointue. Le ♂ a la gorge blanche et une barre blanche dans la queue, qui est encochée. Surtout nocturne mais chasse aussi le jour.
Espèces semblables: 1) L'Engoulevent de Gundlach *(C. gundlachii)* se rencontre dans les îles du S de la Floride; voix: 4 notes sèches, *piti-pit-pit ou killi-kadik*. 2) L'Engoulevent minime *(C. acutipennis)* du S-O des É.-U. est inusité en Louisiane et en Floride, exceptionnel en Ontario. **Voix:** *Pîint* ou *pî-ik* nasillard. En parade aérienne, le mâle plonge et remonte brusquement dans un vrombissement sourd produit par les ailes. **Aire:** Du Canada au Panama. Hiverne en Am. du S. **Est:** Carte 200. **Habitat:** Varié; lieux découverts, montagnes, pinèdes claires; vu souvent dans le ciel des villes. Se pose sur le sol, les poteaux et les toits.

ENGOULEVENT BOIS-POURRI (24 cm)   **C 201**
Caprimulgus vociferus   WHIP-POOR-WILL
La voix nocturne de la forêt. Quand on le fait s'envoler de jour, cet oiseau à ailes *arrondies* qui volète rappelle un gros papillon brun. Le ♂ a de grandes taches blanches sur la queue; elles sont plutôt chamois chez la ♀.
Voix: *Bois-pourri* ou *ouip'-pour-ouill'* roulé et répété de façon exaspérante; première et dernière notes accentuées. **Aire:** Du centre et de l'E du Canada au Honduras. Hiverne du S-E des É.-U. au Honduras. **Est:** Carte 201. **Habitat:** Forêts.

ENGOULEVENT DE CAROLINE (30 cm)   **C 202**
Caprimulgus carolinensis   CHUCK-WILL'S-WIDOW
Semblable au précédent, plus gros, bien plus chamois; gorge *brune* (pas noirâtre). Se reconnaît à sa taille, au plumage plus brun, aux taches blanches plus réduites de la queue du ♂; vérifier aussi la voix et l'aire.
Voix: *Tchok-ouill'-ouid'-ô* (moins vigoureux que le chant de l'E. bois-pourri); 4 notes, mais la première est souvent inaudible. **Aire:** S-E des É.-U. Hiverne jusqu'en Colombie. **Est:** Carte 202. **Habitat:** Pinèdes, bois ripariens, bosquets.

ENGOULEVENT DE NUTTALL (18-20 cm)   **C 203**
Phalaenoptilus nuttallii   COMMON POORWILL
Reconnu surtout à son chant nocturne dans les collines arides. Plus petit que l'E. d'Amérique, les ailes plus arrondies (sans bande blanche); courte queue plutôt carrée, à *coins blancs*.
Voix: *Pour-ouill* ou *pour-yillip* sonore, répété la nuit. **Aire:** Du S-E de la Colombie-Britannique au centre du Mexique. Hiverne dans le S-O des É.-U. et plus au sud. **Est:** Carte 203. **Habitat:** Collines arides, maquis.

■ **COLIBRIS: Famille Trochilidae.** Les plus petits oiseaux. Plumage généralement irisé; bec en aiguille pour aspirer le nectar. La plupart des mâles adultes arborent des plumes rutilantes à la gorge. En vol, les ailes battent si vite qu'on les voit à peine. Les colibris se nourrissent en volant sur place; ils sont querelleurs. **Nourriture:** Nectar (les fleurs rouges sont préférées); pucerons, autres petits insectes, araignées. **Aire:** Amérique; la plupart sous les tropiques. **Espèces:** Monde, 319; Est, 2 (+6 exceptionnelles).

COLIBRI À GORGE RUBIS (8-9 cm) C 204
Archilochus colubris RUBY-THROATED HUMMINGBIRD
Le ♂ a la *gorge* d'un *rouge rutilant;* dos vert irisé, queue fourchue. La ♀ n'a pas la gorge rouge; sa queue tachetée de blanc est plutôt arrondie.
Espèce semblable: C'est le seul colibri dans l'Est, mais le C. roux peut se rendre occasionnellement sur la côte du g. du Mexique en fin d'automne et en hiver. Les gros sphynx (Sphingidae) peuvent être pris pour des colibris mais ils butinent rarement avant le crépuscule. *Voix:* Le ♂ en parade aérienne parcourt comme un pendule un arc allongé, bourdonnant à chaque passage. Cris aigus et perçants. **Aire:** Du S du Canada au g. du Mexique. Hiverne au Mexique et en Am. centrale. **Est:** Carte 204. **Habitat:** Fleurs, jardins, orées des bois.

COLIBRI ROUX (9 cm)
Selasphorus rufus RUFOUS HUMMINGBIRD
Mâle: Le seul colibri à *dos roux* en Am. du N. Dessus roux vif, gorge rouge orangé. *Femelle:* Dos vert; base de la queue et flancs roux terne.
Aire: Niche dans le N-O de l'Am. du N; hiverne au Mexique. Migre à l'ouest des Rocheuses au printemps, par les Rocheuses en automne. **Est:** visiteur rare mais régulier de novembre à avril sur la côte du g. du Mexique, en Louis. et en Flor. Inusité ou exceptionnel dans l'E des É.-U. **Habitat:** En Louis., préfère les hibiscus et les sauges à floraison tardive.

■ **MARTINS-PÊCHEURS: Famille Alcedinidae.** Oiseaux solitaires à grosse tête, bec de héron et petits pieds syndactyles (2 doigts partiellement soudés). Les espèces américaines sont piscivores et plongent tête première d'un perchoir ou du ciel, après avoir volé sur place. **Nourriture:** Poissons surtout; des espèces mangent des insectes, des reptiles. **Aire:** Presque mondiale. **Espèces:** Monde, 87; Est, 1.

MARTIN-PÊCHEUR D'AMÉRIQUE (33 cm) C 205
Ceryle alcyon BELTED KINGFISHER
Volant sur place, prêt à plonger, ou avançant à coups d'ailes inégaux (comme s'il passait les vitesses) en crépitant au passage, cet oiseau est facile à identifier. Perché, c'est un oiseau à grosse tête et gros bec, plus gros qu'un merle, bleu grisâtre dessus, avec une épaisse huppe en désordre et une large bande grise à la poitrine. La ♀ a une seconde bande pectorale rousse.
Voix: Bruit fort et sec de crécelle. **Aire:** De l'Alaska et du Canada au S des É.-U. Hiverne jusqu'au Panama. **Est:** Carte 205. **Habitat:** Cours d'eau, lacs, côtes; niche dans un terrier creusé dans les berges.

■ **PICS: Famille Picidae.** Ces oiseaux au bec fort et pointu pour creuser le bois grimpent aux troncs en s'appuyant sur leur queue raide et épineuse. Pieds zygodactyles forts et langue très longue. Vol généralement onduleux. La plupart des mâles ont du rouge sur la tête. **Nourriture:** Insectes lignicoles; fourmis, insectes volants, baies, glands ou sève (certaines espèces). **Aire:** Forêts du Monde surtout, mais absents de l'Océanie, de Madagascar et de la plupart des îles océaniques. **Espèces:** Monde, 210; Est, 11 (+ 2 exceptionnelles).

PIC À TÊTE ROUGE (21-24 cm)   C 206
Melanerpes erythrocephalus   RED-HEADED WOODPECKER
Notre seul pic à tête *toute* rouge (d'autres n'ont qu'une tache rouge). Dos *noir uni*, croupion blanc. Grand rectangle blanc voyant sur l'aile (faisant paraître le bas du dos blanc quand l'oiseau est posé). Sexes semblables. Le jeune a la tête sombre; on le reconnaît à la grande tache blanche sur l'aile. **Voix:** *Kwir* ou *kîah* fort, plus fort et plus aigu que le *tcheurr* du P. à ventre roux. **Aire:** Du S du Canada (à l'E des Rocheuses) au g. du Mexique. Les populations du N migrent. **Est:** Carte 206. **Habitat:** Bosquets, vergers, arbres d'ombrage en ville, grands arbres épars.

GRAND PIC (40-49 cm)   C 207
Dryocopus pileatus   PILEATED WOODPECKER
Pic spectaculaire, noir, *grand comme une corneille*, à *huppe* rouge vif. La ♀ a le front noirâtre et n'a pas de rouge à la moustache. La grande taille et les battements profonds des ailes, découvrant du blanc dessous, distinguent ce pic en vol. Les grands trous *ovales* ou *oblongs* creusés dans les arbres indiquent sa présence.
Voix: Ressemble à celle du P. flamboyant mais plus forte, entrecoupée: *kik-kik-kikkik—kik-kik,* etc. Un autre cri précipité, plus retentissant, peut monter ou descendre un peu. **Aire:** Du Canada au S des É.-U. **Est:** Carte 207. **Habitat:** Forêts âgées, de conifères, de feuillus ou mixtes.

PIC À BEC IVOIRE (50 cm)
Campephilus principalis   IVORY-BILLED WOODPECKER
L'oiseau le plus rare d'Am. du N se distingue du Grand Pic par sa taille plus grande, son bec blanc ivoire, ses grandes taches alaires blanches, *visibles quand il est posé,* et ses ailes marquées différemment dessous. La ♀ a une huppe *noire*.
Espèce semblable: Voir le Grand Pic. **Voix:** Différente de celle du Grand Pic; une seule note forte claironnante, répétée constamment quand l'oiseau est en quête de nourriture — *kent* nasillard et aigu évoquant chez certaines personnes le cri d'une sittelle géante. Audubon l'écrivait *péit,* comme la haute note faussée d'une clarinette. **Aire:** Autrefois, les forêts alluviales vierges du S des É.-U. Présence signalée ces dernières années (demandant vérification) en Floride, Louisiane, Caroline du N et dans l'E du Texas (Big Thicket). À deux pas de l'extinction, s'il n'a pas déjà disparu.

PIC FLAMBOYANT (forme dorée) (30-35 cm) **C 208**
Colaptes auratus (en partie) NORTHERN FLICKER
Noter le *croupion blanc* voyant, visible quand l'oiseau vole. Ce trait et le *dos brun* caractérisent l'espèce. Vol très onduleux; d'en dessous, on voit « clignoter » le *jaune doré* du dessous des ailes et de la queue. Collier noir et nuque rouge, visibles de près. Le ♂ a une moustache noire. Ce pic sautille maladroitement au sol, en quête de fourmis.
Voix: *Wik wik wik wik wik,* etc, fort. Cris: *kli-yeûr* fort et *flik-a, flik-a,* etc. grinçant. **Aire:** De la limite des arbres en Alaska et au Canada au g. du Mexique; Cuba. Les populations du N migrent. **Est:** Carte 208. **Habitat:** Forêts claires, petits bois, bosquets, fermes, jardins, lieux semi-découverts.

PIC FLAMBOYANT (forme rosée) (30-35 cm)
Colaptes auratus (en partie) NORTHERN FLICKER
Semblable à la forme dorée, mais le dessous des ailes et de la queue est *rose saumon.* La tache rouge à la nuque est absente chez les deux sexes. Le ♂ a la moustache *rouge* (pas noire). Là où leurs aires se chevauchent (limite ouest de la Prairie), les individus hybrides et les intermédiaires sont fréquents. Ils peuvent avoir le dessous des ailes orangé ou une combinaison de caractères.
Aire: Du S-E de l'Alaska et du S-O du Canada au Guatemala. **Est:** Des pics de cette forme, généralement des hybrides, peuvent migrer à la partie ouest de notre territoire.

PIC À VENTRE ROUX (23-26 cm) **C 209**
Melanerpes carolinus RED-BELLIED WOODPECKER
Pic à *dos zébré, calotte rouge* et croupion blanc. Le rouge coiffe la tête et la nuque chez le ♂, la nuque seulement chez la ♀. Le juvénile a aussi le dos zébré mais sa tête est toute brune.
Voix: *Kwirr,* tcheurr ou *tcha; tchiv, tchiv* aussi. Également, une série de notes étouffées évoquant le P. flamboyant. **Aire:** Des Grands Lacs et du S de la Nouv.-Angl. au g. du Mexique (Carte 209). **Habitat:** Bois, bosquets, vergers, banlieues.

PIC À FACE BLANCHE (21 cm) **C 210**
Picoides borealis RED-COCKADED WOODPECKER
Dos zébré et *calotte noire.* La *joue blanche* est un caractère voyant. Le mâle porte un minuscule point rouge à l'oreille, difficile à voir.
Voix: *Sripp* ou *zhilp* dur et âpre (évoque les cris de jeunes étourneaux en bande). Parfois un *tsik* plus aigu. **Aire:** S-E des É.-U. (Carte 210). **Habitat:** Pinèdes claires.

PIC MACULÉ (20-23 cm) **C 211**
Sphyrapicus varius YELLOW-BELLIED SAPSUCKER
Noter la longue tache blanche sur l'aile et le front rouge. La gorge du mâle est rouge, celle de la femelle est blanche. Le jeune est brun mais porte la tache blanche caractéristique sur l'aile. Ce pic creuse des petits trous bien alignés dans les troncs pour s'y nourrir de sève.
Voix: Miaulement nasillard ou grincement: *tchiair,* lié et descendant. Tambourinage distinctif sur le territoire de reproduction: plusieurs coups rapides suivis de plusieurs coups espacés et rythmés. **Aire:** S du Canada, centre-N et N-E des É.-U. Hiverne du centre-S des É.-U. à l'Am. centrale et aux Antilles. **Est:** Carte 211. **Habitat:** Forêts, bosquets de trembles; également, vergers et autres arbres en hiver.

PICS

forme dorée
forme rosée
forme rosée
♂
forme dorée
♂
♀
PIC FLAMBOYANT
forme dorée
jeune
♀
♂
PIC À VENTRE ROUX
♂
jeune
♂
PIC À FACE BLANCHE
PIC MACULÉ

191

PIC MINEUR (16 cm) **C 212**
Picoides pubescens DOWNY WOODPECKER
Noter le dos *blanc* et le *petit* bec. À part ce dernier caractère, cet oiseau affairé est un Pic chevelu en modèle réduit.
Espèce semblable: Plus grand, le P. chevelu a un bec plus gros. **Voix:** Hennissement précipité, descendant. Cri: *pik* terne, pas aussi perçant que le *pîk* du P. chevelu. **Aire:** De l'Alaska et du Canada au S des É.-U. **Est:** Carte 212. **Habitat:** Forêts, petits bois, bosquets ripariens, vergers, arbres d'ombrage.

PIC CHEVELU (24 cm) **C 213**
Picoides villosus HAIRY WOODPECKER
Noter le dos *blanc* et le bec *fort*. D'autres pics ont le croupion blanc ou des barres blanches sur le dos, mais le P. mineur et le P. chevelu sont les seuls à avoir le *dos blanc*. Ils sont quasi identiquement carrelés et tachetés de noir et de blanc, le *mâle* ayant une petite tache rouge à l'arrière de la tête, la *femelle* en étant dépourvue. Le Pic chevelu est un gros Pic mineur, mais avec un bec proportionnellement bien plus long.
Espèce semblable: De près on voit souvent des taches sur les rectrices externes du P. mineur; son petit bec demeure le caractère le plus fiable. **Voix:** Crépitement de martin-pêcheur, les notes plus serrées que chez le P. mineur. Cri: *pîk* perçant (*pik* chez le P. mineur). **Aire:** De l'Alaska et du Canada au Panama. **Est:** Carte 213. **Habitat:** Forêts, bosquets ripariens, arbres d'ombrage.

PIC TRIDACTYLE (20-24 cm) **C 214**
Picoides tridactylus THREE-TOED WOODPECKER
(P. à dos rayé) En temps normal, les seuls pics qui ont une calotte *jaune* sont les mâles de cette espèce et de la suivante. Les deux ont les *flancs barrés*. Les barres du dos distinguent cette espèce. Sans la calotte jaune, la ♀ ressemble à un Pic mineur ou à un P. chevelu, mais ses *flancs sont barrés*.
Espèces semblables: 1) Le P. à dos noir a le dos tout *noir*. 2) Exceptionnellement, un jeune aberrant du P. chevelu a une calotte orangée ou jaunâtre, mais il n'a pas les flancs barrés et a plus de blanc à la face. **Voix:** Cris semblables à ceux du Pic à dos noir. **Aire:** Forêt boréale de l'hémisphère N. **Est:** Carte 214. **Habitat:** Forêts de conifères.

PIC À DOS NOIR (23-25 cm) **C 215**
Picoides arcticus BLACK-BACKED WOODPECKER
Noter la combinaison du *dos tout noir* et des *flancs barrés*. Cette espèce et la précédente (les deux n'ont que trois doigts) vivent dans la forêt boréale; les amas de lambeaux d'écorce de conifères morts dénotent leur présence.
Espèce semblable: Le Pic tridactyle (dos barré). **Voix:** *Kik* ou *tchik* bref, perçant; également, même cri en série. **Aire:** Forêt boréale du N de l'Am. du N. **Est:** Carte 215. **Habitat:** Sapinières et pessières.

■ TYRANS ET MOUCHEROLLES: Famille Tyrannidae.

La plupart des tyrannidés se tiennent droits et immobiles sur un perchoir bien exposé, et partent en vol pour happer un insecte. Bec aplati, garni de vibrisses à la base. **Nourriture:** Insectes en vol. **Aire:** Nouveau-Monde; famille surtout tropicale. **Espèces:** Monde, 365; Est, 16 (+10 exceptionnelles).

TYRAN À LONGUE QUEUE (28-38 cm) **C 216**
Tyrannus forficatus SCISSOR-TAILED FLYCATCHER
Oiseau magnifique, gris perle, à *très longue queue fourchue* généralement fermée. Flancs et couvertures sous-alaires rose saumon. Avec sa queue courte, le jeune peut ressembler à un Tyran de l'Ouest.

Voix: *Kek* ou *kiou* aigre; *ka-lîp* répété; aussi, des cris stridents, agressifs et bégayés. **Aire:** Du S-E du Colorado et du S du Nebraska à l'E du Nouveau-Mexique et au S du Texas. Hiverne surtout du S du Texas au Panama. **Est:** Carte 216. **Habitat:** Lieux assez découverts, campagnes, bords de route, fils.

TYRAN TRITRI (20 cm) **C 217**
Tyrannus tyrannus EASTERN KINGBIRD
La *bande blanche* au bout de la queue caractérise ce tyran. La couronne rouge est dissimulée et se voit rarement. Vol souvent frémissant, du « bout des ailes ». Harcèle les corneilles et les rapaces.

Voix: Cris aigus et agressifs lancés rapidement: *dzî, dzî, dzî,* etc., et *kit-kit-kitteûr-kitteûr,* etc. *Dzîb* nasillard aussi. **Aire:** Du centre du Canada au g. du Mexique. Hiverne du Pérou à la Bolivie. **Est:** Carte 217. **Habitat:** Orées des bois, bosquets ripariens, fermes, vergers, bords de route, haies, fils.

TYRAN DE L'OUEST (20 cm) **C 218**
Tyrannus verticalis WESTERN KINGBIRD
De la taille du T. tritri, mais avec la tête et le dos plus *clairs* et le ventre *jaunâtre.* La queue noire a une *étroite bordure blanche* de chaque côté, et non une bande blanche au bout.

Voix: Cris agressifs stridents; *ouit* ou *ouit-keûr-ouit* perçant. **Aire:** Du S-O du Canada au N du Mexique. Hiverne du S des É.-U. au Costa-Rica. **Est:** Carte 218. **Habitat:** Fermes, lieux découverts avec arbres épars, bords de route, fils.

TYRAN GRIS (23 cm) **C 219**
Tyrannus dominicensis GRAY KINGBIRD
Semblable au T. tritri, mais plus gros et bien plus clair. La queue nettement encochée n'a *pas de marques blanches.* Le *très gros bec* semble lui grossir la tête. Noter les auriculaires noires.

Voix: *Pi-tîr-rrré* ou *pi-tchîr-ré* roulé. **Aire:** S de la Floride et Antilles. Hiverne des Antilles au N de l'Am. du S. **Est:** Carte 219. **Habitat:** Bords de route, fils, palétuviers, lisières.

TYRAN HUPPÉ (20-23 cm) **C 220**
Myiarchus crinitus GREAT CRESTED FLYCATCHER
(Moucherolle huppé) Tyran à *ailes et queue cannelle,* poitrine grise et ventre jaune. Dresse souvent une huppe hirsute.

Voix: *Wîîp!* fort, sifflé. *Prrrrrrît* roulé aussi. **Aire:** S du Canada, E et centre des É.-U. Hiverne de l'E du Mexique à la Colombie. **Est:** Carte 220. **Habitat:** Bois, bosquets.

TYRAN À GORGE CENDRÉE (20 cm)
Myiarchus cinerascens ASH-THROATED FLYCATCHER
Visiteur de l'Ouest; on dirait un petit Tyran huppé, délavé, moins roux, avec une *gorge blanche* et un ventre moins jaune. Inusité sur la côte du g. du Mexique jusqu'en Floride; exceptionnel plus au nord. Un *Myiarchus* observé tard en automne pourrait appartenir à cette espèce.

MOUCHEROLLE PHÉBI (16-18 cm) C 222
Sayornis phoebe EASTERN PHOEBE
   Noter les *hochements de queue*. Moucherole brun grisâtre de la taille du moineau, sans cercle oculaire ni barres alaires nettes (peut avoir des barres ternes, le jeune surtout). Le bec est *tout noir.*
   Espèces semblables: Le Pioui de l'Est et les petits *Empidonax* ont des barres alaires apparentes. Leur mandibule inférieure est jaunâtre ou blanchâtre. Ils ne hochent pas la queue. **Voix:** Chant: *fé-bri* ou *fi-bi* bien articulé (2e note alternativement plus haute ou plus basse). Cri: *tchîp* perçant.
   Aire: Du S du Canada au S des É.-U., à l'E des Rocheuses. Hiverne jusqu'au S du Mexique. **Est:** Carte 222. **Habitat:** Bords des cours d'eau et des étangs, ponts, bords de route, jardins.

PIOUI DE L'EST (15-16 cm) C 221
Contopus virens EASTERN WOOD-PEWEE
   Presque aussi gros que le M. phébi, mais avec *2 étroites barres alaires blanches.* Semblable aux *Empidonax,* mais un peu plus gros *et sans cercle oculaire.* Les ailes fermées vont un peu plus bas sur la queue.
   Espèce semblable: Le M. phébi n'a pas de barres alaires blanches et hoche la queue. **Voix:** Doux sifflement plaintif: *pî-ou-î* lié, descendant puis montant. Aussi, *pi-ur,* lié ct descendant. **Aire:** S du Canada, E des É.-U. Hiverne du Costa-Rica au Pérou. **Est:** Carte 221. **Habitat:** Forêts, bosquets.

MOUCHEROLLE TCHÉBEC *Empidonax minimus* Voir p. 198

MOUCHEROLLE À CÔTÉS OLIVE (18-20 cm) C 223
Contopus borealis OLIVE-SIDED FLYCATCHER
   Moucherolle à grosse tête, assez gros et robuste; se perche souvent à la cîme des arbres. Noter le bec assez gros et les *taches sombres* sur les côtés *de la poitrine* séparées par une étroite bande blanche (on dirait un veston déboutonné). Une *touffe cotonneuse* peut déborder de sous l'aile.
   Espèce semblable: Le Pioui de l'Est est plus petit et a de légères barres alaires. **Voix:** Cri: *pip-pip-pip* aigu. Chant: *vite-trois-bières!* (*wip-ti-biu*) sifflé avec entrain, la note médiane la plus haute, la dernière prolongée.
   Aire: Alaska, Canada, O et N-E des É.-U. Hiverne de la Colombie au Pérou. **Est:** Carte 223. **Habitat:** Forêts de conifères, brûlis, clairières. En migration, vu généralement à la cîme des arbres morts.

MOUCHEROLLE À VENTRE ROUX (18-20 cm)
Sayornis saya SAY'S PHOEBE
   Moucherolle gris-brun, assez gros, au ventre *rouille* pâle. Avec sa *queue noire* et son ventre rouille, il a l'air d'un petit Merle d'Amérique.
   Voix: *Pî-ur* ou *pî-î* plaintif; trille bref également. **Aire:** O de l'Am. du N jusqu'au 100e méridien. Inusité ou exceptionnel dans l'Est.

MOUCHEROLLE VERMILLON (15 cm)
Pyrocephalus rubinus VERMILION FLYCATCHER
   Mâle: Coiffe (souvent soulevée en huppe touffue) et dessous *vermillon;* dessus et queue brun foncé ou noirâtres. *Femelle et jeune:* Dessous blanchâtre, rayé finement; sous-caudales et ventre teintés de rosâtre ou de jaune.
   Espèce semblable: Le ♂ du Tangara écarlate a le *dos rouge.* **Voix:** *P-p-pit-zî* ou *pit-a-zî,* rappelant un peu le M. phébi. **Aire:** Du S-O des É.-U. à l'Argentine. En hiver, quelques individus errent le long de la côte du g. du Mexique de la Louisiane à la Floride. Inusité ou exceptionnel plus au nord sur le littoral atlantique.

- **PETITS MOUCHEROLLES: Genre Empidonax.** Dans l'Est, cinq petits moucherolles ont un *cercle oculaire clair* et *2 barres alaires blanchâtres*. En saison de reproduction, ils se distinguent facilement par la voix, l'habitat et la façon de nidifier (voir *A Field Guide to Birds' Nests* de Hal Harrison). Ils chantent si peu en migration qu'on doit se résigner à ne pas pouvoir identifier la plupart d'entre eux.

MOUCHEROLLE VERT (14 cm)   C 224
Empidonax virescens   ACADIAN FLYCATCHER

Empidonax verdâtre aux flancs teintés de jaunâtre; se distingue surtout des autres petits moucherolles par l'habitat, l'aire et la voix. Le *seul Empidonax* nicheur dans la majeure partie du S-E des É.-U.

Voix: *Pit-tiou!* ou *oui-tsi!* explosif et perçant (vive inflexion montante). *Pît* ténu également. **Aire:** E des É.-U. (Carte 224). Hiverne du Costa-Rica à l'Équateur. **Habitat:** Forêts décidues, ravins, bois marécageux, bosquets de hêtres.

MOUCHEROLLE À VENTRE JAUNE (14 cm)   C 225
Empidonax flaviventris   YELLOW-BELLIED FLYCATCHER

Le dessous franchement *jaunâtre* (gorge incluse) caractérise ce moucherolle nordique.

Espèces semblables: D'autres petits moucherolles peuvent être teintés de jaune, surtout en automne, mais aucun autre du groupe n'est jaunâtre sur toute la gorge et le ventre; cercle oculaire également jaunâtre. En automne, certains M. verts ressemblent beaucoup au M. à ventre jaune. **Voix:** *Peûr-ouî* ou *tchou-ouî* terne. *Killik* aussi. **Aire:** Canada, N-E des É.-U. Hiverne du Mexique au Panama. **Est:** Carte 225. **Habitat:** Forêts boréales, tourbières.

MOUCHEROLLE TCHÉBEC (13 cm)   C 226
Empidonax minimus   LEAST FLYCATCHER

Plus gris dessus et plus blanc dessous que les autres *Empidonax*. À distinguer par sa voix et son habitat (bois clairs).

Voix: *Tché-bek!* sec et perçant, poussé avec force. **Aire:** Canada à l'E des Rocheuses; centre-N et N-E des É.-U. Hiverne du Mexique au Panama. **Est:** Carte 226. **Habitat:** Forêts claires, petits bois, bosquets de trembles, vergers.

MOUCHEROLLE DES SAULES (14 cm)   C 227
Empidonax traillii   WILLOW FLYCATCHER

À peine plus gros et plus bruns que le M. tchébec, le M. des saules et le M. des aulnes sont quasi identiques. On les considérait autrefois comme une seule espèce (M. des aulnes). On ne peut les distinguer que par la voix et l'habitat.

Voix: Chant: *fitz-bîou* éternué, bien différent du *roui-bi-yu* du M. des aulnes. **Aires:** De l'Alaska et de l'O du Canada au N-E des É.-U. Hiverne du S du Mexique à l'Argentine. **Est:** Carte 227. **Habitat:** Assez semblable à celui du M. des aulnes (buissons, fourrés de saules) mais plus souvent en terrain plus sec; friches, champs buissonneux.

MOUCHEROLLE DES AULNES (14 cm)   C 228
Empidonax alnorum   ALDER FLYCATCHER

Cette espèce et la précédente ne peuvent être distingués sur le terrain que par la voix et l'habitat.

Voix: Chant: *roui-bi-yu* accentué. Cri: *pep, ouit* ou *viou*. **Aire:** Canada et N-E des É.-U. Hiverne en Am. tropicale. **Est:** Carte 228. **Habitat:** Saules, aulnes, marais buissonneux.

■ **ALOUETTES: Famille Alaudidae.** La plupart des alouettes sont des oiseaux bruns et rayés qui vivent au sol. La griffe du doigt postérieur est allongée, presque droite. Chants mélodieux, émis souvent haut dans le ciel durant la pariade. Souvent grégaires. Sexes généralement semblables. **Nourriture:** Graines surtout; insectes. **Aire:** Ancien-Monde (sauf l'Alouette cornue). **Espèces:** Monde, 75; Est, 1.

ALOUETTE CORNUE (A. HAUSSE-COL)(18-20 cm)   C 229
Eremophila alpestris   HORNED LARK

Noter le motif de la tête. Brune, plus grosse qu'un moineau, avec favoris noirs, 2 petites *cornes* noires (pas toujours apparentes) et une bande pectorale noire. Se tient au sol: *marche,* ne sautille pas. D'en dessous: claire, avec la queue *noire;* ferme les ailes après chaque battement. La femelle et le jeune sont plus ternes, mais ont grosso modo la même livrée.
Voix: Chant émis au sol ou haut dans le ciel; tintant, argentin, irrégulier, très aigu, souvent soutenu. Cri: *tsî-titi* clair. **Aire:** Répandue dans l'hémisphère N (par endroits jusque dans le N de l'Afrique et de l'Am. du S); certaines populations migrent. **Est:** Carte 229. **Habitat:** Prés, champs dénudés, aérodromes, rivages, toundra.

■ **PIPITS: Famille Motacillidae.** Passereaux bruns et rayés à rectrices externes blanches, longue griffe au doigt postérieur et bec fin. Se tiennent au sol; ne sautillent pas, mais marchent avec vivacité, hochant la queue continuellement. **Nourriture:** Insectes, graines. **Aire:** Presque mondiale. **Espèces:** Monde, 48; Est, 2.

PIPIT SPIONCELLE   (15-18 cm)   C 230
Anthus spinoletta   WATER PIPIT

(P. commun) Passereau brun et svelte des terrains découverts, de la taille d'un moineau. Bec *fin;* dessous chamois, rayé; *rectrices externes blanches.* Marche; hoche la queue à tout moment ou presque. Vol onduleux. Retenir le cri — on détecte souvent son auteur alors qu'il passe en vol.
Espèces semblables: Le Bruant vespéral (p. 284) et les bruants du genre *Calcarius* (p. 264) ont un bec plus épais et ne hochent pas la queue. Voir aussi le Pipit des Prairies.
Voix: Cri: *djît* ou *dji-ît* ténu. Chant en vol nuptial battu: *tchwi, tchwi, tchwi, tchwi, tchwi, tchwi, tchwi.* **Aire:** Régions froides de l'hémisphère N. Hiverne jusque dans l'Am. centrale, le N de l'Afrique et le S de l'Asie. **Est:** Carte 230. **Habitat:** Toundra, sommets alpins; en migration et en hiver, plaines, labours, rivages.

PIPIT DES PRAIRIES   (16 cm)   C 231
Anthus spragueii   SPRAGUE'S PIPIT

Noter les pattes *jaunâtres* ou couleur *chair pâle.* Passereau chamois ressemblant à un bruant, à dos rayé et rectrices externes blanches. On dirait un Bruant vespéral ou un bruant du genre *Calcarius* (p. 264) avec un *bec fin.* Dos rayé de *chamois et* de *noir.* Plus solitaire que le P. spioncelle; levé, il monte haut, et revient au sol.
Espèce semblable: Le Pipit spioncelle a le dos plus sombre (sans raies marquées), la poitrine plus chamois, les pattes brunes ou noires. **Voix:** Chant émis haut dans le ciel, des tintements descendants doux et ténus: *tching-a-ring-a-ring-a-ring-a* (Salt, Wilk). **Aire:** La Prairie du Canada et du N des É.-U. **Est:** Carte 231. **Habitat:** Plaines, steppes à herbe courte.

■ HIRONDELLES: Famille Hirundinidae.

La forme élancée, aérodynamique, et le vol gracieux caractérisent ces passereaux de la taille du moineau. Pattes minuscules, longues ailes pointues, petit bec et bouche très large. **Nourriture:** Insectes en vol; petits fruits (H. bicolore). **Aire:** Partout sauf dans les régions polaires et certaines îles. **Espèces:** Monde, 75; Est, 5 (+6 exceptionnelles).

HIRONDELLE NOIRE (18-21 cm)   C 232
Progne subis   PURPLE MARTIN

(H. pourprée) La plus grosse hirondelle de l'Am. du N. Le mâle est bleu-noir uni *dessus et dessous*. Aucune autre hirondelle n'a le ventre noir. La ♀ a le ventre clair, la gorge et la poitrine grisâtres, avec souvent un col peu apparent à la nuque. Tournoie, des battements rapides alternant avec des planés; étale souvent la queue.

Espèces semblables: 1) L'Hirondelle bicolore est bien plus petite que la ♀, a le dessous blanc immaculé. 2) En vol, l'Etourneau sansonnet (ailes triangulaires) peut ressembler à une H. noire. **Voix:** *Tchiou-ouiou,* etc.; *piou, piou* étouffés et gutturaux. Le chant glouglouttant se termine sur une série de notes gutturales, riches et graves. **Aire:** Du S du Canada au N du Mexique. Hiverne en Am. du S. **Est:** Carte 232. **Habitat:** Villes, fermes, lieux découverts, souvent près de l'eau. Niche en colonies dans des maisonnettes à « appartements ».

HIRONDELLE À FRONT BLANC (13-15 cm)   C 233
Hirundo pyrrhonota   CLIFF SWALLOW

Noter le croupion *rouille* ou *chamois*. Vue d'en dessous: queue carrée et gorge sombre. Parcourt en planant de longues ellipses au bout desquelles elle remonte brusquement.

Espèce semblable: L'H. des granges construit un nid en coupe, *souvent,* mais pas toujours, *à l'intérieur* d'une grange; colonial, l'H. à front blanc accroche une « coupe de boue » sous un avant-toit. **Voix:** *Dzerp; tcheûr* bas. Cri d'alarme: *kîr!* Chant: notes grinçantes et crissements gutturaux, plus rauques que ceux de l'H. des granges. **Aire:** De l'Alaska et du Canada au Mexique. Hiverne au Brésil, en Argentine et au Chili. **Est:** Carte 233. **Habitat:** Lieux assez découverts, fermes, falaises. Niche en colonie sur les falaises, les granges, les ponts.

HIRONDELLE DES GRANGES (H. DE CHEMINÉE)(15-19 cm)   C 234
Hirundo rustica   BARN SWALLOW

Notre seule hirondelle à *queue* vraiment *fourchue et marquée de taches blanches*. Dessus bleu-noir, dessous chamois, gorge marron. Vol direct, à ras de terre; le bout de l'aile est rejeté à l'arrière à chaque battement; ne plane guère.

Espèces semblables: La plupart des autres hirondelles ont la queue encochée (pas vraiment fourchue). Voir à l'espèce précédente la comparaison des nids. **Voix:** *Vit* doux ou *kvik-kvik, vit-vit. Szî-szâ* ou *szî* aussi. Cri d'inquiétude près du nid: *î-tî* ou *kît.* Chant: long gazouillis mélodieux entremêlé de notes gutturales. **Aire:** Répandue dans l'hémisphère N. Hiverne du Costa-Rica à l'Argentine, en Afrique, dans le S de l'Asie. **Est:** Carte 234. **Habitat:** Lieux découverts, champs, fermes, marais, lacs, fils; généralement près des habitations.

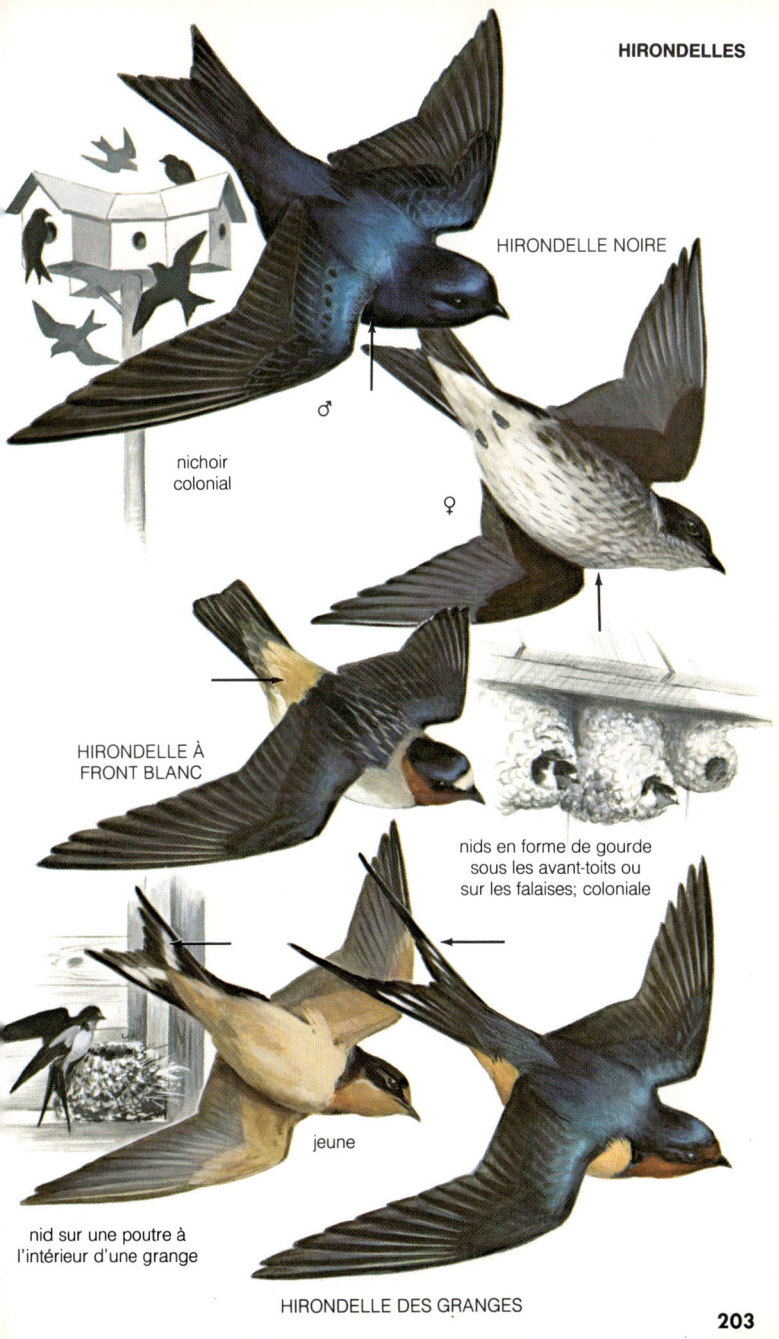

HIRONDELLE BICOLORE (13-15 cm)   **C 235**
Tachycineta bicolor   TREE SWALLOW
Dessus turquoise-noir métallique, *dessous blanc éclatant*. Le jeune à dos brun foncé et collier incomplet peut être pris pour une H. à ailes hérissées (gorge brunie) ou une H. de rivage (collier complet). Termine ses planés courbes par 3 ou 4 battements rapides et une brève remontée.
Voix: Cri: *tchît* ou *tchi-vît*. Trisse harmonieusement. Chant: *ouît-trit, ouît*, répété avec des variations. **Aire:** De l'Alaska et du Canada à la Californie et au centre-N des É.-U. Hiverne du S des É.-U. à l'Am. centrale. **Est:** Carte 235. **Habitat:** Près de l'eau; marais, prés, fils. Se juche dans les quenouilles. Niche dans les cavités d'arbres morts et dans les nichoirs.

HIRONDELLE À AILES HÉRISSÉES (13-14 cm)   **C 236**
Stelgidopteryx serripennis   NORTHERN ROUGH-WINGED SWALLOW
Hirondelle au *dos* d'un *brun* plus clair que celui de l'H. de rivage; *sans* collier; noter la *gorge brunie*. Ne vole pas comme l'H. de rivage, mais plutôt comme l'H. des granges (ailes rejetées à l'arrière après chaque battement).
Voix: *Trrit*, plus rauque que le cri de l'H. de rivage. **Aire:** Du S du Canada au Mexique. Hiverne du S des É.-U. jusqu'en Am. centrale. **Est:** Carte 236. **Habitat:** Près des cours d'eau et des lacs.

HIRONDELLE DE RIVAGE (11-14 cm)   **C 237**
Riparia riparia   BANK SWALLOW
(H. des sables) Petite hirondelle à *dos brun*. Noter le *collier sombre,* bien net. Vol irrégulier, plus papillonnant que celui des autres hirondelles.
Espèce semblable: L'H. à ailes hérissées n'a pas de collier, niche généralement isolément (L'H. de rivage est coloniale). **Voix:** Trille sec répété ou crépité: *brrt* ou *trr-tri-tri*. **Aire:** Répandue dans l'hémisphère N. Hiverne en Am. du S, en Afrique, dans le S de l'Asie. **Est:** Carte 237. **Habitat:** Près de l'eau, champs, marais. Niche en colonies, dans un terrier creusé dans les berges escarpées.

■ **MARTINETS: Famille Apodidae.** Ressemblent aux hirondelles mais de structure différente: crâne plat et 4 doigts dirigés vers l'avant (hallux repliable). Vol remarquablement rapide; pointes de vitesse suivies de planés; les ailes sont souvent raidies en *arc*. Sexes semblables. **Nourriture:** Insectes en vol. **Aire:** Presque mondiale. **Espèces:** Monde, 79; Est, 2 (+3 exceptionnelles).

MARTINET RAMONEUR (12-14 cm)   **C 238**
Chaetura pelagica   CHIMNEY SWIFT
On dirait un cigare avec des ailes. Oiseau noirâtre semblable aux hirondelles, avec de longues ailes raides un peu courbées; pas de queue apparente (sauf quand elle est étalée). Comme il semble battre des ailes l'une après l'autre (mais c'est là une illusion), son vol rappelle plus celui d'une chauve-souris que celui d'une hirondelle (pas de rase-mottes). On dirait vraiment qu'il « scintille », planant entre des pointes de vitesse les ailes *arquées en croissant*.
Voix: Cliquetis rapide et fort. **Aire:** Du S du Canada au g. du Mexique. Hiverne au Pérou. **Est:** Carte 238. **Habitat:** Le ciel, particulièrement celui des villes et villages; niche et se juche dans les cheminées.

MARTINET DE VAUX (11 cm)
Chaetura vauxi   VAUX'S SWIFT
Comme le Martinet ramoneur, mais plus petit et plus clair dessous.
Aire: O de l'Am. du N. Visiteur très rare, mais probablement régulier en Louisiane de novembre à mars (capturé à Bâton-Rouge).

■ **CORNEILLES, GEAIS, ETC.: Famille Corvidae.** Grands oiseaux percheurs au bec fort, assez long; narines recouvertes de vibrisses pointant vers l'avant. Les corneilles et les corbeaux sont noirs et très gros. Les geais (p. 208) sont souvent très colorés (habituellement bleus). Les pies sont noir et blanc, avec une longue queue. Sexes semblables. Les jeunes de la plupart des espèces ressemblent aux adultes. **Nourriture:** Omnivores. **Aire:** Monde entier, sauf le S de l'Am. du S, l'Antarctique, quelques îles. **Espèces:** Monde, 100; Est, 8 (+ 2 exceptionnelles).

CORNEILLE DE RIVAGE (40-50 cm)   C 239
Corvus ossifragus   FISH CROW

Rechercher cette corneille plutôt petite au son, près de l'eau salée. Se reconnaît à sa voix, non à sa taille: les mensurations des deux corneilles se chevauchent largement.

Espèce semblable: La Corneille d'Amérique a une voix différente. **Voix:** Court *câhr* ou *can* nasal. Parfois *ca-han* dissyllabique (la Corneille d'Amérique émet un franc *caâ*). Des cris de jeunes Corneilles d'Amérique peuvent ressembler à ceux de la C. de rivage. **Aire:** Surtout côtière; du S de la Nouv.-Angl. à la Flor. et à l'E du Texas. **Est:** Carte 239. **Habitat:** Semblable à celui de la Corneille d'Amérique; davantage confinée aux zones de marées et aux estuaires.

CORNEILLE D'AMÉRIQUE (43-53 cm)   C 240
Corvus brachyrhynchos   AMERICAN CROW

Gros oiseau massif entièrement noir; reflets violacés au soleil. Pattes et bec forts et noirs. Souvent grégaire.

Espèces semblables: 1) Le Grand Corbeau est plus gros; il a la queue cunéiforme. 2) La C. de rivage est plus petite; sa voix est différente. **Voix:** *Câa, câh* ou *cââhr*, très fort; facile à imiter. **Aire:** Canada, É.-U., N de la Basse-Californie. Les populations du N migrent. **Est:** Carte 240. **Habitat:** Forêts, fermes, champs, bosquets ripariens, plages.

CORBEAU À COU BLANC (48-53 cm)
Corvus cryptoleucus   CHIHUAHUAN RAVEN

Petit corbeau des régions arides, à peu près de la taille de la Corneille d'Amérique. En vol, plane comme un corbeau, les ailes à plat; queue quelque peu cunéiforme. La base blanche des plumes du cou et de la poitrine n'apparaît que lorsque les plumes sont hérissées.

Voix: *Craak* rauque, plus terne et plus aigu que chez le Grand Corbeau. **Aire:** Du S-O des É.-U. au centre du Mexique. **Est:** Présent tout juste à l'E du 100e méridien en Okl. et au Kansas.

GRAND CORBEAU (55-68 cm)   C 241
Corvus corax   COMMON RAVEN

Noter la *queue cunéiforme*. Beaucoup plus gros que la Corneille d'Amérique et généralement plus solitaire. Ressemble à un rapace; en altenance, bat des ailes et plane les ailes à plat (la corneille plane avec les ailes un peu relevées). Perché et proche, noter l'aspect « goitreux » (plumes de la gorge hirsute) et le bec plus fort, plus aquilin.

Espèce semblable: La Corneille d'Amérique est plus petite et a une voix différente. **Voix:** Croassement, *cr-r-ok* ou *prok; toc* métallique. **Aire:** Am. du N, Eurasie, Afrique. **Est:** Carte 241. **Habitat:** Forêts boréales, montagnes boisées, falaises côtières, toundra.

GEAI BLEU (28-31 cm)   **C 242**
Cyanocitta cristata   BLUE JAY
Oiseau *bleu, huppé,* bruyant et voyant; plus gros que le merle. Taches blanches voyantes sur les ailes et la queue; dessous blanchâtre ou gris terne; collier noir.
Espèces semblables: 1) Le Merle-bleu de l'Est (p. 220) est nettement plus petit (à peine plus gros que le moineau), sans huppe, et à la poitrine rougeâtre. 2) Voir le Martin-pêcheur d'Amérique (p. 186). 3) Le G. à gorge blanche de Floride n'a ni huppe, ni blanc sur les ailes et la queue. **Voix:** *Djyâ* ou *djé* retentissant et bredouillé, *couidul, couidul* musical; plusieurs autres notes. Imite le cri de la Buse à épaulettes et de la Buse à queue rousse. **Aire:** Du S du Canada, à l'E des Rocheuses, au g. du Mexique. **Est:** Carte 242. **Habitat:** Forêts mixtes, bois de chênes et de pins, jardins, bosquets.

GEAI À GORGE BLANCHE (28-30 cm)   **C 243**
Aphelocoma coerulescens   SCRUB JAY
Chercher ce geai sans huppe en Floride, dans les étendues de buissons de chênes. Ailes et queue uniformément bleues (sans taches blanches); dos beige.
Espèce semblable: La race de Floride du Geai bleu, souvent présente aux mêmes endroits, est huppée et tachetée de blanc aux ailes et à la queue. **Voix:** *Couèche...couèche,* rauque et grinçant. Aussi *zhrik* ou *zhrink,* faible et grinçant. **Aire:** De l'O des É.-U. au S du Mexique et dans le centre de la Flor. **Est:** Carte 243. **Habitat:** En Floride, surtout les buissons, les petits chênes.

GEAI DU CANADA (28-33 cm)   **C 244**
Perisoreus canadensis   GRAY JAY
(G. gris) Gros oiseau gris, au plumage duveteux, des forêts nordiques; plus gros que le merle; calotte partielle ou plage *noire* sur la nuque et *front* (ou couronne) *blanc;* on dirait une mésange géante. Les juvéniles sont d'un *gris cendre foncé;* les moustaches blanchâtres sont leur seul trait caractéristique.
Voix: *Oui-ah* doux; aussi plusieurs autres notes, quelques-unes rauques. **Aire:** Forêt boréale d'Am. du N. **Est:** Carte 244. **Habitat:** Forêts de sapins et d'épinettes.

PIE BAVARDE (44-55 cm; queue 24-30 cm)   **C 245**
Pica pica   BLACK-BILLED MAGPIE
Grand oiseau effilé, noir et blanc. En vol, sa longue queue émarginée, d'un noir verdâtre chatoyant, flotte au vent et de grandes plages blanchâtres contrastantes apparaissent dans les ailes.
Voix: *Couig, couig, couig, couig* rapide. Aussi, *maag?* ou *aag-aag?* nasal et interrogatif. **Aire:** Eurasie, O de l'Am. du N. En hiver, quelques-unes errent vers l'E, rarement jusqu'aux Grands Lacs et exceptionnellement jusqu'aux États côtiers du N-E. **Est:** Carte 245. **Habitat:** Champs, zones broussailleuses, conifères, bords des cours d'eau.

■ **MÉSANGES: Famille Paridae.** Petits oiseaux rondelets à bec court. Ils ont des mouvements acrobatiques en s'alimentant et vagabondent souvent par petits groupes. Sexes habituellement semblables. **Nourriture:** Insectes, graines, glands, fruits; aux mangeoires, gras, graines de tournesol. **Aire:** Répandues en Am. du N, en Eurasie, en Afrique. **Espèces:** Monde, 64; Est, 4.

MÉSANGE À TÊTE NOIRE (12-14 cm)   C 246
Parus atricapillus   BLACK-CAPPED CHICKADEE

Ce petit acrobate peu farouche se caractérise par une *bavette* et un *capuchon noirs,* et des *joues blanches.* Les flancs sont chamois.
Espèces semblables: Voir la M. minime. **Voix:** *Tchic-a-di-di-di* ou *di-di-di,* clairement articulé. Chant: sifflement clair, *ti,u-u* ou *ti,u,* la première note plus aiguë. **Aire:** Alaska, Canada, moitié N des É.-U. **Est:** Carte 246. **Habitat:** Forêts mixtes et décidues; fourrés de saules, bosquets, arbres d'ombrage. Fréquente les mangeoires où elle mange du gras et des graines de tournesol.

MÉSANGE MINIME (11 cm)   C 247
Parus carolinensis   CAROLINA CHICKADEE

Presque identique à la M. à tête noire, mais nettement plus petite et sans tache alaire créée par le liséré blanc des plumes. La voix est nettement différente.
Espèce semblable: Remplacée par la M. à tête noire au N. En été, les deux se distinguent d'abord par l'aire de distribution et la voix. Le blanc dans l'aile de la M. à tête noire est habituellement un bon critère distinctif, mais peut être peu fiable selon les saisons, l'usure, la luminosité, etc. Il existe des hybrides et des formes intermédiaires. **Voix:** Le « *tchikadi* » de cette espèce est plus aigu et plus rapide que celui de la M. à tête noire. Le sifflement dissyllabique est remplacé par un chant à 4 note: *ti-tu, ti-tu.* **Aire:** Réside de la limite S de l'aire de la M. à tête noire (N-.J., Ohio, Mo., Okl.) à la Flor. et au Texas (Carte 247). Dans les zones limitrophes, consulter les publications locales ou régionales pour plus de précision. La M. à tête noire pénètre dans l'aire de la M. minime certains hivers.

MÉSANGE À TÊTE BRUNE (13-14 cm)   C 248
Parus hudsonicus   BOREAL CHICKADEE

Noter le capuchon *brun terne,* les flancs d'un brun riche. La petite taille, la bavette noire, les joues blanchâtres et le bec minuscule sont caractéristiques des mésanges, mais la couleur générale est *brune* plutôt que grise.
Voix: Notes plus lentes et traînantes que le vif *tchic-a-di-di-di* de la M. à tête noire; à la place, *tchic-tchi-dé-dé* asthmatique. **Aire:** Forêt boréale d'Alaska, du Canada et du N de la Nouv.-Angl. **Est:** Carte 248. **Habitat:** Forêts de conifères.

MÉSANGE BICOLORE (15 cm)   C 249
Parus bicolor   TUFTED TITMOUSE

Petit oiseau gris souris à *huppe touffue.* Flancs roussâtres. Voir les jaseurs (p. 224).
Voix: Chant sifflé clair, *piteur, piteur, piteur* ou *tiu, tiu, tiu, tiu.* Notes semblables à celles des autres mésanges, mais plus traînantes, nasales et plaintives. **Aire:** De l'extrême S de l'Ont. et du Maine à la Flor. et au Texas (Carte 249). **Habitat:** Bois, arbres d'ombrage, bosquets; mangeoires.

MÉSANGES

sexes semblables

MÉSANGE À TÊTE NOIRE

MÉSANGE MINIME

MÉSANGE À TÊTE BRUNE

jeune

adulte

MÉSANGE BICOLORE

■ **SITTELLES: Famille Sittidae.** Petits grimpeurs trapus au bec fort, semblable à celui des pics, et aux pattes fortes. Queue tronquée et carrée, ne pouvant servir d'appui pour grimper comme chez les pics. Se déplacent habituellement la *tête en bas*. Sexes semblables. **Nourriture:** Insectes lignicoles, graines, noix; attirées par le gras, les graines de tournesol. **Aire:** Presque tout l'hémisphère N. **Espèces:** Monde, 31; Est, 3.

SITTELLE À POITRINE BLANCHE (13-15 cm)   C 250
Sitta carolinensis   WHITE-BREASTED NUTHATCH

Les sittelles descendent le long des troncs la *tête en bas*. Cette espèce se caractérise par son capuchon noir et son petit oeil saillant au milieu d'une face blanche. Les sous-caudales sont marron.

Voix: Le chant est une suite rapide de notes basses, nasales et sifflées sur un seul ton: *hein!,hein!,hein!,hein!* ou *han!*, *han!*, *han!*, *han!*, etc. Cri, *iank* nasal; aussi, *toutou* nasal. **Aire:** Du S du Canada au S du Mexique. **Est:** Carte 250. **Habitat:** Forêts, petits bois, bosquets, arbres d'ombrage; fréquente les mangeoires.

SITTELLE À POITRINE ROUSSE (11 cm)   C 251
Sitta canadensis   RED-BREASTED NUTHATCH

Petite sittelle à *large ligne noire* traversant l'oeil et à sourcil blanc. Dessous d'un roux délavé.

Voix: Cri plus aigu, plus nasillard que celui de la Sittelle à poitrine blanche, *hank* ou *heink,* sonnant comme un « bébé » sittelle ou un cornet en tôle. **Aire:** S-E de l'Alaska, Canada, O et N-E des É.-U. Hiverne irrégulièrement dans le S des É.-U. **Est:** Carte 251. **Habitat:** Forêts de conifères; en hiver, d'autres forêts également; peut visiter les mangeoires.

SITTELLE À TÊTE BRUNE (11 cm)   C 252
Sitta pusilla   BROWN-HEADED NUTHATCH

Sittelle naine des pinèdes du Sud. Plus petite que la S. à poitrine blanche, avec une *calotte brune s'étendant jusqu'à l'oeil* et un point blanchâtre sur la nuque. Se déplace en groupe.

Voix: Atypique pour une sittelle, *kit-kit-kit* aigu et rapide; aussi, pépiement criard, *ki-dé* ou *ki-dî-dî,* répété constamment, devenant quelquefois un gazouillis excité. **Aire:** S-E des É.-U. (Carte 252). **Habitat:** Forêts de pins clairsemés.

■ **GRIMPEREAUX: Famille Certhiidae.** Petits oiseaux effilés, à queue raide, utilisant leur bec mince et légèrement recourbé pour sonder l'écorce des arbres. **Nourriture:** Insectes lignicoles. **Aire:** Parties froides de l'hémisphère N. **Espèces:** Monde, 6; Est, 1.

GRIMPEREAU BRUN (13 cm)   C 253
Certhia americana   BROWN CREEPER

Petit grimpeur effilé, au mimétisme remarquable: brun dessus et blanc dessous. *Bec fin, recourbé;* queue raide, servant d'appui lorsqu'il monte sur les arbres, en spirale à partir de la base.

Voix: Cri: *sîî* unique, ténu et aigu, semblable aux triples notes rapides (*sî-sî-sî*) du Roitelet à couronne dorée. Chant: *sî-ti-ouî-tou-ouî* ou *sî-sî-sî -sisi-sî* ténu et sifflé. **Aire:** Du S de l'Alaska et du Canada au Nicaragua. **Est:** Carte 253. **Habitat:** Forêts, bosquets, arbres d'ombrage.

SITTELLES, GRIMPEREAU

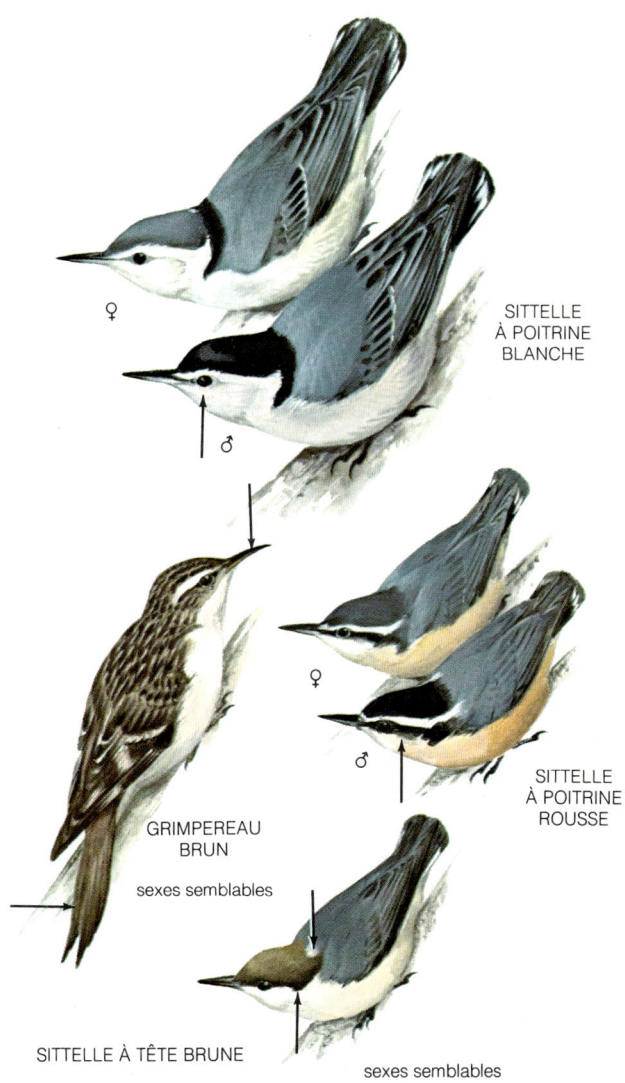

SITTELLE À POITRINE BLANCHE

GRIMPEREAU BRUN

sexes semblables

SITTELLE À POITRINE ROUSSE

SITTELLE À TÊTE BRUNE

sexes semblables

■ **TROGLODYTES: Famille Troglodytidae.** Petits oiseaux énergiques, bruns et courts, au bec fin légèrement recourbé; queue souvent dressée. **Nourriture:** Insectes, araignées. **Aire:** Nouveau-Monde; une seule espèce en Eurasie (Troglodyte des forêts). **Espèces:** Monde, 63; Est, 7.

TROGLODYTE FAMILIER (11-13 cm)   **C 254**
Troglodytes aedon   HOUSE WREN
Petit troglodyte gris-brun, plein de vie; se distingue des autres par un cercle oculaire pâle et l'absence de rayures faciales.
Voix: Chant bégayé et gloussé; monte en un éclatement de notes, puis tombe à la fin. **Aire:** Du S du Canada à l'Argentine (incl. *T. brunneicollis, T. musculus*). Les populations du N migrent. **Est:** Carte 254. **Habitat:** Bois clairs, fourrés, jardins; niche souvent dans des maisonnettes.

TROGLODYTE DES FORÊTS (T. MIGNON) (10 cm)   **C 255**
Troglodytes troglodytes   WINTER WREN
Troglodyte très petit, rond, foncé; se distingue du T. familier par sa *queue beaucoup plus courte,* la ligne pâle au-dessus de l'oeil et le *ventre sombre fortement barré.* Hoche souvent la tête nerveusement. Se déplace près du sol comme une souris.
Voix: Chant: succession rapide et prolongée de gazouillis et de trilles aigus et sonores, finissant souvent par un trille faible et *très aigu.* Cri: *kip-kip* dissyllabique sec (rappelle le *tchip* du Bruant chanteur). **Aire:** N de l'hémisphère N. **Est:** Carte 255. **Habitat:** Broussailles en forêt; forêts de conifères (été).

TROGLODYTE DE BEWICK (13 cm)   **C 256**
Thryomanes bewickii   BEWICK'S WREN
Noter la longue queue à *coins blancs. Sourcil blanc.*
Voix: Chant rappelant celui du Bruant chanteur, mais plus ténu; commence par 2 ou 3 notes, chute, et finit par un trille ténu. **Aire:** Du S du Canada au Mexique. **Est:** Carte 256. **Habitat:** Fourrés, broussailles, jardins. Niche souvent dans des maisonnettes.

TROGLODYTE DE CAROLINE (14 cm)   **C 257**
Thryothorus ludovicianus   CAROLINA WREN
Grand troglodyte de la taille d'un moineau. Dessus d'un *riche brun roussâtre,* dessous chamois. *Sourcil blanc* voyant.
Voix: Chant trisyllabique clair, variable: *ti-kettèle, ti-kettèle, ti-kettèle, ti* ou *tcheûrpeti, tcheûrpeti, tcheûrpeti, tcheûrp;* parfois dissyllabique. **Aire:** Réside dans l'E des É.-U. et du Mexique. **Est:** Carte 257. **Habitat:** Ronces, broussailles, jardins de banlieue.

TROGLODYTE DES MARAIS (13 cm)   **C 258**
Cistothorus palustris   MARSH WREN
Les *nettes raies blanches sur le dos* et le sourcil blanc caractérisent cet hôte des marais.
Voix: Chant flûté, gloussé, se terminant en crépitement guttural, *cot-cotteurrrrrrrrr-eur;* chante souvent la nuit. Cri, *tsoc* grave. **Aire:** Du S du Canada au N-O du Mexique. Hiverne dans le centre du Mexique. **Est:** Carte 258. **Habitat:** Marais (à quenouilles, à scirpes, saumâtres).

TROGLODYTE À BEC COURT (10-11 cm)   **C 259**
Cistothorus platensis   SEDGE WREN
Se distingue du T. des marais par les sous-caudales *chamois* et la couronne *rayée.* Les deux ont le dos rayé.
Voix: Chant: caquetage de notes bien détachées: *tchap tchap tchap tchappeûr-rrrrr.* Cri, *tchap.* **Aire:** Par endroits, du S du Canada à l'Am. du S. **Est:** Carte 259. **Habitat:** Marais herbeux, carex; plutôt rare et localisé.

TROGLODYTE DES ROCHERS *Salpinctes obsoletus*   Voir p. 216

TROGLODYTE DES ROCHERS (14-16 cm)
Salpinctes obsoletus ROCK WREN
(Illustré p. 215)
 Troglodyte de l'Ouest, gris, à *poitrine finement rayée,* croupion rouille et *coins de la queue chamois.*
 Voix: Chant: trille rauque, fort et sec; *ti-kîr* également. **Aire:** Du S-O du Canada au Costa-Rica. Niche dans les parties centrales des É.-U. (Dakotas, Nebr., Kans., Okl.). Exceptionnel à l'E du Mississippi. **Habitat:** Pentes rocheuses, canyons.

■ GOBE-MOUCHERONS ET ROITELETS: Famille Sylviidae.
Petits oiseaux actifs, à bec fin et court. Les gobe-moucherons ont une longue queue mobile; les roitelets, une queue courte et une couronne éclatante. **Nourriture:** Insectes, larves. **Aire:** La plupart des grandes forêts du Monde. **Espèces:** Monde, 332 (incluant les fauvettes de l'Ancien-Monde); Est, 3.

ROITELET À COURONNE RUBIS (10 cm) **C 261**
Regulus calendula RUBY-CROWNED KINGLET
 Oiseau minuscule à queue courte; gris-olive dessus avec barres alaires nettes; le mâle a une *couronne écarlate* (habituellement cachée, hérissée quand il est excité). Le *cercle oculaire blanc interrompu* fait ressortir l'oeil. Tout roitelet sans couronne ni sourcil appartient à cette espèce. Les deux roitelets tremblotent des ailes.
 Voix: *Dji-dit* enroué. Chant variable, assez fort; 3 ou 4 notes aiguës, plusieurs notes graves et une finale en musicale: *tî tî tî, tiou tiou tiou tiou, ti-dadi, ti-dadi, ti-dadi.* **Aire:** Canada, Alaska, O des É.-U. Hiverne de la moitié S des É.-U. à l'Am. centrale. **Est:** Carte 261. **Habitat:** Bois de conifères; en hiver, autres forêts.

ROITELET À COURONNE DORÉE (9 cm) **C 260**
Regulus satrapa GOLDEN-CROWNED KINGLET
 Noter la couronne vive (*jaune* chez la femelle, *orange* chez le mâle) *bordée de noir* et le *sourcil blanchâtre.* Les roitelets sont de petits oiseaux gris-olive, plus petits que la plupart des parulines. Leurs « haussements d'épaule » et leurs fortes barres alaires sont caractéristiques.
 Voix: Cri: *sî-sî-sî* aigu et nerveux. Chant: série de notes fines et aiguës, ascendantes, puis chutant en gazouillis ténu. **Aire:** S de l'Alaska, O du Canada jusqu'au Guatemala. Dans l'E, du S du Canada jusque dans l'O de la Car. du N; hiverne jusqu'aux États du g. du Mexique. **Est:** Carte 260. **Habitat:** Conifères; en hiver, d'autres arbres également.

GOBE-MOUCHERONS GRIS-BLEU (11 cm) **C 262**
Polioptila caerulea BLUE-GRAY GNATCATCHER
 On dirait un Moqueur polyglotte miniature. Petit oiseau élancé, plus petit qu'une mésange. Dessus gris-bleu et dessous blanchâtre; étroit *cercle oculaire blanc* et *longue queue noire et blanche,* souvent agitée et dressée comme chez les troglodytes.
 Voix: Cri: *zpî* ou *tchî* ténu et plaintif. Chant: série de notes grinçantes et plaintives, difficiles à détecter. **Aire:** Du S de l'Alaska et du S de l'Ontario au Guatemala. Hiverne jusqu'au Honduras. **Est:** Carte 262. **Habitat:** Forêts claires, chênes, pins, fourrés.

■ BULBULS: Famille Pycnonotidae.
Oiseaux des tropiques de l'Ancien-Monde; 119 espèces, dont 1 introduite en Floride.

BULBUL ORPHÉE (18 cm)
Pycnonotus jocosus RED-WHISKERED BULBUL
 Noter la *huppe noire,* la *tache rouge sur la joue* et les sous-caudales rouges. S-E de l'Asie. Acclimaté localement dans le S de Miami.

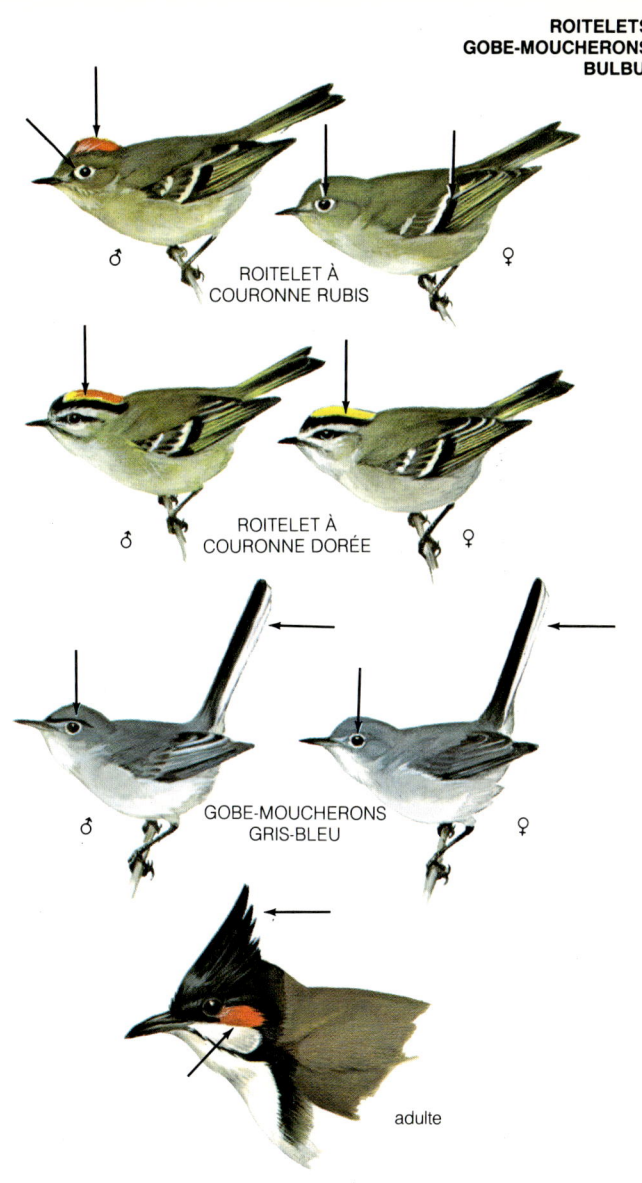

ROITELETS, GOBE-MOUCHERONS, BULBUL

ROITELET À COURONNE RUBIS

ROITELET À COURONNE DORÉE

GOBE-MOUCHERONS GRIS-BLEU

adulte

BULBUL ORPHÉE

■ **MOQUEURS: Famille Mimidae.** Excellents chanteurs; quelques-uns imitent d'autres oiseaux. Pattes fortes; queue habituellement plus longue que celle des grives, bec habituellement plus recourbé. **Nourriture:** Insectes, fruits. **Aire:** Nouveau-Monde; du Canada à l'Argentine. **Espèces:** Monde, 30; Est, 3 (+ 3 exceptionnelles).

MOQUEUR ROUX (29 cm) C 263
Toxostoma rufum BROWN THRASHER

Plus élancé que le merle; dessus *roux éclatant,* dessous *fortement rayé.* Noter aussi les barres alaires, le bec assez courbé, la queue longue, l'oeil jaune.

Espèces semblables: Les grives brunes n'ont pas de barres alaires et sont tachetées (non rayées). Elles ont les yeux bruns (non jaunes) et la queue plus courte. **Voix:** Chant: succession de phrases et de notes franches ressemblant au chant du Moqueur chat, mais plus musicales; chaque phrase est habituellement *donnée deux fois.* Cri: *tchac!* sonore. **Aire:** Du S du Canada aux États du g. du Mexique; à l'E des Rocheuses. **Est:** Carte 263. **Habitat:** Fourrés, arbustes, buissons épineux.

MOQUEUR CHAT (23 cm) C 264
Dumetella carolinensis GRAY CATBIRD

Gris ardoise, élancé. Noter la *calotte noire.* Les sous-caudales *marron* peuvent passer inaperçues. Redresse la queue d'un mouvement « enjoué ». **Voix:** *Miaulement* distinctif. Aussi *tchèc-tchèc* grinçant. Chant: notes et phrases détachées et sans suite, non répétées contrairement aux phrases du M. roux et du M. polyglotte. **Aire:** Du S du Canada, de l'E et du centre des É.-U. aux États du g. du Mexique. Hiverne principalement du S des É.-U. au Panama et aux Antilles. **Est:** Carte 264. **Habitat:** Broussailles, buissons épineux, jardins.

MOQUEUR POLYGLOTTE (23-28 cm) C 265
Mimus polyglottos NORTHERN MOCKINGBIRD

Gris; plus élancé et à queue plus longue que le Merle d'Amérique. Noter les *larges taches blanches* sur les ailes et la queue; elles sont évidentes en vol.

Espèces semblables: Les pies-grièches ont un masque noir. Voir p. 224. **Voix:** Chant: succession variée et prolongée de notes et phrases, chacune répétée six fois ou plus (Le M. roux répète habituellement une fois, le M. chat ne répète pas). Chante souvent la nuit. Les M. polyglottes sont souvent d'excellents imitateurs d'autres espèces. Cri: *tchac* fort; aussi, *tchèr.* **Aire:** Du S du Canada au S du Mexique; Antilles, Hawaï (introduit). **Est:** Carte 265. **Habitat:** Villes, fermes, bords de route, fourrés.

■ **GRIVES: Famille Turdidae.** Voir p. 220

SOLITAIRE DE TOWNSEND (20 cm)
Myadestes townsendi TOWNSEND'S SOLITAIRE

Oiseau gris, élancé. Il a un *cercle oculaire blanc,* les *côtés de la queue blancs,* et une *tache alaire chamois.* Les motifs de l'aile et de la queue évoquent ceux du M. polyglotte, mais noter le cercle oculaire, la poitrine plus foncée et surtout les taches alaires chamois.

Aire: Alaska, du N-O du Canada à la Californie, N du Mexique. **Est:** Visiteur d'hiver très rare ou inusité jusqu'aux Maritimes et à la Nouv.-Angl.

■ **GRIVES, MERLES, ETC.: Famille Turdidae.** Passereaux aux grands yeux, au bec petit et aux pattes habituellement fortes. Dans l'Est, les grives proprement dites ont le dos brun et la poitrine *grivelée*. Les jeunes merles et les merles-bleus signalent leur appartenance à la famille par leur poitrine grivelée. Chants souvent très mélodieux. **Nourriture:** Insectes, vers, limaces, baies, fruits. **Aire:** Pratiquement mondiale. **Espèces:** Monde, 304; Est, 10 (+2 exceptionnelles).

MERLE-BLEU DE L'EST (18 cm)   **C 266**
Sialia sialis   EASTERN BLUEBIRD
Oiseau *bleu* à poitrine *rousse,* légèrement plus gros qu'un moineau. Semble avoir le dos « voûté » lorsqu'il est perché. Femelle plus terne que le mâle; jeunes grivelés sur la poitrine, grisâtres, sans rouge, mais toujours avec un peu de bleu terne sur les ailes et la queue.
Voix: Cri: *tcheur-oui* ou *trou-li* musical. Chant: 3 ou 4 notes douces gazouillées (*ti-û-utiu*). **Aire:** À l'E des Rocheuses; du S du Canada au S des É.-U. et du S-E de l'Arizona au Nicaragua. Les populations du N migrent. **Est:** Carte 266. **Habitat:** Terrains découverts avec arbres dispersés; fermes, haies, bords de route.

MERLE-BLEU AZURÉ (18 cm)
Sialia currucoides   MOUNTAIN BLUEBIRD
Mâle: Bleu tendre, plus pâle dessous, ventre blanchâtre. *Femelle:* Brunâtre terne avec un soupçon de bleu sur le croupion, la queue et les ailes.
Aire: De l'Alaska et de l'O du Canada au S-O des É.-U. **Est:** Visiteur rare dans la Prairie à l'E du 100e méridien; exceptionnel plus à l'E.

MERLE D'AMÉRIQUE (23-28 cm)   **C 267**
Turdus migratorius   AMERICAN ROBIN
Oiseau bien connu qui se promène sur les pelouses, l'air hautain. Se reconnaît à son dos gris foncé et à sa poitrine rouge brique. La tête et la queue sont noirâtres chez le mâle, plus grises chez la femelle. Les jeunes ont la poitrine grivelée, mais délavée de rouille, ce qui permet de les identifier.
Voix: Chant: « turlutte » claire; phrases courtes, ascendantes et descendantes, souvent longuement enchaînées. Cri: *tiîp* et *tut-tut-tut*. **Aire:** De l'Alaska et du Canada au S du Mexique. Hiverne principalement au S du Canada. **Est:** Carte 267. **Habitat:** Villes, fermes, pelouses, jardins, forêts; en hiver, arbres porteurs de fruits.

GRIVE À COLLIER (23-25 cm)
Ixoreus naevius   VARIED THRUSH
Grive du N-O, s'égarant exceptionnellement dans l'E en hiver. Semblable au Merle d'Amérique; s'en distingue par la *ligne de l'oeil* et les *barres alaires orangées,* et une large *bande* noire (mâle) ou grise (femelle) traversant la poitrine rouille.
Aire: Alaska, O du Canada, N-O des É.-U. **Est:** Inusité; plusieurs mentions récentes l'hiver à des mangeoires, des Maritimes au S-E des É.-U.

TRAQUET MOTTEUX (15 cm)   **C 268**
Oenanthe oenanthe   NORTHERN WHEATEAR
Élégant oiseau de la toundra arctique. Nerveux, il voltige de roche en roche, étale sa queue et se trémousse. Remarquer le croupion blanc et les côtés blancs de la queue. Le noir de la queue forme un large T inversé. Le mâle en pariade a le dos gris-bleu, les ailes noires, une tache noire à l'oreille et le dessous chamois. À l'automne, le mâle est plus chamois, avec le dos brunâtre. La femelle ressemble au mâle à l'automne.
Voix: Cri: *tchak-tchak* sec ou *tchack-ouît, ouît-tchack*. **Aire:** Eurasie, Alaska, N-O et N-E du Canada, Groenland. Hiverne en Afrique et en Inde. Visiteur inusité à l'automne dans l'E des É.-U. **Est:** Carte 268. **Habitat:** En été, la toundra.

GRIVE À JOUES GRISES   (18-20 cm)   C 269
Catharus minimus   GRAY-CHEEKED THRUSH
Grive d'un gris-brun terne, différenciée de la G. à dos olive par ses joues *grisâtres* et son cercle oculaire moins net.
Voix: Chant ténu et nasal rappelant celui de la G. fauve, mais montant souvent brusquement vers la fin (celui de la G. fauve descend): *oui-ouiou-titi-oui.* Cri: *vi-a* ou *koui-a* plus haut et plus nasal que celui de la G. fauve. **Aire:** N-E de la Sibérie, Alaska, Canada, N-E des É.-U. Hiverne aux Antilles et dans le N de l'Am. du S. **Est:** Carte 269. **Habitat:** Taïga, arbrisseaux de toundra; en migration, autres forêts.

GRIVE À DOS OLIVE   (18 cm)   C 270
Catharus ustulatus   SWAINSON'S THRUSH
Seulement 2 grives tachetées ont le dessus uniformément gris-brun terne. Une seule a un *cercle oculaire chamois,* les joues et le haut de la poitrine chamois, c'est la Grive à dos olive (La G. à joues grises n'a pas de cercle oculaire).
Voix: Chant: phrases flûtées toujours *ascendantes.* Cri: *houit.* En migration la nuit, *hip* bref. **Aire:** Alaska, Canada, O et N-E des É.-U. Hiverne du Mexique au Pérou. **Est:** Carte 270. **Habitat:** Forêts d'épinettes; en migration, autres forêts.

GRIVE SOLITAIRE   (18 cm)   C 271
Catharus guttatus   HERMIT THRUSH
Grive brune, tachetée, à queue *rousse.* Perchée, elle a l'habitude de relever la queue et de la rabaisser lentement.
Espèces semblables: 1) Le Bruant fauve (queue rousse) a un bec conique et est plus rayé. 2) Voir les autres grives brunes. **Voix:** Cri: *tchock* grave; aussi *tok-tok-tok* criard et *pé* rauque. Chant: clair, éthéré, flûté; 3 ou 4 phrases à *différentes tonalités,* chacune avec une *longue note d'introduction.* **Aire:** Alaska, Canada, O et N-E des É.-U. Hiverne des É.-U. au Guatemala. **Est:** Carte 271. **Habitat:** Conifères et forêts mixtes, sol forestier; en hiver, bois, fourrés, parcs.

GRIVE FAUVE   (16-19 cm)   C 272
Catharus fuscescens   VEERY
Noter le dessus *uniforme, brun riche* ou *fauve.* Absence de cercle oculaire net (parfois, cercle blanchâtre terne). De toutes nos grives brunes, c'est la moins tachetée; les taches sont souvent indistinctes.
Voix: Chant coulant, rapide et éthéré; cascade descendante: *vî-ur, vî-ur, vur, vur.* Cri: *ziou* ou *viou* grave. **Aire:** S du Canada, N et centre des É.-U. Hiverne en Am. centrale et dans le N de l'Am. du S. **Est:** Carte 272. **Habitat:** Forêts décidues humides.

GRIVE DES BOIS   (20 cm)   C 273
Hylocichla mustelina   WOOD THRUSH
Tête rousse. Plus petite que le merle; plus dodue que les autres grives; se distingue par la rousseur plus intense de la tête et les taches *rondes* plus grandes et plus nombreuses de la poitrine.
Voix: Chant flûté; phrases plus sonores que celles des autres grives. Noter le *î-o-lé* flûté. Des notes gutturales occasionnelles sont caractéristiques. Cri: *pip-pip-pip-pip* rapide. **Aire:** S-E du Canada, E des É.-U. (Carte 273). Hiverne jusqu'au Panama. **Habitat:** Surtout les forêts décidues.

■ **PIES-GRIÈCHES: Famille Laniidae.** Passereaux au bec crochu et aux mœurs de rapace. Chassent à l'affût, perchées au sommet des arbres et sur les fils. Elles empalent leur proie sur des épines ou des fils barbelés. **Nourriture:** Insectes, lézards, souris, petits oiseaux. **Aire:** Répandues dans l'Ancien-Monde; 2 espèces en Am. du N. **Espèces:** Monde, 74; Est, 2.

PIE-GRIÈCHE GRISE (23-25 cm)   **C 274**
Lanius excubitor   NORTHERN SHRIKE
(P.-g. boréale) Très semblable à la P.-g. migratrice, mais noter la poitrine *faiblement barrée* et la *base claire* de la mandibule inférieure. Bec plus long et plus crochu. Jeune: brun, poitrine *finement barrée.*
Espèce semblable: La P.-g. migratrice adulte a le bec entièrement noir. Le masque noir est continu au-dessus de la base du bec. La jeune P.-g. migratrice peut avoir de légères barres, mais elle est plus grise que la jeune P.-g. grise. **Voix:** Chant: succession discontinue de notes discordantes et musicales, comme chez le Moqueur roux. Cri: *chèque-chèque; djaèg* grinçant. **Aire:** Alaska, Canada, Eurasie, Afrique du N. Hiverne jusqu'au centre des É.-U. **Est:** Carte 274. **Habitat:** Terrains assez dégagés, avec postes de guet, (fils, arbres, buissons).

PIE-GRIÈCHE MIGRATRICE (23 cm)   **C 275**
Lanius ludovicianus   LOGGERHEAD SHRIKE
Oiseau gris, noir et blanc, à grosse tête, à queue longue et à *masque noir;* à peine plus petit qu'un merle. Les pies-grièches se perchent immobiles sur les fils ou au sommet des arbustes. Elles ont un vol bas et ondulant qui laisse voir leurs taches blanches, et remontent brusquement se percher.
Espèces semblables: 1) Le Moqueur polyglotte (p. 218) a une queue plus longue et des taches alaires plus grandes; ne porte pas de masque. Vol moins onduleux (mouvement ramé). 2) Voir la Pie-grièche grise. **Voix:** Chant: notes et phrases sèches et franches, répétées de 3 à 20 fois comme chez le Moqueur polyglotte; *couidel, couidel* continué, ou *tseurp-si, tseurp-si.* Cri: *chak, chak.* **Aire:** Du S du Canada au S du Mexique. **Est:** Carte 275. **Habitat:** Terrains assez dégagés, avec postes de guet.

■ **JASEURS: Famille Bombycillidae.** Oiseaux huppés au plumage lisse. Pointes de cire rouge aux rémiges secondaires. Grégaires. **Nourriture:** Petits fruits, insectes. **Aire:** Hémisphère N. **Espèces:** Monde, 3; Est, 2.

JASEUR BORÉAL (20 cm)   **C 276**
Bombycilla garrulus   BOHEMIAN WAXWING
(J. de Bohème) Semblable au J. des cèdres; plus grand, plus gris (sans jaune sur la poitrine); ailes marquées de blanc ou de *blanc et de jaune.* Noter les sous-caudales *marron* (blanches chez le J. des cèdres).
Voix: *Zriii,* plus rauque que le cri du J. des cèdres. **Aire:** N de l'Eurasie, N-O de l'Am. du N. Hiverne jusqu'au S de l'Eurasie, le N-E et le S-O des É.-U. **Est:** Carte 276. **Habitat:** Forêts boréales, tourbières; se disperse en hiver en quête de petits fruits.

JASEUR DES CÈDRES (18 cm)   **C 277**
Bombycilla cedrorum   CEDAR WAXWING
Noter la *bande jaune* au bout de la queue. Oiseau brun, huppé, au plumage lisse, plus gros qu'un moineau. Adultes avec *pointes de cire rouge* sur les rémiges secondaires. Juvéniles plus gris; dessous légèrement rayé. Grégaire; vole en bandes serrées. Poursuit souvent des insectes en vol.
Voix: Zézaiement aigu et ténu ou *ziii;* parfois un peu trillé. **Aire:** Du S-E de l'Alaska et du Canada au centre-S des É.-U. Hiverne du S du Canada au Panama. **Est:** Carte 277. **Habitat:** Bois clairs, arbres fruitiers, vergers; en hiver, répandu, irrégulier.

PIES-GRIÈCHES

jeune

sexes semblables

PIE-GRIÈCHE GRISE

PIE-GRIÈCHE MIGRATRICE

JASEURS

juvénile

♂ JASEUR BORÉAL

♂ JASEUR DES CÈDRES

■ **VIRÉOS: Famille Vireonidae.** Petits oiseaux au dos olive ou gris; très semblables aux parulines, mais habituellement moins actifs. Bec plus courbé et légèrement crochu. On les divise ici en viréos à barres alaires (et cercle oculaire) et en viréos sans barres alaires (avec sourcil). Les premiers pourraient être confondus avec les moucherolles *Empidonax* (p. 198), mais ils ne se perchent pas comme eux à la verticale. **Nourriture:** Surtout des insectes. **Aire:** Du Canada à l'Argentine. **Espèces:** Monde, 41; Est, 9 (+2 exceptionnelles).

VIRÉO AUX YEUX ROUGES (15 cm)   C 278
Vireo olivaceus   RED-EYED VIREO
Noter la *calotte grise* contrastant avec le dos olive et le *sourcil blanc bordé de noir*. L'iris n'apparaît rouge que de près; il est brun chez les jeunes à l'automne.
Espèce semblable: Le V. mélodieux est plus pâle, de couleur uniforme dessous et sans la double bordure noire au sourcil. Chant très différent. **Voix:** Chant: courtes phrases tranchantes, de la qualité de celles du merle, séparées par des pauses nettes, et répétées jusqu'à 40 fois à la minute; monotone. Cri: *tchoin* nasal et plaintif. **Aire:** Du Canada au g. du Mexique. Hiverne dans le bassin de l'Amazone. **Est:** Carte 278. **Habitat:** Forêts, arbres d'ombrage, bosquets.

VIRÉO À MOUSTACHES (13 cm)   C 279
Vireo altiloquus   BLACK-WHISKERED VIREO
Noter l'étroite *moustache noire* de chaque côté de la gorge. Très semblable par ailleurs au Viréo aux yeux rouges. Chant semblable.
Aire: Niche aux Antilles et dans le S de la Flor. Hiverne jusque dans le N de l'Am. du S. **Est:** Carte 279. **Habitat:** Palétuviers; forêts littorales.

VIRÉO MÉLODIEUX (13 cm)   C 280
Vireo gilvus   WARBLING VIREO
Un des trois viréos communs dépourvus de barres alaires. Noter la poitrine blanchâtre et l'absence de bordures noires au sourcil.
Espèces semblables: 1) Le V. de Philadelphie est jaunâtre dessous. 2) Le V. aux yeux rouges a une bordure noire de chaque côté du sourcil. **Voix:** Chant: gazouillis languissant, différent des courtes strophes interrompues des autres viréos; évoque le chant du Roselin pourpré, en moins énergique et plus sourd. Cri: *djouî* enroué et colérique. **Aire:** Du Canada au S des É.-U. et l'O du Mexique. Hiverne au Mexique et au Guatemala. **Est:** Carte 280. **Habitat:** Forêts décidues et mixtes, bosquets de trembles, peupliers, arbres d'ombrage.

VIRÉO DE PHILADELPHIE (12 cm)   C 281
Vireo philadelphicus   PHILADELPHIA VIREO
Ce viréo sans barres alaires et au dessous fortement *teinté de jaune* (surtout la poitrine) ressemble à une paruline.
Espèces semblables: 1) Le V. mélodieux n'a généralement pas de jaune (flancs parfois jaunâtres). Noter la *tache foncée devant l'oeil* (entre l'oeil et le bec) chez le V. de Philadelphie. 2) À l'automne, la Paruline obscure (p. 250) a les sous-caudales nettement blanches. 3) Voir aussi la femelle et le jeune de la Paruline bleue à gorge noire (p. 250). **Voix:** Chant: semblable à celui du V. aux yeux rouges, plus aigu et plus lent. **Aire:** S du Canada, bordure N-E des É.-U. Hiverne en Am. centrale. **Est:** Carte 281. **Habitat:** Jeunes forêts; peupliers, saules, aulnes.

VIRÉO À GORGE JAUNE (13 cm)   **C 282**
Vireo flavifrons   YELLOW-THROATED VIREO
Noter la gorge *jaune vif,* les « lunettes » *jaunes* et les barres alaires blanches. C'est le seul viréo ayant du jaune *vif.*
Espèces semblables: 1) La Paruline polyglotte n'a pas de barres alaires. 2) La Paruline des pins a des raies sombres sur les flancs et du blanc sur la queue. **Voix:** Chant: semblable à celui du V. aux yeux rouges, mais plus musical, plus grave, grasseyé et interrompu de pauses plus longues entre les phrases. Une phrase ressemble à *zi-yu* ou *zri-ziu.* **Aire:** E des É.-U., S-E du Canada. Hiverne en Amérique tropicale. **Est:** Carte 282. **Habitat:** Forêts décidues, arbres d'ombrage.

VIRÉO AUX YEUX BLANCS (13 cm)   **C 283**
Vireo griseus   WHITE-EYED VIREO
Noter la combinaison « lunettes » *jaunes* et gorge *blanchâtre.* Il a également deux barres alaires, les flancs jaunâtres et les *yeux blancs.*
Espèces semblables: Voir 1) le V. à tête bleue (« lunettes » *blanches*); 2) le V. à gorge jaune (gorge *jaune*); 3) les moucherolles *Empidonax* (p. 198). **Voix:** Chant: non caractéristique d'un viréo, *tchic'-a-peeûr-ouiiou-tchic'* distinctement articulé. Variable; noter le *tchic'* au début et à la fin. **Aire:** E des É.-U. Hiverne du S des É.-U au Nicaragua. **Est:** Carte 283. **Habitat:** Orées des bois, fourrés, broussailles.

VIRÉO DE BELL (11-13 cm)   **C 284**
Vireo bellii   BELL'S VIREO
Petit, grisâtre; peu différencié. Une ou 2 barres alaires ternes, flancs teintés de jaunâtre pâle. Diffère du V. mélodieux par les barres alaires et le cercle oculaire.
Espèce semblable: Les jeunes V. aux yeux blancs ont les yeux foncés. **Voix:** Chante comme s'il « serrait les dents »; phrases enrouées, non-musicales, émises à intervalles rapprochés; *tchîdel tchîdel tchi? tchîdel tchîdel tchou!* La première phrase se termine en montant, la seconde en descendant. **Aire:** Centre et S-O des É.-U., N du Mexique. Hiverne du Mexique au Nicaragua. **Est:** Carte 284. **Habitat:** Saules, bords de cours d'eau.

VIRÉO À TÊTE BLEUE (13-15 cm)   **C 285**
Vireo solitarius   SOLITARY VIREO
Noter les « lunettes » *blanches,* la tête *gris-bleu,* le dos olive et la gorge *blanche;* 2 barres alaires blanches. C'est le viréo le plus printanier.
Voix: Chant: phrases sifflées avec courtes pauses. Semblable à celui du V. aux yeux rouges, mais plus mesuré, plus aigu, plus doux. **Aire:** Du Canada au Salvador. Hiverne du S des É.-U. au Nicaragua, à Cuba. **Est:** Carte 285. **Habitat:** Forêts mixtes.

VIRÉO À TÊTE NOIRE (11 cm)
Vireo atricapillus   BLACK-CAPPED VIREO
Petit viréo « enjoué », ayant le dessus et les côtés de la tête *noir luisant* chez le mâle et gris ardoise chez la femelle. « Lunettes » évidentes, formées par le cercle oculaire et la tache devant l'oeil; 2 barres alaires; yeux *rouges.*
Espèce semblable: La femelle peut être prise pour un V. à tête bleue, mais ses yeux sont rouges. **Voix:** Chant: précipité, rauque; phrases remarquables par leur variété, ininterrompues, presque colériques. Cri d'alarme: *tchit-ah* aigre. **Aire:** Niche du S-O du Kansas, du centre de l'Okl., de l'O et du centre du Texas (plateau Edwards) jusqu'au Coahuila (Mexique). Hiverne dans l'O du Mexique. **Habitat:** Chênes rabougris, pentes broussailleuses, canyons.

■ **PARULINES: Famille Parulidae.** (Fauvettes) Petits passereaux brillamment colorés et nerveux, généralement plus petits que les bruants, au bec effilé et pointu. La plupart ont du jaune. Leur identification est souvent difficile à l'automne (voir pp. 248-250). **Nourriture:** Surtout des insectes. **Aire:** De l'Alaska et du Canada au N de l'Argentine. **Espèces:** Monde, 114; Est, 40 (+7 exceptionnelles).

PARULINE À COLLIER (11 cm)   **C 287**
Parula americana   NORTHERN PARULA
(Fauvette parula) Paruline bleutée, à gorge et poitrine jaunes, ayant 2 barres alaires blanches et nettes. La tache verdâtre diffuse sur le dos est caractéristique. Chez le mâle, le caractère le plus utile est le *collier foncé* sur la poitrine (indistinct ou absent chez la femelle).
Voix: Chant: trille bourdonnant ou mécanique devenant plus aigu et trébuchant à la fin: *ziiiiiiii-op*. Aussi, une série de notes bourdonnantes en fin de trille: *zrh-zrh-zrh-zrhiiiiii*. **Aire:** S-E du Canada, E des É.-U. (Carte 287). Hiverne en Flor., aux Antilles et du Mexique au Nicaragua. **Habitat:** Niche dans les forêts, surtout celles humides où des lichens et autres plantes pendent des arbres.

PARULINE « DE SUTTON » (hybride)
Dendroica dominica x *Parula americana*   « SUTTON'S » WARBLER
Deux spécimens connus, récoltés dans l'E de la Virginie occ.; plusieurs observations. Considérée comme un hybride entre la P. à gorge jaune et la P. à collier. Ressemble à la P. à gorge jaune, mais sans les rayures latérales; dos verdâtre de la P. à collier. Chant semblable à celui de la P. à collier, mais répété: *ziiiiiiii-op ziiiiiiii-op*.

PARULINE À GORGE JAUNE (13-14 cm)   **C 288**
Dendroica dominica   YELLOW-THROATED WARBLER
Paruline à dos gris et bavette jaune. Sourcil blanc, 2 barres alaires blanches, raies noires sur les flancs. Sexes semblables. Se déplace le long des branches d'arbres.
Voix: Chant: série de notes claires bredouillées, diminuant un peu d'intensité: *tî-ou, tiou, tiou, tiou, tiou, tiou oui* (dernière note ascendante). **Aire:** E et centre des É.-U. (Carte 288). Hiverne du S des É.-U. au Costa-Rica. **Habitat:** Bois clairs; bosquets, surtout de chênes à feuilles persistantes; pins.

PARULINE VERTE À GORGE NOIRE (11-13 cm)   **C 289**
Dendroica virens   BLACK-THROATED GREEN WARBLER
Mâle: Noter la *face jaune* vif, encadrée par la gorge noire et la couronne vert olive. *Femelle:* Face jaune; beaucoup moins de noir sur la gorge. *Jeune, à l'automne:* Voir p. 248.
Voix: Zézaiement rêveur: *zou zi zou zou zi* ou *zi zi zi zi zou zi*, les notes *zi* sur le même ton, la note *zou* plus grave. **Aire:** Canada, N-E des É.-U., Appalaches. Hiverne du S du Texas à la Colombie. **Est:** Carte 289. **Habitat:** Surtout les conifères.

PARULINE ORANGÉE (14 cm)   **C 286**
Protonotaria citrea   PROTHONOTARY WARBLER
Paruline dorée des forêts marécageuses. Toute la tête et la poitrine jaune vif, presque orange. Ailes gris-bleu, sans barres. Femelle plus terne.
Espèces semblables: Voir 1) la P. jaune, 2) la P. à ailes bleues. **Voix:** Chant: *zuît, zuît, zuît, zuît, zuît, zuît* sur le même ton. **Aire:** De la région des Grands Lacs au g. du Mexique (Carte 286). Hiverne du S-E du Mexique à la Colombie et au Venezuela. **Habitat:** Forêts marécageuses.

PARULINE NOIR ET BLANC (11-14 cm) C 290
Mniotilta varia BLACK-AND-WHITE WARBLER
Rayée longitudinalement de *noir et blanc;* grimpe sur les troncs et les grosses branches des arbres. *Couronne rayée,* raies blanches sur le dos. La femelle a le dessous plus blanc.
Voix: Chant: *ui-si ui-si ui-si ui-si ui-si ui-si* ténu; évoque l'un des chants de la P. flamboyante, mais plus aigu et plus long. Un autre chant est plus décousu avec chute brève à mi-chemin. **Aire:** Du Canada au g. du Mexique. Hiverne du S des É.-U. jusque dans le N de l'Am. du S. **Est:** Carte 290. **Habitat:** Forêts, troncs et branches d'arbres.

PARULINE RAYÉE (13 cm) C 291
Dendroica striata BLACKPOLL WARBLER
Mâle, au printemps: Paruline grise, rayée, à *calotte noire* et *joues blanches. Femelle, au printemps:* Moins fortement rayée, sans calotte noire; dessus gris verdâtre, dessous blanc, rayé. *Automne:* Dessus olive, dessous jaune verdâtre, légèrement rayés; 2 barres alaires, sous-caudales blanches, pattes habituellement *jaunâtre pâle;* voir p. 248.
Espèces semblables: 1) La P. noir et blanc a la calotte rayée. 2) Voir la P. à poitrine baie à l'automne (p. 248). **Voix:** Chant: *tzi-tzi-tzi-tzi-tzi-tzi-tzi-tzi-tzi* ténu, mesuré et mécanique, sur un seul ton, augmentant, puis diminuant d'intensité. **Aire:** Alaska, Canada, N-E des É.-U. Hiverne en Am. du S tropicale. **Est:** Carte 291. **Habitat:** Conifères; en migration, d'autres arbres.

PARULINE GRISE À GORGE NOIRE (11-13 cm)
Dendroica nigrescens BLACK-THROATED GRAY WARBLER
Mâle: Gris; taches noires sur la gorge, la joue et la couronne séparées par du blanc. *Femelle:* Couronne et joues *ardoisées,* gorge claire.
Aire: O de l'Am. du N. **Est:** Inusitée dans l'Est. Très rare, mais probablement régulier en hiver dans le S de la Louis. et de la Flor.

PARULINE BLEUE À GORGE NOIRE (13-14 cm) C 292
Dendroica caerulescens BLACK-THROATED BLUE WARBLER
Mâle: Couleurs tranchées; dessus *gris-bleu,* gorge et flancs *noirs,* poitrine blanche. *Femelle:* Dos brun, ligne claire au-dessus de l'oeil et petit *carré blanc sur l'aile* (pas toujours visible). Le jeune et la femelle à l'automne peuvent ne pas avoir ce carré; noter alors la *joue sombre.* Voir aussi p. 250.
Voix: Chant: *zur, zur, zur, zriiii* ou *bîr, bîr, bîr, bî* enroué et paresseux (à finale plus aiguë). Peut être écourté à 2 ou 3 notes. **Aire:** E de l'Am. du N (Carte 292). Hiverne surtout aux Antilles. **Habitat:** Étage inférieur des forêts décidues ou mixtes.

PARULINE AZURÉE (11 cm) C 293
Dendroica cerulea CERULEAN WARBLER
Mâle: Dessus *bleu,* dessous blanc. Vu d'en dessous, noter l'*étroit collier noir* sur la poitrine. *Femelle:* Dessus gris-bleu et olive, dessous blanchâtre, 2 barres alaires blanches et sourcil pâle.
Espèces semblables: La femelle rappelle 1) la P. obscure (p. 240), cette dernière n'ayant pas de barres alaires; 2) la P. rayée à l'automne (p. 248), qui a le dessus plus vert, le dessous blanchâtre et un sourcil plus net. **Voix:** Le chant évoque celui de la P. à collier; notes rapides et bourdonnées sur un même ton, suivies d'une note plus longue et plus aiguë: *zré zré zré zriiiii.* A également la qualité du chant de la P. bleue à gorge noire. **Aire:** E des É.-U. (Carte 293). Hiverne de la Colombie au N de la Bolivie. **Habitat:** Forêts décidues, particulièrement près des cours d'eau.

PARULINE À TÊTE CENDRÉE (12 cm) **C 294**
Dendroica magnolia MAGNOLIA WARBLER
La paruline jaune et noir. Dessus noirâtre, grandes taches blanches sur les ailes et la queue; dessous jaune, fortement rayé de noir. Dans tous les plumages, noter la queue noire traversée au milieu d'une *large bande blanche* (de dessous, la queue a l'air blanche avec une large bande noire à l'extrémité). *Jeune:* Voir p. 248.
Voix: Le chant évoque celui de la P. jaune en plus court: *ouita ouita ouitsi* (note finale ascendante), ou *ouita ouita ouit-tchou*. **Aire:** Canada, N-E des É.-U. Hiverne aux Antilles et du Mexique au Panama. **Est:** Carte 294. **Habitat:** Parties basses des conifères; en migration, d'autres arbres.

PARULINE À CROUPION JAUNE (13-15 cm) **C 295**
Dendroica coronata YELLOW-RUMPED WARBLER
Caractérisée par son *croupion jaune* et son cri (*tchep* fort). *Mâle, au printemps:* Dessus gris-bleu; forte tache noire sur la poitrine (en forme de U renversé); tache jaune sur la couronne et devant chaque aile. *Femelle, au printemps:* Brunâtre; même motif de base. *En hiver:* Rayée, dessus brunâtre, dessous blanchâtre, *croupion jaune*. La forme de l'Ouest, exceptionnelle dans l'Est, a la gorge *jaune* ou *jaunâtre*.
Voix: Chant: trille lâche ressemblant à celui du junco, mais montant ou descendant vers la fin. Cri: *tchep* fort. **Aire:** Alaska, Canada, N-E des É.-U. Hiverne jusqu'au Panama. **Est:** Carte 295. **Habitat:** Forêts de conifères et mixtes. En migration et en hiver, divers habitats: bois, fourrés, broussailles, buissons.

PARULINE DE KIRTLAND (15 cm) **C 296**
Dendroica kirtlandii KIRTLAND'S WARBLER
Dessus gris bleuâtre, rayé de noir; dessous jaune, tacheté ou rayé de noir *sur les flancs seulement*. Le mâle a un masque noirâtre, la femelle est plus grise, sans masque; les deux sont plus bruns à l'automne. Seule paruline à dos gris qui *agite la queue* continuellement.
Voix: Le chant, fort et grave pour une *Dendroica,* ressemble à celui de la P. des ruisseaux ou évoque parfois celui du Troglodyte familier. Chant typique: 3 ou 4 notes graves et détachées, courtes notes sonores plus aiguës, fin abrupte. **Aire:** Centre-N du Michigan, nichant en petites colonies dans un territoire de 160 sur 100 km environ (Carte 296). Hiverne aux Bahamas. **Habitat:** Bosquets de jeunes Pins gris de 1,5 à 5 m de haut, poussant sur un tapis de bleuets, de raisins-d'ours ou de comptonies.

PARULINE DU CANADA (13-14 cm) **C 297**
Wilsonia canadensis CANADA WARBLER
La paruline à collier de perles. *Mâle:* Dessus gris uniforme, dessous jaune vif; *collier de courtes raies noires*. *Femelle et jeune* semblables, mais à collier à peine visible ou absent. Tous ont des « lunettes » jaunes. Dans tous les plumages, le gris du dessus, allié à l'absence de blanc aux ailes et dans la queue, est caractéristique.
Voix: Chant: staccato brusque et d'arrangement irrégulier. *Tchip, suis-je petit-suis-je-dis, j'sais-ti!* Cri: *tchip*. **Aire:** Canada, N-E des É.-U., Appalaches. Hiverne dans le N de l'Am. du S. **Est:** Carte 297. **Habitat:** Strates basses en forêt, fourrés ombragés.

PARULINE TIGRÉE (13 cm) **C 298**
Dendroica tigrina CAPE MAY WARBLER
  Mâle, en pariade: Noter les joues *marron*. Dessous jaune rayé de noir, croupion jaune, couronne noire. *Femelle, et mâle à l'automne:* Sans la tache marron; plus ternes; poitrine souvent blanchâtre, rayée. Noter la *tache jaune* terne *derrière l'oreille*. Voir aussi p. 248.
  Voix: Chant, *sît sît sît sît* ténu et très aigu, facile à confondre avec celui de la P. à poitrine baie. **Aire:** Canada, N-E des É.-U. Hiverne aux Antilles. **Est:** Carte 298. **Habitat:** Épinettes; en migration, d'autres arbres.

PARULINE À FLANCS MARRON (11-14 cm) **C 299**
Dendroica pensylvanica CHESTNUT-SIDED WARBLER
  Adulte, au printemps: Identifié facilement par la combinaison *couronne jaune* et *flancs marron*. *Automne:* Dessus citron verdâtre, dessous blanc. Cercle oculaire blanc et mince, 2 barres alaires jaune pâle. Les adultes conservent un peu de marron. *Jeune:* Voir p. 248.
  Voix: Chant, semblable à celui de la P. jaune; *sî sî sî sî où vas-tu* ou *ti, ti, ti, huit oui-tchou,* l'avant-dernière note accentuée, la dernière plus basse. Aussi, chants moins caractéristiques. **Aire:** S du Canada, N-E des É.-U., Appalaches. Hiverne en Am. centrale. **Est:** Carte 299. **Habitat:** Bois en regain, clairières, prés broussailleux.

PARULINE À POITRINE BAIE (13-15 cm) **C 300**
Dendroica castanea BAY-BREASTED WARBLER
  Mâle, au printemps: Sombre; *gorge, haut de poitrine* et flancs *marron;* noter la *grande tache chamois pâle* sur le cou. *Femelle, au printemps:* Plus pâle, plus délavée. *Automne:* Dessus olive; 2 barres alaires blanches, dessous blanc-chamois terne. Elle peut avoir des traces de marron sur les flancs. Sous-caudales *chamois,* pattes foncées. Voir p. 248.
  Espèce semblable: Voir la P. rayée à l'automne (p. 248). **Voix:** *Fusi fusi fusi* aigu et sifflant; ressemble au chant de la P. noir et blanc; plus ténu, plus court, plus sur un même ton. **Aire:** Canada, N-E des É.-U. Hiverne du Panama au Venezuela. **Est:** Carte 300. **Habitat:** Forêts; conifères (été).

PARULINE À GORGE ORANGÉE (13 cm) **C 301**
Dendroica fusca BLACKBURNIAN WARBLER
  Mâle au printemps: Noir et blanc, avec *de l'orange éclatant* sur la tête et la gorge. *Femelle:* Plus pâle; un peu d'orange sur la gorge. *Automne:* Plus pâle; noter les raies jaunes sur la tête, les raies pâles sur la gorge.
  Voix: Chant: *zip zip zip titi tsiiiiii,* se terminant en bourdonnement très aigu (inaudible pour certains). Aussi, *titsi titsi titsi titsi zizizizi* en 2 parties, ressemblant au chant de la P. à joues grises. **Aire:** Canada, N-E des É.-U., Appalaches. Hiverne du Costa-Rica au Pérou. **Est:** Carte 301. **Habitat:** Forêts; conifères (été).

PARULINE FLAMBOYANTE (13 cm) **C 302**
Setophaga ruticilla AMERICAN REDSTART
  Comportement de papillon; voltige beaucoup, laisse pendre les ailes et étale la queue. *Mâle:* Noir; *taches orange vif* sur les ailes et la queue. *Femelle:* Brun olive, *taches jaunes étincelantes* sur les ailes et la queue. *Jeune mâle:* Comme la femelle, mais teinté d'orange.
  Voix: Chants (souvent alternés): *zi zi zi zi zroui* (dernière note plus aiguë), *tsi tsi tsi tsi tsi-ou* (dernière note plus grave), et *titsa titsa titsa titsa tit* (notes doubles). **Aire:** Canada, E des É.-U. Hiverne aux Antilles et du Mexique au Brésil et au N du Pérou. **Est:** Carte 302. **Habitat:** Forêts décidues, bois en regain.

PARULINE DES PINS (13-14 cm) **C 303**
Dendroica pinus PINE WARBLER
Aucune autre paruline n'a pour seuls traits caractéristiques une poitrine jaune et des *barres alaires blanches*. Poitrine très faiblement rayée, dos *non rayé;* points blancs aux coins de la queue. ♀ plus terne que le ♂. Jeune et ♀ d'automne obscurs; voir les parulines d'automne p. 248.
Voix: Chant: trille monotone comme celui du Bruant familier, mais plus lâche, plus musical, plus lent. **Aire:** E de l'Am. du N, Antilles. Hiverne dans le S de son aire. **Est:** Carte 303. **Habitat:** Pinèdes claires surtout.

PARULINE DES PRÉS (13 cm) **C 304**
Dendroica discolor PRAIRIE WARBLER
Hoche la queue (tout comme la P. à couronne rousse); dessous jaune; *flancs* rayés de noir. *Deux marques faciales noires,* une à travers l'oeil, l'autre dessous. De près, des taches marron peuvent être visibles sur le dos du ♂ (réduites chez la ♀). *Jeune:* Voir p. 248.
Voix: Chant: *zu zu zu zi zi zi zî zî* ténu et ascendant. **Aire:** E de l'Am du N (Carte 304). Hiverne de la Flor. au Nicaragua. **Habitat:** Clairières buissonnantes, prés broussailleux, jeunes pins.

PARULINE À COURONNE ROUSSE (11-14 cm) **C 305**
Dendroica palmarum PALM WARBLER
Hoche la queue continuellement. Dessus brun; dessous jaunâtre ou blanchâtre, finement rayé; sous-caudales *jaunes,* points blancs aux coins de la queue. *Calotte marron* au printemps (obscure en automne et en hiver; voir p. 248). Sexes semblables.
Voix: Chant: faibles notes répétées, *zihé-zihé-zihé-zihé-zihé-zihé.* **Aire:** Canada, N-E des É.-U. Hiverne dans le S des É.-U. et aux Antilles. **Est:** Carte 305. **Habitat:** Lisières boisées des tourbières (été). En migration, petits arbres, buissons. Aime se tenir au sol.

PARULINE « DE BREWSTER » (hybride)
Vermivora chrysoptera x *pinus* « BREWSTER'S » WARBLER
Le P. à ailes dorées et la P. à ailes bleues s'hybrident fréquemment là où leurs aires se chevauchent, ce qui donne lieu à 2 formes distinctes, la P. de « Lawrence » et la P. « de Brewster » (hybride le plus fréquent). La P. « de Brewster » typique est comme une P. à ailes bleues avec le dessous blanchâtre. Certaines ont des barres alaires blanchâtres, d'autres, des barres alaires jaunes; quelques-unes ont le dessous teinté de jaune. La marque noire de l'oeil et le dessous blanc, ou en grande partie blanc (non entièrement jaune), sont caractéristiques. Peut chanter comme l'un ou l'autre des parents.

PARULINE À AILES BLEUES (11-13 cm) **C 306**
Vermivora pinus BLUE-WINGED WARBLER
Face et dessous jaunes; *2 barres alaires blanches.* Noter le *trait noir traversant l'oeil.* Sexes semblables.
Voix: Chant: *biiii-buzzz* bourdonné (comme une inspiration et une expiration). **Aire:** E des É.-U. (Carte 306). Hiverne du Mexique au Panama. **Habitat:** Clairières et strates basses des forêts, orées, bois en regain.

PARULINE JAUNE (13 cm) **C 307**
Dendroica petechia YELLOW WARBLER
La Paruline la plus jaune. Même les *taches sur la queue sont jaunes* (blanches chez beaucoup d'autres espèces). Le mâle a la *poitrine rayée de marron* (raies faibles ou absentes chez la femelle). *Automne:* Voir p. 248.
Voix: Chant: *tsi-tsi-tsi-tsi-titi-oui* ou *tire tire tire la bibitte!* vif et agréable, émis rapidement. Variable. **Aire:** De l'Alaska et du Canada au centre du Pérou. Hiverne du Mexique au Pérou. **Est:** Carte 307. **Habitat:** Buissons, lisières de marais, cours d'eau, prés broussailleux, jardins.

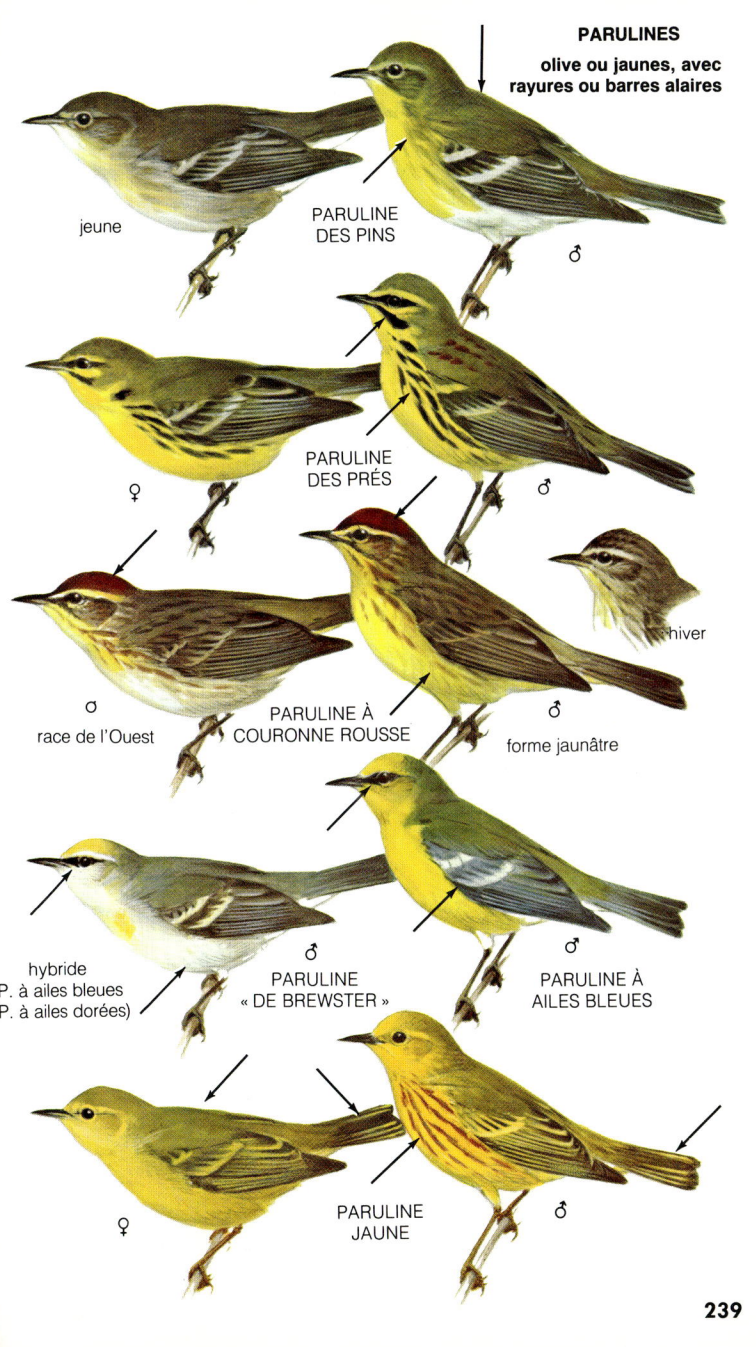

PARULINE DE SWAINSON (13 cm) **C 308**
Limnothlypis swainsonii SWAINSON'S WARBLER
Oiseau furtif, rarement visible. Dessus brun olive, dessous blanc chamois uni, *couronne brune* et *sourcil clair*. Sexes semblables.
Voix: Le chant évoque celui de la P. hochequeue; plus bref (5 notes: 2 liées, 2 plus graves, 1 plus aiguë). **Aire:** S-E des É.-U. (Carte 308). Hiverne aux Antilles et au Yucatan. **Habitat:** Marais, tourbières, cours d'eau, strates basses des forêts; également dans les enchevêtrements de rhododendrons et de pruches du centre des Appalaches.

PARULINE VERMIVORE (13-14 cm) **C 309**
Helmitheros vermivorus WORM-EATING WARBLER
Recherche sa nourriture dans les feuilles mortes des pentes boisées. Oiseau discret, plus facile à entendre qu'à voir; olive terne, à tête chamois *rayée de noir*. Poitrine d'un chamois intense. Sexes semblables.
Voix: Chant sec, bourdonnant, ténu; ressemble au trille du Bruant familier, mais plus fin, plus rapide et stridulé, comme le bruit d'un insecte. **Aire:** E des É.-U. (à l'O jusqu'au Kansas et dans le N-E du Texas). Carte 309. Hiverne aux Antilles, en Am. centrale. **Habitat:** Pentes forestières sèches, strates basses, ravins.

PARULINE OBSCURE (12 cm) **C 310**
Vermivora peregrina TENNESSEE WARBLER
Plumage assez terne. *Mâle, au printemps:* Sourcil blanc et tête grise contrastant avec le dos verdâtre. *Femelle, au printemps:* Semblable; tête moins grise, dessous légèrement jaunâtre. *Automne:* Verdâtre; noter la poitrine jaunâtre *sans rayure,* le sourcil jaunâtre net et les barres alaires esquissées. Voir aussi p. 250.
Espèces semblables: 1) Voir la P. verdâtre à l'automne (p. 250). 2) Voir aussi les viréos sans barres alaires (p. 226). **Voix:** Chant en 2 ou 3 parties, aux notes détachées: *tika tika tika tika, suit suit, tchou-tchou-tchou-tchou-tchou* (Gunn.) ou *tika..., suit...,* terminé souvent par un trille. Évoque le chant de la P. à joues grises, mais plus fort, davantage répété. **Aire:** Canada, N-E des É.-U. Hiverne du Mexique au Venezuela. **Est:** Carte 310. **Habitat:** Forêts décidues et mixtes; en migration, bosquets, fourrés.

PARULINE VERDÂTRE (11-14 cm) **C 311**
Vermivora celata ORANGE-CROWNED WARBLER
Paruline terne sans barre alaire ni autre trait distinctif; dessus vert-olive, dessous jaune-verdâtre. Noter la poitrine faiblement rayée et l'absence de barre alaire. La couronne orange est rarement visible. Souvent nettement grise à l'automne et en hiver (voir p. 250).
Espèces semblables: Voir 1) la P. obscure à l'automne (ci-dessus et p. 250); 2) le Viréo de Philadelphie (p. 226). **Voix:** Chant: trille terne s'affaiblissant à la fin. Change souvent de ton; monte, puis descend. **Aire:** Alaska, Canada, O des É.-U. Hiverne au Guatemala. **Est:** Carte 311. **Habitat:** Clairières buissonnantes, trembles, strates basses.

PARULINE À CALOTTE NOIRE (12 cm)   **C 312**
Wilsonia pusilla   WILSON'S WARBLER
Mâle: Paruline jaune à *calotte noire*. La *femelle* peut avoir un semblant de calotte, mais pas le *jeune*. L'un et l'autre sont petits et jaune-doré, avec une raie jaune au-dessus d'un oeil saillant. Voir p. 250.
Espèces semblables: 1) La femelle de la P. à capuchon a des taches blanches dans la queue; 2) la P. jaune a des taches jaunes dans la queue. La P. à calotte noire a une queue grise sans taches. **Voix:** Chant, petit ramage rapide descendant à la fin: *tchui tchui tchui tchui tchui tché tché.* **Aire:** Alaska, Canada, O et N-E des É.-U. Hiverne du Mexique au Panama. **Est:** Carte 312. **Habitat:** Fourrés le long des cours d'eau, enchevêtrements humides, buissons, saules, aulnes.

PARULINE À CAPUCHON (14 cm)   **C 313**
Wilsonia citrina   HOODED WARBLER
Le capuchon noir du *mâle* entoure complètement le jaune de la face et du front. *Femelle* et *jeune* sans capuchon, bien que le jaune de la face puisse être nettement délimité chez certaines femelles. À part les *taches caudales blanches,* ils n'ont pas de traits distinctifs.
Espèce semblable: La femelle de la P. à calotte noire est plus petite, sans tache sur la queue. **Voix:** Cri: *tchink* métallique. Chant: *ouita oui-ti-ou* sifflé et fort. Variantes; le *ti-ou* lié reste un bon indice. **Aire:** E et centre des É.-U. Hiverne en Am. centrale. **Est:** Carte 313. **Habitat:** Strates basses des forêts, lauriers, forêts marécageuses.

PARULINE DE BACHMAN (11 cm)
Vermivora bachmanii   BACHMAN'S WARBLER
Le passereau le plus rare d'Am. du N. *Mâle:* Face et dessous jaunes; *couronne* et *large bavette noires.* (On dirait une petite P. à capuchon, au capuchon incomplet). *Femelle:* Sans gorge noire; front jaune; couronne et joues grisâtres; cercle oculaire jaune.
Espèces semblables: 1) La P. « de Lawrence » a des barres alaires, une tache noire à l'oreille. 2) La P. à capuchon ♂ a un capuchon complet. 3) La P. à capuchon ♀ et 4) la P. à calotte noire ♀ sont semblables à la P. de Bachman ♀ . Cette dernière a une couronne et des joues grisâtres, et un cercle orbital jaune; elle n'a pas les taches caudales de la P. à capuchon. **Voix:** Chant, série rapide de bourdonnements mécaniques ternes et monotones: *bzz-bzz-bzz-bzz-bzz-bzz-bzz-bzz.* **Aire:** S-E des É.-U.; très localisée. Hiverne à Cuba. A déjà niché dans le S-E du Missouri, le N-E de l'Ark., l'O du Ky, le N de l'Alab., la Car. du S, et peut-être la Virg. Migre par les États du golfe et la Flor.

PARULINE « DE LAWRENCE » (hybride)
Vermivora chrysoptera x *pinus*   « LAWRENCE'S » WARBLER
Hybride récessif, issu du croisement P. à ailes bleues x P. à ailes dorées. Ventre jaune de la P. à ailes bleues; motif noir de la tête de la P. à ailes dorées. Noter la tache noire à l'oreille.
Espèce semblable: Voir la P. de Bachman (très rare). **Voix:** Comme celle de la P. à ailes bleues ou de la P. à ailes dorées.

PARULINE À AILES DORÉES (13-14 cm)   **C 314**
Vermivora chrysoptera   GOLDEN-WINGED WARBLER
Dos gris et ventre blanc. La seule paruline ayant à la fois une *tache alaire jaune* et une *gorge noire* (grise chez la ♀). Noter aussi le front jaune et la joue noire.
Voix: Chant, 1 note bourdonnée suivie de 3 plus basses: *bî-biz-biz-biz.* (La P. à ailes bleues émet un *biiii-buzzz* plus paresseux). **Aire:** E des É.-U. (Carte 314). Hiverne du Guatemala à la Colombie. **Habitat:** Bois clairs, clairières buissonnantes, strates basses des forêts.

PARULINE À JOUES GRISES (12 cm)   **C 315**
Vermivora ruficapilla   NASHVILLE WARBLER
Noter la combinaison *cercle oculaire blanc* et gorge *jaune*. Tête grise, contrastant avec le dos olive. Pas de barres alaires. Le mâle peut avoir une couronne marron terne.
Espèce semblable: La P. à gorge grise a également un cercle oculaire blanc et des ailes sans barre, mais sa gorge est *grisâtre*. **Voix:** Chant en deux parties: *tibit, tibit, tibit, tibit, tui tui tui tui tui tui* (se termine comme le chant du Bruant familier). **Aire:** S du Canada, O et N des É.-U. Hiverne du S du Texas au Guatemala. **Est:** Carte 315. **Habitat:** Bois mixtes clairs avec strates basses, orées des bois, tourbières.

PARULINE À GORGE GRISE (13-15 cm)   **C 316**
Oporornis agilis   CONNECTICUT WARBLER
Semblable à la P. triste (capuchon gris, corps jaune et olive), mais avec un *cercle oculaire blanc*. La femelle à l'automne et le jeune sont plus ternes, avec un capuchon gris tout juste suggéré (haut de la poitrine teinté de brunâtre). Le cercle oculaire est toujours présent.
Espèces semblables: 1) En pariade, la P. triste n'a pas de cercle oculaire (souvent un cercle discontinu à l'automne). Le mâle a la gorge noire. Les sous-caudales jaunes s'étendent jusqu'au milieu de la queue (presque jusqu'à son extrémité chez la P. à gorge grise). 2) La P. à joues grises a aussi un cercle oculaire, mais elle est plus petite et plus active; elle a la *gorge jaune*. **Voix:** *Tchi-pu-ti, tchi-pu-ti, tchi-pu-ti, tchip* (W. Gunn). **Aire:** Centre-S du Canada, centre-N des É.-U. Hiverne dans le N de l'Am. du S. **Est:** Carte 316. **Habitat:** Massifs de peupliers, tourbières, bois mixtes près de l'eau; en migration, strates basses des forêts.

PARULINE TRISTE (13-14 cm)   **C 317**
Oporornis philadelphia   MOURNING WARBLER
Dessus olive, dessous jaune; *capuchon gris* couvrant la tête et le cou; le mâle a une *bavette noire* irrégulière. *Jeune:* Voir p. 250.
Espèce semblable: Voir la P. à gorge grise; toutes deux sont furtives.
Voix: Chant: *tiri, tiri, tiri, turi* (*turi* plus grave). Beaucoup de variantes.
Aire: Canada et N-E des É.-U. Hiverne en Am. centrale et du S. **Est:** Carte 317. **Habitat:** Clairières, fourrés, bois en regain.

PARULINE DU KENTUCKY (14 cm)   **C 318**
Oporornis formosus   KENTUCKY WARBLER
Noter les larges favoris noirs, et les « lunettes » jaunes. Sexes semblables. Retenir le chant; on l'entend dix fois plus souvent qu'on ne la voit.
Espèces semblables: 1) La P. masquée (p. 246) n'a pas de « lunettes »; 2) la P. du Canada (p. 234) a un collier sombre. **Voix:** Chant, roulement rapide: *toré-toré-toré-toré* ou *tchuri-tchuri-tchuri-tchuri*, évoquant le chant du Troglodyte de Caroline, mais moins musical (2 syllabes plutôt que 3). **Aire:** E des É.-U. (jusqu'au Texas). Carte 318. Hiverne du Mexique au N de l'Am. du S. **Habitat:** Strates basses des forêts.

PARULINE MASQUÉE (11-14 cm)   C 319
Geothlypis trichas   COMMON YELLOWTHROAT

Paruline aux allures de troglodyte. Le *mâle* a un masque noir et une gorge jaune. *Femelle* et *jeune:* brun-olive, sans masque noir; gorge jaune intense et poitrine jaune-chamois. Se distingue des parulines semblables par le *ventre blanchâtre,* les flancs brunâtres et l'habitat.

Voix: Chant rapide: *ouistiti-ouistiti-ouistiti-ouit;* parfois *ouitchi-ouitchi-ouitchi-ouit.* Cri: *tchèp* rauque. **Aire:** Du Canada au S du Mexique. Hiverne aux Antilles et du S des É.-U. au Panama. **Est:** Carte 319. **Habitat:** Marais, fourrés humides.

PARULINE POLYGLOTTE (18 cm)   C 320
Icteria virens   YELLOW-BREASTED CHAT

Noter les « lunettes » *blanches,* la gorge et la poitrine *jaune* vif. Pas de barres alaires. Sexes semblables. Par la taille (grande pour une paruline), le bec, la queue allongée, les moeurs et l'habitat, on dirait un moqueur. **Voix:** Chant: sifflements clairs répétés, alternés avec des notes rauques et des croassements doux. Évoque le chant du Moqueur polyglotte, mais le répertoire est plus restreint et les pauses plus longues. Des sons isolés, tels que *ouâït* ou *couc,* sont caractéristiques. **Aire:** Du S du Canada au centre du Mexique. Hiverne en Am. centrale. **Est:** Carte 320. **Habitat:** Arbustes épineux, fourrés.

PARULINE DES RUISSEAUX (15 cm)   C 321
Seiurus noveboracensis   NORTHERN WATERTHRUSH

Marche souvent au bord de l'eau et hoche la queue comme le Chevalier branlequeue. Dos brun; sourcil *crème, jaune pâle ou chamois; dessous rayé,* souvent jaunâtre.

Voix: Cri: *tchip* net. Chant: *tuit tuit tuit tiou tiou tiou houi houi tou* (finales plus graves). **Aire:** Alaska, Canada, bordure N des É.-U. Hiverne surtout en Am. tropicale. **Est:** Carte 321. **Habitat:** Bois marécageux ou humides; bords des cours d'eau et des lacs; en migration, fourrés également.

PARULINE HOCHEQUEUE (15 cm)   C 322
Seiurus motacilla   LOUISIANA WATERTHRUSH

Semblable à la P. des ruisseaux, mais dessous habituellement *blanchâtre* et bec légèrement plus fort. Sourcil d'un *blanc pur.*

Espèce semblable: Quelques P. des ruisseaux à l'automne (en particulier la race *notabilis* de l'O) ont un sourcil blanchâtre. La P. des ruisseaux a sur la gorge des petites taches, qui sont (habituellement) absentes chez la P. hochequeue. **Voix:** Chant, musical et sonore; 3 sifflements clairs, liés, suivis d'une cascade de notes gazouillées allant vers le grave. **Aire:** E des É.-U. Hiverne aux Antilles et du Mexique au N de l'Am. du S. **Est:** Carte 322. **Habitat:** Ruisseaux, ravins, forêts marécageuses.

PARULINE COURONNÉE (15 cm)   C 323
Seiurus aurocapillus   OVENBIRD

De la taille d'un moineau; se voit généralement au sol, en forêt. On dirait une petite grive: pattes *rosées,* dessus brun-olive, mais dessous rayé plutôt que grivelé. La *tache orange de la tête* est visible de près. Oiseau plus facile à entendre qu'à voir.

Voix: Chant, *ti-pié, TI-PIÉ, TI-PIÉ,* énergique, répété rapidement, en crescendo. Dans quelques régions, monosyllabique, sans changement d'intensité, *TCHUI, TCHUI, TCHUI,* etc. **Aire:** S du Canada et É.-U. à l'E des Rocheuses. Hiverne du S-E des É.-U. au N de l'Am. du S. **Est:** Carte 323. **Habitat:** Près du sol dans les forêts décidues; en migration, fourrés.

PARULINES D'AUTOMNE DÉROUTANTES

(ayant pour la plupart des raies ou des barres alaires)

Texte

ROITELET À COURONNE RUBIS *Regulus calendula* **p. 216**
(Pas une paruline.) Cercle oculaire interrompu, large barre alaire noire.

PARULINE À FLANCS MARRON *Dendroica pensylvanica* **p. 236**
Jeune: Dessus jaune-vert, dessous blanchâtre; cercle oculaire.

PARULINE À POITRINE BAIE *Dendroica castanea* **p. 236**
Noter les pattes foncées, les sous-caudales chamois. L'adulte peut conserver du marron délavé sur les flancs. Voir la P. rayée.

PARULINE RAYÉE *Dendroica striata* **p. 232**
Très semblable à la P. à poitrine baie, mais plus élancée. Elle a 1) le dessous teinté de verdâtre et est rayée (P. à poitrine baie plus chamois, avec des raies indistinctes ou absentes); 2) les sous-caudales blanches (non chamois); 3) les pattes jaunâtres pâles (sombres chez la P. à poitrine baie, comme parfois chez la P. rayée).

PARULINE DES PINS *Dendroica pinus* **p. 238**
Se distingue des 2 précédentes par le dos uni. Noter les sous-caudales blanches (chamois chez la P. à poitrine baie), les pattes noires (pâles chez la P. rayée). Quelques jeunes sont très gris ou bruns.

PARULINE À COLLIER *Parula americana* **p. 230**
Jeune: Combinaison de bleuté et de jaune; barres alaires.

PARULINE À TÊTE CENDRÉE *Dendroica magnolia* **p. 234**
Jeune: Bande blanche traversant la queue.

PARULINE DES PRÉS *Dendroica discolor* **p. 238**
Jeune: Moustache, flancs rayés. Hoche la queue.

PARULINE JAUNE *Dendroica petechia* **p. 238**
Taches caudales jaunes. Certaines femelles et jeunes sont si sombres qu'ils peuvent ressembler à la P. verdâtre (pp. 240, 250).

PARULINE À GORGE ORANGÉE *Dendroica fusca* **p. 236**
Jeune: Gorge jaune, joues sombres; raies pâles sur le dos.

PARULINE VERTE À GORGE NOIRE *Dendroica virens* **p. 230**
Jeune: Raies sombres de la gorge bordant la joue jaune.

PARULINE À COURONNE ROUSSE *Dendroica palmarum* **p. 238**
Dos brunâtre, sous-caudales jaunâtres. Hoche la queue.

PARULINE À CROUPION JAUNE *Dendroica coronata* **p. 234**
Jeune: Croupion jaune vif.

PARULINE TIGRÉE *Dendroica tigrina* **p. 236**
Poitrine rayée, croupion jaunâtre. Noter la tache pâle sur le cou (parfois obscurcie chez les jeunes).

PARULINES D'AUTOMNE DÉROUTANTES

(n'ayant pour la plupart ni raie ni barre alaire)

Texte

PARULINE VERDÂTRE *Vermivora celata* **p. 240**
Poitrine terne, sous-caudales jaunes. Le jeune à l'automne est entièrement beige-verdâtre, souvent assez gris, avec le dessous à peine plus pâle.

PARULINE OBSCURE *Vermivora peregrina* **p. 240**
Soupçon de barre alaire; sous-caudales blanches. Très semblable à la P. verdâtre (ci-dessus), mais noter: 1) les sous-caudales blanches; 2) le sourcil plus évident; 3) le plumage plus vert; 4) le dessous plus pâle, sans indice de raie; 5) le soupçon de barre alaire.

VIRÉO DE PHILADELPHIE *Vireo philadelphicus* **p. 226**
(Pas une paruline.) Chant et comportement d'un viréo (voir p. 226).

PARULINE À CAPUCHON *Wilsonia citrina* **p. 242**
Jeune: Sourcil jaune, larges taches caudales blanches.

PARULINE À CALOTTE NOIRE *Wilsonia pusilla* **p. 242**
Jeune: Comme une petite P. à capuchon, sans taches caudales blanches.

PARULINE BLEUE À GORGE NOIRE *Dendroica caerulescens* **p. 232**
Joues sombres, carré blanc ou pâle sur l'aile. Certains jeunes et certaines femelles n'ont pas le carré sur l'aile; on peut encore les distinguer du Viréo de Philadelphie et de la P. obscure (ci-dessus) par leurs *joues sombres*.

PARULINE À GORGE GRISE *Oporornis agilis* **p. 244**
Jeune: Semblant de capuchon; cercle oculaire continu.

PARULINE TRISTE *Oporornis philadelphia* **p. 244**
Jeune et femelle à l'automne: Semblant de capuchon; cercle oculaire discontinu. Ventre plus jaune que chez la P. à gorge grise.

PARULINE À JOUES GRISES *Vermivora ruficapilla* **p. 244**
Gorge jaune, cercle oculaire blanc.

PARULINE MASQUÉE *Geothlypis trichas* **p. 246**
Femelle: Gorge jaune, flancs brunâtres, ventre blanc.

PARULINE ORANGÉE *Protonotaria citrea* **p. 230**
Femelle: Tête ambrée, ailes grises.

PARULINE DU CANADA *Wilsonia canadensis* **p. 234**
Jeune: « Lunettes » jaunes, soupçon de collier.

■ CAROUGES, QUISCALES, ORIOLES, ETC.: Famille Icteridae.

Groupe d'oiseaux variés, au bec conique et très pointu et au front fuyant. Certains ont un plumage noir et irisé, d'autres sont vivement colorés. Sexes habituellement dissemblables. **Nourriture:** Insectes, petits fruits, graines, céréales, organismes aquatiques. **Aire:** Nouveau-Monde; la plupart des espèces sont tropicales. **Espèces:** Monde, 88; Est, 14 (+ 4 exceptionnelles).

CAROUGE À ÉPAULETTES (18-24 cm) C 324
Agelaius phoeniceus RED-WINGED BLACKBIRD

Mâle: Noir, à *épaulettes* rouges, plus évidentes lors de la pariade. Le rouge est souvent caché; seul le liséré jaunâtre est alors visible. *Jeune mâle:* Brun fuligineux, marbré, mais à épaulettes rouges. *Femelle et juvénile:* Brunâtres; bec très pointu, profil de carouge, dessous à *rayures foncées bien nettes.* Oiseau grégaire, se déplaçant en grosses bandes et se regroupant en dortoirs pour la nuit.
Voix: Cri: *tchek* fort et *tî-uur* aigu et lié. Chant: *konk-la-rî* ou *o-ka-lî* coulant et gloussé. **Aire:** Du Canada au Costa Rica, Antilles. **Est:** Carte 324. **Habitat:** Niche dans les marais, les marécages broussailleux, les champs de foin; se nourrit également dans les champs cultivés, le long d'étendues d'eau, etc.

CAROUGE À TÊTE JAUNE (20-28 cm) C 325
Xanthocephalus xanthocephalus YELLOW-HEADED BLACKBIRD

Mâle: Oiseau de marais de la taille d'un merle, noir, à tête et poitrine *jaune doré;* déploie une *tache alaire blanche* en vol. *Femelle:* Plus petite et plus brune; jaune surtout limité à la gorge et à la poitrine; bas de poitrine rayé de blanc. Grégaire.
Voix: Chant: notes graves, rauques et grinçantes, émises avec beaucoup d'effort; évoque une charnière rouillée. Cri: *krok* ou *kak* grave. **Aire:** Du S-O du Canada au N-O du Mexique. Hiverne dans le S-O des É.-U. et au Mexique. **Est:** Carte 325. **Habitat:** Marais d'eau douce. Se nourrit dans les champs et les terrains découverts.

VACHER À TÊTE BRUNE (18 cm) C 326
Molothrus ater BROWN-HEADED COWBIRD

Oiseau plutôt petit, à court bec de moineau. *Mâle:* Noir, à *tête brune*. *Femelle:* Toute grise; noter le bec court. *Juvénile:* Plus pâle que la femelle, beige, à raies blanches sur la poitrine; on peut souvent observer un parent adoptif plus petit en train de le nourir. Les jeunes mâles muent tard à l'été et peuvent avoir un motif bigarré chamois et noir. En troupe, avec d'autres Ictéridés, les vachers sont plus petits et se tiennent la queue en l'air en se nourrissant.
Espèces semblables: La ♀ grise diffère de 1) la ♀ du Quiscale rouilleux et 2) de la ♀ du Quiscale de Brewer par son bec plus court et sa taille plus petite. 3) Les jeunes Étourneaux sansonnets ont le bec plus long, la queue plus courte.
Voix: Cri, en vol: *ouî-titi* (sifflement aigu, 2 notes plus basses). Chant: *gloug-gloug-glîî* coulant, puis grinçant. Cri: *tchok*. **Aire:** Du S du Canada au N du Mexique. Les populations du N migrent. **Est:** Carte 326. **Habitat:** Fermes, champs, bords de route, orées des bois, bosquets ripariens.

QUISCALE ROUILLEUX   (23 cm)   C 327
Euphagus carolinus   RUSTY BLACKBIRD

(Mainate rouilleux) Quiscale à queue courte, de la taille d'un merle, rouille seulement à l'automne. *Mâle, au printemps:* Noir, yeux jaune pâle. *Femelle, au printemps:* Ardoisée, *yeux clairs. Adulte en hiver et jeune:* Rouille délavé, dessous *barré.*

Voix: Cri: *tchak* fort. Chant: note déchirante de charnière rouillée; *kosh-a lî* alternant avec *ksh-lé.* **Aire:** Alaska, Canada, N-E des É.-U. Hiverne jusqu'au S-E des É.-U. **Est:** 327. **Habitat:** Bosquets ripariens, forêts marécageuses; tourbières.

QUISCALE DE BREWER   (23 cm)   C 328
Euphagus cyanocephalus   BREWER'S BLACKBIRD

Quiscale de l'O. *Mâle:* Tout noir, à oeil blanchâtre; sous un bon éclairage, on voit des reflets *violacés* sur la tête et verdâtres sur le corps. *Femelle:* Gris brunâtre, à oeil *foncé.*

Espèce semblable: Le Q. rouilleux ♂ a des reflets *verdâtres* ternes sur la tête (difficiles à voir); bec plus long. Le Q. rouilleux ♀ a l'oeil *clair.* Le Q. de Brewer n'acquiert pas un plumage très rouille en hiver.

Voix: Chant: *kouî-î* ou *ksh-î* éraillé, plaintif et grinçant. **Aire:** S-O du Canada, O et centre-N des É.-U. Hiverne jusqu'au S du Mexique. **Est:** Carte 328. **Habitat:** Champs, steppes, fermes, parcs.

QUISCALE BRONZÉ   (28-34 cm)   C 329
Quiscalus quiscula   COMMON GRACKLE

(Mainate bronzé) Grand oiseau au plumage noir irisé, plus grand que le merle, à queue cunéiforme, étalée en « V ». Vol moins onduleux que celui des autres espèces apparentées. Le mâle a des reflets violets sur la tête, le dos bronzé ou pourpré terne. La forme bronzée (Nouv.-Angl. et O des Appalaches) et la forme pourprée (côtes au S de la Nouv-.Angl.) ont déjà été considérées comme des espèces distinctes.

Voix: Cri: *tchok* ou *tchak.* Chant: note grinçante et déchirante. **Aire:** Canada et É.-U., à l'E des Rocheuses. **Est:** Carte 329. **Habitat:** Champs cultivés, jardins des villes, bosquets, bords des cours d'eau.

QUISCALE DES MARAIS   (♂: 41 cm; ♀ 33 cm)   C 330
Quiscalus major   BOAT-TAILED GRACKLE

Très gros oiseau au plumage noir irisé; beaucoup plus grand que le Q. bronzé, à queue plus longue et plus large. Femelle beaucoup plus petite que le mâle et beaucoup plus brune que celle du Q. bronzé; poitrine pâle.

Espèce semblable: En Louisiane et plus à l'O, voir le Grand Quiscale.
Voix: *Tchek tchek tchek* rauque; sifflements et gloussements rauques.
Aire: La côte E, du N.J. au centre du Texas. **Est:** Carte 330. **Habitat:** Réside près des eaux côtières; marais. Aussi dans l'intérieur en Flor.

GRAND QUISCALE   (♂: 45 cm; ♀ 35 cm)   C 330
Quiscalus mexicanus   GREAT-TAILED GRACKLE

Très semblable au Q. des marais, mais à queue un peu plus longue. Les deux sexes ont les yeux *jaunes.* (Le Q. des marais de la côte atlantique a aussi les yeux jaunes; ceux de la région du g. du Mexique les ont bruns, mais quelques mâles peuvent les avoir jaunâtre terne).

Voix: Plus variée que celle du Q. des marais; des *clok* forts; sifflement ascendant. **Aire:** Du S-O des É.-U. au Pérou. **Est:** Carte 330. **Habitat:** Alors que le Q. des marais est limité aux marais côtiers (sauf en Flor.), le Grand Quiscale séjourne aussi à l'intérieur des terres, dans les parcs, les villes, etc.

GOGLU (15-20 cm)   **C 331**
Dolichonyx oryzivorus   BOBOLINK
Mâle, au printemps: Notre seul passereau au *dessous tout noir et au dessus en grande partie blanc,* donnant l'effet d'un habit de gala mis à l'envers. *Femelle, et mâle à l'automne:* À peine plus gros que le moineau; chamois intense, rayures foncées sur la couronne et sur le dos.
Espèces semblables: 1) Bruant noir et blanc (blanc restreint aux ailes); 2) Carouge à épaulettes ♀ (dessous fortement rayé). **Voix:** Le chant enthousiaste et rapide, émis en vol sur place ou en descente tremblotante, est composé de notes flutées graves et de notes plus rapides montant vers l'aigu. Cri en vol, *pink* clair, entendu lors des passages migratoires. **Aire:** S du Canada, N des É.-U. Hiverne dans le S de l'Am. du S. **Est:** Carte 331. **Habitat:** Champs, prés, steppes. En migration, marais.

STURNELLE DES PRÉS (23 cm)   **C 332**
Sturnella magna   EASTERN MEADOWLARK
Oiseau brun et massif des zones herbeuses, qui montre en s'envolant une tache *blanche* évidente de chaque côté de sa courte queue. Fait alterner une série de rapides battements d'ailes avec de courts planés. S'il se perche, on peut voir un « *V* » *noir* sur la poitrine jaune vif. En marchant, il ouvre et ferme la queue.
Voix: Chant: 2 sifflements clairs, liés, musicaux et étirés; *tiu-tî, tî-u* (dernière note descendante). Cri: *dzrrt* grinçant ou bourdonnant; aussi, caquetage guttural. **Aire:** S-E du Canada, E des É.-U., Cuba; du S-O des É.-U. au Brésil. Partiellement migrateur. **Est:** Carte 332. **Habitat:** Champs, prés, steppes.

STURNELLE DE L'OUEST (23 cm)   **C 333**
Sturnella neglecta   WESTERN MEADOWLARK
Presque identique à la S. des prés, mais dessus plus pâle; le jaune de la gorge atteint la joue. Facilement identifiable au chant.
Voix: Chant variable; 7 à 10 notes doubles, flutées, gazouillées; différent du sifflement clair de la S. des prés. Le cri, *tchopp,* est plus grave que le *dzrrt* grinçant de la S. des prés. **Aire:** Du S-O du Canada jusqu'au centre du Mexique. **Est:** Carte 333. **Habitat:** Champs, prés, steppes.

■ **ÉTOURNEAUX: Famille Sturnidae.** Famille hétérogène, dont certains représentants ressemblent aux Ictéridés. Queue habituellement courte et bec pointu. Grégaires. **Nourriture:** Insectes, graines, petits fruits. **Aire:** Répandus dans l'Ancien-Monde. **Espèces:** Monde, 103; Est, 1 (introduite).

ÉTOURNEAU SANSONNET (19-21 cm)   **C 334**
Sturnus vulgaris   EUROPEAN STARLING
Oiseau noir à queue courte et à profil de sturnelle, grégaire et bruyant. En vol, il a l'air triangulaire; vol direct et rapide, différent du vol onduleux de la plupart des Ictéridés. Au printemps: plumage irisé, bec *jaune.* En hiver: *fortement moucheté,* bec foncé, devenant jaune au printemps. Le jeune étourneau est sombre, et ressemble un peu à la femelle du vacher, mais sa queue est plus courte et son bec, plus long.
Voix: *Tsîr* dur; *houî* sifflé. En outre, sifflements clairs, cliquetis, claquements de bec, petits rires étouffés; imite parfois d'autres oiseaux. **Aire:** Eurasie, N de l'Afrique. Partiellement migrateur. Introduit en Am. du N et ailleurs. **Est:** Carte 334. **Habitat:** Villes, parcs, fermes, bosquets clairs, champs.

- **ORIOLES.** Plus petits et plus élancés que le merle; genre d'Ictéridé brillamment coloré.

ORIOLE DES VERGERS (15-18 cm) C 335
Icterus spurius ORCHARD ORIOLE
Mâle: Oriole tout sombre. Croupion et dessous marron foncé; reste du corps noir. *Jeune mâle:* Dessus verdâtre terne, dessous jaunâtre; *bavette noire*. *Femelle et juvénile:* dessus olive, dessous jaunâtre; 2 barres alaires blanches.
Espèces semblables: 1) La ♀ et le jeune de l'Oriole du Nord ne sont pas aussi verdâtres. Quelques ♀ de l'Oriole du N ont la gorge noire (comme les jeunes ♂ de l'Oriole des vergers), mais sont plus orangées. 2) Le Tangara écarlate ♀ et 3) le Tangara vermillon ♀ n'ont pas de barres alaires (p. 260). **Voix:** Cascade de notes, certaines gutturales, entrecoupées de sifflements flûtés. Évoque le chant du Roselin pourpré. Le *ouîr!* strident et lié, en finale, est caractéristique. **Aire:** Du S-E du Canada au centre du Mexique. Hiverne en Am. centrale et dans le N de l'Am. du S. **Est:** Carte 335. **Habitat:** Orées des bois, vergers, arbres d'ombrage.

ORIOLE DU NORD (race de l'Est) (18-20 cm) C 336
Icterus galbula (en partie) NORTHERN ORIOLE
(Oriole « de Baltimore ») *Mâle:* Orange vif et noir, tête toute noire. *Femelle et jeune:* Dessus brun olive, dessous jaune ambré, 2 barres alaires. Quelques femelles ont des traces de noir sur la tête, évoquant le capuchon du mâle.
Espèces semblables: 1) Voir l'Oriole « à ailes blanches » (de l'Ouest). 2) L'Oriole des vergers ♀ est plus verte que la ♀ de l'Oriole du Nord. 3) Voir les tangaras ♀.
Voix: Chant: sifflements étoffés, flûtés. Cri: *iou-li* sifflé, grave. Jeune (quémandant sa nourriture), *tî-dîdî* plaintif. **Aire:** Canada, E et centre des É.-U. Hiverne dans l'Am. tropicale. **Est:** Carte 336. **Habitat:** Bois clairs, ormes, arbres d'ombrage.

ORIOLE DU NORD (races de l'Ouest) (18-21 cm) C 337
Icterus galbula (en partie) NORTHERN ORIOLE
(Oriole « à ailes blanches ») De l'Ouest. *Mâle:* Diffère de l'Oriole « de Baltimore » ♂ par ses *joues orange,* ses *grandes taches alaires blanches,* le motif différent de la queue. *Femelle:* Diffère de l'Oriole « de Baltimore » ♀ par son dos plus gris, son *ventre plus blanc. Jeune mâle:* Semblable à la femelle, mais à gorge noire. S'hybride avec l'Oriole « de Baltimore ».
Voix: Série de notes doubles accentuées et 1 ou 2 notes flûtées. Cri: *skip* perçant; aussi, caquetage. **Aire:** Niche dans le S-O du Canada, l'O des É.-U. et le N du Mexique. Hiverne en Am. centrale. **Est:** Carte 337. Niche dans l'E de la Prairie (Sud-Dakota, centre du Nebr., O du Kansas, O de l'Okl.), où il s'hybride avec l'Oriole « de Baltimore ». Les deux sont maintenant considérés de la même espèce. Des égarés se rencontrent en hiver le long de la côte E; plusieurs mentions, surtout à des mangeoires.

ORIOLE MACULÉ (20 cm) C 338
Icterus pectoralis SPOT-BREASTED ORIOLE
En Flor. seulement. Noter la *couronne orangée,* la bavette noire, et les *taches noires sur les côtés de la poitrine.* Beaucoup de blanc à l'aile. Aucun autre oriole de notre région n'a le dessus de la tête orangé.
Aire: Du S-O du Mexique au N-O du Costa-Rica. Récemment établi (introduit ou échappé) dans le S-E de la Flor. **Est:** Carte 338.

■ **TANGARAS: Famille Thraupidae.** Les tangaras mâles sont brillamment colorés. Les femelles de nos espèces ont le dessus verdâtre et le dessous jaune; on dirait des parulines ou des viréos de grande taille, au bec épais; elles peuvent être prises pour des orioles femelles, mais leurs joues sont plus foncées et elles n'ont pas de barres alaires. Le bec plutôt fort est *encoché*. **Nourriture:** Insectes, fruits. **Aire:** Nouveau-Monde, la plupart des espèces étant tropicales. **Espèces:** Monde, 191; Est, 3 (+1 exceptionnelle, 1 introduite).

TANGARA VERMILLON (18-19 cm)   C 339
Piranga rubra   SUMMER TANAGER
Mâle: Entièrement rouge tomate; bec jaunâtre; sans huppe. *Femelle:* Dessus olive, dessous jaune foncé. Les jeunes mâles qui acquièrent le plumage adulte peuvent être tachetés de rouge et de vert.
Espèces semblables: 1) Le Cardinal rouge ♂ a une huppe, une face noire. 2) Le T. écarlate ♂ a les ailes et la queue noires; la ♀ a les ailes plus foncées. 3) Les orioles ♀ ont des barres alaires. **Voix:** Cri: *pi-toc* ou *pic-i-toc-i-toc,* en notes détachées. Chant: phrases ressemblant à celles du merle, moins nasales et moins sonores que celles du T. écarlate. **Aire:** Du centre et du S des É.-U. au N du Mexique. Hiverne du Mexique au Brésil. **Est:** Carte 339. **Habitat:** Forêts, bosquets (surtout de chênes).

TANGARA ÉCARLATE (18 cm)   C 340
Piranga olivacea   SCARLET TANAGER
Mâle: Écarlate, à ailes et queue noires. *Femelle, jeune, et mâle en hiver:* Dessus verdâtre, dessous jaunâtre, ailes brunâtre foncé ou noirâtres.
Espèces semblables: 1) Le T. vermillon ♂ et 2) le Cardinal rouge ♂ (huppé) sont tout rouges, n'ont pas les ailes et la queue noires. 3) Le T. vermillon ♀ est d'un jaune plus foncé et ses ailes ne sont pas aussi sombres. **Voix:** Cri: *tchip-beûrr.* Chant: 4 à 5 courtes phrases ressemblant à celles du merle, mais rauques (on dirait un merle enroué). **Aire:** S-E du Canada, E des É.-U. Hiverne de la Colombie à l'O de l'Amazonie. **Est:** Carte 340. **Habitat:** Forêts et arbres d'ombrage (en particulier les chênes).

TANGARA À TÊTE ROUGE   (18 cm)
Piranga ludoviciana   WESTERN TANAGER
Seul tangara d'Am. du N à *barres alaires* marquées. *Mâle:* Jaune, à dos, ailes et queue noirs; 2 barres alaires; *face rouge.* Le rouge disparaît à l'automne et en hiver. *Femelle:* Dessous jaunâtre, dessus olive terne, à barres alaires blanches et jaunes.
Espèces semblables: La ♀ ressemble aux orioles ♀ (p. 258), mais la queue et les joues sont plus foncées, le bec est moins pointu. *Attention:* Il arrive que des jeunes T. écarlates aient 2 barres alaires jaunâtres à l'automne, ils n'ont pas le manteau caractéristique du T. à tête rouge jeune ou en plumage d'automne (dos olive grisâtre contrastant avec la tête et le croupion plus pâles). **Aire:** O de l'Am. du N. Hiverne en Am. centrale. **Est:** Inusité, mais il y a de nombreuses mentions du S du Canada à la Louisiane et à la Flor., où il est rare, mais probablement régulier en hiver.

TANGARA GRIS-BLEU (15 cm)
Thraupis episcopus   BLUE-GRAY TANAGER
Bleuté; épaules pâles, ailes et queue plus foncées. Sexes semblables. Cette espèce originaire de l'Am. centrale et du N de l'Am. du S a été introduite à Miami. Sa survie y est incertaine.

■ **MOINEAUX: Famille Ploceidae.** Famille diversifiée de l'Ancien-Monde, dont le Moineau domestique, introduit en Amérique, est le représentant le mieux connu. **Nourriture:** Surtout des insectes et des graines. **Aire:** Répandus dans l'Ancien-Monde. **Espèces:** Monde, 263; Est, 2 (introduites).

MOINEAU DOMESTIQUE (15 cm)   **C 341**
Passer domesticus   HOUSE SPARROW
Bien connu de tous. Les moineaux des villes sont souvent si ternes que les mâles n'ont pas grand-chose en commun avec ceux de la campagne, à gorge noire, joues blanches et nuque marron. La femelle et le jeune n'ont pas la gorge noire; ils ont une poitrine unie, sans éclat, et un sourcil terne.
Aire: Eurasie, Afrique du N. Introduit en Am. du N et du S, en Afrique du S, en Australie, etc. **Est:** Carte 341. **Habitat:** Villes, fermes.

MOINEAU FRIQUET (14 cm)   **C 342**
Passer montanus   EURASIAN TREE SPARROW
Les deux sexes ressemblent au M. domestique mâle, mais la tache noire sur la gorge est plus petite. Noter la *tache noire sur la joue.* Couronne *brune.*
Voix: Plus aiguë que celle du M. domestique. *Tchik* ou *tchop* métallique, *tchit-tchup* répété. En vol, *tek, tek* sec. **Aire:** Eurasie. Introduit; réside dans les environs immédiats de Saint Louis (Missouri et Illinois). **Est:** Carte 342. **Habitat:** Fermes.

■ **GROS-BECS, CARDINALS, BRUANTS: Famille Fringillidae.** On rencontre trois types de bec de granivore chez ces oiseaux; 1) très large et épais (gros-becs, cardinals); 2) semblable à celui du canari (bruants, juncos, chardonnerets); 3) à mandibules croisés (becs-croisés). **Nourriture:** Graines, insectes, petits fruits. **Aire:** Mondiale. **Espèces:** Monde, 245; Est, 50 (+ 10 exceptionnelles).

DICKCISSEL (15-18 cm)   **C 343**
Spiza americana   DICKCISSEL
Oiseau de steppe, de la taille du moineau. *Mâle:* Avec sa bavette et sa poitrine jaune, on dirait une petite sturnelle. (À l'automne, la bavette est terne ou absente). *Femelle:* Très semblable au moineau ♀; plus pâle, avec sourcil beaucoup plus pâle, teinte jaune sur la poitrine et bec bleuâtre. L'épaule marron aide également à l'identification. Se déplace souvent en grandes bandes.
Voix: Chant: *dik-ciss-ciss-ciss* ou *tchop-tchop-klip-klip-klip,* en notes détachées. En migration, on entend souvent un cri bourdonné bref. **Aire:** S de l'Ontario et intérieur des É.-U. entre les Rocheuses et les Appalaches. Hiverne surtout du Mexique au N de l'Am. du S. **Est:** Carte 343. **Habitat:** Champs (luzerne en particulier), prés, steppes. Hiverne rarement dans l'E des É.-U. (aux mangeoires).

BRUANT NOIR ET BLANC (18 cm)   **C 344**
Calamospiza melanocorys   LARK BUNTING
Oiseau de steppe. *Mâle, au printemps:* Noir, à *large tache alaire blanche. Femelle, jeune, et mâle en hiver:* Bruns, rayés; habituellement, dans une bande, certains présentent une *tache blanchâtre à l'aile.* Grégaire.
Espèces semblables: 1) Le Goglu ♂ a des taches blanches, mais pas sur l'aile. 2) La ♀ rappelle celle du Roselin pourpré. **Voix:** Chant: notes liées ressemblant à celles du Cardinal rouge, et des *tchog* non musicaux, comme ceux de la Paruline polyglotte; sifflements et trilles aigus; chaque note est répétée de 3 à 11 fois. **Aire:** La Prairie, du S du Canada au N du Texas. Hiverne du S-O des É.-U. au centre du Mexique. **Est:** Carte 344. **Habitat:** Steppes.

BRUANT LAPON (16 cm) C 345
Calcarius lapponicus LAPLAND LONGSPUR

Le B. lapon, tout comme l'Alouette cornue et les pipits, est un oiseau de terrains découverts; au vol, sa queue est courte. *Mâle, en hiver:* Les raies noires clairsemées sur les flancs, la nuque marron et la tache sur la poitrine facilitent l'identification. *Mâle, en été: Face noire entourée de blanc,* col marron. *Femelle, en hiver:* Quelconque; noter le motif de la queue (ci-contre). *Femelle, en été:* Ressemble au mâle en hiver.

Espèces semblables: Les autres bruants du genre *Calcarius* ont plus de blanc sur la queue (voir ci-contre). Les pipits et l'Alouette cornue ont le bec fin. **Voix:** *Tiou* musical; également, cliquetis et sifflement: *tiki-tik-tiou.* Chant (en vol nuptial): vigoureux et musical. **Aire:** Arctique; circompolaire. Hiverne dans le S de l'Eurasie et du S du Canada au S des É.-U. **Est:** Carte 345. **Habitat:** Toundra; en hiver, champs, steppes.

BRUANT À VENTRE NOIR (14-16 cm) C 346
Calcarius ornatus CHESTNUT-COLLARED LONGSPUR

Mâle, en été: Dessous tout *noir* sauf la gorge; nuque *marron. Femelle et mâle, en hiver:* Ressemblent à un moineau; le caractère le plus sûr est le motif de la queue (triangle sombre bordé de blanc).

Voix: Chant: court, faible, mais musical, un peu comme celui de la Sturnelle de l'Ouest. Cri: *dji-djiv,* rappelant un bec-croisé. **Aire:** La Prairie du Canada et du N des É.-U. Hiverne dans le S-O des É.-U. et le N du Mexique. **Est:** Carte 346. **Habitat:** Steppes.

BRUANT À COLLIER GRIS (15 cm) C 347
Calcarius mccownii McCOWN'S LONGSPUR

Mâle, au printemps: Couronne et plastron noirs; queue surtout blanche. Nuque *grise* (brune ou marron chez les autres bruants du genre *Calcarius). Femelle et mâle, en hiver:* Ressemblent au moineau; noter le motif de la queue (le noir se présente comme un T inversé sur fond blanc).

Espèces semblables: 1) Le B. à ventre noir ♂, en été, a le col marron et le ventre noir. 2) L'Alouette cornue (tache semblable sur la poitrine) a le bec fin et des taches faciales noires. **Voix:** Chant (en vol nuptial): doux gazouillis clair, évoquant celui du B. noir et blanc (Niedrach). Cri: trille terne. **Aire:** La Prairie du centre-S du Canada et du centre-N des É.-U. Hiverne du S-O des É.-U. au N du Mexique. **Est:** Carte 347. **Habitat:** Steppes.

BRUANT DE SMITH (15 cm) C 348
Calcarius pictus SMITH'S LONGSPUR

Bruant *chamois;* tout le dessous d'un riche ocre. Queue bordée de blanc comme chez le B. vespéral (sans bande sombre à l'extrémité). *Mâle, en été: Ocre;* joue *blanche,* bien cernée par un *triangle noir. Femelle et mâle en hiver:* Quelconques; poitrine légèrement rayée; quelques mâles peuvent présenter du blanc à l'épaule.

Espèces semblables: Voir 1) le B. vespéral, 2) le Pipit des Prairies, et 3) les autres bruants du genre *Calcarius* (étudier les motifs de la queue, ci-contre). **Voix:** Cliquetis mécaniques émis en vol (comme si on remontait une montre bon marché). Chant, doux comme celui d'une paruline, se terminant en *oui'tchou* comme le chant de la Paruline à flancs marron. **Aire:** Du N de l'Alaska à la baie d'Hudson. Hiverne dans le centre-S des É.-U. **Est:** Carte 348. **Habitat:** Steppes, champs, aérodromes; toundra (l'été).

JUNCO ARDOISÉ   (forme de l'Est)   (14-17 cm)   **C 349**
Junco hyemalis   (en partie)   DARK-EYED JUNCO
Bruant gris ardoise, au bec et au ventre blanchâtres, caractérisé par les plumes latérales blanches de la queue, bien en évidence à l'envol. Le mâle peut avoir la tête noirâtre; les femelles et les jeunes sont plus ternes. Le juvénile, en été, a la poitrine finement rayée; avec ses plumes latérales blanches à la queue, il peut ressembler à un Bruant vespéral.
Espèces semblables: Le Junco « à dos roux » (ci-dessous) est maintenant considéré de la même espèce. Il s'égare rarement dans l'E. Une autre race, le Junco « à ailes blanches » (*J. h. aikeni*) des Black Hills du Sud-Dakota, reconnaissable à ses fortes barres alaires blanches, a été mentionné dans l'E, mais sans confirmation par spécimen. **Voix:** Chant: trille lâche, évoquant celui du Bruant familier, mais plus musical. Cri: *smac* léger; notes mécaniques brèves. **Aire:** Forêt de l'Alaska et du Canada; montagnes de l'E jusqu'au N de la Georgie. Hiverne dans les États du g. du Mexique et dans le N du Mexique. **Est:** Carte 349. **Habitat:** Conifères et forêts mixtes. En hiver, bois clairs, strates basses des forêts, bords de route, buissons; fréquente aussi les mangeoires.

JUNCO ARDOISÉ   (forme de l'Ouest)   (14-17 cm)
Junco hyemalis   (en partie)   DARK-EYED JUNCO
(Junco « à dos roux ») *Mâle:* Se distingue de la forme de l'Est par son dos *brun-roux,* contrastant nettement avec le noir de la tête; flancs *chamois* ou *rouille. Femelle:* Tête plus grise; le rouille du dos n'est pas aussi bien délimité, mais les flancs rosés ou fauve sont bien démarqués du capuchon gris. Des individus intermédiaires entre les formes de l'Est et de l'Ouest sont fréquents, surtout dans la Prairie.
Voix: Très semblable à celle de la forme de l'Est. **Aire:** S-E de l'Alaska, S-O du Canada, O des É.-U. Hiverne dans le N du Mexique. **Est:** Des individus se présentent chaque hiver à des mangeoires de l'E.

BRUANT DES NEIGES   (15-18 cm)   **C 350**
Plectrophenax nivalis   SNOW BUNTING
Aucun autre passereau n'a autant de blanc. En hiver, certains individus peuvent avoir l'air assez bruns, mais en vol, leurs *taches alaires blanches* voyantes les caractérisent. Vus d'en dessous, ils ont l'air presque complètement blancs, contrairement au Pipit spioncelle et à l'alouette, qui ont la queue noire. Ils tournoient souvent en grandes bandes au dessus des champs enneigés. En plumage d'été, dans l'Arctique, le mâle a un dos noir contrastant avec la tête et le dessous blanc.
Voix: Cri: *tîr* ou *tiou* sifflé, net; aussi *brrt* rude, ronronné. Chant: *ti-ti-tchou-rî* musical, répété. **Aire:** Arctique, circompolaire. Hiverne jusqu'au centre de l'Eurasie et au centre des É.-U. **Est:** Carte 350. **Habitat:** Toundra (en été); steppes, champs, dunes, littoral.

CARDINAL ROUGE (19-23 cm) **C 351**
Cardinalis cardinalis NORTHERN CARDINAL
Mâle: Oiseau tout rouge, à huppe pointue; tache noire à la base du gros bec triangulaire rouge. *Femelle:* Brun-chamois, avec un peu de rouge sur les ailes et la queue. La huppe, la face sombre et le gros bec rouge sont caractéristiques. *Jeune:* Semblable à la femelle, mais avec un bec noirâtre.
Espèce semblable: Le Tangara vermillon ♂, le seul autre oiseau tout rouge de l'Est, n'a pas de huppe. **Voix:** Chant: sifflements clairs et roulés, diminuant d'intensité. Plusieurs variantes: *ouat-tiou tiou tiou*, etc.; *ouâït ouâït ouâït* ou *tiouit tiouit tiouit*, etc. Cri: *tchip* bref et ténu. **Aire:** Du S du Canada au g. du Mexique; du S-O des É.-U. au Belize. **Est:** Carte 351. **Habitat:** Orées des bois, fourrés, jardins, parcs.

BEC-CROISÉ ROUGE   (B.-C. DES SAPINS)   (13-16 cm)   **C 352**
Loxia curvirostra   RED CROSSBILL
Noter les *mandibules croisées*. Oiseau presque de la taille du moineau; tête massive, queue courte. Le bruit qu'il fait en ouvrant les cônes de conifères révèle souvent sa présence. Se suspend comme un perroquet lorsqu'il se nourrit. *Mâle: Rouge sombre,* croupion plus vif; ailes et queue noirâtres. Le jeune mâle est plus orangé. *Femelle:* Gris-olive terne; croupion et dessous jaunâtres. *Jeune:* Dessus et dessous rayés; on dirait un gros Chardonneret des pins.
Espèce semblable: Le Bec-croisé à ailes blanches a des barres alaires blanches dans tous les plumages. **Voix:** Cri: *djip-djip* ou *djip-djip-djip* dur. Chant: strophes gazouillées, *djip-djip-djip-djiiaa-djiiaa,* ou gazouillis, trilles et cris brefs. **Aire:** Forêt boréale de l'hémisphère N. En Am. du N, dans les montagnes au S jusqu'au Nicaragua; dans l'E, par endroits jusque dans le S des Appalaches. Déplacements erratiques en hiver. **Est:** Carte 352. **Habitat:** Conifères (épinettes, sapins, pruches, etc.).

BEC-CROISÉ À AILES BLANCHES   (15-17 cm)   **C 353**
(B.-C. BIFASCIÉ)
Loxia leucoptera   WHITE-WINGED CROSSBILL
Noter les barres alaires et les mandibules croisées. *Mâle: Rose* terne; ailes noires traversées par *2 larges barres blanches;* queue noire. *Femelle:* Gris-olive, à croupion jaunâtre comme celui du Bec-croisé rouge, mais avec *2 larges barres alaires blanches.* Les barres alaires sont souvent évidentes en vol et aident à identifier les individus de cette espèce dans des bandes comprenant les deux espèces.
Espèces semblables: 1) Voir le Dur-bec des pins (p. 270) et 2) le Bec-croisé rouge (ci-dessus). **Voix:** Cri: *pît* doux et *tchif-tchif* sec. Chant: succession de trilles forts sur des tons différents. **Aire:** Forêt boréale de l'hémisphère N. **Est:** Carte 353. **Habitat:** Forêts d'épinettes, de sapins et de pruches.

SIZERIN FLAMMÉ (13 cm)   **C 354**
Carduelis flammea   COMMON REDPOLL
(S. à tête rouge) Noter le front *rouge vif*. Oiseau gris-brun et rayé, à *menton noir* et à raies foncées sur les flancs. Le mâle a la poitrine rosée. Par sa taille, sa forme et son comportement, il ressemble aux chardonnerets.
    Espèces semblables: 1) Le Roselin familier ♂ et 2) le Roselin pourpré ♂ sont plus gros, plus rouges, et ont le croupion rouge; ils n'ont pas le menton noir. **Voix:** En vol, *tchit-tchit-tchit-tchit* crépitant. Chant: trilles, suivi du *tchit-tchit-tchit-tchit* crépitant. **Aire:** Circomboréal. Hiverne irrégulièrement jusqu'au N et au centre des É.-U. **Est:** Carte 354. **Habitat:** Bouleaux, arbrisseaux de la toundra. En hiver, herbes, broussailles.

SIZERIN BLANCHÂTRE (13 cm)   **C 355**
Carduelis hornemanni   HOARY REDPOLL
Dans les bandes de sizerins, chercher un oiseau « givré », au *croupion blanchâtre sans rayures*. Chez les mâles, le croupion peut être teinté de rose; le bec est plus conique que celui du S. flammé; les sous-caudales ne sont pas rayées.
    Aire: Arctique, circompolaire. Hiverne irrégulièrement jusqu'au N des É.-U. **Est:** Carte 355. **Habitat:** Comme celui du S. flammé.

ROSELIN FAMILIER (13-14 cm)   **C 356**
Carpodacus mexicanus   HOUSE FINCH
Cet oiseau est une addition récente à l'avifaune de l'Est. On le méprend souvent pour le R. pourpré, en compagnie duquel on le rencontre parfois aux mangeoires. Il est plus petit et le mâle est d'un rouge plus vif. Noter les *raies* foncées sur les flancs et la poitrine. La femelle, rayée de brun, diffère de la femelle du R. pourpré par son bec plus petit et sa face sans motif contrasté (sans forte moustache, ni joue foncée).
    Voix: Chant gai, mais lâche et discontinu; se termine souvent par un *houîr* ou *tchi-eurr* nasal et aigre. Cris évoquant ceux du moineau, en plus musical. **Aire:** De l'O des É.-U. au Mexique. Introduit dans l'E des É.-U. vers 1940; en expansion. **Est:** Carte 356. **Habitat:** Jardins, parcs, fermes.

ROSELIN POURPRÉ (14-15 cm)   **C 357**
Carpodacus purpureus   PURPLE FINCH
On dirait un bruant saucé dans du jus de framboise. *Mâle:* Rouge-rose terne, plus intense sur la tête et le croupion. *Femelle et jeune:* Fortement rayés de brun comme les bruants. Noter la *large raie sombre au menton,* la joue foncée, la raie claire derrière l'oeil et le bec assez gros.
    Espèce semblable: Voir le R. familier (ci-dessus). **Voix:** Chant: gazouillis rapide et animé. Cri: *tic* terne et métallique. **Aire:** Canada, O et N-E des É.-U. Hiverne jusque dans le S des É.-U. **Est:** Carte 357. **Habitat:** Bois, bosquets; en hiver, aussi les jardins.

DUR-BEC DES PINS (**D.-B. DES SAPINS**) (20-25 cm)   **C 358**
Pinicola enucleator   PINE GROSBEAK
(Gros-bec des pins) Oiseau presque de la taille d'un merle, peu farouche et à queue assez longue. Vol très onduleux. *Mâle adulte:* Rouge-rose terne, ailes sombres avec 2 barres alaires blanches. *Jeune mâle:* Semblable à la femelle, mais avec une teinte de rougeâtre sur la tête et le croupion. *Femelle:* Grise, avec deux barres alaires blanches; tête et croupion teintés d'olive terne.
    Voix: Cri: *tî-tiou-tiou* sifflé, rappelant le cri du Grand Chevalier, mais d'intensité plus faible; aussi, *tchî-vli* musical. **Aire:** Forêt boréale de l'hémisphère N, hivernant irrégulièrement plus au S. **Est:** Carte 358. **Habitat:** Forêts de conifères; en hiver, forêts mixtes et arbres fruitiers également.

GROS-BEC ERRANT (20 cm) **C 359**
Coccothraustes verpertinus　　　　　　　　EVENING GROSBEAK
　Oiseau massif à queue courte, de la taille de l'étourneau; très gros bec conique, blanchâtre ou verdâtre. Le vol onduleux caractérise la famille; la forme compacte et les *grandes taches alaires blanches* caractérisent l'espèce. *Mâle:* Jaune terne, tête sombre, sourcil jaune et ailes noir et blanc. On dirait un Chardonneret jaune géant. *Femelle:* Gris argenté, avec juste assez de jaune, de noir et de blanc pour être reconnaissable. Grégaire.
Voix: *Tchirp, clîr* ou *clî-ip* (évoquant un moineau amélioré). Chant: gazouillis court et inégal. **Aire:** Forêt d'épinettes du Canada, O et N-O des É.-U., Mexique. Hiverne jusqu'au S-E des É.-U. et au Mexique. **Est:** Carte 359. **Habitat:** Forêts de conifères; en hiver, érables, surtout le négondo, arbustes fruitiers, mangeoires.

CHARDONNERET JAUNE (13 cm) **C 360**
Carduelis tristis　　　　　　　　　　　AMERICAN GOLDFINCH
　Vol très onduleux. *Mâle, en été: Jaune,* à queue, *ailes* et front *noirs. Femelle, en été:* Jaune-olive terne, dessus plus foncé; ailes noirâtres avec barres alaires évidentes; diffère des autres petits oiseaux jaune-olive par son court bec conique. *En hiver, les deux sexes:* Très semblables à la ♀ en été, mais plus gris.
Espèce semblable: La Paruline jaune (p. 238) est entièrement jaunâtre, ailes et queue incluses. **Voix:** Chant soutenu, clair et gai, comme celui du canari. En vol, les descentes sont souvent accentuées par *ti-dî-di-di* ou *pe-ti-te-tiou.* **Aire:** Du S du Canada au S des É.-U. et au N de la Basse-Californie. **Est:** Carte 360. **Habitat:** Chardons et terrains vagues, pissenlits sur les pelouses, bords de route, bois clairs, orées des bois; en hiver, aussi aux mangeoires.

CHARDONNERET DES PINS (11-13 cm) **C 361**
Carduelis pinus　　　　　　　　　　　　PINE SISKIN
　Petit oiseau foncé, *fortement* rayé, à queue très encochée et au bec très pointu. Le *soupçon de jaune* aux ailes et à la base de la queue n'est pas toujours visible. Ressemble au Chardonneret jaune par sa taille et son comportement. La plupart des Chardonnerets des pins sont détectés au son, en vol.
Espèces semblables: 1) Le Chardonneret jaune n'est pas rayé en hiver. 2) Le Roselin familier ♀ a le bec plus fort et la queue moins encochée. 3) Le Sizerin flammé a le front rouge. Aucune de ces espèces n'a du jaune aux ailes ou à la queue. **Voix:** Cri: *clî-ip* ou *tchlî-ip* fort; aussi *tit-i-tit* léger; *zriiiii* bourdonnant. Le chant évoque celui du Chardonneret jaune en plus rauque et plus plaintif. **Aire:** Du S du Canada au S des É.-U. Hiverne jusqu'au N du Mexique. **Est:** Carte 361. **Habitat:** Conifères, bois mixtes, aulnes, terrains vagues.

CHARDONNERET ÉLÉGANT (14 cm)
Carduelis carduelis　　　　　　　　　EUROPEAN GOLDFINCH
　Légèrement plus gros que le Chardonneret jaune; fauve, à *face rouge* et *large bande jaune* traversant l'aile. Sexes semblables.
Espèce semblable: Voir le Tangara à tête rouge (p. 260). **Voix:** Chant: coulant comme celui du canari, plus gazouillé que celui du C. jaune. Cri: *souît-ouît-ouît.* **Aire:** Eurasie. Introduit aux Bermudes. La colonie établie à N.Y. est aujourd'hui disparue. On signale encore des échappés de captivité.

PASSERIN BLEU (15-19 cm)   **C 362**
Guiraca caerulea   BLUE GROSBEAK
Mâle: Bleu foncé *terne,* bec épais et *2 larges barres alaires marron.* Agite souvent la queue. Le jeune mâle présente un mélange de brun et de bleu. *Femelle:* De la taille du vacher; brun chaud, dessous plus pâle, avec *2 barres alaires chamois;* croupion teinté de bleu.
Espèce semblable: Le Passerin indigo est plus petit, sans barres alaires. **Voix:** Chant: gazouillis rapide; courtes phrases montantes et descendantes; ressemble aux chants du Roselin pourpré, du Roselin familier ou de l'Oriole des vergers, en plus lent et plus guttural. Cri: *tchinc* perçant. **Aire:** Du centre des É.-U. au Costa Rica. Hiverne du Mexique au Panama. **Est:** Carte 362. **Habitat:** Sites broussailleux, bords de route, fourrés le long des cours d'eau.

PASSERIN INDIGO (14 cm)   **C 363**
Passerina cyanea   INDIGO BUNTING
(Bruant indigo) *Mâle:* Petit oiseau *tout* bleu indigo. À l'automne, le mâle ressemble à la femelle (brune), mais conserve un peu de bleu aux ailes et à la queue. *Femelle:* Brun uni; poitrine plus pâle, à raies indistinctes; petit oiseau sans véritables raies, ni barres alaires, ni autre trait apparent.
Espèce semblable: Le Passerin bleu (plus gros) a des barres alaires marron. **Voix:** Chant: gai, aigu et strident, aux phrases bien mesurées sur des tons différents; notes habituellement doublées: *suît-suît, tchou-tchou,* etc. Cri: *spit* aigu et ténu. **Aire:** S-E du Canada, E des É.-U. (à l'O jusqu'aux Black Hills et à la Prairie). **Est:** Carte 363. **Habitat:** Prés broussailleux, orées buissonnantes.

PASSERIN AZURÉ (13-14 cm)
Passerina amoena   LAZULI BUNTING
Mâle: Petit oiseau bleu turquoise, coloré un peu comme le Merle-bleu de l'Est (dessus bleu, poitrine et flancs cannelle pâle), mais avec *2 barres alaires blanches. Femelle:* Oiseau plutôt quelconque, au dos brun non rayé, avec des traces de bleu sur les ailes et la queue, et 2 barres alaires pâles (plus fortes que chez le P. indigo). Les hybrides sont fréquents là où l'aire du P. indigo et celle du P. azuré se chevauchent.
Espèce semblable: La femelle du P. indigo n'a pas de barres alaires aussi prononcées et peut présenter des raies indistinctes sur la poitrine. **Voix:** Chant: semblable à celui du P. indigo; plus rapide. **Aire:** S-O du Canada, O des É.-U. Hiverne au Mexique. **Est:** Niche à la limite O de notre région (centre du Nord-Dakota, O du Nebr., centre de l'Okl.). **Habitat:** Taillis clairs, buissons le long des cours d'eau.

PASSERIN NONPAREIL (13 cm)   **C 364**
Passerina ciris   PAINTED BUNTING
Le passereau le plus coloré d'Am. du N. *Mâle:* Petit oiseau de la taille du Bruant familier, à livrée *violette* sur la tête, *verte* sur le dos, rouge sur le croupion et le dessous. *Femelle:* Très unie; dessus verdâtre, dessous pâlissant au vert lime; *aucun autre petit granivore n'est complètement vert.*
Voix: Chant gai; gazouillis agréable qui ressemble à celui du Viréo mélodieux, en plus nerveux. Cri: *tchip* aigu. **Aire:** S des É.-U., N-E du Mexique. Hiverne au Panama. **Est:** Carte 364. **Habitat:** Orées des bois, bords de route, broussailles, parcs, jardins.

PASSERINS

PASSERIN BLEU
PASSERIN INDIGO
♂ en mue
♂ été
PASSERIN AZURÉ
PASSERIN NONPAREIL

275

CARDINAL À POITRINE ROSE (18-21 cm)   C 365
Pheucticus ludovicianus   ROSE-BREASTED GROSBEAK
(Gros-bec à poitrine rose) *Mâle:* Noir et blanc, avec un grand triangle rouge-rose sur la poitrine et un bec pâle et fort. En vol, le blanc du dessus « clignote » sur fond noir. *Femelle:* Rayée; elle a l'air d'un gros bruant ou d'un Roselin pourpré ♀ (p. 270); on l'identifie par son gros bec, ses larges barres alaires blanches, sa couronne rayée et son large sourcil blanc. Couvertures sous-alaires jaunes.
Espèce semblable: Voir le Cardinal à tête noire ci-dessous. **Voix:** Chant: strophes montantes et descendantes; ressemble au chant du merle, en plus mélodieux et avec plus d'entrain (on dirait un merle ayant suivi des cours de chant). Cri: *kik* ou *tik* métallique. **Aire:** S du Canada, E et centre des É.-U. Hiverne aux Antilles et du Mexique au N-O de l'Am. du S. **Est:** Carte 365. **Habitat:** Bois décidus, vergers, bosquets, fourrés.

CARDINAL À TÊTE NOIRE (16-19 cm)
Pheucticus melanocephalus   BLACK-HEADED GROSBEAK
Mâle: De la taille et de la forme du Cardinal à poitrine rose, mais à poitrine, collier et croupion *brun-orangé terne.* La tête noire, les ailes vivement marquées de noir et de blanc, et le bec pâle sont semblables à ceux du C. à poitrine rose. *Femelle:* Comme la femelle du C. à poitrine rose, mais à poitrine fortement teintée de brun ocre; raies plus fines ou presque absentes en travers de la poitrine.
Aire: Du S-O du Canada au S du Mexique. Hiverne au Mexique. **Est:** Niche dans les parties centrales du Nord- et du Sud-Dakota et au Nebr. S'hybride à l'occasion avec le C. à poitrine rose, là où leurs aires se chevauchent. S'égare parfois jusqu'à la côte E, où il a déjà hiverné à des mangeoires.

TOHI À QUEUE VERTE (16 cm)
Pipilo chlorurus   GREEN-TAILED TOWHEE
Granivore de l'O., élancé et caractérisé par une *calotte rousse,* une *gorge* bien *blanche,* une moustache blanche, une poitrine grise et un *dos vert-olive* uni. S'est déjà rencontré, à l'occasion, dans une vingtaine d'États et de provinces de l'E. (en hiver, habituellement aux mangeoires).

TOHI À FLANCS ROUX (18-21 cm)   C 366
Pipilo erythrophthalmus   RUFOUS-SIDED TOWHEE
(Tohi commun) Se reconnaît, du premier coup d'oeil, à ses *flancs roux.* Plus petit et plus élancé que le merle; fouille bruyamment dans les feuilles mortes. *Mâle:* Tête et dessus noirs, flancs roux, poitrine blanche. Les grandes taches blanches aux coins de la queue attirent l'attention. Oeil habituellement rouge (mais blanc chez les oiseaux du S de la côte E et de la Flor.). *Femelle:* Même livrée, sauf que le noir est remplacé par du brun. *Juvénile, en été:* Dessous rayé comme chez un gros bruant, mais ailes et queue marquées comme chez l'adulte.
Sous-espèce: La forme tachetée, de l'O, est exceptionnelle dans l'E. Elle porte des barres alaires blanches et de nombreux points blancs au dos. **Voix:** Chant: *drî-kou-tiiiii,* dernière syllabe plus aiguë, chevrotante. Cri: *tchéouink!* sonore. La race aux yeux blancs du S émet un *chrink* ou *zrî* plus coulant; chant: *tchît tchît tchiiiiii.* **Aire:** Du S du Canada à la Flor. et au Guatemala. Les populations du N migrent. **Est:** Carte 366. **Habitat:** Bois clairs, broussailles, orées buissonnantes.

- **BRUANTS** (Pinsons)
BRUANT À GORGE BLANCHE (16-18 cm)   C 367
Zonotrichia albicollis   WHITE-THROATED SPARROW
Bruant à poitrine grise, *gorge blanche* et *tache jaune* entre le bec et l'oeil. Bec noirâtre. Polymorphique; les adultes à *raies noires et blanches sur la tête* s'accouplent à ceux ayant des raies *brunes et chamois*. *Hiver:* Plus terne; raies sur la tête à teintes variables de noir, de brun, de chamois et de blanchâtre.
Espèce semblable: Voir le B. à couronne blanche (bec rosé). **Voix:** Chant bien connu: plusieurs sifflements clairs et rêveurs, faciles à imiter; 1 ou 2 notes détachées, 3 en trémolo sur un ton différent: *Où es-tu, Frédéric, Frédéric, Frédéric?* Cri: *tsît* lié; aussi, *tchinc* sec. **Aire:** Canada, N-E des É.-U. Hiverne jusqu'au S des É.-U. et (rarement) au N-E du Mexique. **Est:** Carte 367. **Habitat:** Fourrés, strates inférieures des forêts de conifères et des bois mixtes. Fréquente les mangeoires.

BRUANT À COURONNE BLANCHE (16-19 cm)   C 368
Zonotrichia leucophrys   WHITE-CROWNED SPARROW
Adulte: La poitrine gris clair et la couronne dressée et *rayée de noir et de blanc* en font un des bruants les plus élégants. Bec *rosé. Jeune:* Plus brun, à raies roux foncé et chamois pâle sur la tête; *bec rose vif.* La race *gambelii,* qui migre par la Prairie, peut être différenciée de la race type par la raie blanche qui se prolonge de l'oeil *à la base du bec.*
Espèce semblable: Le B. à gorge blanche est plus brun, avec une gorge blanche bien nette, une tache jaune devant l'oeil et un bec *noir*. **Voix:** Chant: 1 ou plusieurs sifflements clairs et plaintifs (évoquant le B. à gorge blanche), suivi d'un trille sifflé et enroué. Variable. **Aire:** Canada, Alaska, O des É.-U. Hiverne dans l'O et le S des É.-U., au Mexique et à Cuba. **Est:** Carte 368. **Habitat:** Broussailles, orées des bois, bords de route; en été, buissons de la forêt boréale.

BRUANT À FACE NOIRE (19 cm)   C 369
Zonotrichia querula   HARRIS' SPARROW
Gros bruant, de la taille du B. fauve. En plumage nuptial, il a *une couronne, une face et une bavette noires entourant un bec rose.* Chez les adultes en hiver, la couronne noire est voilée de gris. Le jeune de premier hiver a du *blanc sur la gorge,* moins de noir sur la couronne, le reste de la tête brun chamois, la poitrine marbrée et rayée. Au deuxième hiver, le menton est noir.
Voix: Le chant a les trémolos de celui du B. à gorge blanche; des sifflements clairs sur le même ton, ou 1 ou 2 sur le même ton, les autres légèrement plus aigus ou plus graves; effet général en *mode mineur*. Cri d'alarme: *ouînc* ou *ouinc* (G. Sutton). **Aire:** Centre-N du Canada. Hiverne dans le centre-S des É.-U. **Est:** Carte 369. **Habitat:** Forêts boréales rabougries; en hiver, broussailles, bois clairs.

BRUANT À COURONNE DORÉE (15-18 cm)
Zonotrichia atricapilla   GOLDEN-CROWNED SPARROW
Semblable au B. à couronne blanche, mais à couronne jaune terne, bordée d'une large bande noire. En hiver certains individus peuvent ressembler à de gros moineaux ♀, mais ils ont la queue plus longue et sont plus foncés; traces de jaune terne sur le front habituellement présentes.
Aire: N-O de l'Am. du N, hiverne dans les États de la côte O. Inusité ou exceptionnel en hiver dans l'E jusqu'en N-É.

BRUANT FAMILIER (13 cm)   C 370
Spizella passerina   CHIPPING SPARROW
En pariade: Petit bruant à poitrine grise et *calotte roux* vif; *ligne noire* traversant l'oeil et *sourcil blanc*. *En hiver:* Plus brun, poitrine moins grise; calotte et sourcil plus ternes. *Jeune:* Plus brun; légère raie sur la couronne, croupion gris.
Voix: Chant: trille sec et monotone. Cri: *tchip* sec. **Aire:** Du Canada au Nicaragua. Hiverne à partir du S des É.-U. **Est:** Carte 370. **Habitat:** Bois clairs, conifères, vergers, parcs, jardins.

BRUANT DES CHAMPS (13 cm)   C 371
Spizella pusilla   FIELD SPARROW
Noter le *bec rosé* de ce bruant à calotte rousse. Dessus plutôt roussâtre avec poitrine assez claire; rayures faciales moins marquées que chez les autres bruants à calotte rousse. L'étroit *cercle oculaire* clair agrandit l'oeil. Le juvénile a la poitrine finement rayée. Noter le cercle oculaire.
Voix: Le chant débute par des notes sifflées, douces, coulantes et accélère en un trille (qui monte, descend ou demeure sur le même ton). Cri: *tsî* contrarié. **Aire:** S-E du Canada, É.-U. (à l'E des Rocheuses). Hiverne jusque dans le N-E du Mexique. **Est:** Carte 371. **Habitat:** Pâturages buissonnants, broussailles, arbustes.

BRUANT DES MARAIS (13-14 cm)   C 372
Melospiza georgiana   SWAMP SPARROW
Bruant brun-roux plutôt robuste et foncé, à poitrine gris terne, *gorge blanche* bien délimitée et *calotte rougeâtre*. Le *jeune* est faiblement rayé; peu ou pas de roux sur la tête traversée de raies.
Espèces semblables: 1) Le B. familier est moins robuste et présente un sourcil blanc ou chamois. 2) Le B. des champs et 3) le B. hudsonien ont des barres alaires nettes. 4) Le jeune est parfois confondu avec le B. de Lincoln (p. 284). **Voix:** Chant: trille lâche, semblable à celui du B. familier, mais plus lent, plus doux et plus fort (parfois sur 2 tons en même temps). Cri: *tchink* sec, semblable à celui du B. à gorge blanche. **Aire:** Canada (à l'E des Rocheuses), N-E des É.-U. Hiverne jusqu'aux États du g. du Mexique. **Est:** Carte 372. **Habitat:** Marais d'eau douce avec touffes d'herbes, buissons ou quenouilles; marais de carex.

BRUANT HUDSONIEN (15-16 cm)   C 373
Spizella arborea   AMERICAN TREE SPARROW
Pour identifier ce « Bruant familier d'hiver », remarquer l'unique *point noir* sur la poitrine et la *calotte brun-rouge* unie. La mandibule supérieure est foncée, l'autre est jaune; il a deux barres alaires blanches.
Voix: Chant: doux, variable; débute par 1 ou 2 notes claires. Cri: *tsît;* lorsqu'il se nourrit, *tîlouit* musical. **Aire:** Alaska, N du Canada. Hiverne du S du Canada au centre des É.-U. **Est:** Carte 373. **Habitat:** Buissons de l'Arctique, fourrés de saules; en hiver, haies, bords de route, terrains vagues, marais; fréquente les mangeoires.

BRUANT À COURONNE FAUVE (13-15 cm)
Aimophila ruficeps   RUFOUS-CROWNED SPARROW
Noter les *moustaches noires* sur les côtés de la gorge. Bruant foncé, à poitrine sombre, unie, et à calotte rousse; habitat particulier.
Voix: Chant: bégayant, gloussé. Cri: *dîr, dîr, dîr* nasal. **Aire:** S-O des É.-U. **Est:** Niche localement dans l'E de l'Okl., l'O de l'Ark. **Habitat:** Pentes broussailleuses claires et sèches.

BRUANT À JOUES MARRON (14-16 cm)   C 374
Chondestes grammacus   LARK SPARROW
Noter la *queue noire avec beaucoup de blanc aux coins* (comme chez le tohi, pas comme chez le B. vespéral), ainsi que la *tache unique au centre de la poitrine* et la tête bigarrée: tache marron à la joue, couronne rayée. Les jeunes sont finement rayés, sans tache sur la poitrine.
Espèce semblable: Voir le B. vespéral (p. 284). **Voix:** Chant: notes claires et trilles séparés par des pauses; caractérisé par des strophes bourdonnées et vibrées. **Aire:** Du S du Canada au N du Mexique; absent à l'E des Appalaches. Hiverne du S des É.-U. au Salvador. **Est:** Carte 374. **Habitat:** Champs avec des buissons et des arbres; fermes, bords de route.

BRUANT DES PLAINES (13 cm)   C 375
Spizella pallida   CLAY-COLORED SPARROW
Petit bruant pâle du centre du continent, à poitrine unie; ressemble au B. familier, en plus chamois. Noter la *raie claire de la couronne et la joue bien délimitée*. À l'automne, livrée moins nette (voir ci-dessous).
Espèce semblable: Les B. familier et B. des plaines ont tous deux la joue brune en automne et en hiver. Le B. des plaines a des marques plus nettes sur la tête et une poitrine plus chamois, contrastant avec le col ou la nuque grise. Le croupion est *brun* chez le B. des plaines, *gris* chez le B. familier. **Voix:** Bruit d'insecte; 3 ou 4 bourdonnements graves et monotones: *bzzz bzzz bzzz*. **Aire:** O et centre du Canada, centre-N des É.-U. Hiverne au Mexique. **Est:** Carte 375. **Habitat:** Buissons, prairies broussailleuses. Pins gris.

BRUANT SAUTERELLE (11-13 cm)   C 376
Ammodramus savannarum   GRASSHOPPER SPARROW
Petit bruant de champ, à courte queue pointue, tête plate, épaulettes jaunes. Couronne avec raie médiane pâle; dos rayé de marron et de noir. Diffère des autres bruants habitant les champs par sa poitrine chamois à peu près sans rayures. Vole peu.
Espèce semblable: Avec sa poitrine rayée, le juvénile (en fin d'été) ressemble au B. de Henslow adulte, mais n'a pas les ailes aussi rougeâtres. **Voix:** Deux chants: 1) 2 notes faibles, puis un bourdonnement ténu et sec, *pi-top ziiiiiiiiiiii;* 2) cascade de notes bourdonnées et ténues. **Aire:** Du S du Canada au S des É.-U.; Antilles; du S du Mexique à l'Équateur. **Est:** Carte 376. **Habitat:** Prés, champs de foin, steppes.

BRUANT DES PINÈDES (14 cm)   C 377
Aimophila aestivalis   BACHMAN'S SPARROW
Dans les bois secs et clairs du Sud, ce bruant farouche s'envole avec hésitation, puis plonge dans les broussailles où il joue à cache-cache. On peut entrevoir alors ses rayures, son dessus brun rougeâtre et sa poitrine teintée de chamois terne.
Espèces semblables: 1) Le B. des champs est plus petit, avec un bec *rose* plus petit. 2) Le B. sauterelle vit dans les prés; il a une couronne légèrement rayée et la queue deux fois plus courte. 3) En été, le jeune B. des pinèdes a un cercle oculaire et la poitrine rayée de chamois; il ressemble au B. de Lincoln, qui ne se rencontre pas dans le Sud en été. **Voix:** Chant variable; habituellement un sifflement clair et coulant, suivi d'un trille lâche ou d'un gazouillis sur un ton différent; par exemple: *siiiii, slip slip slip slip slip* (évoque vaguement la Grive solitaire). **Aire:** S-E des É.-U. (Carte 377). **Habitat:** Pinèdes et chênaies claires, palmiers arbustifs, pâturages broussailleux.

BRUANT FAUVE (17-19 cm) **C 378**
Passerella iliaca FOX SPARROW
Bruant plus gros que le moineau, à *queue rousse* voyante en vol. La combinaison roux et gris dans la région du cou lui donne un petit air malin. Poitrine fortement rayée de roux. Fouille dans les feuilles mortes comme le tohi.
Espèce semblable: La Grive solitaire (p. 222) a la queue rousse, mais a le bec fin; elle n'a pas de raies sur le dos et elle est grivelée plutôt que rayée. **Voix:** Chant remarquablement mélodieux: arrangement varié de courtes notes claires et de sifflements coulants. **Aire:** Alaska, Canada; des montagnes de l'O jusqu'au centre-O des É.-U. Hiverne jusque dans le S des É.-U. **Est:** Carte 378. **Habitat:** Strates basses des forêts, broussailles.

BRUANT CHANTEUR (13-16 cm) **C 379**
Melospiza melodia SONG SPARROW
Noter sur la poitrine les fortes raies, qui se concentrent en une *tache sombre au centre.* En vol, agite la queue de haut en bas. Les jeunes sont plus finement rayés, souvent sans tache pectorale.
Espèces semblables: 1) Le B. des prés (p. 286) se tient davantage dans les champs; il présente souvent du jaunâtre au-dessus de l'oeil; sa courte queue est *encochée* et ses pattes sont plus roses. 2) Voir le B. de Lincoln (ci-dessous). **Voix:** Chant: suite variable de notes, certaines musicales, d'autres bourdonnées; débute habituellement par 3 ou 4 notes répétées, *tioui, tioui, tioui,* etc. Cri: *tchep* nasal et grave. **Aire:** Alaska, du Canada au centre du Mexique. **Est:** Carte 379. **Habitat:** Fourrés, broussailles, marais, bords de route, jardins.

BRUANT VESPÉRAL (15 cm) **C 380**
Pooecetes gramineus VESPER SPARROW
Noter les *plumes latérales blanches de la queue,* voyantes en vol. Autrement, on dirait un B. chanteur grisâtre, mais à *cercle oculaire blanchâtre.* L'épaulette *marron* est moins visible.
Espèces semblables: D'autres oiseaux de pré ont les rectrices latérales blanches: 1) les sturnelles, p. 256; 2) les pipits, p. 200; 3) les bruants du genre *Calcarius,* p. 264; 4) le junco, p. 266; 5) le Bruant à joues marron, p. 282. **Voix:** Le chant, plus guttural que celui du B. chanteur, débute habituellement par 2 notes claires en mineur, suivies de 2 plus aiguës. **Aire:** Du Canada au centre des É.-U. Hiverne jusqu'au Mexique. **Est:** Carte 380. **Habitat:** Prés, champs, steppes, bords de route.

BRUANT DE LINCOLN (14 cm) **C 381**
Melospiza lincolnii LINCOLN'S SPARROW
Oiseau furtif, « qui aurait peur de son ombre ». Semblable au B. chanteur, mais plus « soigné »; côtés de la face plus gris, rayures beaucoup *plus fines* sur la poitrine, tache pectorale souvent absente. Noter la bande *chamois crème* sur la poitrine et l'étroit cercle oculaire.
Espèce semblable: Le jeune B. des marais, quelquefois pris pour le B. de Lincoln, a la poitrine plus sombre et des rayures moins nettes. Le B. de Lincoln est plus gris, avec une couronne rayée plus contrastée (rouille sur fond gris pâle). **Voix:** Chant: doux et gloussé; évoque à la fois le Troglodyte familier et le Roselin pourpré; débute par des strophes basses, monte brusquement, puis redescend. **Aire:** Alaska, Canada, O et N-E des É.-U. Hiverne du S des É.-U. au Guatemala. **Est:** Carte 381. **Habitat:** Fourrés de saules et d'aulnes, tourbières. En hiver, fourrés, terrains vagues, buissons.

BRUANT DES PRÉS (11-14 cm)   C 382
Passerculus sandwichensis (en partie)   SAVANNAH SPARROW
   Ce bruant de champ, rayé, rappelle le B. chanteur, mais il a habituellement un sourcil *jaunâtre,* une raie blanchâtre au milieu de la tête, une queue courte et encochée et des pattes plus roses. Le jaunâtre au-dessus de l'oeil peut être absent. La queue encochée est un bon critère lorsqu'on fait lever des bruants.
   Espèce semblable: La queue du B. chanteur est plus longue et *arrondie*. **Voix:** Chant: zézaiement ténu, *tsit-tsit-tsit, tsriiii-tsraaaé* (dernière note plus basse). Cri: *tsip* léger. **Aire:** Alaska, du Canada au Guatemala. Hiverne en Am. centrale et aux Antilles. **Est:** Carte 382. **Habitat:** Champs, prés, marais côtiers, steppes, dunes, rivages.

BRUANT DES PRES (race de l'île de Sable) (15-16 cm)   C 383
Passerculus sandwichensis princeps   SAVANNAH SPARROW
   Race pâle du B. des prés, plus grande, gris sable, à distribution limitée. Porte au printemps un sourcil jaune pâle.
   Espèce semblable: Peut ressembler au B. vespéral, mais il a une raie blanche sur la tête et n'a pas de rectrices latérales blanches. **Voix:** Semblable à celle du B. des prés typique. **Aire:** Niche dans l'île de Sable, en Nouv.-Écosse. Hiverne le long de la côte américaine jusqu'en Georgie. **Est:** Carte 383. **Habitat:** Dunes de sable, graminées, lisières des marais adjacents aux plages.

BRUANT DE BAIRD (13 cm)   C 384
Ammodramus bairdii   BAIRD'S SPARROW
   Furtif bruant de steppe. La poitrine pâle est traversée par une *étroite bande* de fines raies noires. Tête ocre, rayée de noir. La caractéristique clé est la large raie médiane ocre sur la couronne.
   Espèce semblable: Le B. des prés le dessous davantage rayé; la rayure du milieu de la tête est plus étroite (blanchâtre, non ocre). **Voix:** Le chant débute par 2 ou 3 *zip* aigus et musicaux et se termine sur un trille plus grave; chant plus musical que celui du B. des prés. **Aire:** N de la Prairie. Hiverne dans le S-O des É.-U. et le N du Mexique. **Est:** Carte 384. **Habitat:** Steppes à hautes herbes indigènes; localisé.

BRUANT DE HENSLOW (12-13 cm)   C 385
Ammodramus henslowii   HENSLOW'S SPARROW
   Bruant de champ, très discret, qui passerait facilement inaperçu sans son chant singulier. Queue courte, tête plate, bec pâle et fort; finement rayé sur la poitrine. La tête rayée et olive, alliée aux ailes roussâtres, le caractérisent. Vole bas et par soubresauts, avec un mouvement de torsion de la queue.
   Espèce semblable: Voir le B. sauterelle (p. 282). Le jeune B. de Henslow (en été) n'a pratiquement aucune raie sur la poitrine et ressemble alors au B. sauterelle. Inversement, le jeune B. sauterelle a des raies sur la poitrine, mais n'a pas les tons olive et roux du B. de Henslow adulte.
   Voix: Chant pauvre: *tsi-lick* hoqueté. Peut chanter durant les nuits calmes. **Aire:** Centre et N-E des É.-U. **Est:** Carte 385. **Habitat:** Champs abandonnés.

BRUANT À QUEUE AIGUË (13-15 cm) C 386
Ammodramus caudacutus SHARP-TAILED SPARROW
Bruant de marais. Noter le motif *jaune-ocre* foncé de la *face* entourant complètement la joue grise. Sur la côte, les B. à queue aiguë ont la poitrine rayée; ceux des steppes continentales sont plus chamois et presque sans rayure. Les oiseaux côtiers du Nord (Maine et plus au N) ont le dos plus gris et des rayures moins nettes que ceux du S.
Espèces semblables: 1) Le B. maritime juvénile, tard à l'été, est très semblable au B. à queue aiguë. 2) Dans la Prairie, voir le B. de Le Conte. 3) Le B. des Prés (p. 286) a la queue encochée.
Voix: Chant: bourdonnement haleté, *toptop-chiiiiiiiii.* **Aire:** Prairie canadienne, côte atlantique, estuaire du St-Laurent. Hiverne sur la côte. **Est:** Carte 386. **Habitat:** Marais, tourbières; marais côtiers.

BRUANT DE LE CONTE (11-13 cm) C 387
Ammodramus lecontei LE CONTE'S SPARROW
Bruant à queue pointue, habitant les marais herbeux de la Prairie. Noter la poitrine et le sourcil *jaune-ocre vif* (avec raies *limitées aux flancs*). Les autres caractères sont la *nuque brun rosé,* la raie blanche sur la tête et les fortes rayures sur le dos.
Espèces semblables: 1) Le B. à queue aiguë a la couronne unie. 2) Le B. sauterelle (p. 282) n'a pas de raie sur les flancs. **Voix:** Chant: 2 bruissements de criquet, très ténus. **Aire:** Centre-S du Canada et N de la Prairie américaine. Migre jusqu'au g. du Mexique. **Est:** Carte 387. **Habitat:** Herbes hautes, champs de foin abandonnés, marais.

BRUANT MARITIME (15 cm) C 388
Ammodramus maritimus (en partie) SEASIDE SPARROW
Bruant très terne des marais côtiers. Gris-olive foncé; queue pointue, *petite tache jaune devant l'oeil;* raie blanchâtre sous la joue. Partage les marais avec le B. à queue aiguë.
Espèces semblables: La race à dos foncé et la race de Cape Sable (ci-dessous) étaient autrefois considérées comme des espèces distinctes. **Voix:** Chant: *cotcot zhi'-iiiiiiii;* très semblable au chant du B. à queue aiguë, mais avec un accent habituellement plus fort au milieu (*zhi'*). Cri: *tchac* (comme un Carouge à épaulettes). **Aire:** Marais côtiers, du S de la Nouv.-Angl. à la Flor. et le long de la côte, du g. du Mexique jusqu'au Texas (Carte 388). **Habitat:** Marais salés.

BRUANT MARITIME (race à dos foncé) (15 cm) C 389
Ammodramus maritimus nigrescens SEASIDE SPARROW
Race la plus foncée du B. maritime; *dessus noirâtre,* dessous fortement rayé de noir. Les B. maritimes des rives de la rivière St. Johns, près de Titusville (Flor.), appartiennent tous à cette race.
Aire: Très localisé. Marais de la rivière St. Johns. Antérieurement aussi sur l'île Merritt, tout proche. Menacé d'extinction.

BRUANT MARITIME (race de Cape Sable) (15 cm) C 389
Ammodramus maritimus mirabilis SEASIDE SPARROW
Seul B. maritime dans le S de la Floride; dessus verdâtre et dessous plus blanc que les autres races du B. maritime. Très localisé.
Aire: Prés salés de Cape Sable, Flor. (Carte 389).

ESPÈCES EXCEPTIONNELLES: OISEAUX DE MER

1- **ALBATROS À SOURCILS NOIRS** (80-85 cm)
Diomedea melanophris   BLACK-BROWED ALBATROS
 Envergure, 2,30 m. Comme un gigantesque Goéland à manteau noir, mais avec une petite *queue noirâtre* et un très gros bec jaune, crochu à l'extrémité. La *ligne sombre à l'oeil* lui donne un air renfrogné. En plané, les ailes blanches, largement marginées de noir dessous, sont raides. (Mers froides de l'hémisphère S.) S'égare au large dans l'Atlantique N jusqu'en Nouv.-Écosse.

2- **ALBATROS À NEZ JAUNE** (73-85 cm)
Diomedea chlororhynchos   YELLOW-NOSED ALBATROS
 Envergure, 2,10-2,30 m. Ressemble à l'Albatros à sourcils noirs, mais le bec est *noir,* avec une *arête jaune* sur la mandibule supérieure. En vol, le dessous de l'aile est plus blanc, avec une marge noire plus mince. (Mers froides de l'hémisphère S.) Inusité au large dans l'Atlantique N, jusqu'en Nouv.-Écosse.

3- **FOU À PATTES ROUGES** (65-75 cm)
Sula sula   RED-FOOTED BOOBY
 Les adultes ont les *pattes rouge vif.* Bec bleu pâle. *Forme blanche:* Ressemble au F. de Bassan; blanc, avec beaucoup de noir sur l'aile comme le F. masqué, mais la queue est *blanche. Forme brune:* Ailes et dos bruns, tête plus pâle; queue et ventre blancs. (Mers tropicales) Signalé en Louis., Flor. (au moins une douzaine d'observations récentes, surtout au large des Dry Tortugas).

4- **PETITE FRÉGATE** (78 cm)
Fregata ariel   LESSER FRIGATEBIRD
 Plus petite que le F. superbe; le mâle, avec un *rond blanc sur chaque flanc,* est caractéristique. La femelle a un collier marron (et non gris) à l'arrière du cou. (Mers tropicales.) Photographié au Maine (1960).

5- **GRAND PAILLE-EN-QUEUE** (60-100 cm)
Phaethon aethereus   RED-BILLED TROPICBIRD
 Diffère du Petit Paille-en-queue (p. 80) par son *dos très barré* et son bec *rouge vif* (et non orange ou jaune). (Mers tropicales) Exceptionnel en Flor., au N.-Y., au R.-I., et sur les bancs de T.-N.

6- **GOÉLAND SIMÉON** (50 cm)
Larus belcheri   BAND-TAILED GULL
 Goéland à dos noir, portant une *bande noire* bien nette au bout de la queue. Bec à extrémité *rouge;* pattes jaunes. Plumage d'hiver; *tête noirâtre.* (Am. du S.) Comté de Collier, Flor., (3 années).

7- **GOÉLAND CENDRÉ** (40-45 cm)
Larus canus   MEW GULL
 Plus petit que le Goéland à bec cerclé, avec un petit bec jaune verdâtre, court et *sans marque;* dos plus foncé. Pattes *verdâtres.* Le jeune ressemble à un jeune Goéland argenté en miniature, avec un bec de pluvier. (N de l'Eurasie, N-O de l'Am. du N.) Signalé dans une douzaine d'États et de provinces, de la côte de T.-N. à celle de Flor.

ESPÈCES EXCEPTIONNELLES:
OISEAUX DE MER

1- PÉTREL DE CASTRO (18-20 cm)
Oceanodroma castro   BAND-RUMPED STORM-PETREL
Très semblable au P. cul-blanc, mais ses ailes sont plus courtes et son vol est moins bondissant; queue plus carrée. Le blanc du croupion est large, formant une *bande droite* (non interrompue comme chez le P. cul-blanc), et se prolonge sur les flancs et les sous-caudales. (E de l'Atlantique, Pacifique.) Flor., Car du N., Mo., Ind., D. de C., Del., Penn., Ont.

2- PÉTREL TEMPÊTE (15 cm)
Hydrobates pelagicus   BRITISH STORM-PETREL
Plus petit que le P. océanite. Pattes plus courtes; pieds (sans palmure jaune) ne dépassant pas la queue carrée. *Tache blanchâtre* sous l'aile. (E de l'Atlantique N.) I. de Sable, N.-É.

3- PÉTREL FRÉGATE (20 cm)
Pelagodroma marina   WHITE-FACED STORM-PETREL
Pétrel à la tête et au dessous blancs; calotte sombre et tache sombre à l'oeil. (S-E de l'Atlantique, S-O du Pacifique, Océan Indien.). Plusieurs observations en haute mer, de la Car. du N au Mass.

4- PUFFIN OBSCUR (26-30 cm)
Puffinus assimilis   LITTLE SHEARWATER
Plus petit que le P. d'Audubon (p. 74); queue plus courte. Pattes bleutées contrastant avec les sous-caudales blanches (le P. d'Audubon a les pattes couleur chair, les sous-caudales noirâtres). Le P. des Anglais (p. 74) est plus grand, a les ailes plus longues, et le noir de la face s'étend sous l'oeil. (E. de l'Atlantique, mers de l'hémisphère S.) Car. du S, Car. du N, Maine, N.-É.

5- DIABLOTIN HÉRAULT (40 cm)
Pterodroma arminjoniana   HERALD PETREL
Formes pâle, intermédiaire ou foncée. Les 2 spécimens n.-américains étaient foncés; diffère du Puffin fuligineux par l'absence de couvertures argentées sous l'aile. Les zones claires sous les primaires rappellent les labbes. Pattes et pieds sombres. (Atlantique S, Océan Indien.) N.-Y., au large de la Car. du N.

6- DIABLOTIN MACULÉ (35 cm)
Pterodroma inexpectata   MOTTLED PETREL
S'identifie par la poitrine blanche, le ventre sombre, et la barre noire sur fond blanc, sous l'aile. (N.-Z., Pacifique) N.Y. (1880).

7- DAMIER DU CAP (35 cm)
Daption capense   CAPE PETREL
Taille de la Mouette de Bonaparte; livrée très caractéristique: *Grandes plaques blanches à l'aile.* (Mers froides de l'hémisphère S.) Maine (1873).

Remarque: On aurait photographié un **DIABLOTIN DE KERMADEC**, *Pterodroma neglecta,* (KERMADEC PETREL) en Penn., et récolté il y a longtemps des spécimens aujourd'hui perdus de **PÉTRELS À VENTRE BLANC**, *Fregetta grallaria,* (WHITE-BELLIED STORM-PETREL) au large de la Flor.

8- GUIFETTE LEUCOPTÈRE (23 cm)
Chlidonias leucopterus   WHITE-WINGED TERN
En été, sous-alaires *noires,* dessus de l'aile en grande partie *blanc.* En hiver, plus pâle que la Guifette noire; pas de tache sombre à l'épaule. (Eurasie.) Wisc., N.-B., Mass., Del., Georgie.

9- STERNE À GROS BEC (36 cm)
Phaetusa simplex   LARGE-BILLED TERN
Bec jaune et très gros. L'aile rappelle celle de la Mouette de Sabine (*primaires noirâtres,* secondaires blanches). Queue courte, grise, presque carrée. (Am. du S.) Signalée en Ill., Ohio.

ESPÈCES EXCEPTIONNELLES D'EURASIE

L'Amérique du Nord et l'Europe se partagent de nombreuses espèces d'échassiers. Plusieurs autres traversent l'Atlantique plus ou moins rarement, dans un sens ou l'autre. Deux espèces eurasiennes, le Bécasseau combattant et le B. cocorli, d'occurence rare mais régulière, sont signalées chaque année dans l'E de l'Amérique du N. Voir le *Guide des oiseaux d'Europe* (PETERSON et coll., Delachaux & Niestlé) pour les caractéristiques de la plupart des espèces ci-dessous.

1- **PLUVIER DORÉ D'EURASIE** *Pluvialis apricaria*
   GREATER GOLDEN-PLOVER Régulier dans le S du Groenland. Signalé à T.-N.

2- **VANNEAU HUPPÉ** *Vanellus vanellus*
   NORTHERN LAPWING T. de Baffin, Labr., Qc, N.-B., N.-É., Maine, R.-I., N.-Y., Car. du N, Car. du S, Flor.

3- **PLUVIER DE MONGOLIE** *Charadrius mongolus*
   MONGOLIAN PLOVER Louisiane. Taille et bec fort du P. de Wilson. Bande pectorale rousse et masque noir l'été, mais non l'hiver.

4- **BÉCASSE DES BOIS** *Scolopax rusticola*
   EURASIAN WOODCOCK Qc, T.-N., Ohio, Penn., N.-J., Virg., Alab. (toutes de vieilles mentions).

5- **BÉCASSINE DOUBLE** *Gallinago media*
   GREAT SNIPE N.-J., Virginie.

6- **BÉCASSINE SOURDE** *Limnocryptes minimus*
   JACK SNIPE Labr.

7- **CHEVALIER ABOYEUR** *Tringa nebularia*
   COMMON GREENSHANK Observation, N.-Y.

8- **CHEVALIER GAMBETTE** *Tringa totanus*
   REDSHANK Observations, N.-É., R.-I.

9- **CHEVALIER ARLEQUIN** *Tringa erythropus*
   SPOTTED REDSHANK Ont., T.-N., Conn., R.-I., Penn.

10- **BARGE À QUEUE NOIRE** *Limosa limosa*
    BLACK-TAILED GODWIT T.-N., Maine, N.-J.

11- **BARGE ROUSSE** *Limosa lapponica*
    BAR-TAILED GODWIT T.-N., Miquelon, N.-Y., N.-J., Car. du N, Flor.

12- **COURLIS CENDRÉ** *Numenius arquata*
    EURASIAN CURLEW T.-N., N.-É., Mass., N.-Y. Croupion blanc.

13- **COURLIS CORLIEU** (races européennes) *Numenius phaeopus* (en partie)
    WHIMBREL N.-É., Mass., N-Y., N.-J. Croupion blanc.

14- **AIGRETTE GARZETTE** *Egretta garzetta*
    LITTLE EGRET (non illustrée) T.-N. En plumage nuptial, diffère de l'Aigrette neigeuse par 2 longues plumes effilées à la tête.

15- **GRUE CENDRÉE** *Grus grus*
    COMMON CRANE (non-illustrée) Photographiée au Nebr.

16- **RÂLE DE GENÊTS** *Crex crex*
    CORN CRAKE Voir p. 115.

ESPÈCES EXCEPTIONNELLES D'EURASIE

Le *Guide des oiseaux d'Europe* (PETERSON et coll., Delachaux & Niestlé) présente les caractéristiques des espèces énumérées ici. Certaines mentions sont attestées par des spécimens ou des photos, d'autres par des observations convaincantes. Certains Anatidés sont soupçonnés de s'être échappés de zoos ou de volières. Les trois passereaux illustrés ci-contre peuvent avoir été déportés par le vent, en migration, de la Scandinavie à l'Am. du N et sont sans doute d'authentiques visiteurs, mais les espèces suivantes (non illustrées) sont plus suspectes: Pinson des arbres (N.-Y., Penn., Louis.), Grosbec casse-noyaux (Mass.), Tarin des aulnes (Wisc., N.-Y.), Verdier d'Europe (N.-B., N.-Y.), Linotte mélodieuse (Ont., N.-Y.), Bouvreuil pivoine (N.-Y.), Rouge-gorge familier (N.-Y.), Mésange charbonnière (Qc, N.-B., à une mangeoire) et Mésange bleue (Ont., à une mangeoire). Ces oiseaux peuvent, selon le cas, être ou non échappés de captivité. Une traversée aidée par un navire est également possible.

1- **GRIVE LITORNE** *Turdus pilaris* FIELDFARE Niche dans le S-O du Groenland. T.-N., N.-É., Qc, Ont., Conn., N.-Y., Del.

2- **PINSON DU NORD** *Fringilla montifringilla* BRAMBLING Penn., N.-J. (2).

3- **GRIVE MAUVIS** *Turdus iliacus* REDWING, N.-Y.

4- **SARCELLE D'ÉTÉ** *Anas querquedula* GARGANEY Man., Î.-P.-É., N.-B., Mass., N.-Y., Del., Tenn., Car. du N, Alab.

5- **SARCELLE ÉLÉGANTE** *Anas formosa* BAIKAL TEAL Ohio, Penn., Car. du N (échappées?).

6- **FULIGULE MORILLON** *Aythya fuligula* TUFTED DUCK Ont., Ill., Ind., Mass., Conn., N.-Y., N.-J. De plus en plus fréquent.

7- **NETTE ROUSSE** *Netta rufina* RED-CRESTED POCHARD N.-Y. (?); spécimen d'origine douteuse.

8- **HARLE PIETTE** *Mergellus albellus* SMEW Ont., Qc, R.-I.

9- **TADORNE DE BELON** *Tadorna tadorna* SHELDUCK Mass., Del.

10- **TADORNE CASARCA** *Tadorna ferruginea* RUDDY SHELDUCK Qc, Vt, Mass., R.-I., N.-J., Ky.

11- **OIE CENDRÉE** *Anser anser* GRAYLAG GOOSE Mass.

12- **OIE DES MOISSONS** *Anser fabalis* BEAN GOOSE Ont.

13- **OIE À BEC COURT** *Anser brachyrhynchus* PINK-FOOTED GOOSE Mass., N.-Y.

14- **OIE NAINE** *Anser erythropus* LESSER WHITE-FRONTED GOOSE Penn., N.-J., Md, Del.

15- **BERNACHE NONNETTE** *Branta leucopsis* BARNACLE GOOSE Labr., Qc, N.-B., Ont., Vt, Mass., Conn., N.-Y., Penn., Md, Okl., Car. du N, Alab.

16- **BERNACHE À COU ROUX** *Branta ruficollis* RED-BREASTED GOOSE Mass., N.-Y., Penn. (échappées?).

17- **CYGNE SAUVAGE** *Cygnus cygnus* WHOOPER SWAN Nichait jadis dans le S-O du Groenland. Exceptionnel au Maine (1903).

18- **FOULQUE MACROULE** *Fulica atra* EURASIAN COOT (non illustrée) T.-N. N'a pas les sous-caudales blanches de la Foulque d'Amérique.

19- **PYGARGUE À QUEUE BLANCHE** *Haliaeetus albicilla* WHITE-TAILED EAGLE (non illustré) Mass., Conn.

20- **ÉPERVIER D'EUROPE** *Accipiter nisus* SPARROWHAWK (non illustré) N.-J. (photo non convaincante).

21- **FAUCON CRÉCERELLE** *Falco tinnunculus* EURASIAN KESTREL (non illustré) Mass., N.-J.

OISEAUX D'EURASIE EXCEPTIONNELS

297

ESPÈCES TROPICALES EXCEPTIONNELLES

C'est généralement en Floride qu'on trouve des oiseaux antillais égarés. Pour leurs caractéristiques, voir *Birds of the West Indies* (J. BOND, Collins), abrégé W.I. ci-dessous. Les espèces américaines sont décrites dans *A Field Guide to Mexican Birds* (PETERSON et coll., No 20, Houghton Mifflin), abrégé Mex., ou *A Field Guide to the Birds of Texas* (No 13), abrégé Tex. Les présences en Floride sont détaillées dans un ouvrage de W. Biggs. Certaines mentions sont douteuses.

1- **JACANA ROUX** *Jacana spinosa*
NORTHERN JACANA (Tex.) Flor.

2- **RÂLE À BEC PEINT** *Porzana erythrops*
PAINT-BILLED CRAKE (Pérou, Galapagos) Virg. Plus petit que le Râle de Caroline; ardoisé, avec les pattes et la base du bec rouge-corail.

3- **RÂLE MACULÉ** *Pardirallus maculatus*
SPOTTED RAIL (Mex.) Penn.

4- **CANARD MASQUÉ** *Oxyura dominica*
MASKED DUCK (Tex.) S de la Flor. (plus de 20 mentions; a probablement niché à Loxahatchee); également Louis., Alab., Georgie, Md, Mass., Wisc., Vt.

5- **DENDROCYGNE À VENTRE NOIR** *Dendrocygna autumnalis*
BLACK-BELLIED WHISTLING-DUCK (Tex.) Louis., Ill., Flor. (a niché); échappés?

6- **CANARD DES BAHAMAS** *Anas bahamensis*
WHITE-CHEEKED PINTAIL (W.I.) Flor. (plusieurs), Virg., Ill., Wisc.

7- **GRÈBE MINIME** *Tachybaptus dominicus*
LEAST GREBE (Tex.) Louis., Flor.

8- **FOULQUE À CACHET** *Fulica caribea*
CARIBBEAN COOT (W.I.) S de la Flor. (plusieurs observations récentes; peut nicher). Se distingue de la Foulque d'Amérique par sa plaque frontale plus large, entièrement blanche (ou teintée de jaune).

9- **TOURTERELLE À QUEUE CARRÉE** *Zenaida aurita*
ZENAIDA DOVE (W.I., Mex.) Nichait autrefois dans les Keys de Flor.; exceptionnelle aujourd'hui dans le S de la Flor.

10- **COLOMBE À JOUES BLANCHES** *Geotrygon chrysia*
KEY-WEST QUAIL-DOVE (W.I.) Key West, (avant 1900); récemment dans le S de la Flor.

11- **COLOMBE ROUX-VIOLET** *Geotrygon montana*
RUDDY QUAIL-DOVE (W.I., Mex.) Dry Tortugas et Keys de Flor.

12- **PIGEON À COU ROUGE** *Columba squamosa*
SCALY-NAPED PIGEON (W.I.) Key West, Georgie.

13- **COLOMBE À TÊTE BLEUE** *Starnoenas cyanocephala*
BLUE-HEADED QUAIL-DOVE (non illustrée; voir W.I.) Présence douteuse. L'observation d'Audubon à Key West peut être mise en doute, tout comme la provenance d'un spécimen de Miami (peut-être échappé de zoo).

14- **BUSE NOIRE** *Buteogallus anthracinus*
COMMON BLACK-HAWK (non illustrée; voir Tex. ou Mex.) Minn., Flor. (au moins 4 oiseaux différents vus dans la région de Miami).

ESPÈCES TROPICALES EXCEPTIONNELLES

jeune

adulte

1

2

3

♀
♂
4

5

hiver

6

été 7

5

8

9 10 11 12

299

ESPÈCES TROPICALES EXCEPTIONNELLES

1- **HIRONDELLE À FRONT BRUN** *Hirundo fulva* CAVE SWALLOW (Mex., Tex.) I. de Sable en N.-É. (plusieurs); Keys de Flor., Dry Tortugas (peut-être régulière).

2- **HIRONDELLE DES BAHAMAS** *Tachycineta cyaneoviridis* BAHAMA SWALLOW (W.I.) Keys de Flor. (plusieurs mentions; peut avoir niché).

3- **MARTINET PETIT-ROLLÉ** *Tachornis phoenicobia* ANTILLEAN PALM SWIFT (W.I.) Key West.

4- **ÉMERAUDE DE RICORD** *Chlorostilbon ricordii* CUBAN EMERALD (W.I.) Flor.: plusieurs observations sur la côte E et dans les Keys.

5- **COLIBRI DES BAHAMAS** *Calliphlox evelynae* BAHAMA WOODSTAR (W.I.) S de la Flor.

6- **MOQUEUR DES BAHAMAS** *Mimus gundlachii* BAHAMA MOCKINGBIRD (W.I.) Keys de Flor., Dry Tortugas. Flancs rayés, pas de tache blanche à l'aile.

7- **TYRAN À QUEUE FOURCHUE** *Tyrannus savana* FORK-TAILED FLYCATCHER (Mex.) Flor., Miss., Car. du S, N.-J., Penn., Wisc., N.-Y., Mass., N.-H., Maine, Ont., N.-B., N.-É.

8- **TYRAN KISKIDI** *Pitangus sulphuratus* GREAT KISKADEE (Tex.) Louis., Flor., N.-J.

9- **MERLE VANTARD** *Turdus plumbeus* RED-LEGGED THRUSH (W.I.) Miami.

10- **ORIOLE À CAPUCHON** *Icterus dominicensis* BLACK-COWLED ORIOLE (W.I.) Vu à l'île Seal en N.-É.

11- **PETIT CAROUGE** *Agelaius humeralis* TAWNY-SHOULDERED BLACKBIRD (W.I.) Keys de Flor. (3 mentions).

12- **TANGARA À TÊTE RAYÉE** *Spindalis zena* STRIPE-HEADED TANAGER (W.I.) S de la Flor. (20 mentions au moins).

13- **VIRÉO AUX YEUX ROUGES** (race jaune-verdâtre) *V. o. flavoviridis* RED-EYED VIREO (Mex.) Flor., Qc.

14- **SUCRIER À POITRINE JAUNE** *Coereba flaveola* BANANAQUIT (W.I.) S de la Flor. (plus de 20 mentions).

15- **SPOROPHILE DE CUBA** *Tiaris canora* CUBAN GRASSQUIT (W.I.) Miami, Keys de Flor. (plusieurs observations).

16- **SPOROPHILE À FACE NOIRE** *Tiaris bicolor* BLACK-FACED GRASSQUIT (W.I.) S de la Flor. (plusieurs mentions).

17- **SPOROPHILE À AILES BLANCHES** *Melopyrrha nigra* CUBAN BULLFINCH (W.I.) Miami.

18- **SPOROPHILE PETIT-COQ** *Loxigilla violacea* GREATER ANTILLEAN BULLFINCH (W.I.) S de la Flor.

19- **MARTINET À CROUPION GRIS** *Chaetura cinereiventris* GRAY-RUMPED SWIFT (non illustré; voir W.I.) Dry Tortugas.

20- **HIRONDELLE DE CUBA** *Progne cryptoleuca* CUBAN MARTIN (non illustrée; voir W.I.) Peut n'être qu'une race de l'Hirondelle noire. Keys et S de la Flor.

21- **HIRONDELLE À POITRINE GRISE** *Progne chalybea* GRAY-BREASTED MARTIN (non illustrée; Voir Mex.) Keys de Flor.

22- **HIRONDELLE GRACIEUSE** *Progne elegans* SOUTHERN MARTIN (non illustrée) Keys West.

23- **TYRAN MÉLANCOLIQUE/DE COUCH** *Tyrannus melancholichus/couchii* TROPICAL/COUCH'S KINGBIRD (non illustré, voir Tex., Mex.) Louis., Flor. (plusieurs), Mass.,

24- **TYRAN TÊTE-POLICE** *Tyrannus caudifasciatus* LOGGERHEAD KINGBIRD (non illustré; voir W.I.) S de la Flor.

25- **TYRAN DE LA SAGRA** *Myiarchus sagrae* LA SAGRA'S FLYCATCHER (non illustré) Alab.

26- **TYRAN TACHETÉ** *Empidonomus varius* VARIEGATED FLYCATCHER (non illustré) Maine.

27- **VIRÉO À GROS BEC** *Vireo crassirostris* THICK-BILLED VIREO (non illustré; voir W.I.) S-E de la Flor. (3 observations possibles).

28- **PARULINE DES BAHAMAS** *Geothlypis rostrata* BAHAMA YELLOWTHROAT (non illustrée; voir W.I.) Flor.

ESPÈCES TROPICALES EXCEPTIONNELLES

ESPÈCES EXOTIQUES
introduites ou échappées

La plupart des oiseaux introduits avec succès (Cygne tuberculé, Faisan de chasse, Perdrix grise, Pigeon biset, Étourneau sansonnet, Moineau domestique, Moineau friquet), des oiseaux échappés et implantés (Tourterelle rieuse, Perruche ondulée, Bulbul orphée, Oriole maculé, Roselin familier) et des nouveaux arrivants (Héron garde-bœufs, etc.) ont déjà été traités dans le présent ouvrage. Il en est de même des nombreux perroquets pouvant se rencontrer (p. 178). Nombre d'autres espèces, oiseaux-gibier surtout, ont été introduites sans succès par des organismes de chasse et pêche. Une foule d'oiseaux les plus divers (du calao à l'autruche et au manchot!) se sont échappés de captivité; quelques-unes des espèces exotiques les plus fréquemment signalées, parmi la myriade possible, sont illustrées ci-contre.

1- **CHARDONNERET ÉLÉGANT** *Carduelis carduelis* EUROPEAN GOLDFINCH Jadis établi à N.-Y. Voir aussi p. 272.

2- **CALFAT** *Padda oryzivora* JAVA SPARROW Établi à Miami, Flor.; nicheur.

3- **CARDINAL DU BRÉSIL** *Paroaria coronata* RED-CRESTED CARDINAL A niché en Flor., en Penn., au Conn.

4- **ASTRILD ONDULÉ** *Estrilda astrild* COMMON WAXBILL.

5- **CAPUCIN PONCTUÉ** *Lonchura punctulata* NUTMEG MANNIKIN.

6- **CAPUCIN MARRON** *Lonchura malacca* CHESNUT MANNIKIN.

7- **MAINATE RELIGIEUX** *Gracula religiosa* HILL MYNAH Flor. (de Homestead à Palm Beach).

8- **ORIOLE TROUPIALE** *Icterus icterus* TROUPIAL.

9- **OIE CYGNOÏDE** *Anser cygnoides* CHINESE GOOSE.

10- **OIE À TÊTE BARRÉE** *Anser indicus* BAR-HEADED GOOSE.

11- **TADORNE D'ÉGYPTE** *Alopochen aegyptiacus* EGYPTIAN GOOSE.

12- **CYGNE À COU NOIR** *Cygnus melanocoryphus* BLACK-NECKED SWAN.

13- **CYGNE NOIR** *Cygnus atratus* BLACK SWAN.

14- **CANARD À BEC TACHETÉ** *Anas poecilorhyncha* SPOT-BILLED DUCK.

15- **CANARD MANDARIN** *Aix galericulata* MANDARIN DUCK.

16- **CANARD MUSQUÉ** *Cairina moschata* MUSCOVY Voir aussi p. 52.

17- **PERDRIX CHOUKAR** *Alectoris chukar* CHUKAR Les introductions dans l'E ont eu peu de succès.

18- **FAISAN DORÉ** *Chrysolophus pictus* GOLDEN PHEASANT.

19- **CAILLE DES BLÉS** *Coturnix coturnix* QUAIL Un grand nombre a été relâché sans succès.

20- **ORTALIDE GRIS-BRUN** *Ortalis vetula* PLAIN CHACHALACA Implanté dans les îles Sapelo et Blackbeard, en Georgie.

21- **FRANCOLIN NOIR** *Francolinus francolinus* BLACK FRANCOLIN Implanté localement dans le S de la Louis. et en Flor.

22- **VANNEAU TÉRO** *Vanellus chilensis* SOUTHERN LAPWING.

23- **RÂLE DE CAYENNE** *Aramides cajanea* GRAY-NECKED WOOD RAIL Près de Miami et Vero Beach, en Flor. (relâché?).

ESPÈCES EXOTIQUES introduites et échappées

ESPÈCES EXCEPTIONNELLES DE L'OUEST

Les espèces égarées venant de l'O de l'Am. du N, et signalées moins d'une douzaine de fois *à l'E du Mississippi,* sont énumérées ici. Elles sont illustrées et décrites dans *A Field Guide to Western Birds* (PETERSON et coll., Houghton Mifflin).

EIDER DE STELLER (Steller's Eider) Qc, Maine, Mass.
BUSE À CROUPION BLANC (Harris' Hawk) Louis., Flor., Iowa, Mo., Ohio, N.-Y.
BUSE GRISE (Gray Hawk) Ill.
BUSE À QUEUE BARRÉE (Zone-tailed Hawk) Car. du N.
PLUVIER MONTAGNARD (Mountain Plover) Minn., Mich., Mo., Mass., Virg., Alab., Flor.
CHEVALIER ERRANT (Wandering Tattler) Ont.
TOURNEPIERRE NOIR (Black Turnstone) Wisc.
BÉCASSEAU DU RESSAC (Surfbird) O de la Flor. (3 mentions).
BÉCASSEAU À COL ROUX (Rufous-necked Stint) Ont., Maine, Conn.
BÉCASSEAU À QUEUE FINE (Sharp-tailed Sandpiper) Ont., Ill., Iowa, Mass., Conn., N.-Y., Md, Flor.
GOÉLAND D'AUDUBON (Western Gull) Ill.
ALQUE À COU BLANC (Ancient Murrelet) Man., Ont., Qc, Nebr., Minn., Wisc., Ill., Ohio.
MACAREUX HUPPÉ (Tufted Puffin) Maine (mention d'Audubon).
PIGEON À QUEUE BARRÉE (Band-tailed Pigeon) Ont., N.-H., Ohio, Tenn., Alab., Flor.
PETIT-DUC NAIN (Flammulated Owl) Louis., Flor.
ENGOULEVENT MINIME (Lesser Nighthawk) Louis., Flor., Ont. (voir p. 184).
MARTINET SOMBRE (Black Swift) Ill.
MARTINET À GORGE BLANCHE (White-throated Swift) Mich., Ark.
ARIANE DU YUCATAN (Buff-bellied Hummingbird) Louis. (régulier), Flor., Ill.
COLIBRI À QUEUE LARGE (Broad-tailed Hummingbird) Louis., Ark., Flor.
COLIBRI D'ALLEN (Allen's Hummingbird) Louis., Miss.
PIC DE LEWIS (Lewis' Woodpecker) Man., Ont., Minn., Ill., Mich., Mo., R.-I.
PIC À FRONT DORÉ (Golden-fronted Woodpecker) Flor., Mich. (?).
PIOUI DE L'OUEST (Western Wood-Pewee) Minn. (a niché), Ont., Mass., Md, Miss.
MOUCHEROLLE NOIR (Black Phoebe) Flor. (plusieurs).
TYRAN DE WIED (Wied's Crested Flycatcher) Louis., Flor. (plusieurs).
TYRAN DE CASSIN (Cassin's Kingbird) Louis., Virg., Wisc., Mass., Ont.
HIRONDELLE À FACE BLANCHE (Violet-green Swallow) Man., Mo., Ill., Ont.
GEAI DE STELLER (Steller's Jay) S-E du Qc, Ill.
CASSE-NOIX D'AMÉRIQUE (Clark's Nutcracker) Man., Ont., Minn., Wisc., Ill., Mich., Mo., Ark.
CINCLE D'AMÉRIQUE (American Dipper) Minn.
MOQUEUR DES ARMOISES (Sage Thrasher) Ont., Wisc., Ill., N.-Y., Car. du N, Louis., Flor.
MOQUEUR À BEC COURBE (Curve-billed Thrasher) Man., Minn., Wisc., Louis., Flor.
BERGERONNETTE GRISE (White Wagtail) N du Qc.
PHÉNOPÉPLE (Phainopepla) Ont., Mass., R.-I.
PARULINE DE VIRGINIA (Virginia's Warbler) Ill., Ont., N.-J.
PARULINE À CROUPION MARRON (Lucy's Warbler) Louis., Mass.
PARULINE DE TOWNSEND (Townsend's Warbler) Minn., Wisc., Ohio., Penn., N.-Y., N.-J., Mass., N.-É.
PARULINE À TÊTE JAUNE (Hermit Warbler) Minn., N.-Y., Conn., Louis.
PARULINE À DOS NOIR (Golden-cheeked Warbler) Flor.
PARULINE DES BUISSONS (MacGillivray's Warbler) Ont., Ind., Mass., Conn., Louis.
PARULINE À AILES BLANCHES (Painted Redstart) Louis., Ark., Ohio, N.-Y., Mass., Ont.
BRUANT DE CASSIN (Cassin's Sparrow) Ont., N.-É., N.-J. Niche vers l'E jusqu'au 100e méridien en Okl.
BRUANT DE BREWER (Brewer's Sparrow) Minn., Mass.
BRUANT À GORGE NOIRE (Black-throated Sparrow) Wisc., Ill., N.-J., Virg., Louis., Flor.
BRUANT À COURONNE DORÉE (Golden-crowned Sparrow) Occasionnel dans l'E. Voir p. 278.
VACHER BRONZÉ (Bronzed Cowbird) Louis., Flor.
ORIOLE JAUNE-VERDÂTRE (Scott's Oriole) Louis., Minn., Man., Ont.
ROSELIN BRUN (Rosy Finch) Ont., Minn., Mo., Maine.

Cartes de Distribution

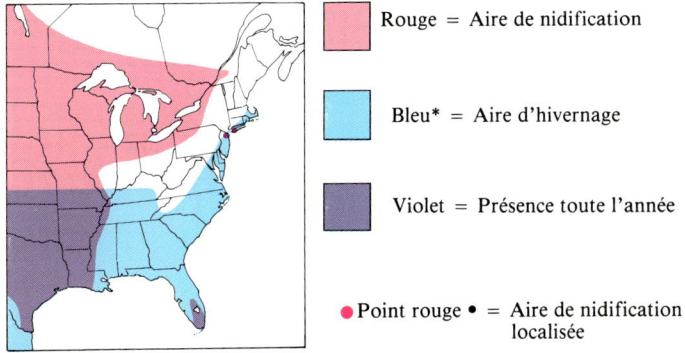

Rouge = Aire de nidification

Bleu* = Aire d'hivernage

Violet = Présence toute l'année

• Point rouge • = Aire de nidification localisée

Les cartes des pages qui suivent esquissent de manière approximative l'aire de chaque espèce. À l'intérieur des plages de couleur se rencontrent de nombreux vides, là où l'habitat de l'espèce en question n'existe pas : le Troglodyte des marais a besoin d'un marais, la Sturnelle des prés, d'un pré et la Gélinotte huppée, d'une forêt. Certaines espèces peuvent être extrêmement localisées ou sporadiques pour des raisons qui ne sont pas claires. Certains oiseaux sont en expansion, parfois rapide. Enfin, d'autres espèces sont en déclin ou même en voie de disparition dans de grandes zones où elles se rencontraient autrefois. Certaines augmentations, certains déclins, de même que des occurences hors de zones colorées, sont notés. Les cartes sont fondées sur des données provenant de nombreuses publications régionales ou d'États, et sont modifiées en tenant compte des observations faites par une myriade d'amateurs et signalées dans des revues comme *American Birds* et *Birding*.

Les aires d'hivernage ne sont pas aussi bien délimitées que les aires de nidification. Une espèce peut être très rare près de la limite nord de son aire d'hivernage, survivre en décembre et au cours des hivers doux, mais souvent succomber aux rigueurs de janvier et de février.

Les cartes ne couvrent que le territoire de ce guide. Le Canard colvert, par exemple, se rencontre dans une grande partie du globe. Son aire de distribution mondiale est signalée dans le texte sous la rubrique de l'espèce. La carte ne montre que sa distribution dans l'Est de l'Amérique du Nord. Les cartes ne sont pas données dans l'ordre phylétique (voire la liste systématique en page 17), mais suivent plutôt l'ordre dans lequel les espèces apparaissent dans le livre.

* Remarque: Dans le cas de plusieurs oiseaux pélagiques de l'hémisphère sud, le bleu indique *leur* aire d'hivernage (*durant notre été*).

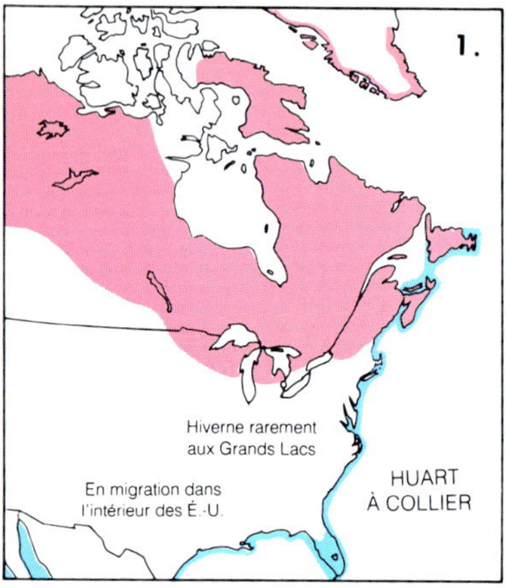
1.
Hiverne rarement aux Grands Lacs
En migration dans l'intérieur des É.-U.
HUART À COLLIER

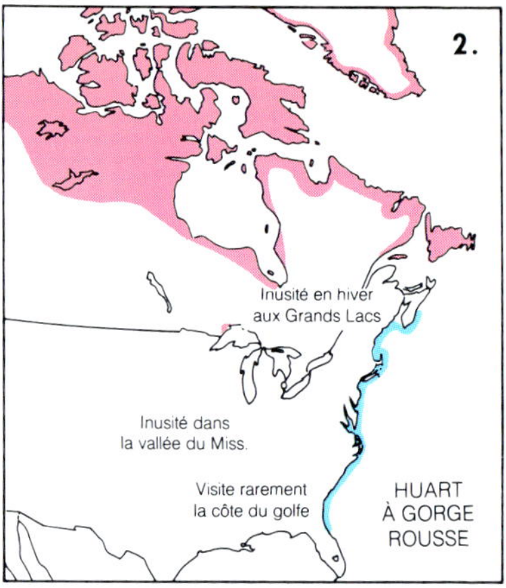
2.
Inusité en hiver aux Grands Lacs
Inusité dans la vallée du Miss.
Visite rarement la côte du golfe
HUART À GORGE ROUSSE

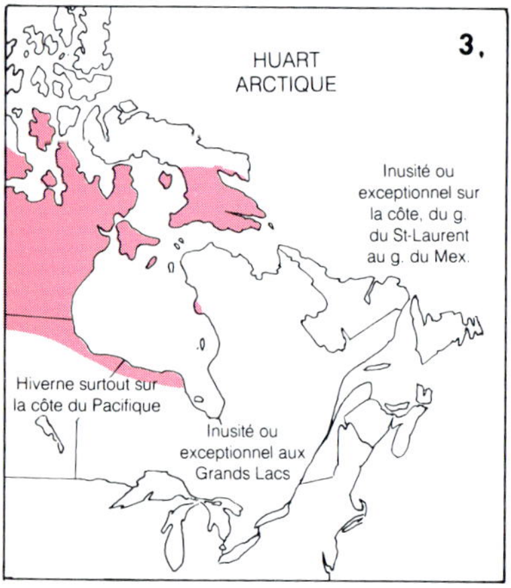
3.
HUART ARCTIQUE
Inusité ou exceptionnel sur la côte, du g. du St-Laurent au g. du Mex.
Hiverne surtout sur la côte du Pacifique
Inusité ou exceptionnel aux Grands Lacs

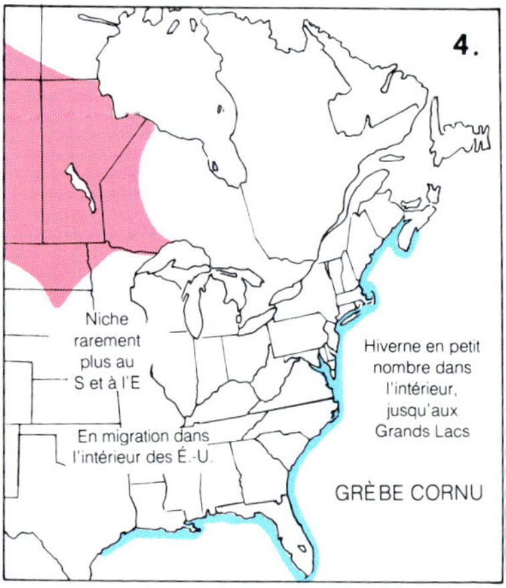
4.
Niche rarement plus au S et à l'E
Hiverne en petit nombre dans l'intérieur, jusqu'aux Grands Lacs
En migration dans l'intérieur des É.-U.
GRÈBE CORNU

5.
Inusité dans l'E
GRÈBE À COU NOIR

6.
Inusité à T.-N.
Hiverne rarement jusqu'aux Grands Lacs
Niche localement dans son aire
GRÈBE À BEC BIGARRÉ

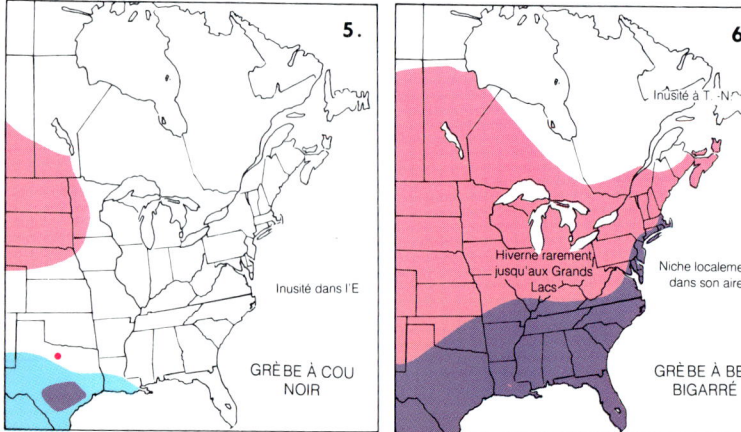

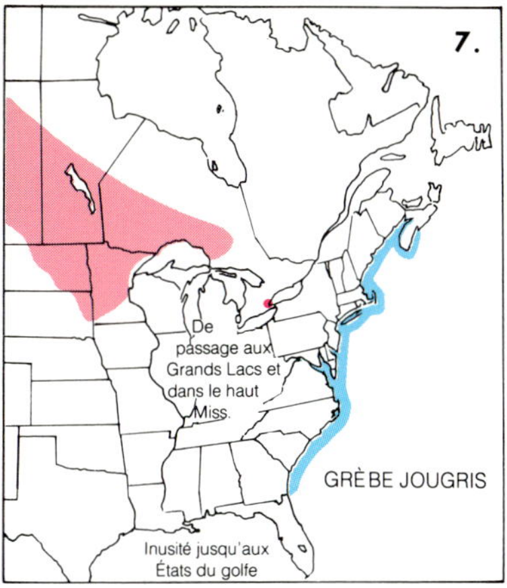
7.
De passage aux Grands Lacs et dans le haut Miss.
GRÈBE JOUGRIS
Inusité jusqu'aux États du golfe

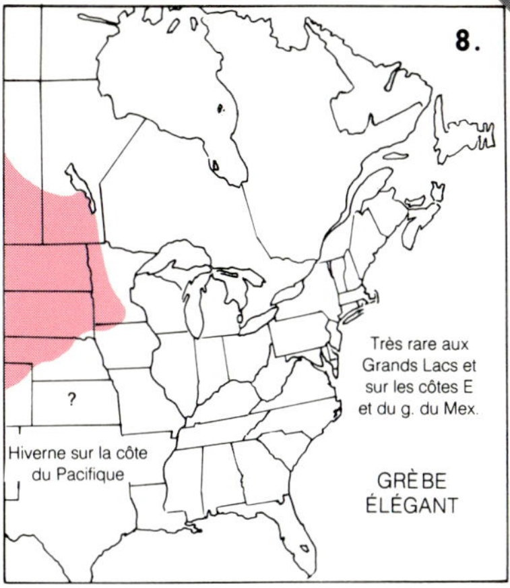
8.
Très rare aux Grands Lacs et sur les côtes E et du g. du Mex.
?
Hiverne sur la côte du Pacifique
GRÈBE ÉLÉGANT

PETIT PINGOUIN
9.
Hiverne en mer jusqu'au N.-J.; inusité plus au S
Exceptionnel jusqu'au lac Ontario

MARMETTE DE BRÜNNICH
10.
Hiverne en mer de la banquise au N.-J.; inusité plus au S

MARMETTE DE TROÏL
11.
Hiverne en mer jusqu'au Mass.; rare au N.-J. et au Md

GUILLEMOT À MIROIR
12.
Hiverne en mer jusqu'au Mass.; inusité jusqu'au N.-J.
Niche localement dans l'aire indiquée
Inusité dans les terres, Qc, Ont.

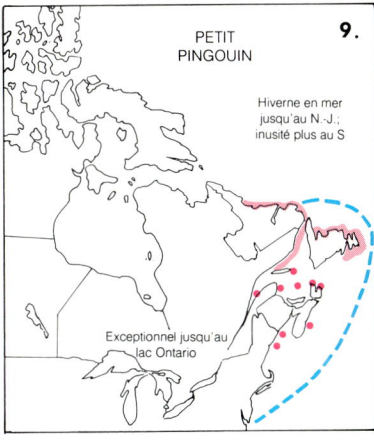

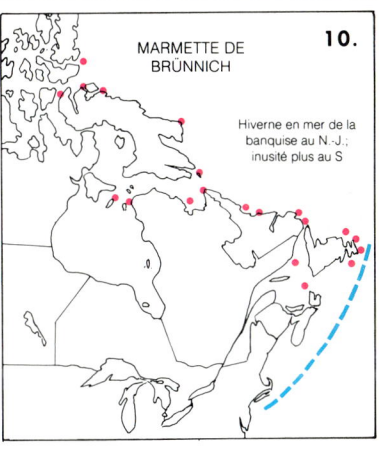

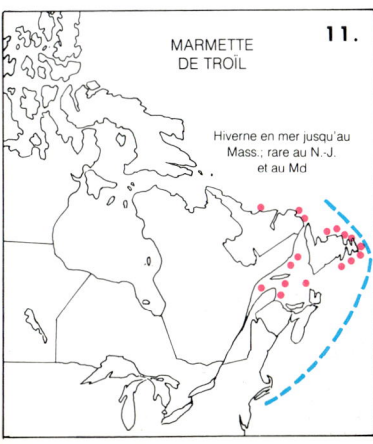

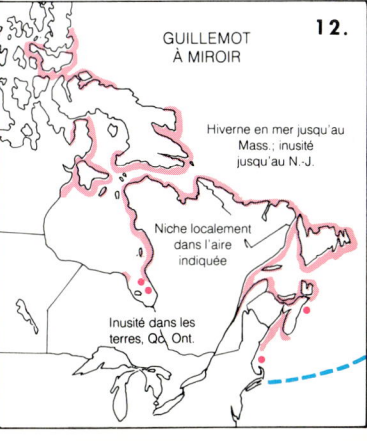

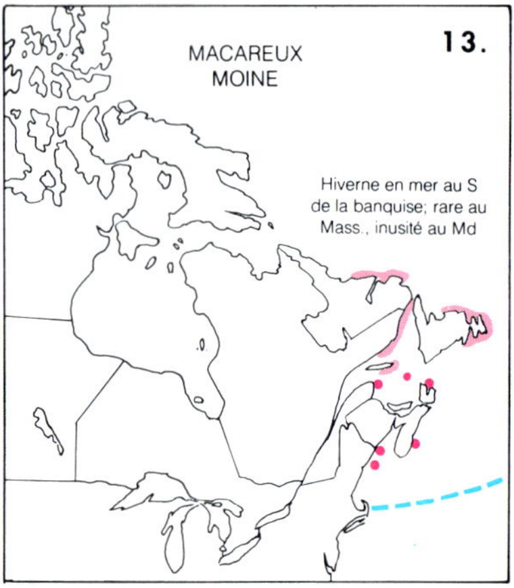
13.
MACAREUX
MOINE
Hiverne en mer au S
de la banquise; rare au
Mass., inusité au Md

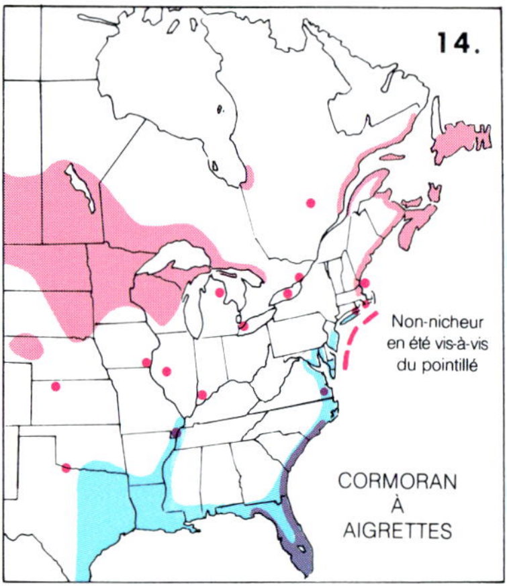
14.
Non-nicheur
en été vis-à-vis
du pointillé
CORMORAN
À
AIGRETTES

15.
Exceptionnel dans
l'intérieur
Hiverne sur
la côte dans
les limites du
pointillé; rare
plus au S
GRAND
CORMORAN
Inusité sur la côte
du g. du Mex.

16.
Exceptionnel
jusqu'au N.-Y.
et aux
Grands Lacs
ANHINGA
D'AMÉRIQUE

17.
En expansion
le long de
la côte
Très localisé
mais en expansion
dans les limites
du pointillé
CYGNE
TUBERCULÉ
Introduit
d'Europe

18.
Hiverne en petit
nombre aux
Grands Lacs
Migre par les Grands
Lacs jusqu'à la
côte; rare
jusqu'en Flor.
Rare en hiver
jusqu'à la côte du g.
CYGNE
SIFFLEUR

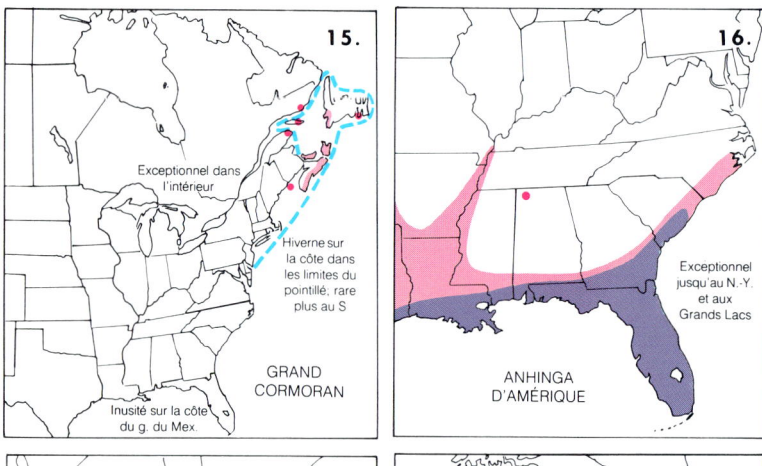

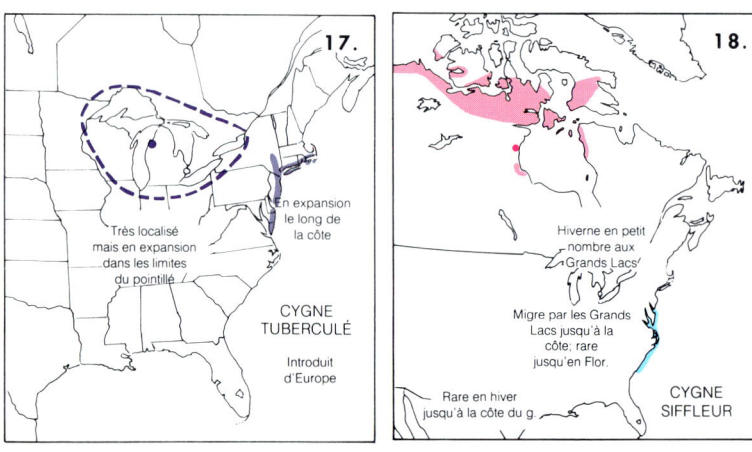

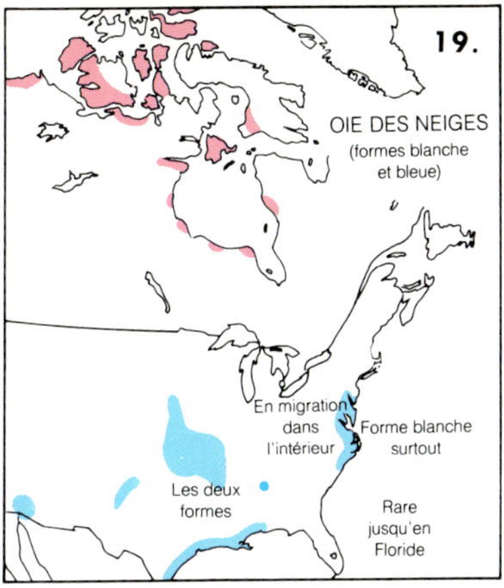
19.
OIE DES NEIGES
(formes blanche
et bleue)
En migration
dans
l'intérieur
Forme blanche
surtout
Les deux
formes
Rare
jusqu'en
Floride

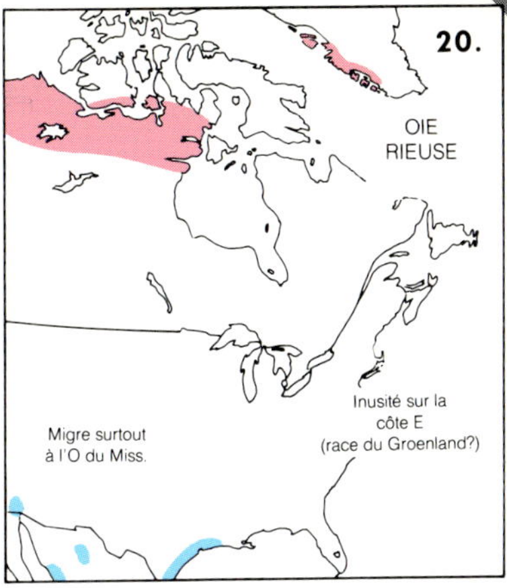
20.
OIE
RIEUSE
Inusité sur la
côte E
(race du Groenland?)
Migre surtout
à l'O du Miss.

21.
BERNACHE
DU CANADA
Nidification
ancienne ou
localisée
Oiseaux
relachés
nichant
par endroits
sur la côte E

22.
Passe de l'E
de la
Baie d'Hudson
au
Bas St-Laurent
Rare dans les
terres en migration ;
un petit nombre aux
l. Érié et Ontario
Inusité jusqu'en
Flor. et sur la
côte du golfe
BERNACHE
CRAVANT

23.
En déclin,
en partie à
cause de la
concurrence
intragénérique
du colvert en
expansion
CANARD
NOIR

24.
CANARD
BRUN
?
?
A niché au
Kansas

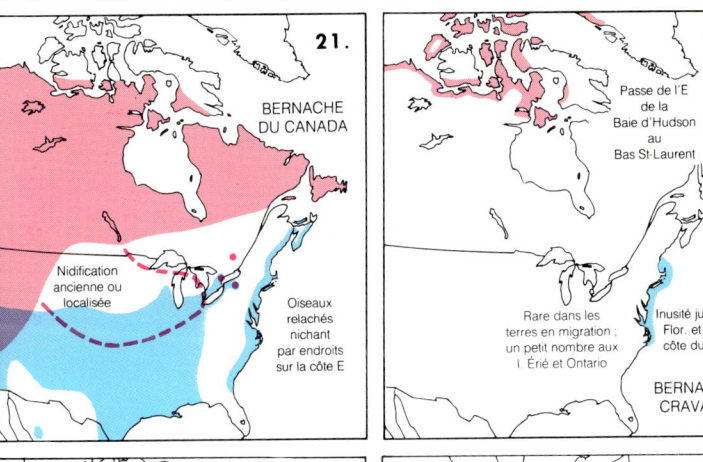

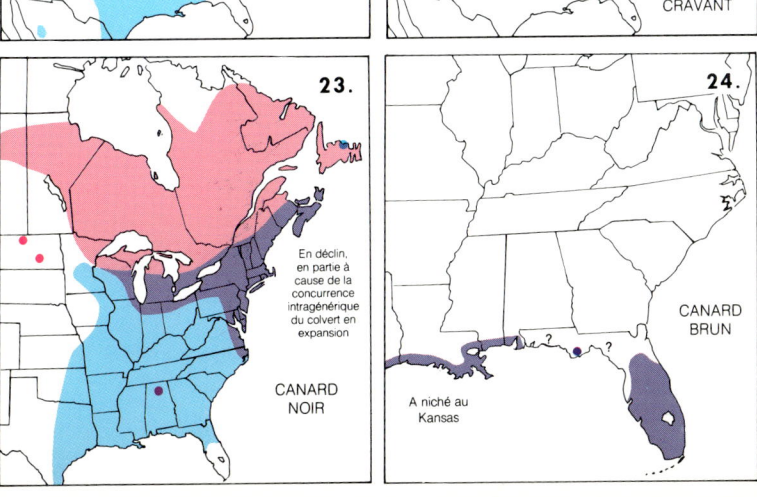

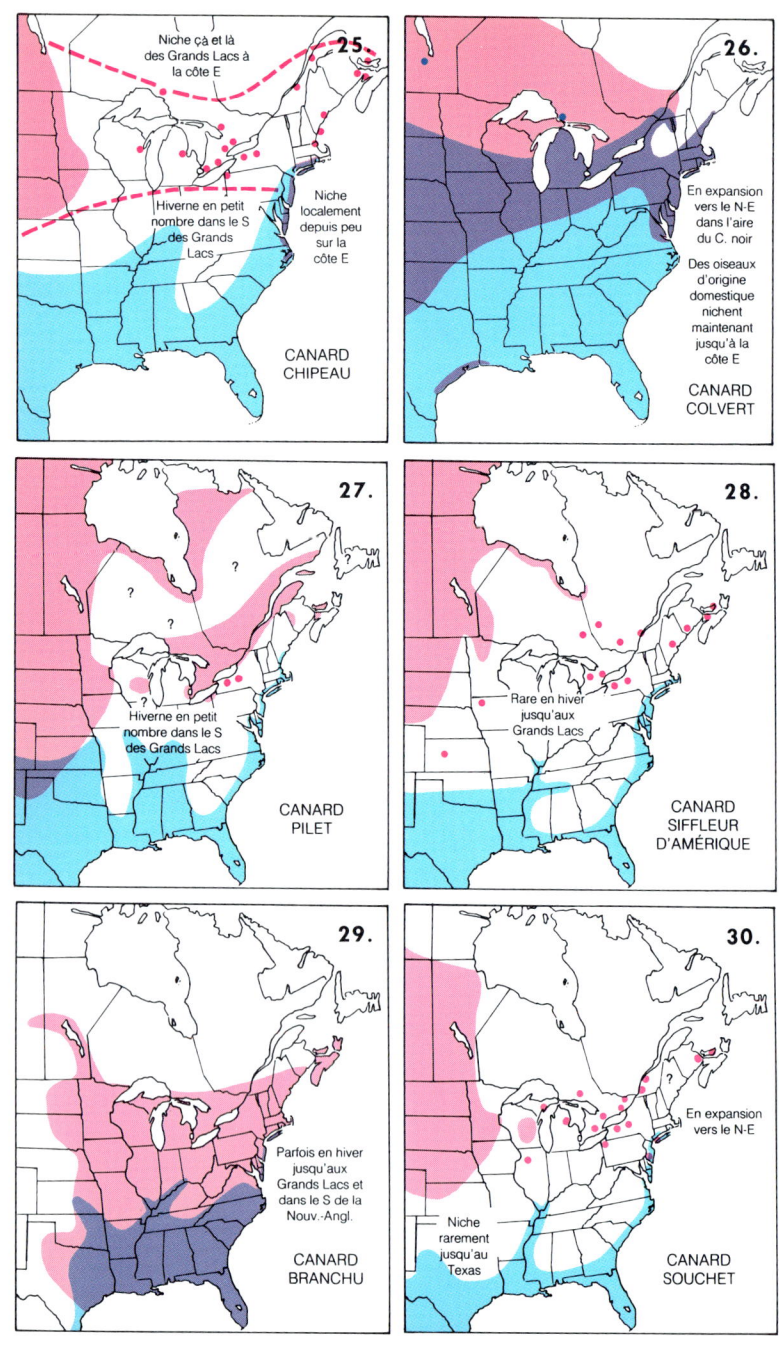

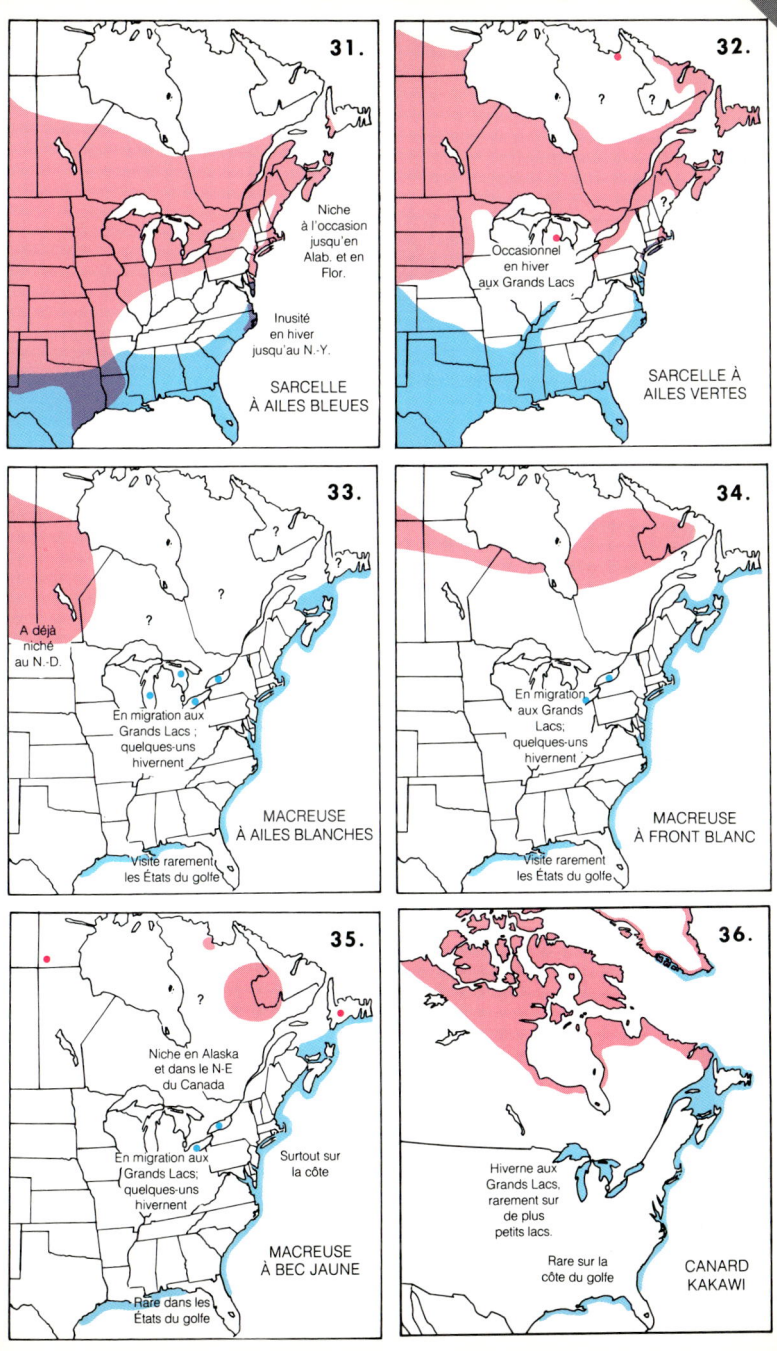

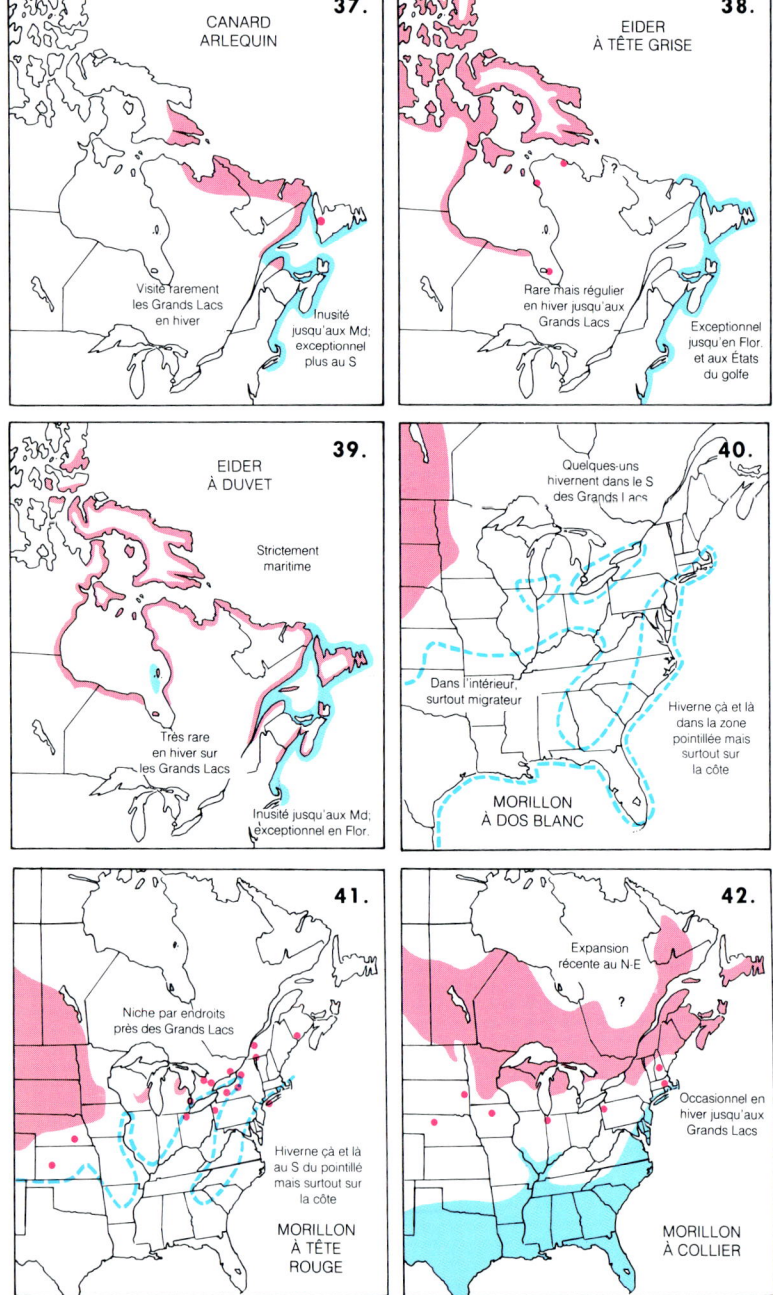

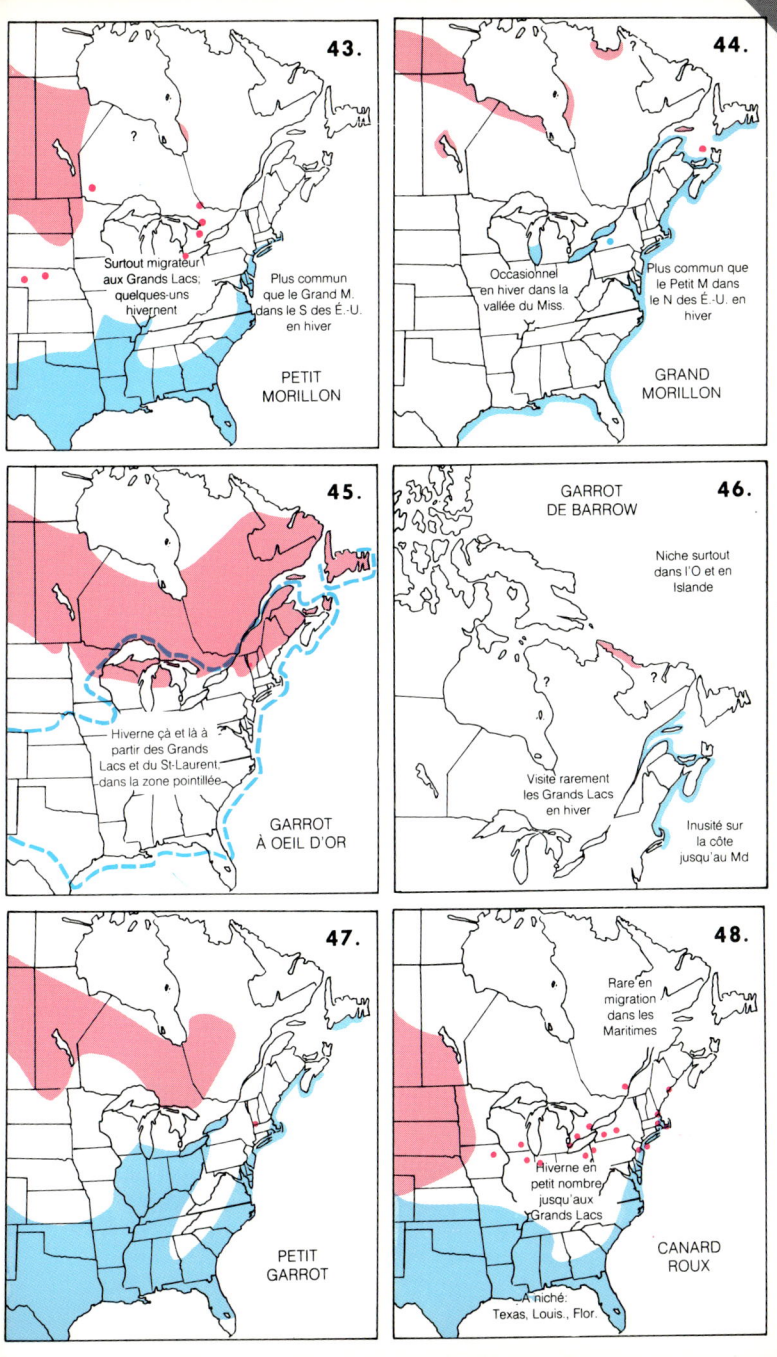

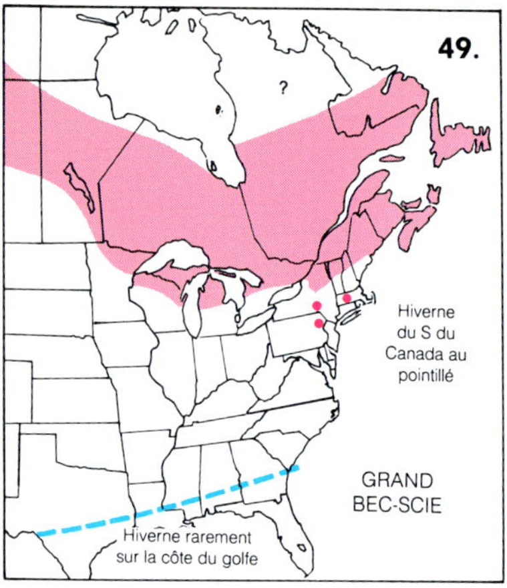
49.
?
Hiverne
du S du
Canada au
pointillé
GRAND
BEC-SCIE
Hiverne rarement
sur la côte du golfe

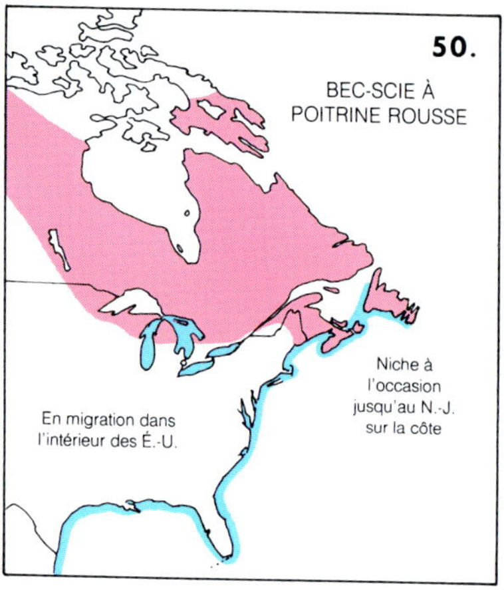
50.
BEC-SCIE À
POITRINE ROUSSE
Niche à
l'occasion
jusqu'au N.-J.
sur la côte
En migration dans
l'intérieur des É.-U.

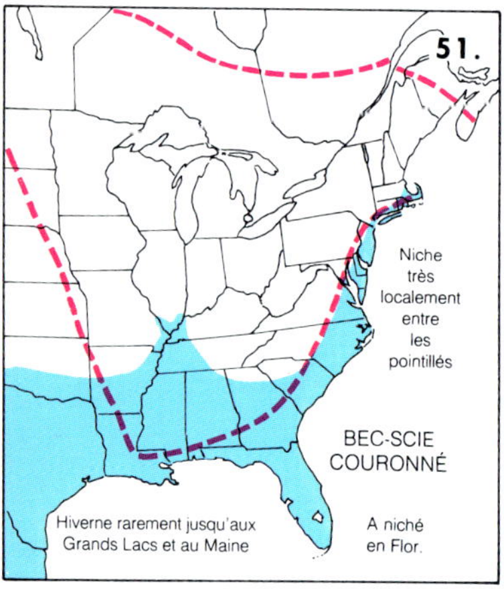
51.
Niche
très
localement
entre
les
pointillés
BEC-SCIE
COURONNÉ
Hiverne rarement jusqu'aux
Grands Lacs et au Maine
A niché
en Flor.

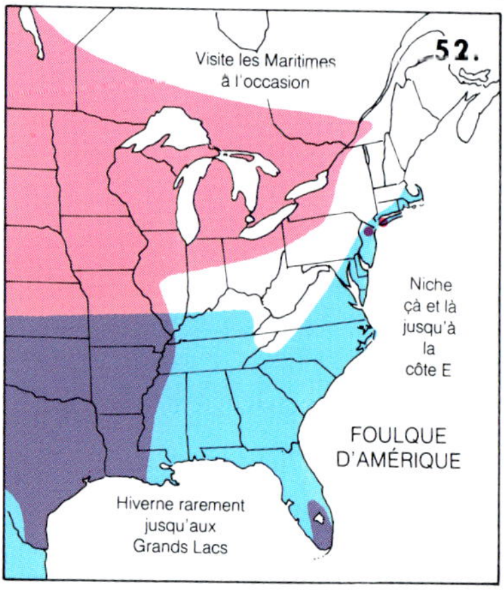
Visite les Maritimes
à l'occasion
52.
Niche
çà et là
jusqu'à
la
côte E
FOULQUE
D'AMÉRIQUE
Hiverne rarement
jusqu'aux
Grands Lacs

53.
Inusité
dans les
Maritimes
POULE-D'EAU

54.
Erre
rarement
jusque dans
le S du
Canada
GALLINULE
VIOLACÉE

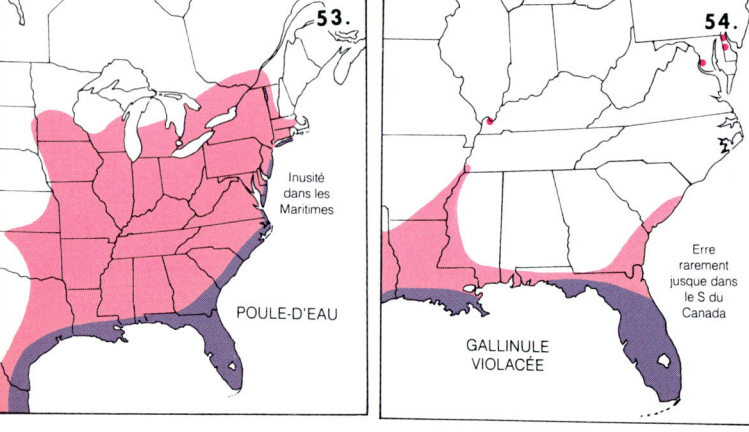

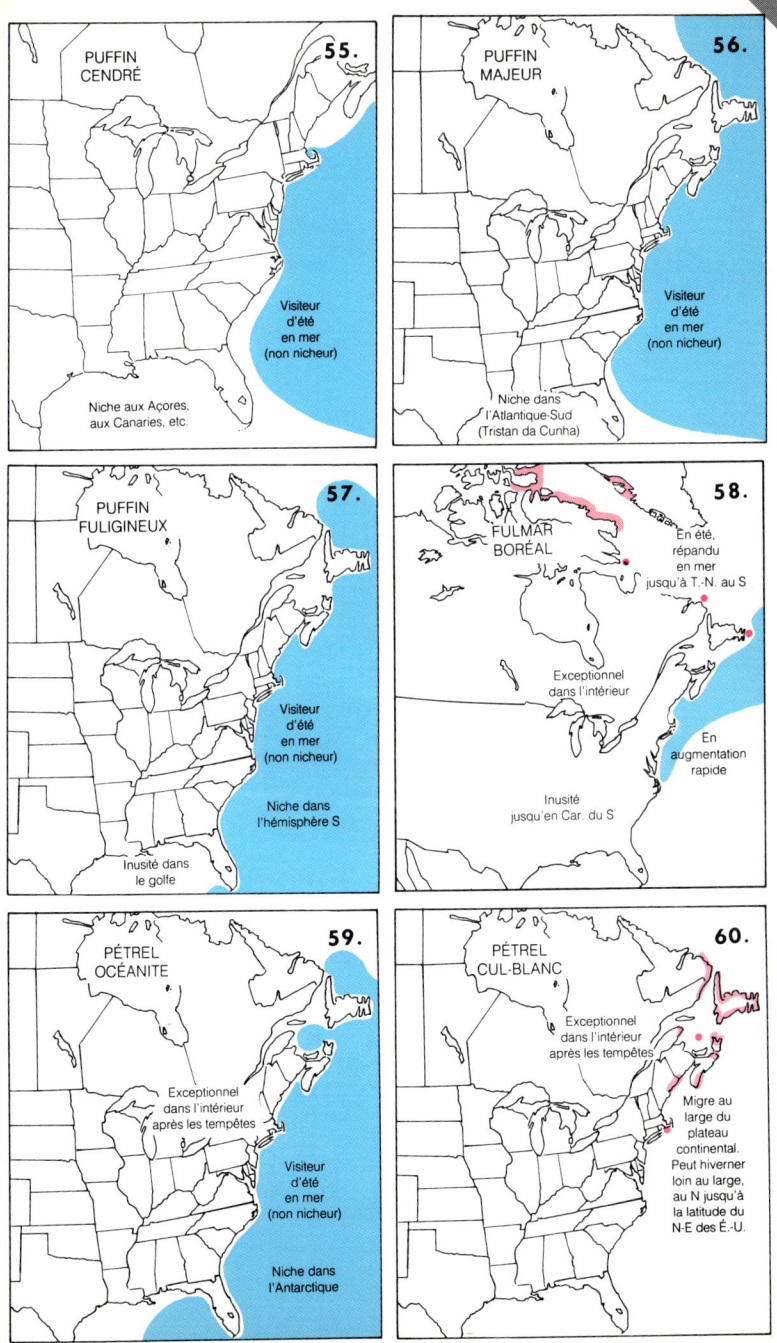

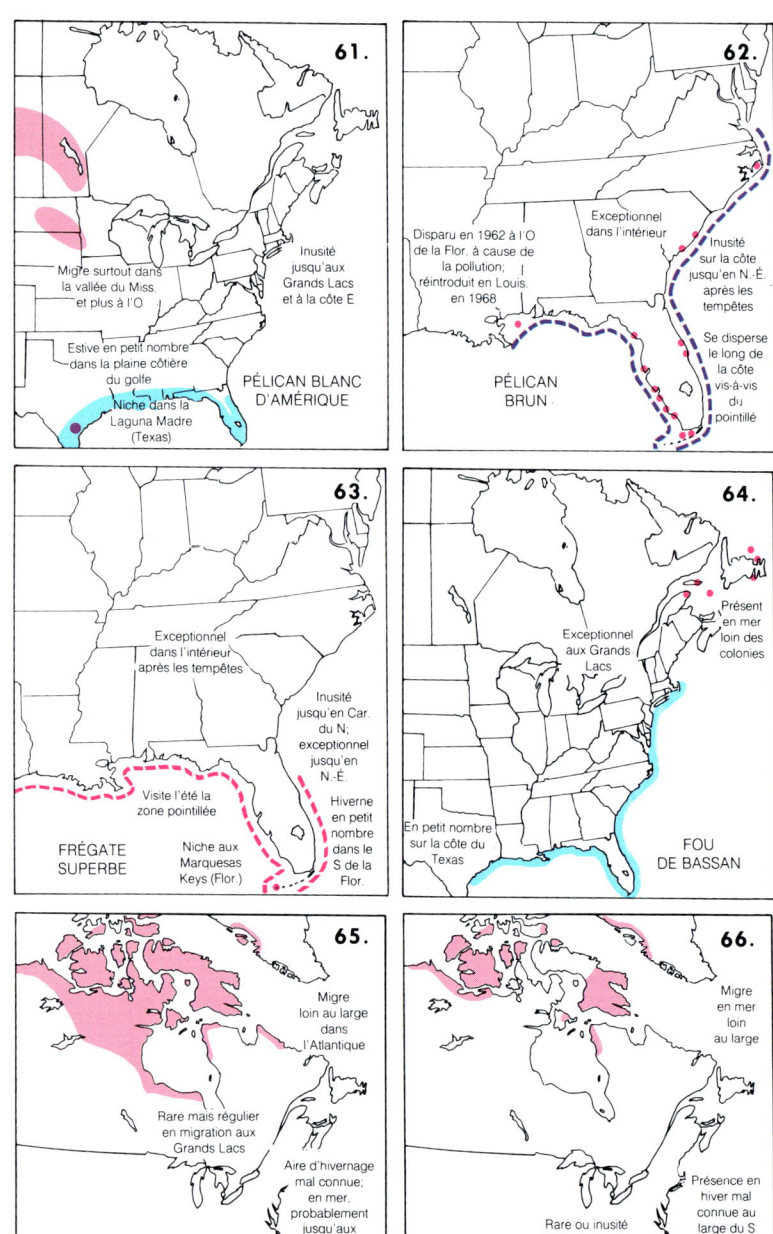

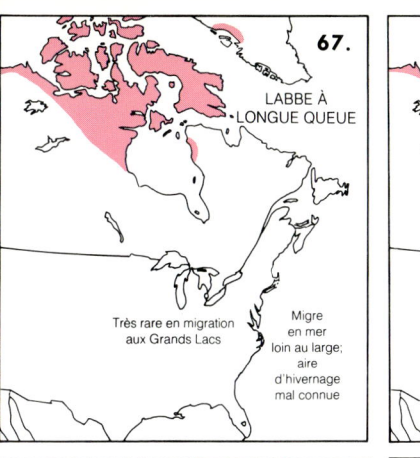
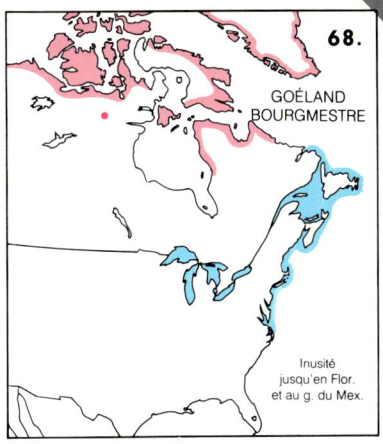
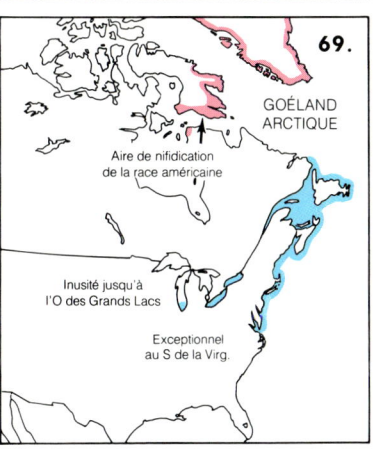
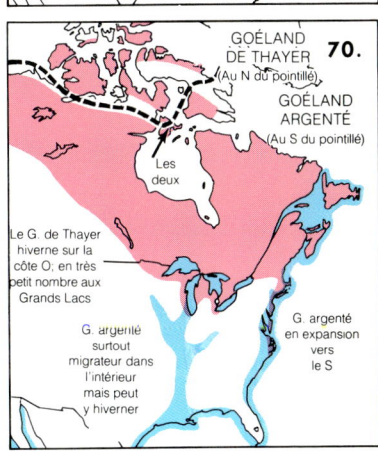
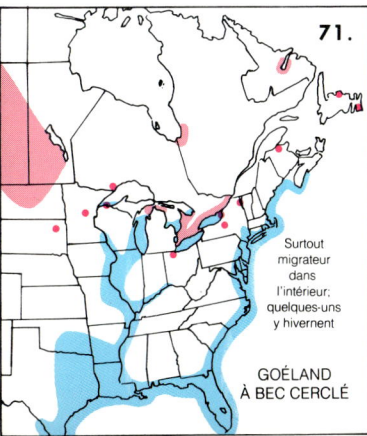
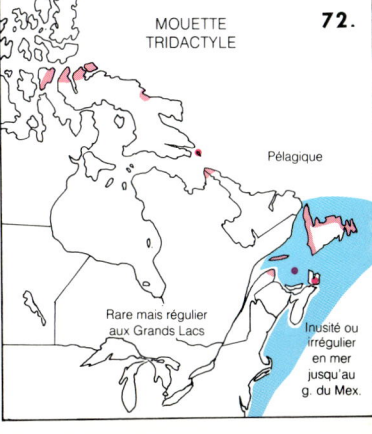

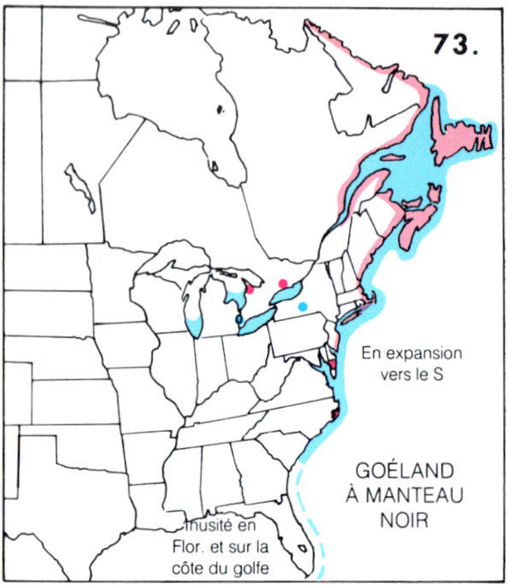
73.
En expansion vers le S
GOÉLAND À MANTEAU NOIR
Inusité en Flor. et sur la côte du golfe

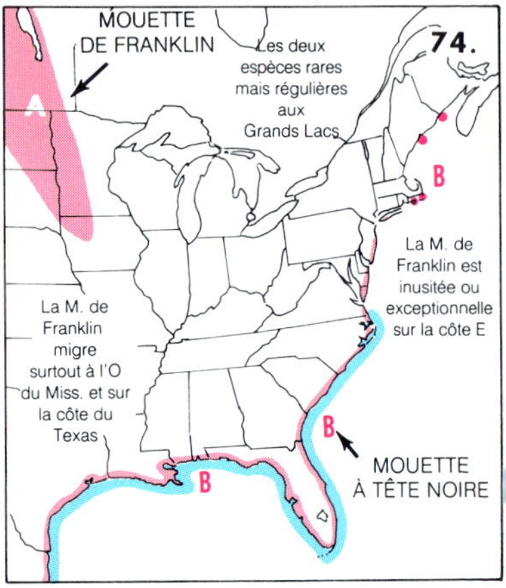
74.
MOUETTE DE FRANKLIN
Les deux espèces rares mais régulières aux Grands Lacs
La M. de Franklin est inusitée ou exceptionnelle sur la côte E
La M. de Franklin migre surtout à l'O du Miss. et sur la côte du Texas
B
B
B
MOUETTE À TÊTE NOIRE

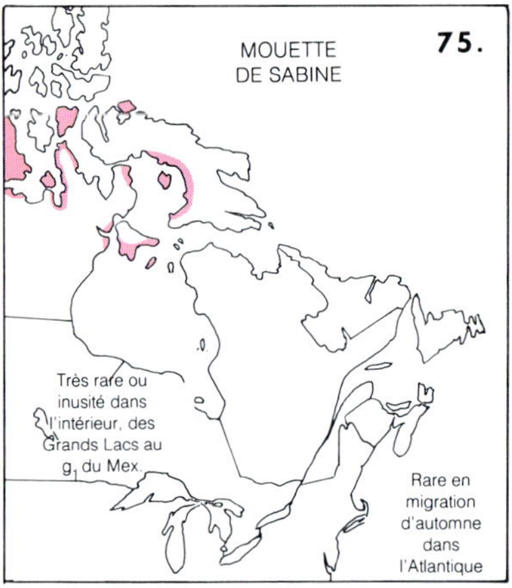
75.
MOUETTE DE SABINE
Très rare ou inusité dans l'intérieur, des Grands Lacs au g. du Mex.
Rare en migration d'automne dans l'Atlantique

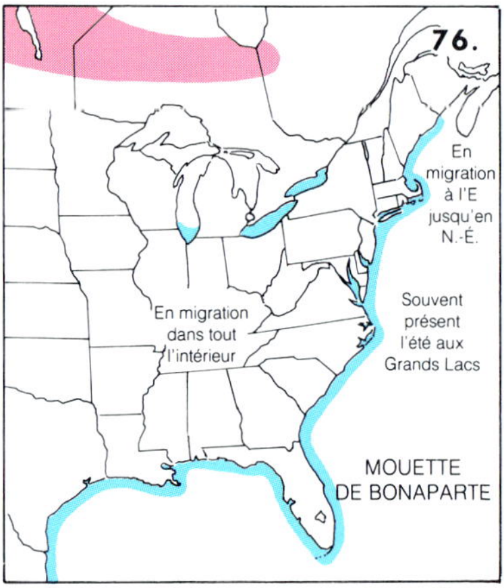
76.
En migration à l'E jusqu'en N.-É.
En migration dans tout l'intérieur
Souvent présent l'été aux Grands Lacs
MOUETTE DE BONAPARTE

77.
A niché au N.-Y.
Inusité jusqu'en Nouv.-Angl. après les tempêtes
Colonies dispersées
STERNE HANSEL

78.
Colonies dispersées; généralement en compagnie de la S. Royale
?
?
Inusité jusqu'au Mass. après les tempêtes
Strictement côtier
STERNE CAUGEK

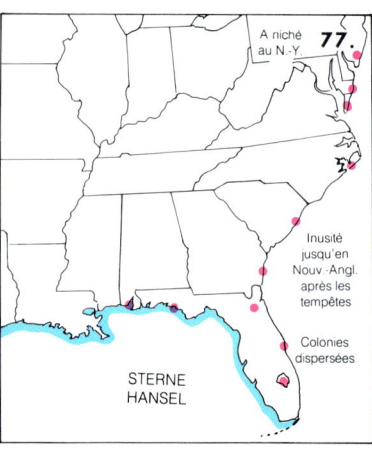

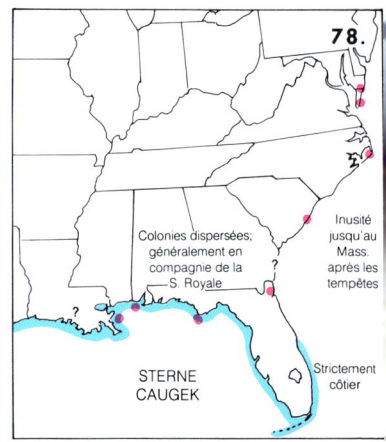

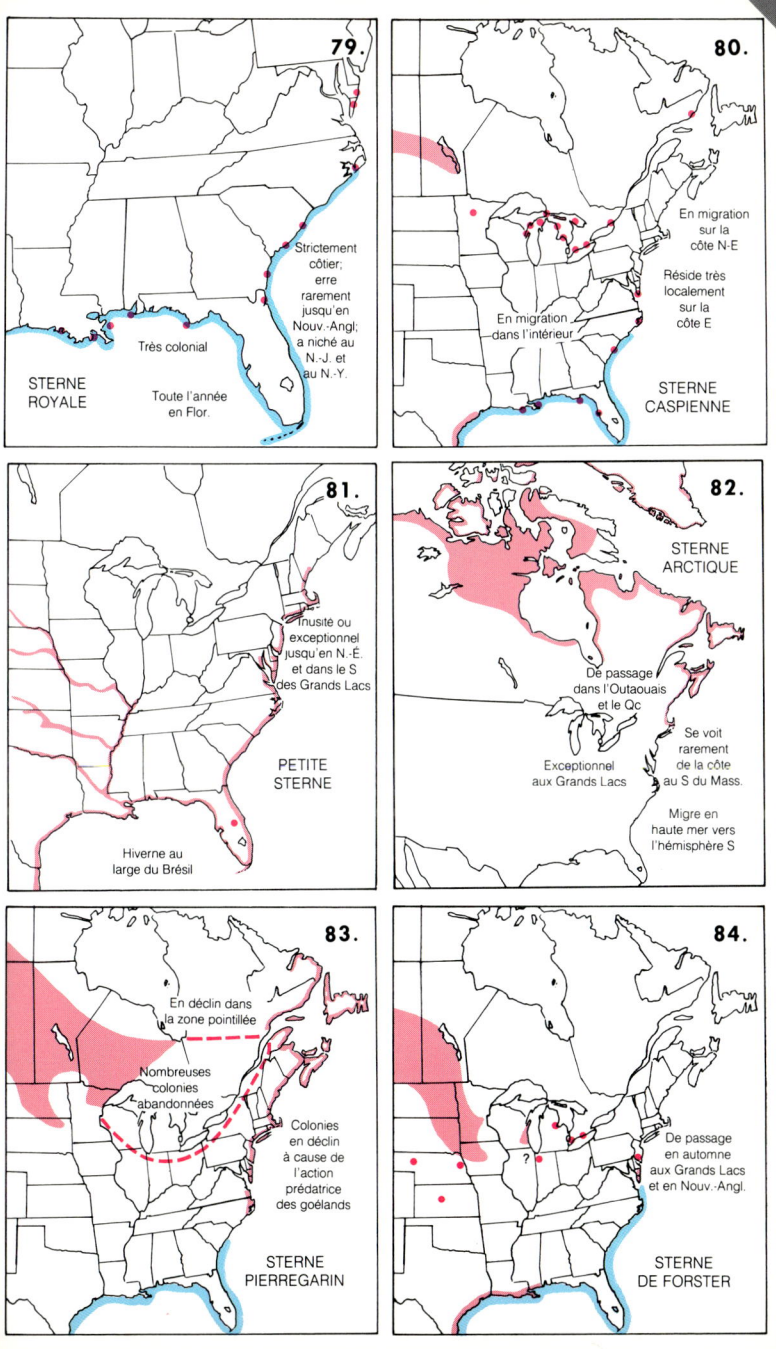

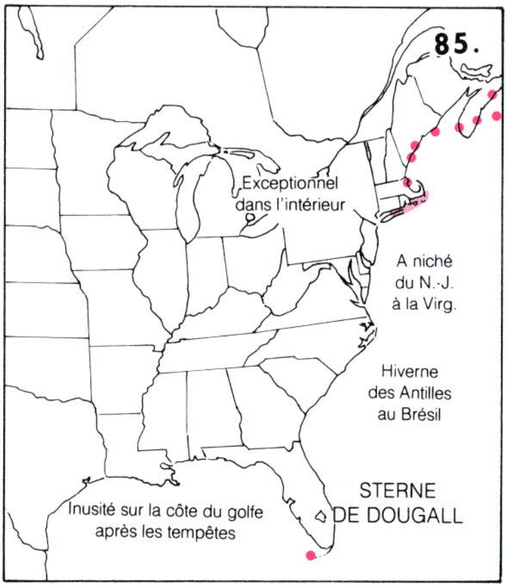
85.
Exceptionnel dans l'intérieur
A niché du N.-J. à la Virg.
Hiverne des Antilles au Brésil
Inusité sur la côte du golfe après les tempêtes
STERNE DE DOUGALL

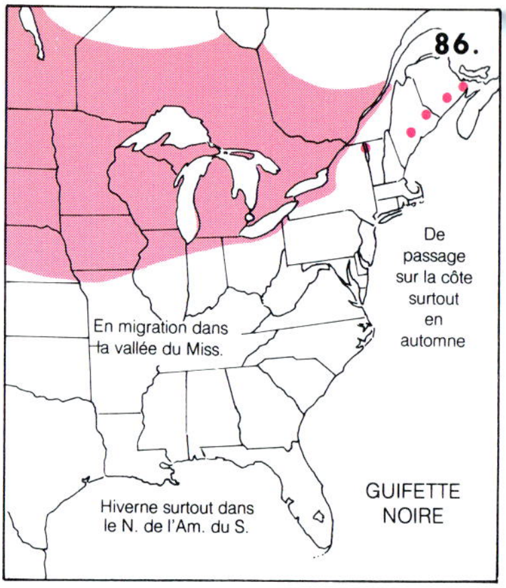
86.
De passage sur la côte surtout en automne
En migration dans la vallée du Miss.
Hiverne surtout dans le N. de l'Am. du S.
GUIFETTE NOIRE

87.
Exceptionnel aux Grands Lacs
Inusité au Maine et en N.-É. après les tempêtes
Strictement côtier
BEC-EN-CISEAUX NOIR

88.
Peut errer au N du pointillé en été
Niche en colonies très localisées du pointillé au g. du Mex.
GRAND HÉRON

89.
Erre parfois jusqu'au pointillé en été
AIGRETTE BLEUE

90.
A tenté de nicher au N.-D.
Inusité dans les États du centre et aux Grands Lacs
En expansion vers le N-E
AIGRETTE TRICOLORE

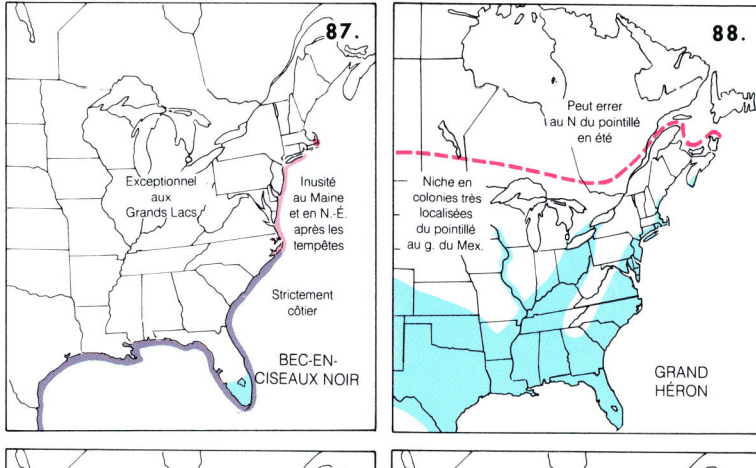

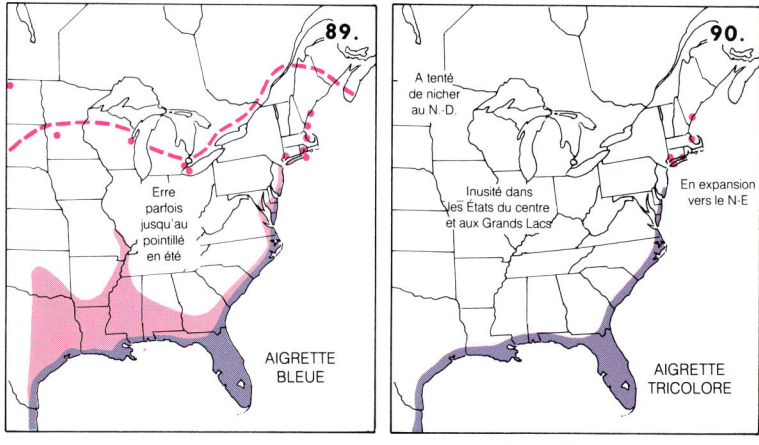

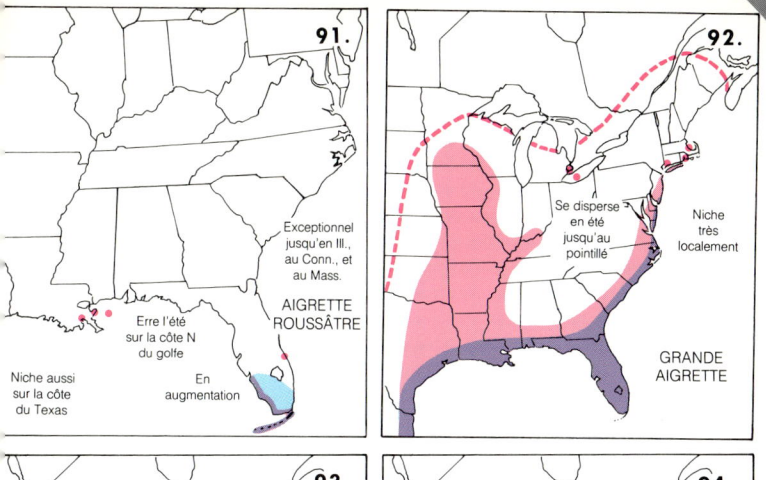
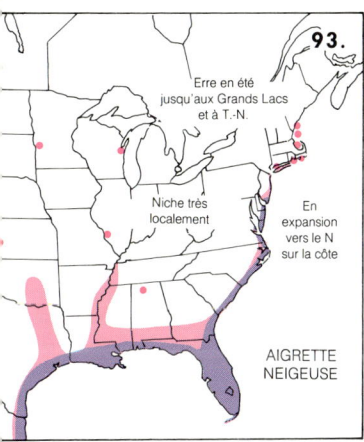
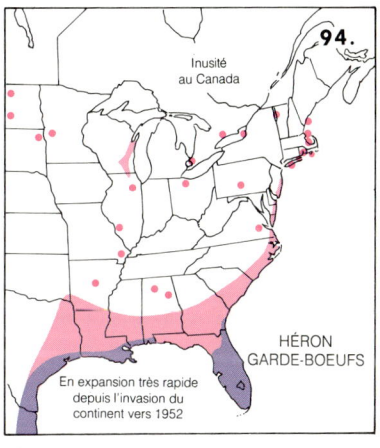
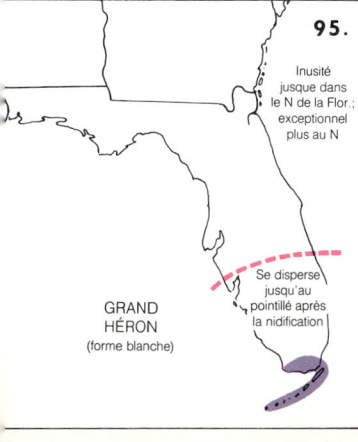
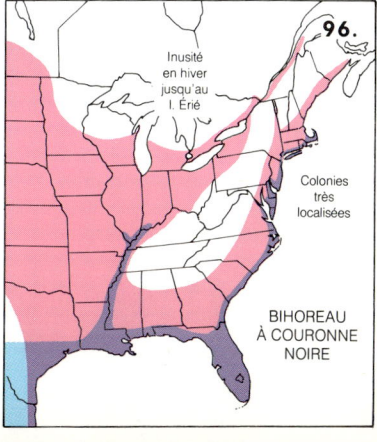

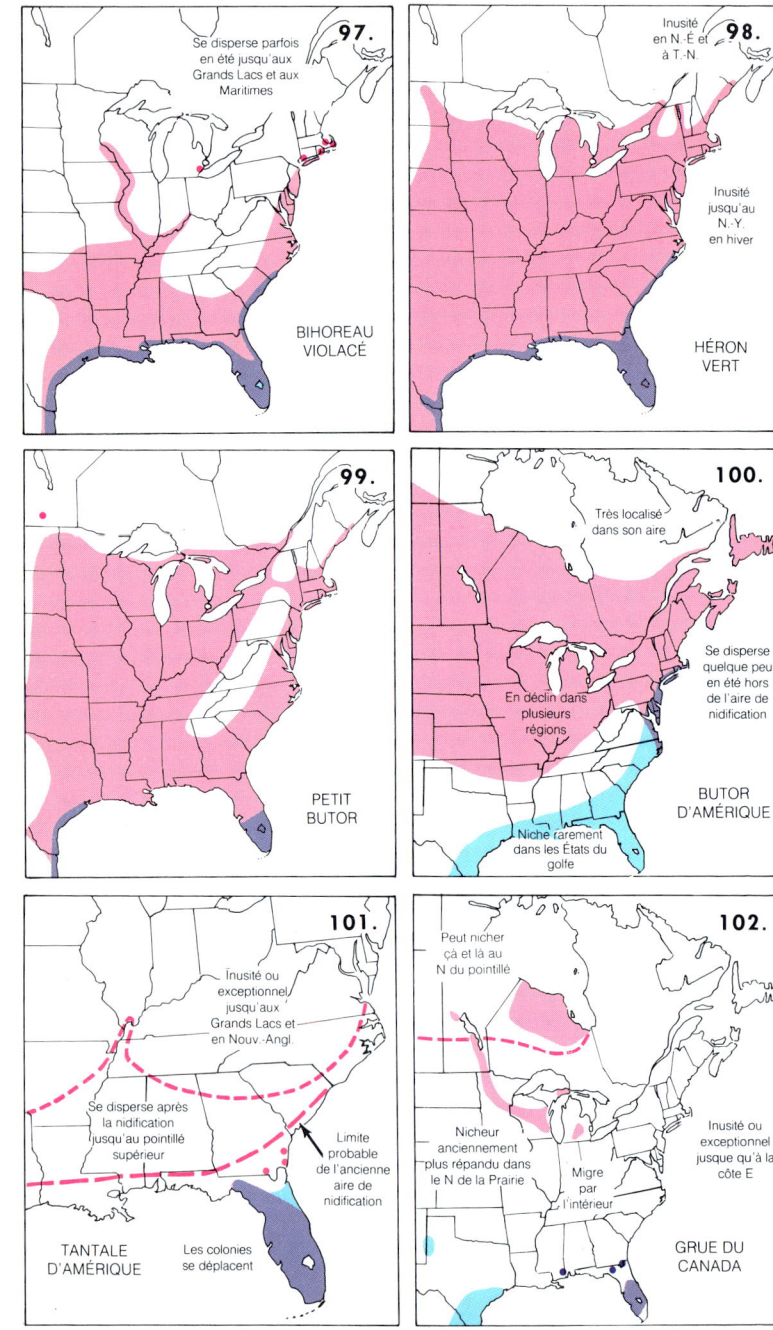

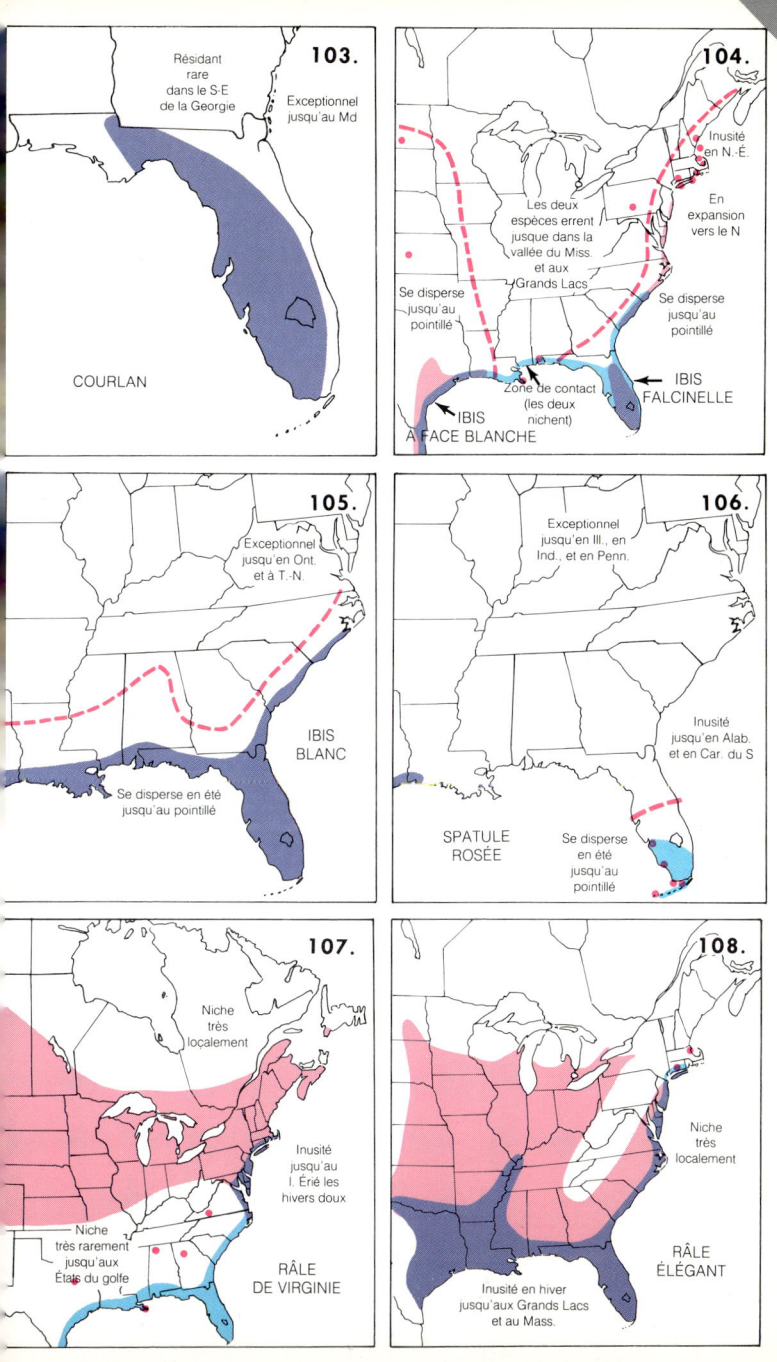

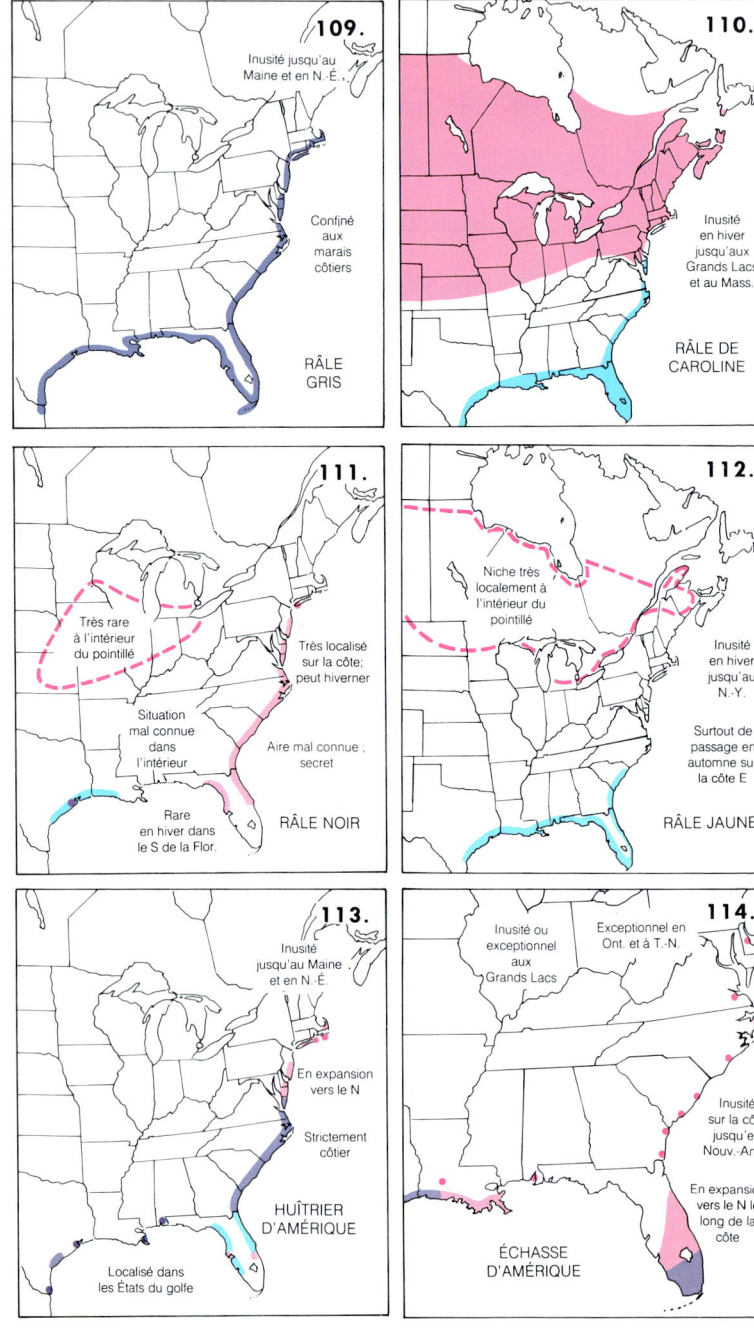

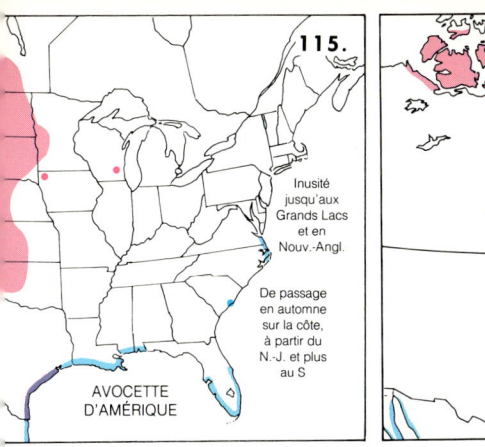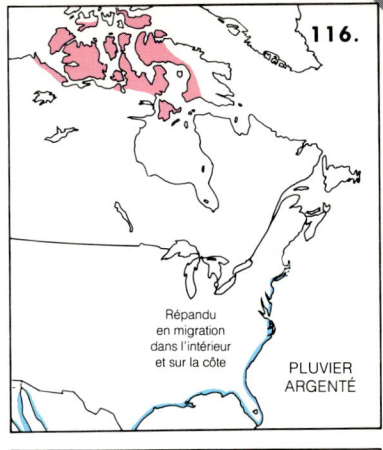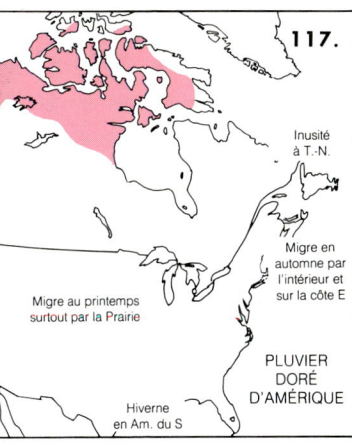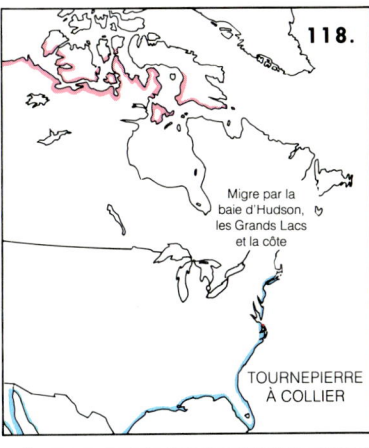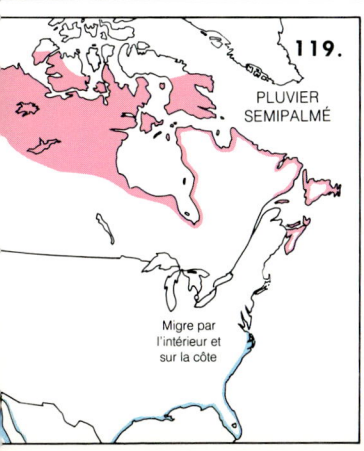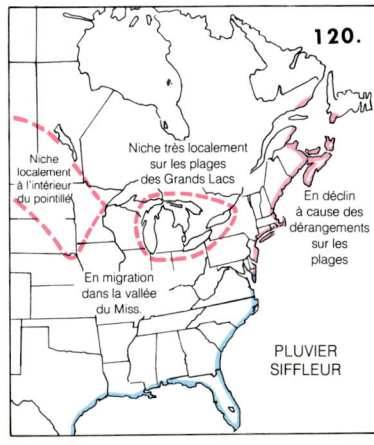

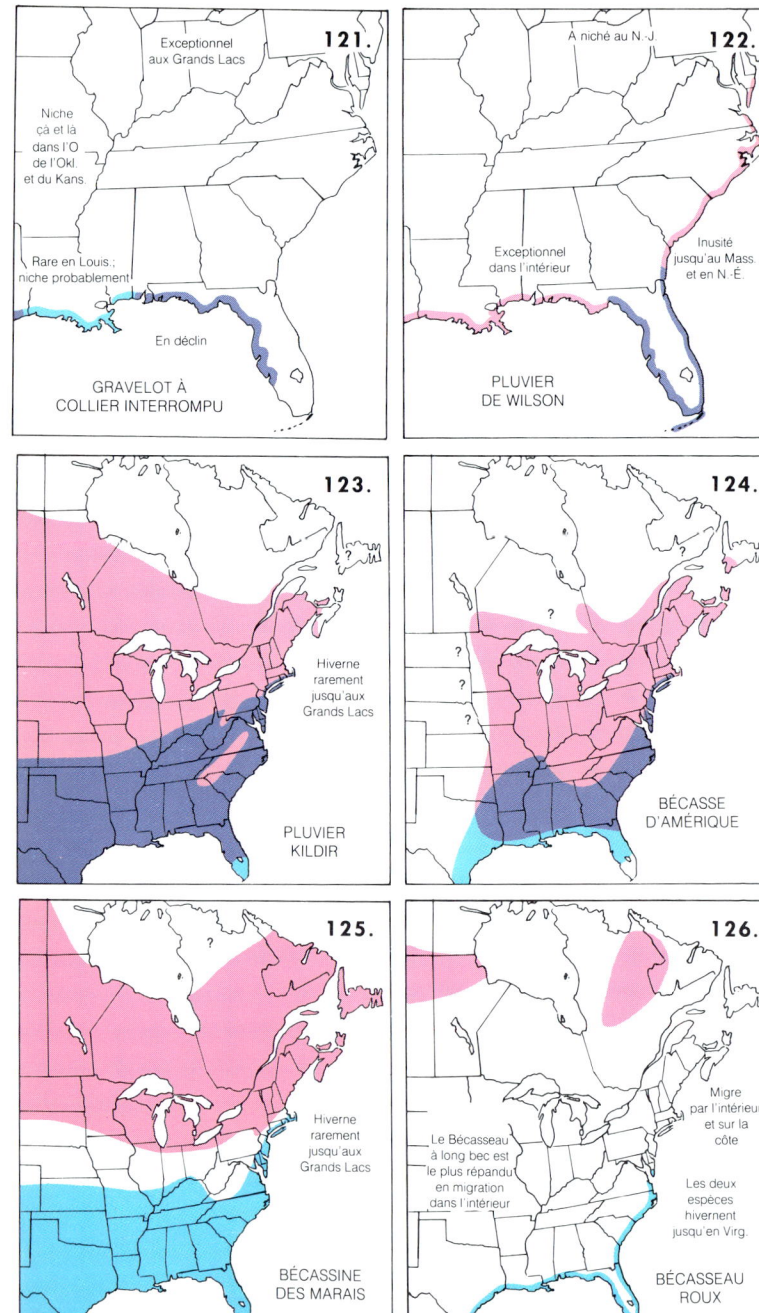

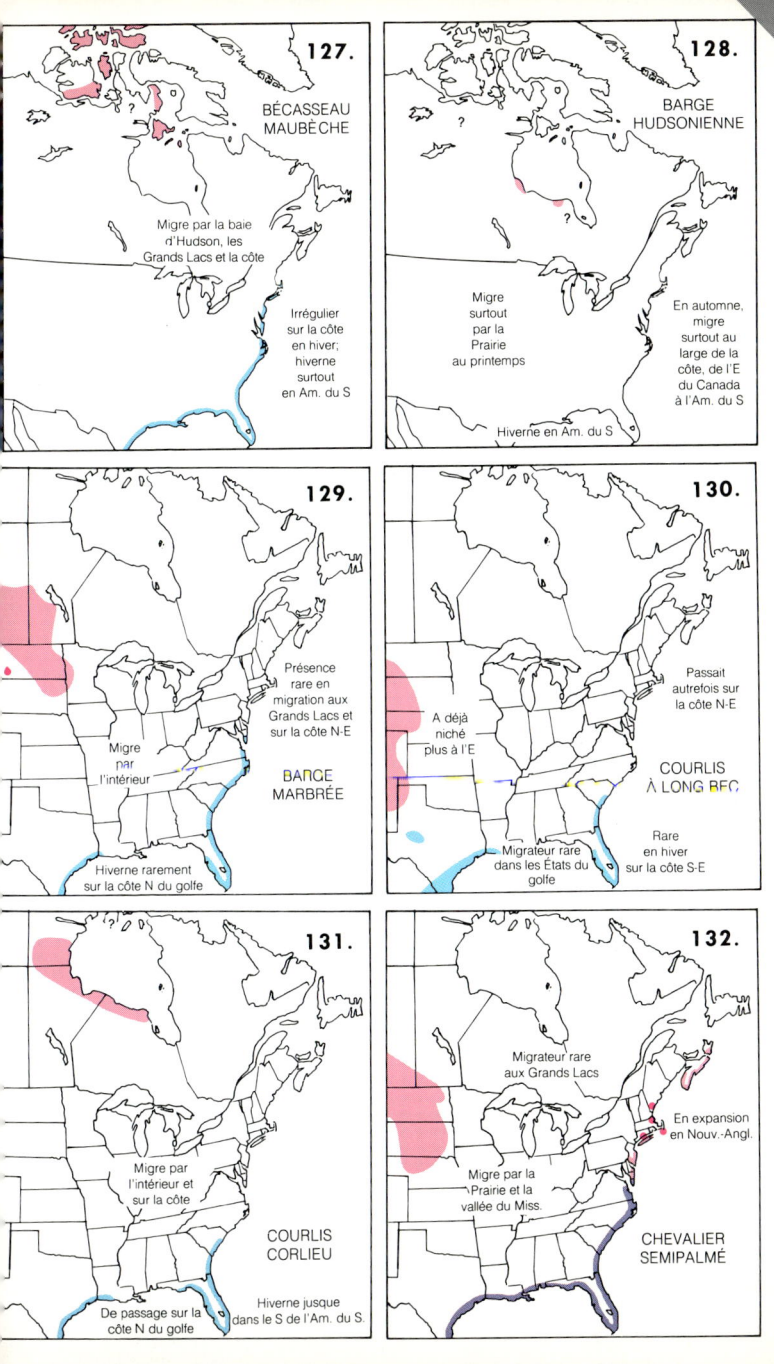

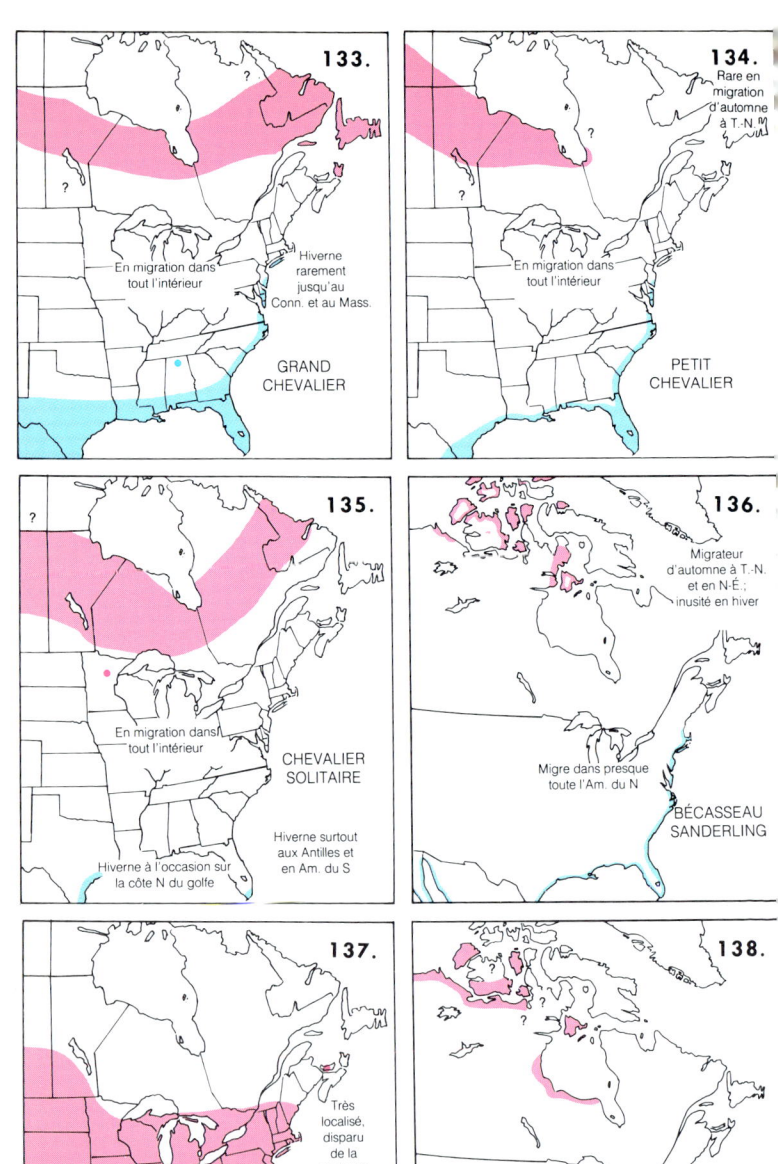

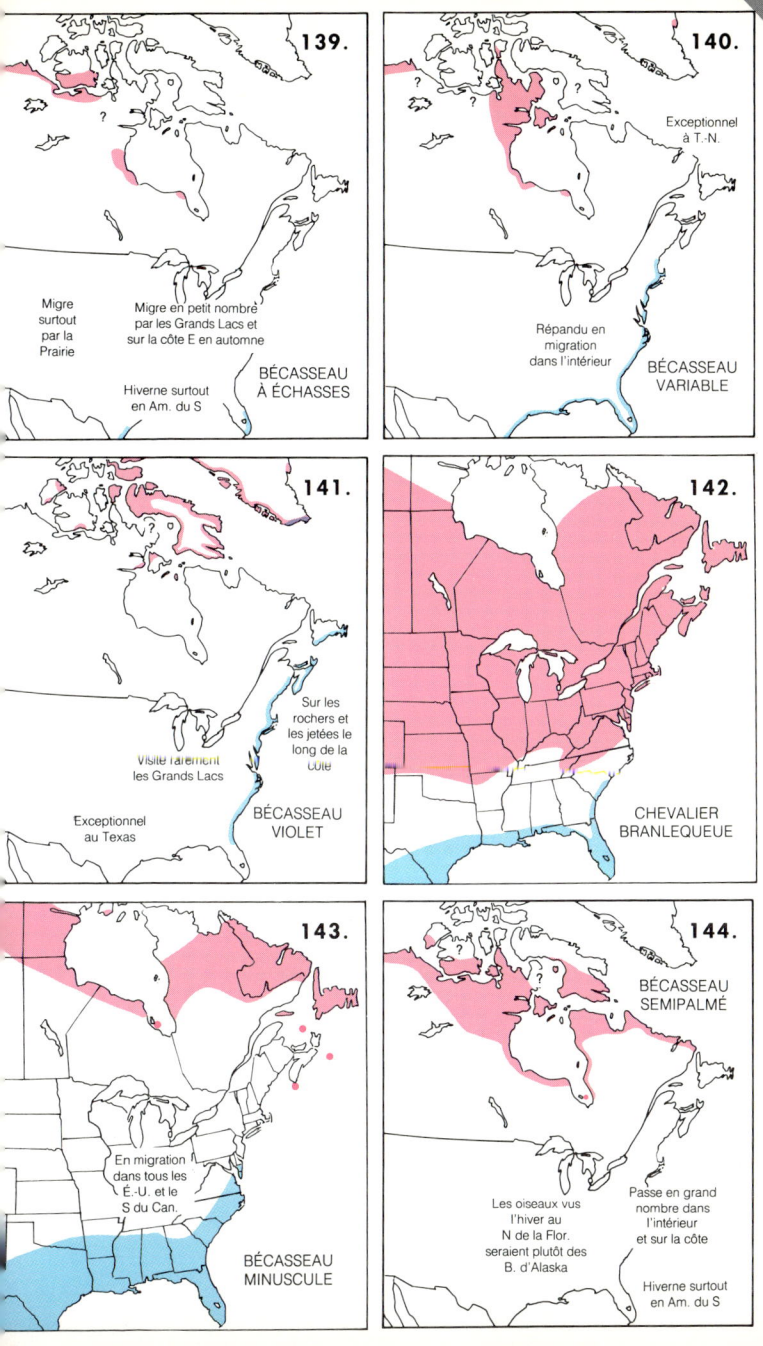

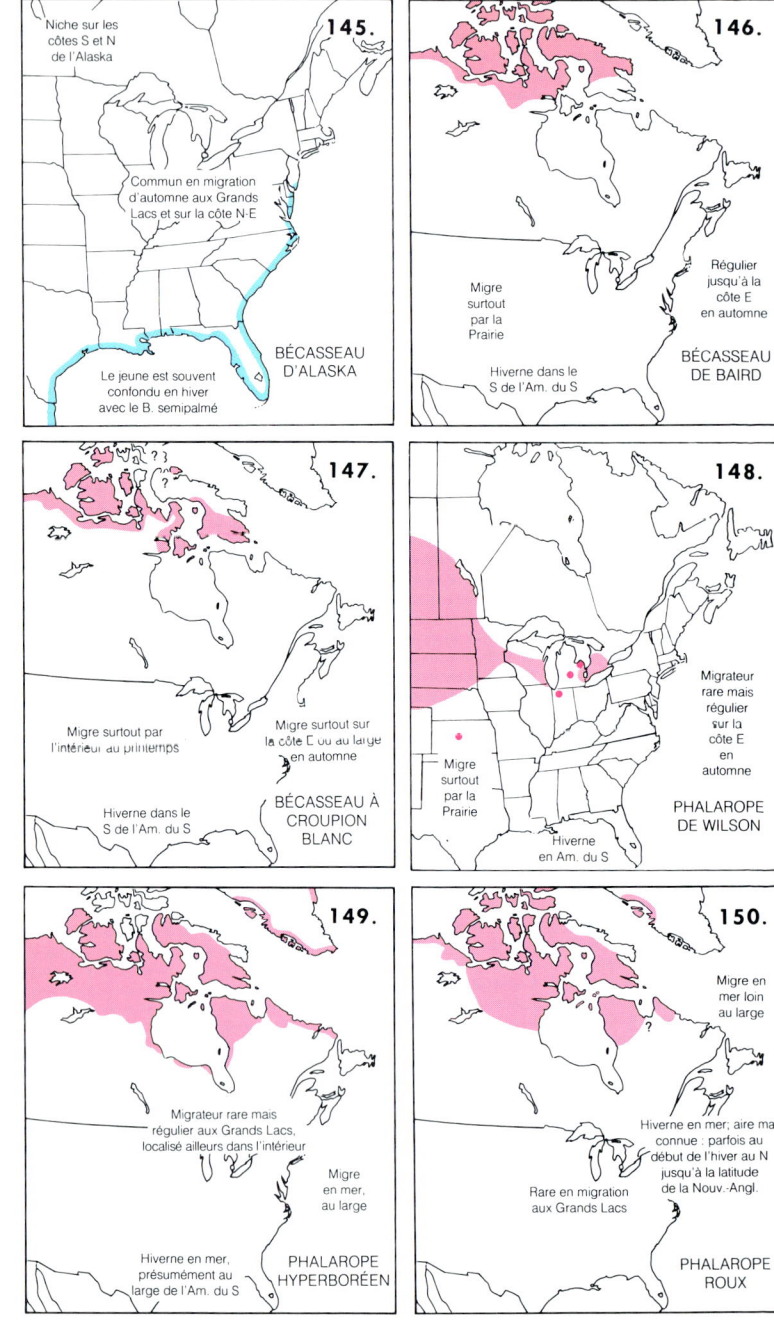

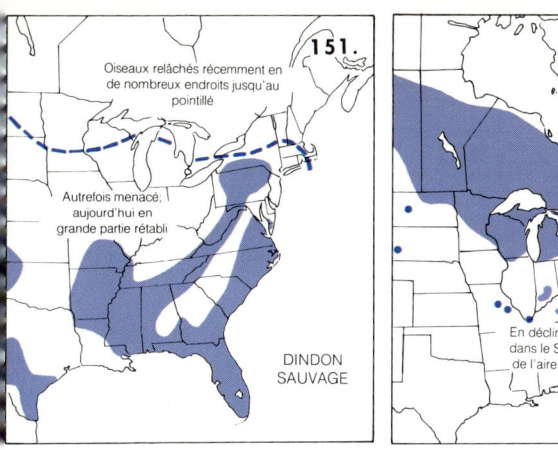
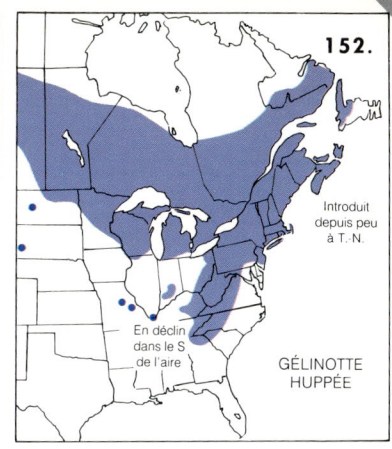
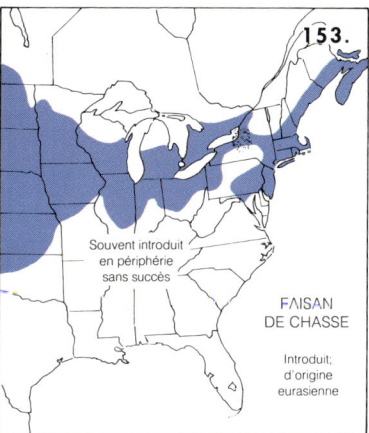
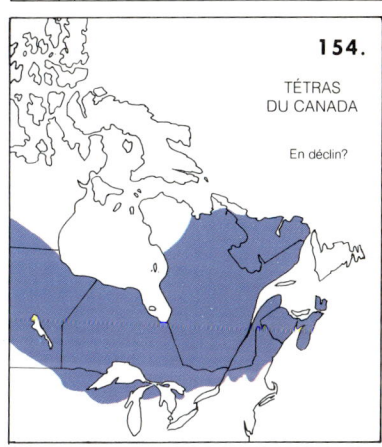
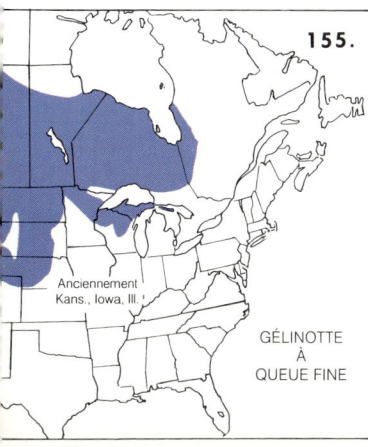
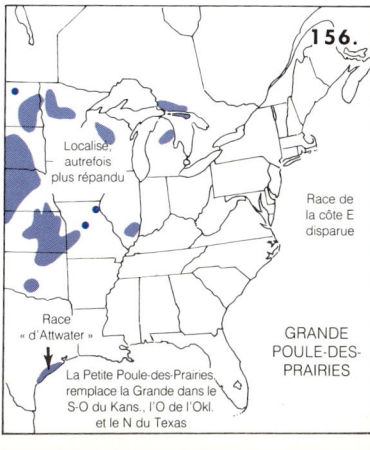

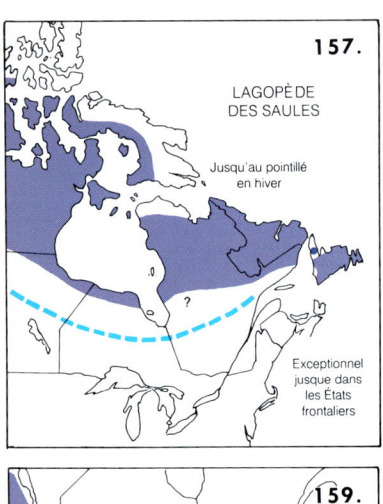
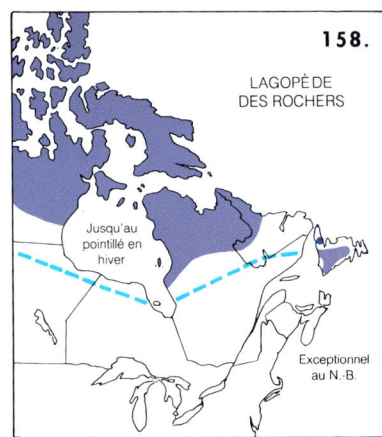
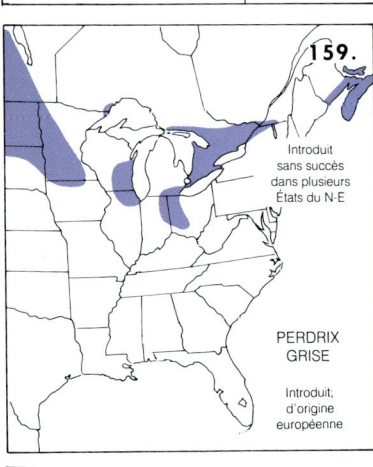
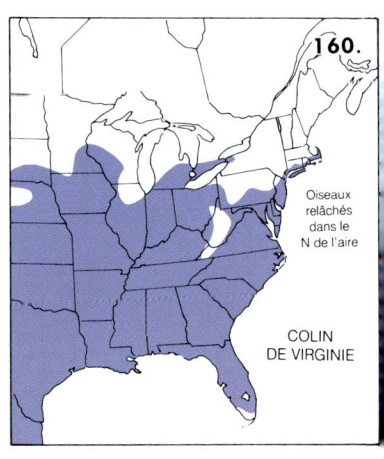
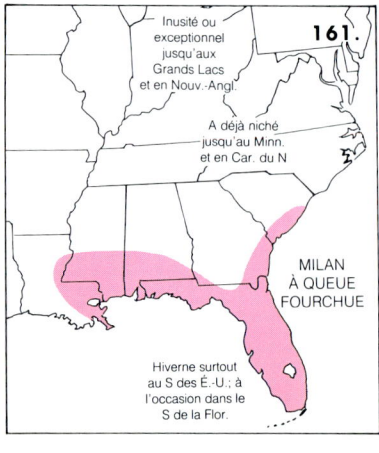
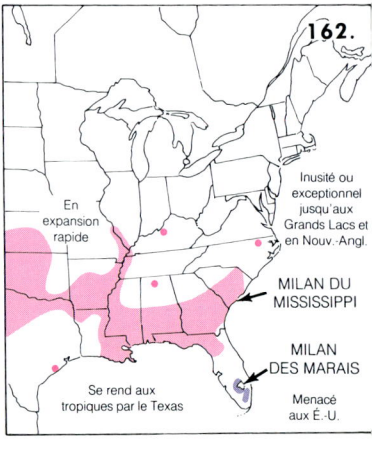

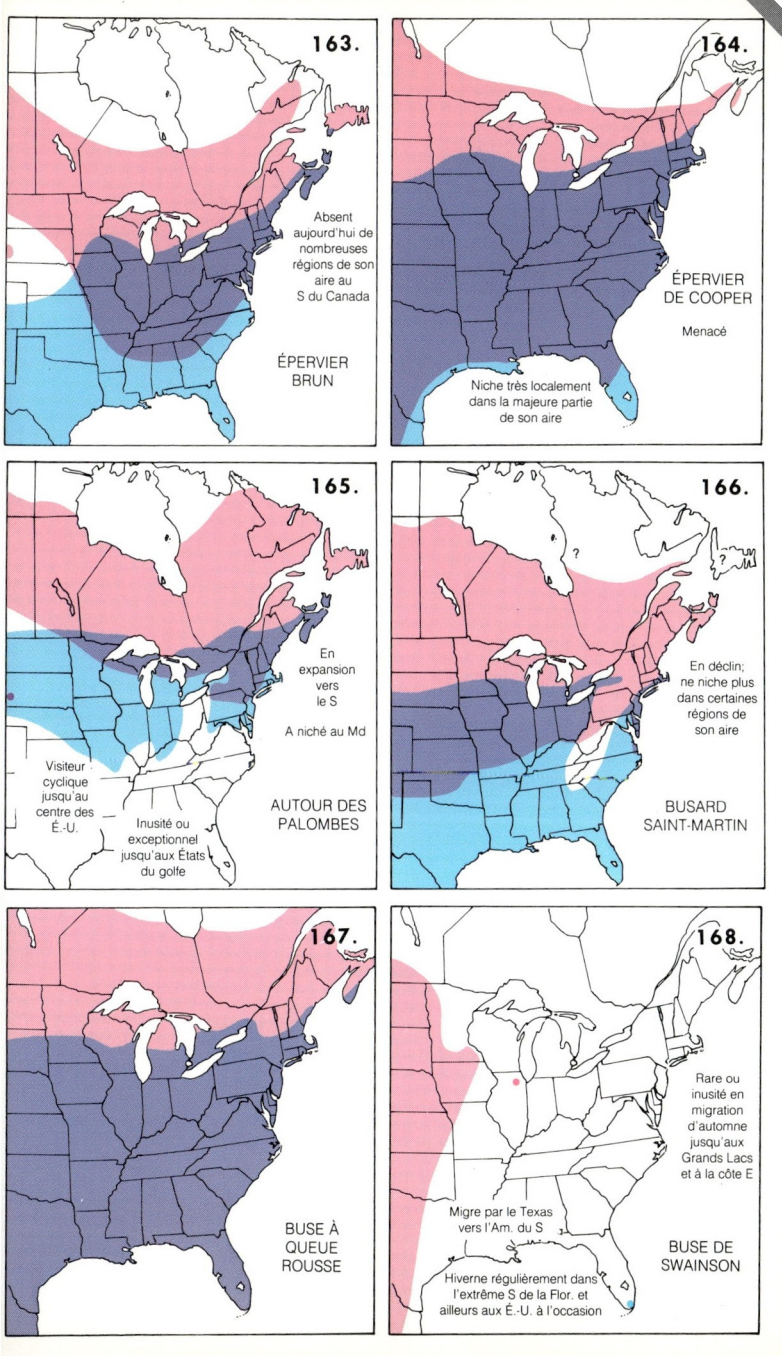

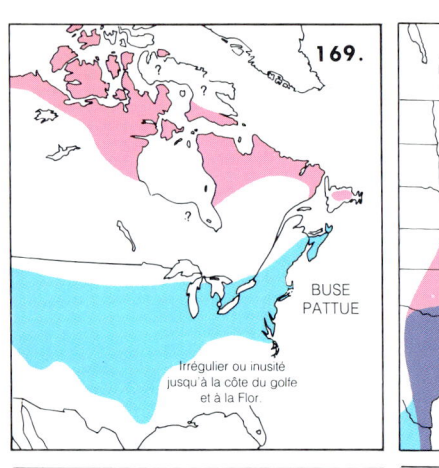
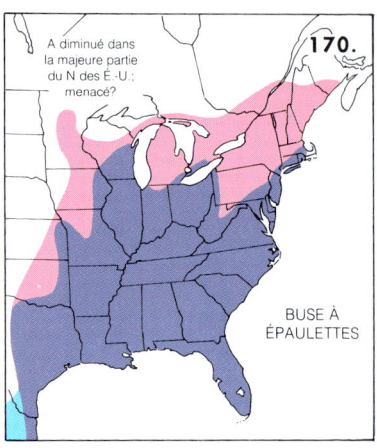
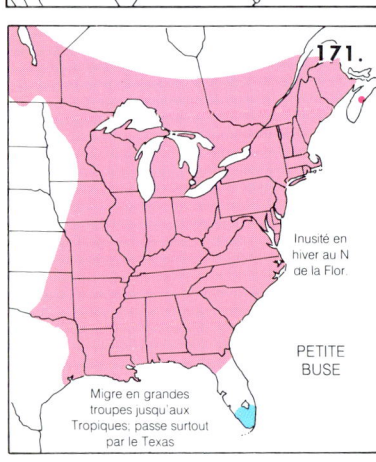
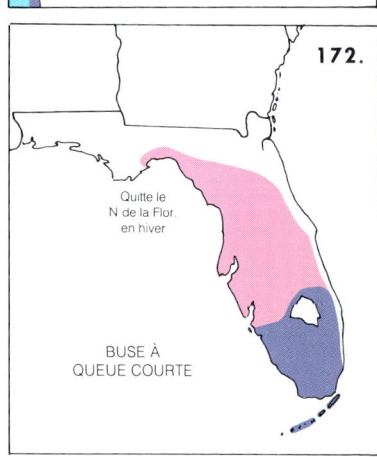
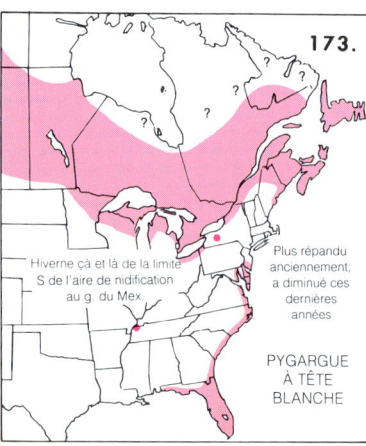
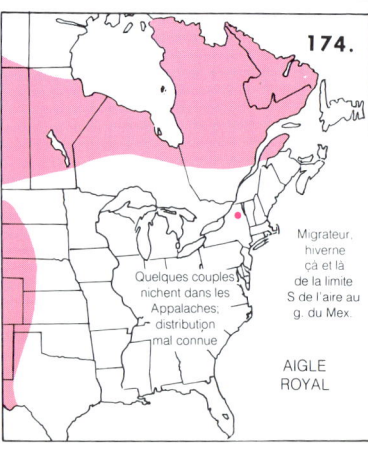

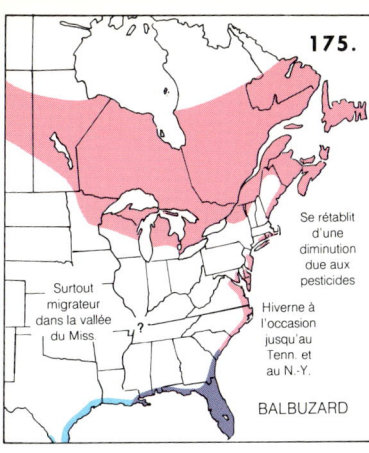
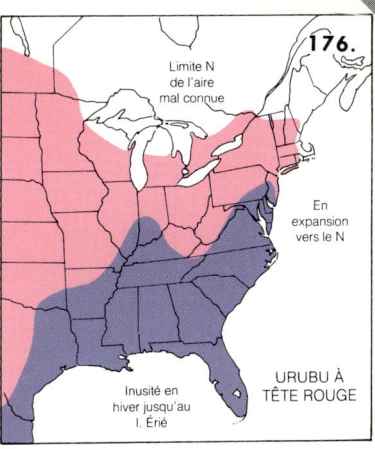
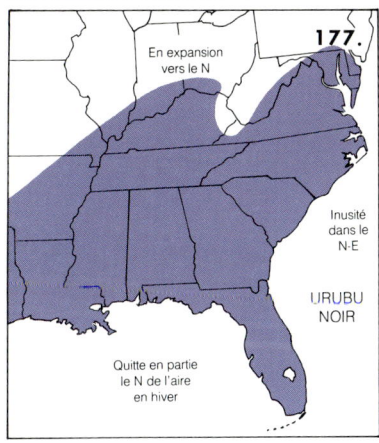
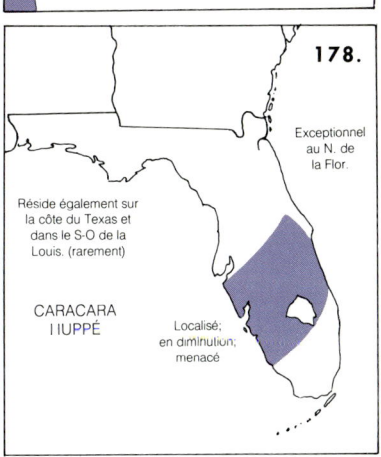
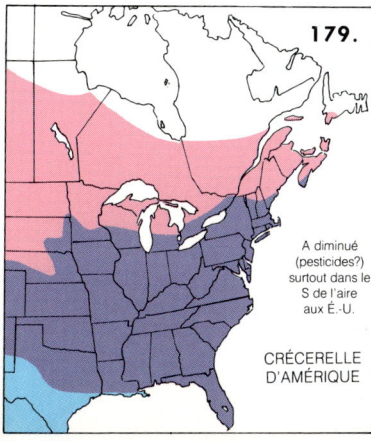
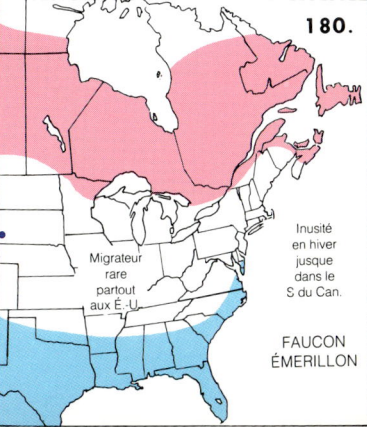

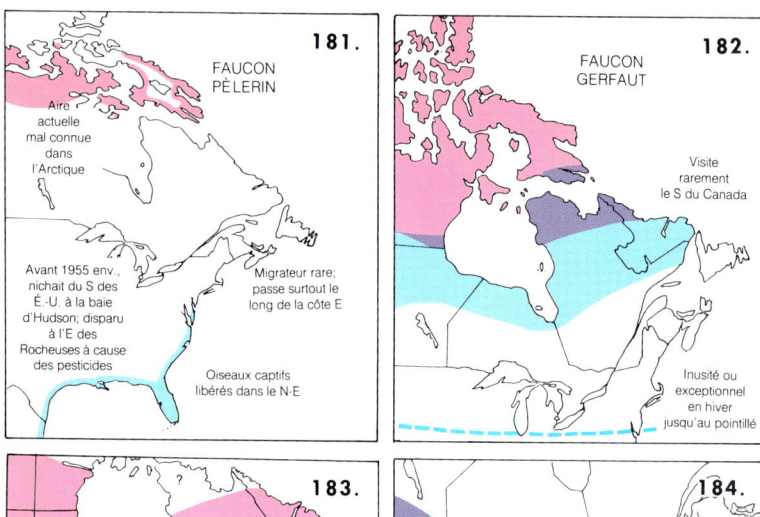
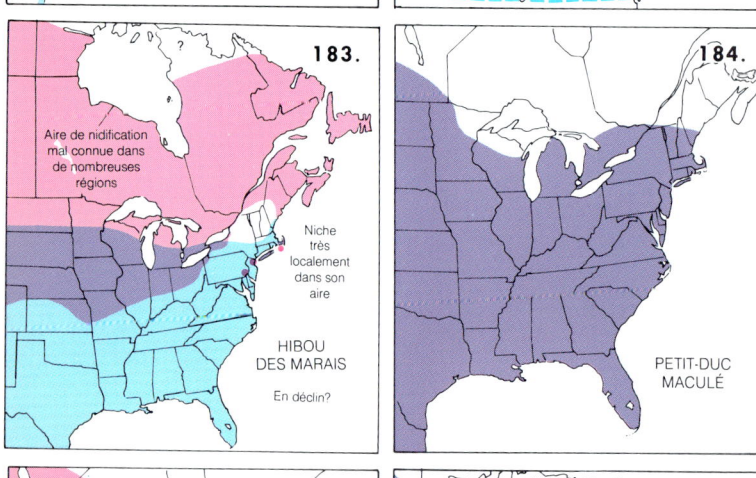
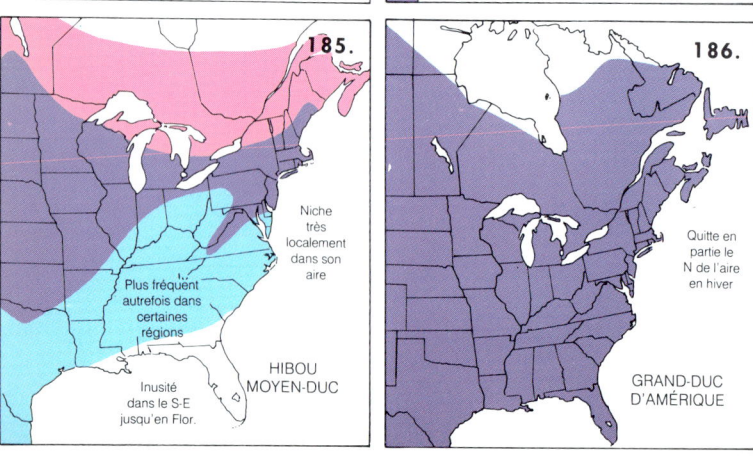

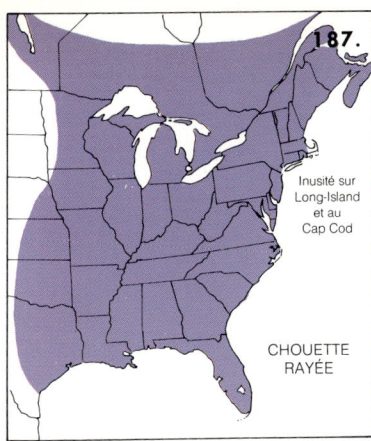
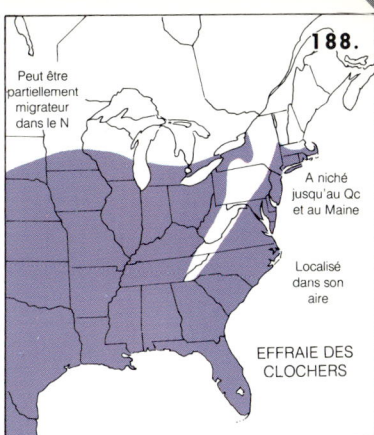
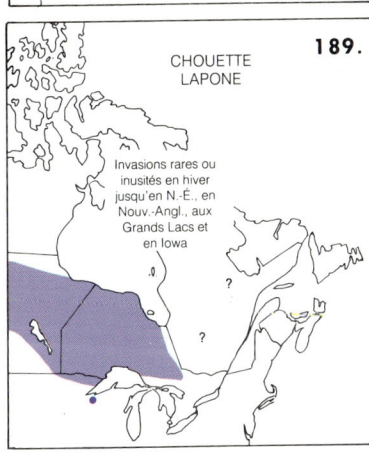
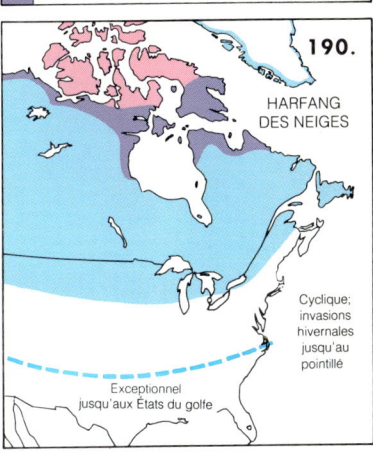
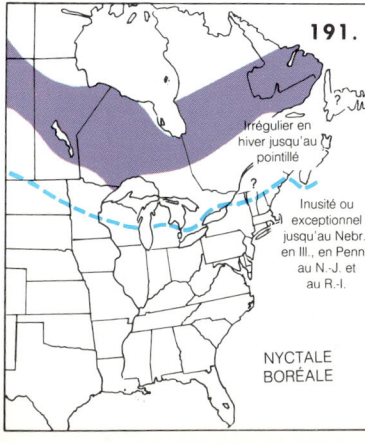
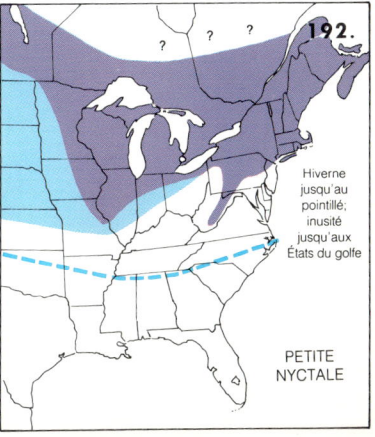

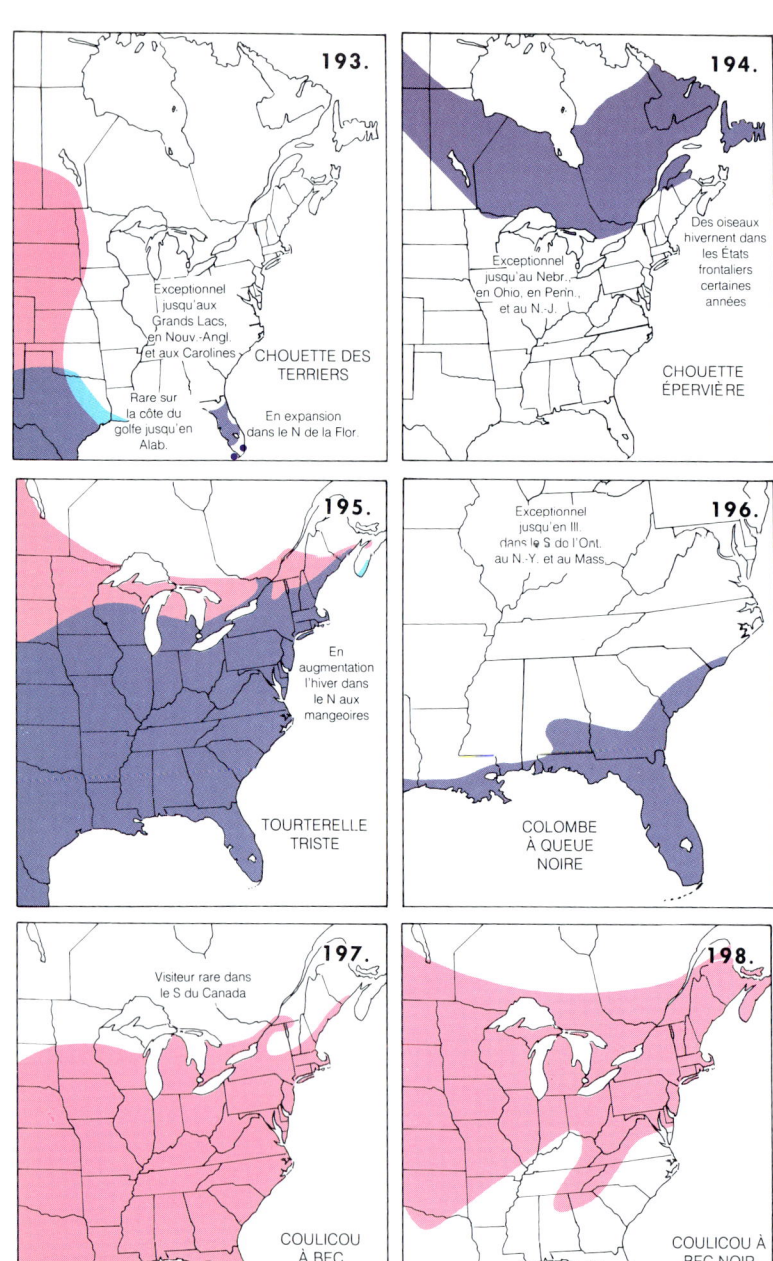

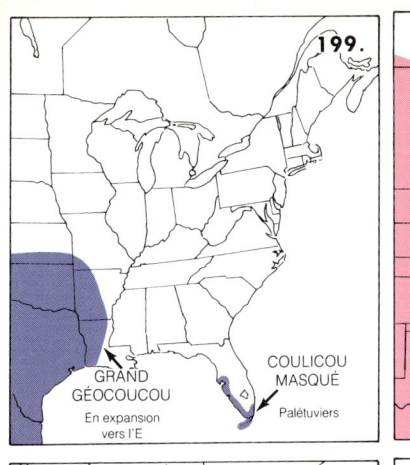
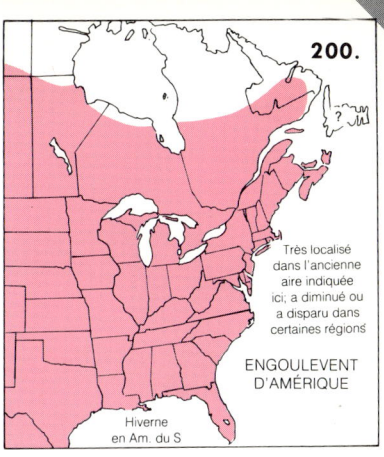
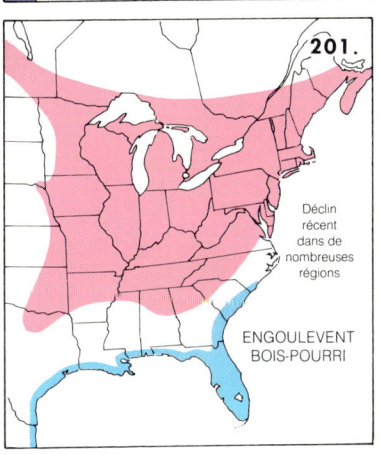
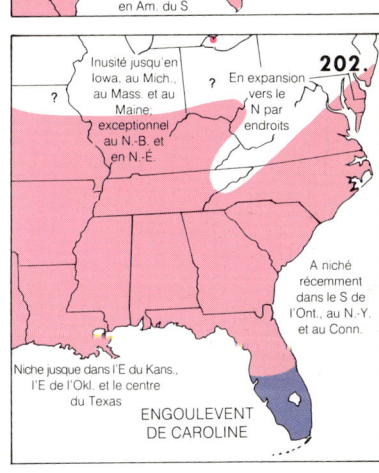
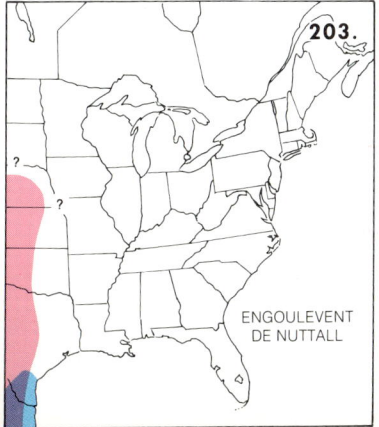
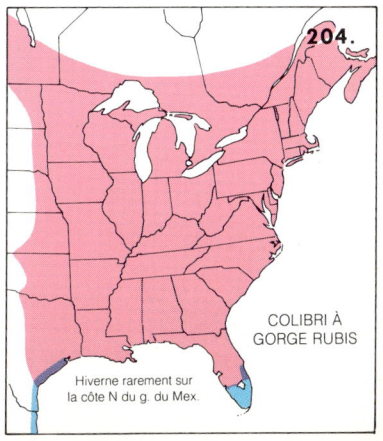

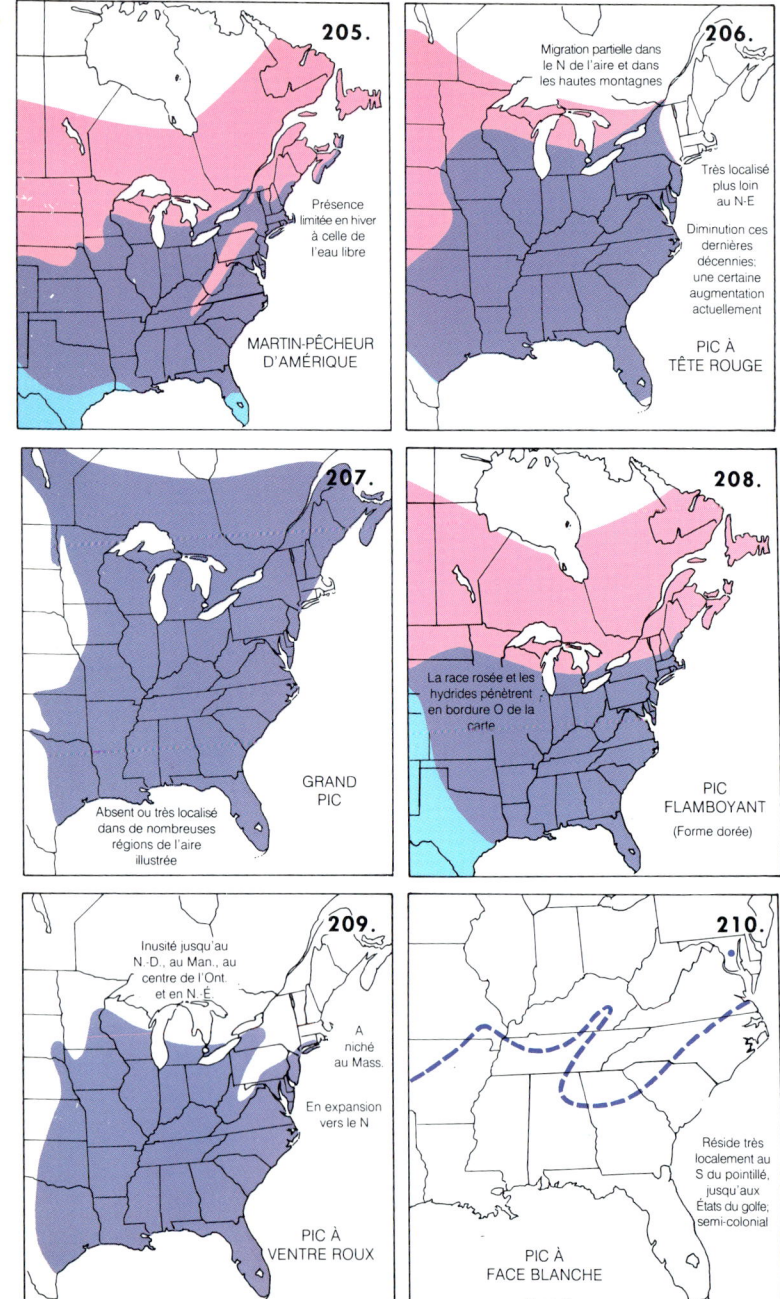

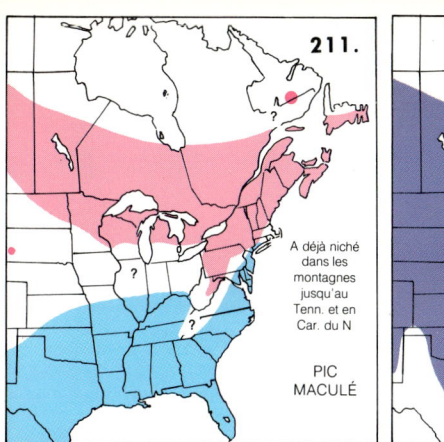
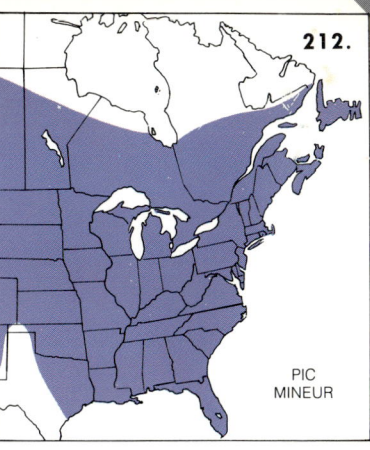
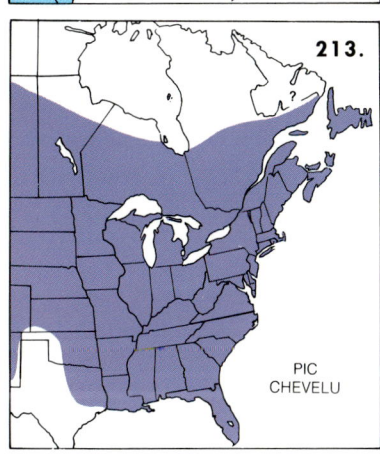
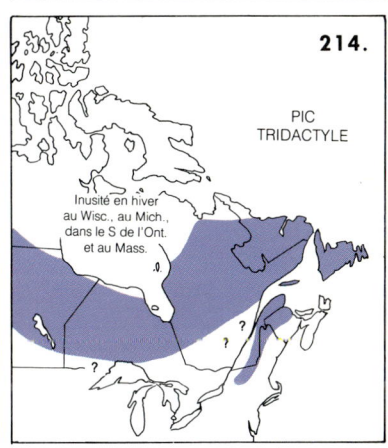
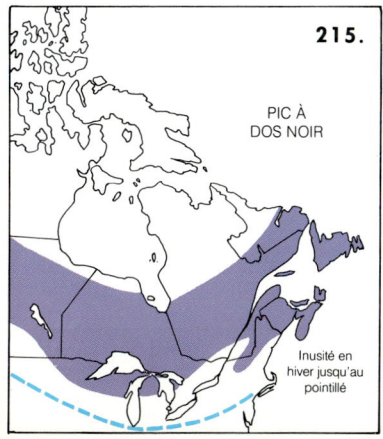
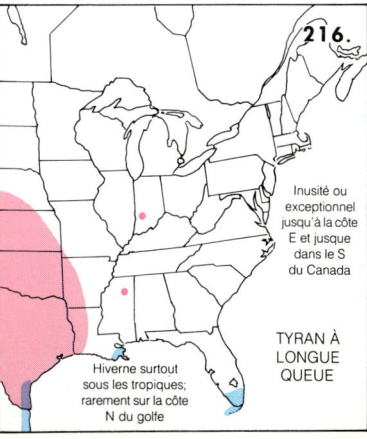

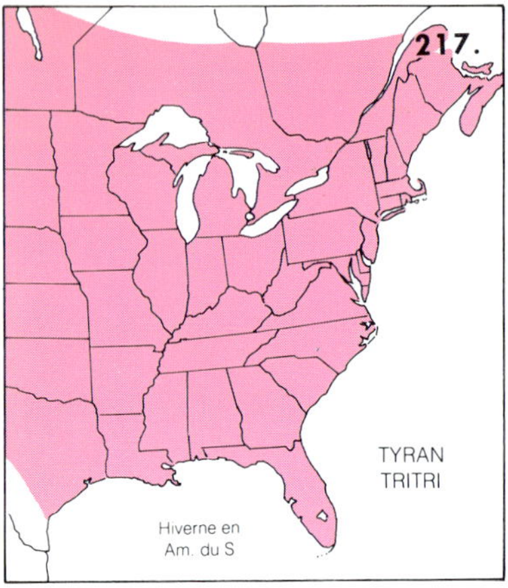
217.
TYRAN
TRITRI
Hiverne en
Am. du S

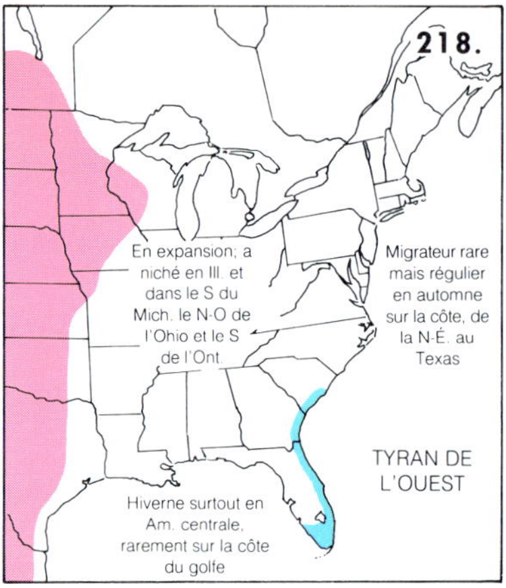
218.
En expansion; a
niché en Ill. et
dans le S du
Mich. le N-O de
l'Ohio et le S
de l'Ont.
Migrateur rare
mais régulier
en automne
sur la côte, de
la N-É. au
Texas
TYRAN DE
L'OUEST
Hiverne surtout en
Am. centrale,
rarement sur la côte
du golfe

219.
Exceptionnel
jusqu'en N.-É.
Nicheur rare
sur la côte de
la Georgie et
de la Car.
du S
Inusité
jusqu'en
Louis.
Niche çà et
là jusqu'en
Alab. et
au Miss.
TYRAN
GRIS
Hiverne
aux Antilles

220.
TYRAN
HUPPÉ
Hiverne surtout du
Mex. à la Colombie

221.
PIOUI DE L'EST
Hiverne en Am. centrale
et du S.; rarement sur la
côte du Texas

222.
?
?
Inusité
en N.-É.
Inusité en
hiver
jusqu'au
N.-Y. et plus
au N; la
plupart ne
survivent
pas
MOUCHEROLLE
PHÉBI

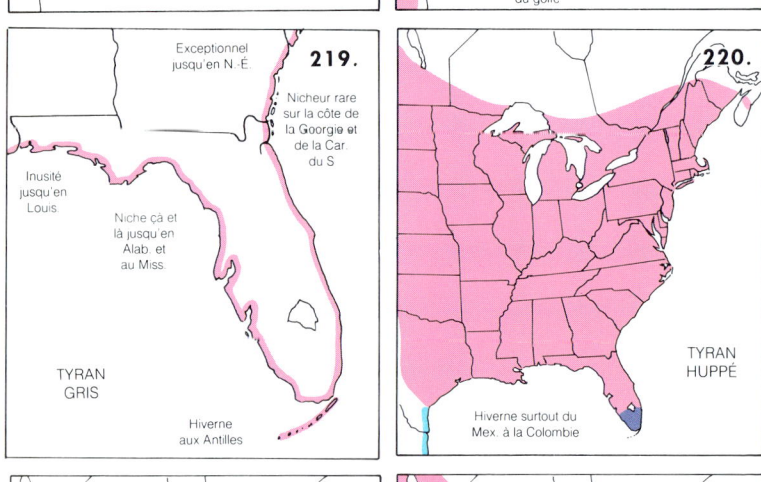

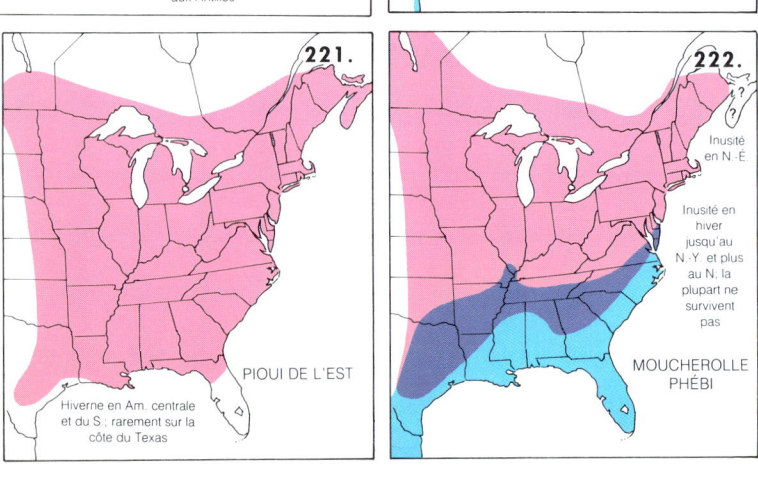

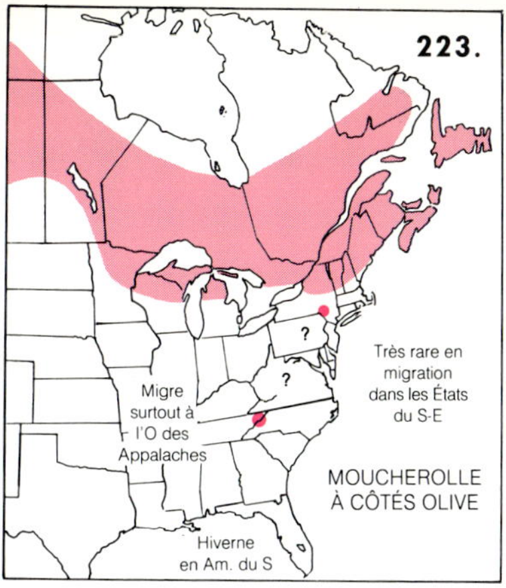

223.
Très rare en migration dans les États du S-E
Migre surtout à l'O des Appalaches
MOUCHEROLLE À CÔTÉS OLIVE
Hiverne en Am. du S

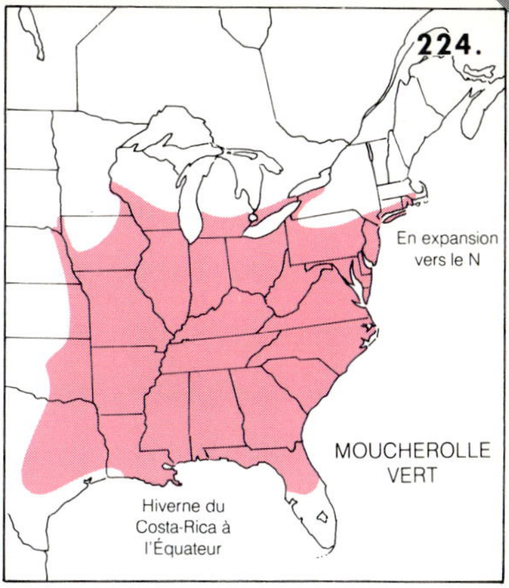

224.
En expansion vers le N
MOUCHEROLLE VERT
Hiverne du Costa-Rica à l'Équateur

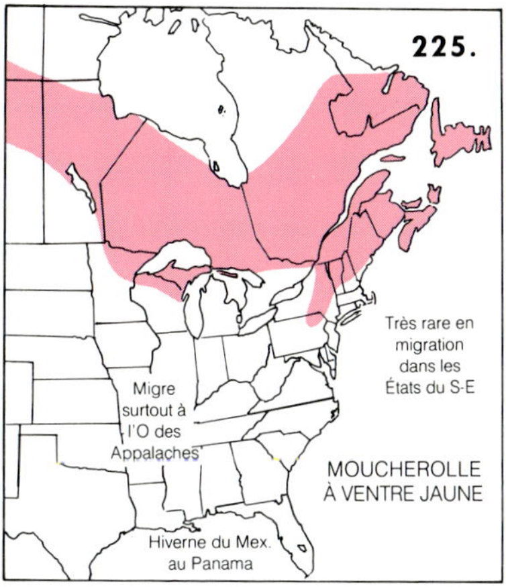

225.
Très rare en migration dans les États du S-E
Migre surtout à l'O des Appalaches
MOUCHEROLLE À VENTRE JAUNE
Hiverne du Mex. au Panama

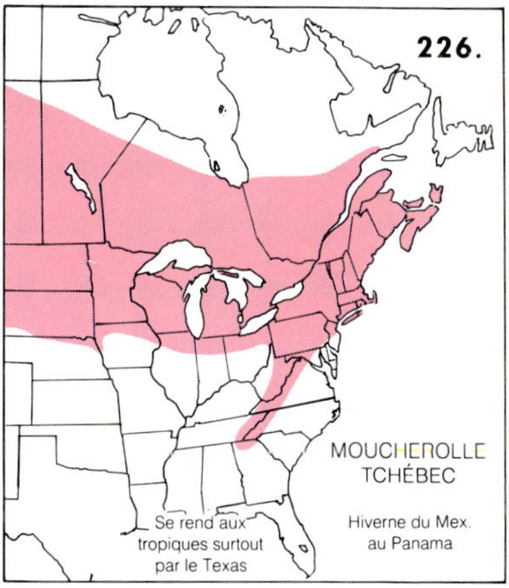

226.
MOUCHEROLLE TCHÉBEC
Hiverne du Mex. au Panama
Se rend aux tropiques surtout par le Texas

227.
En expansion dans toutes les directions aux dépens du M. des aulnes
MOUCHEROLLE DES SAULES
Chant *fitz-biou*
Hiverne en Am. centrale et du S; limites de l'aire mal connues

228.
Aire envahie actuellement par le M. des saules
MOUCHEROLLE DES AULNES
Chant : *roui-bî-yu*
Hiverne en Am. cen. et du S

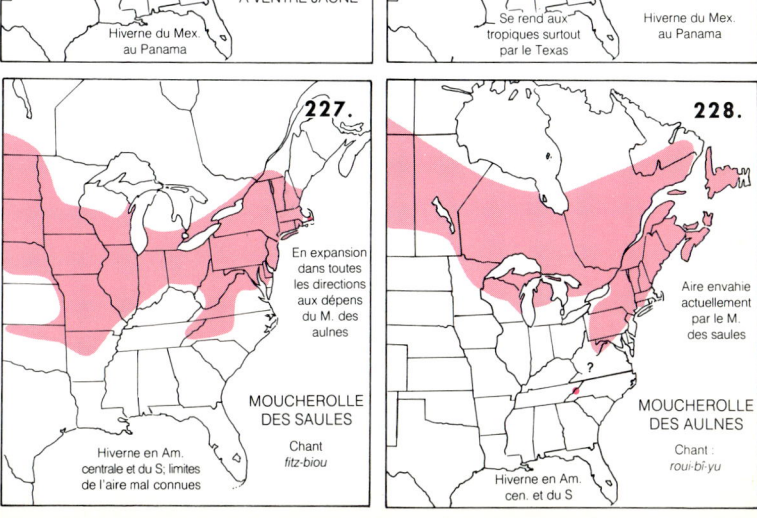

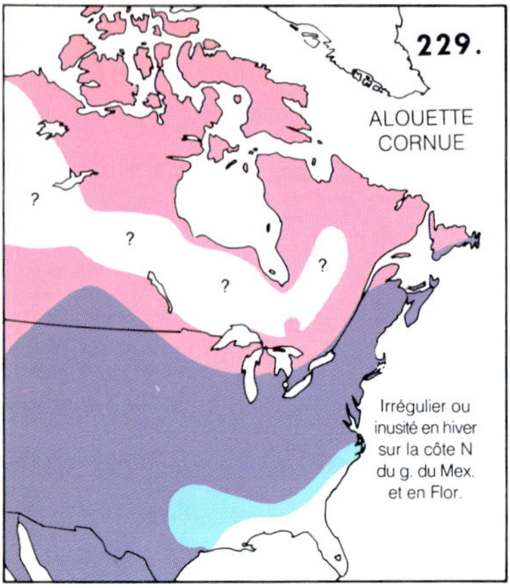
229.
ALOUETTE CORNUE
?
?
?
?
Irrégulier ou inusité en hiver sur la côte N du g. du Mex. et en Flor.

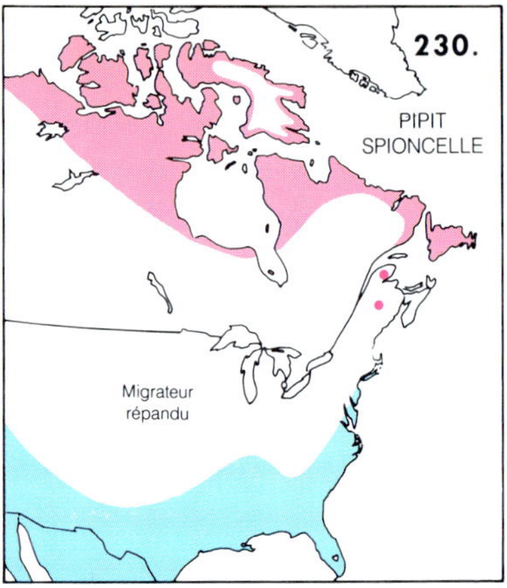
230.
PIPIT SPIONCELLE
Migrateur répandu

231.
Migre à l'O du Miss.
Inusité en hiver jusqu'aux États du S-E
PIPIT DES PRAIRIES

232.
Colonial et localisé; absent des hautes montagnes et de nombreux secteurs
HIRONDELLE NOIRE
Hiverne en Am. du S

233.
Colonial; nicheur très localisé
Nombreuses colonies ancestrales abandonnées dans l'E
?
HIRONDELLE À FRONT BLANC
Hiverne du Brésil à l'Argentine

234.
En expansion au S-E
?
HIRONDELLE DES GRANGES
Hiverne surtout du Costa-Rica à l'Argentine

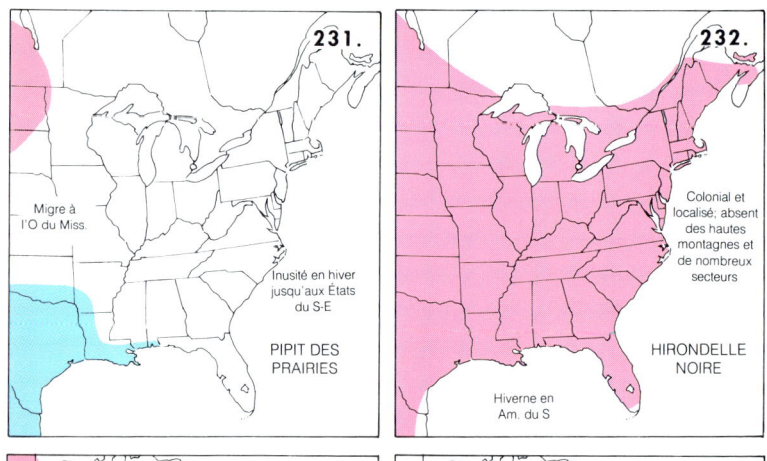

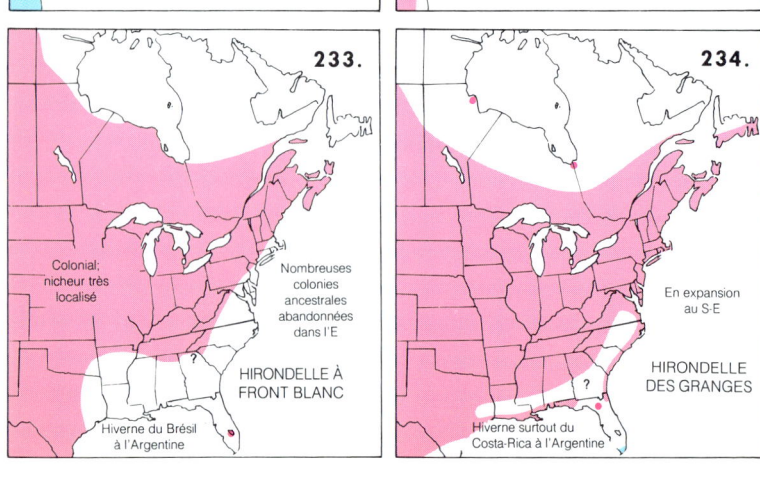

235.
?
HIRONDELLE
BICOLORE

236.
?
HIRONDELLE À
AILES HÉRISSÉES

237.
Colonies très
localisées et
très
dispersées
HIRONDELLE
DE RIVAGE
Hiverne en
Am. du S

238.
Nicheur
localisé;
surtout dans
les villages
et les villes
MARTINET
RAMONEUR
Hiverne dans l'O
de l'Am. du S

239.
En expansion
vers l'amont
des fleuves
CORNEILLE
DE RIVAGE

240.
CORNEILLE
D'AMÉRIQUE

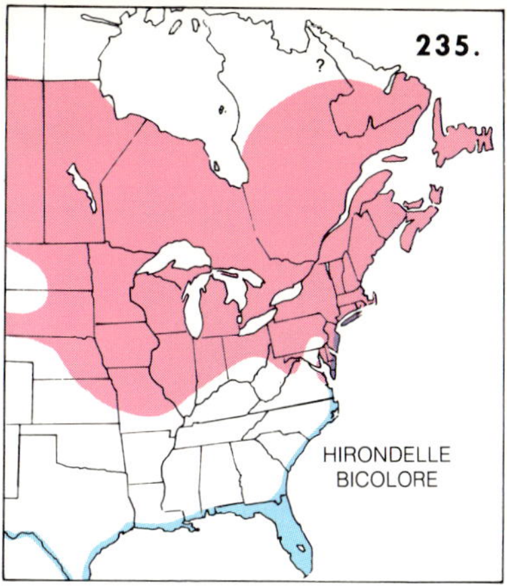

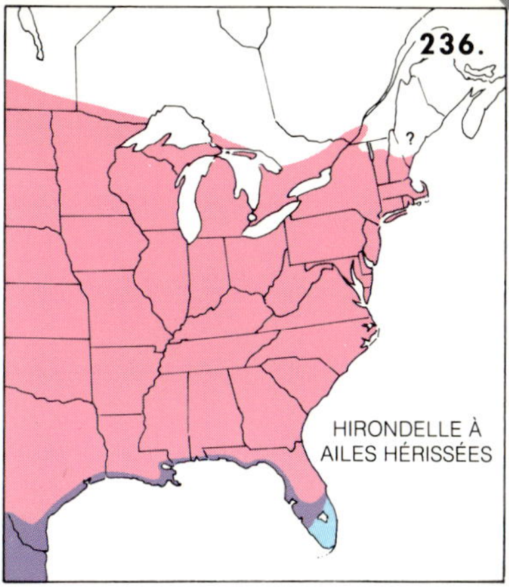

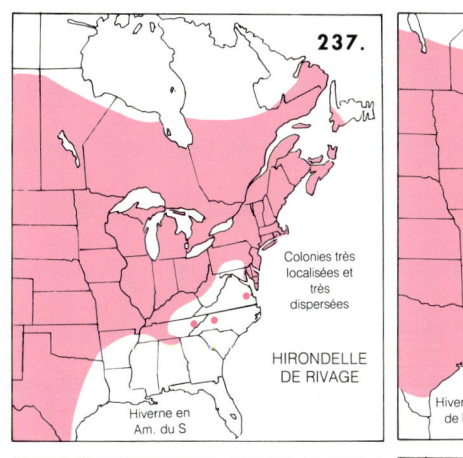

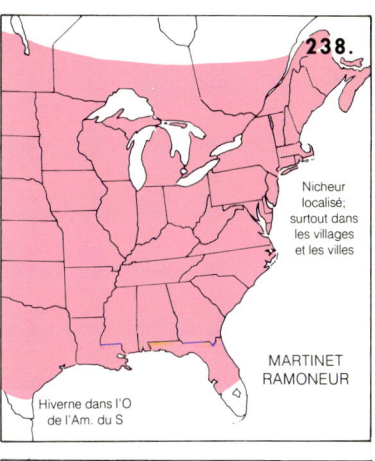

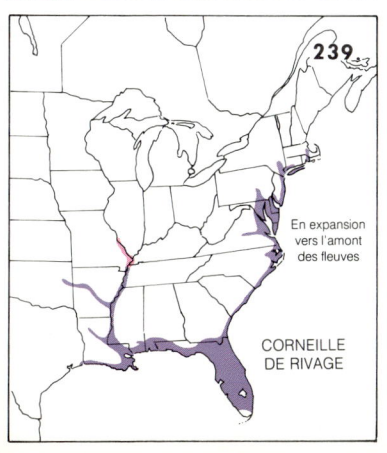

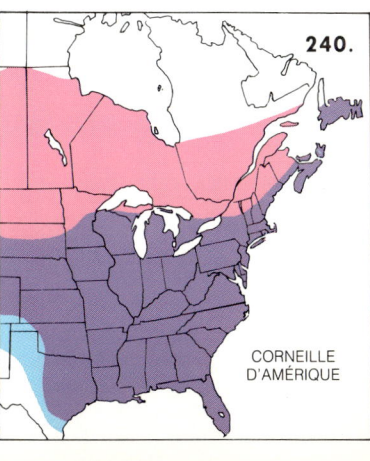

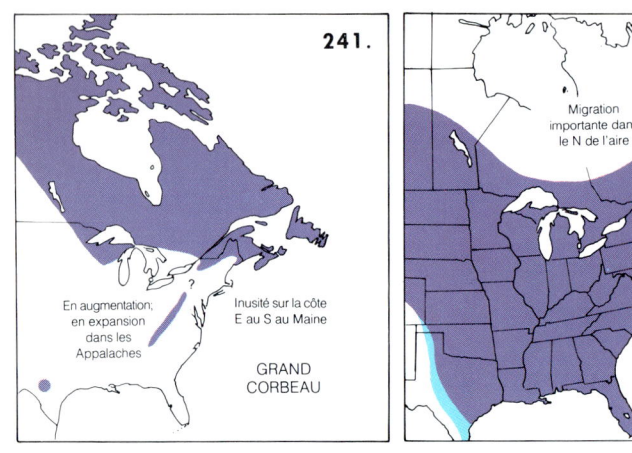
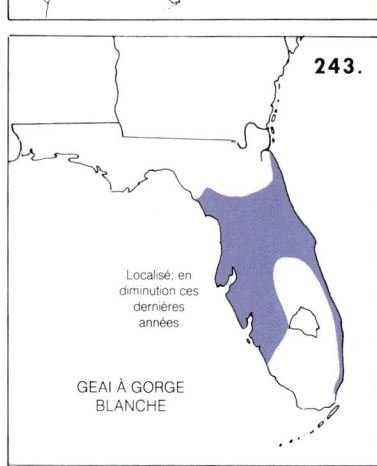
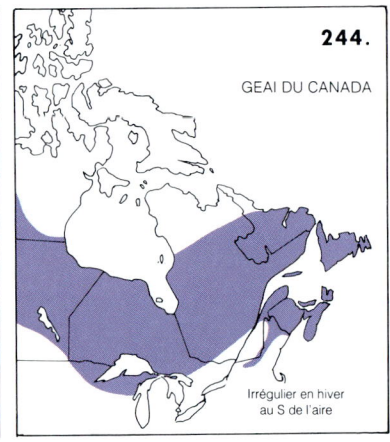
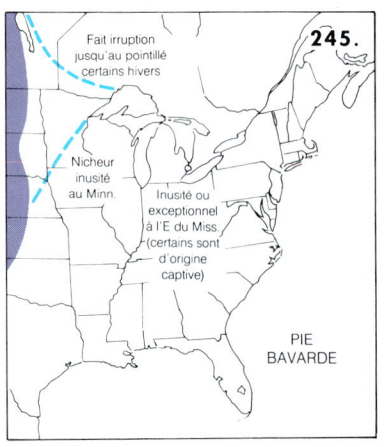
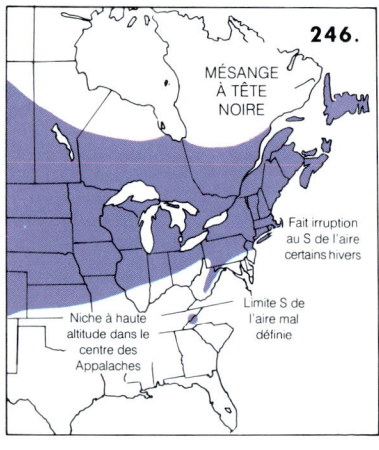

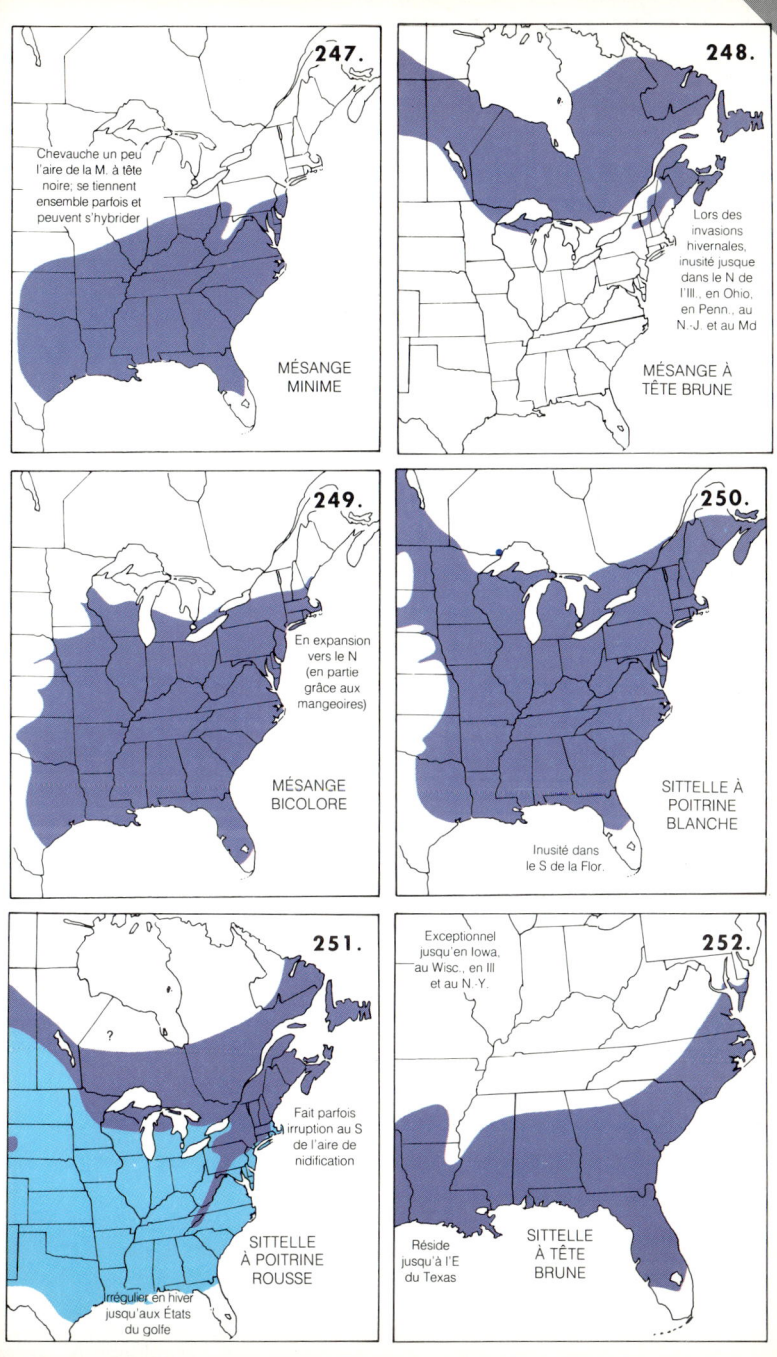

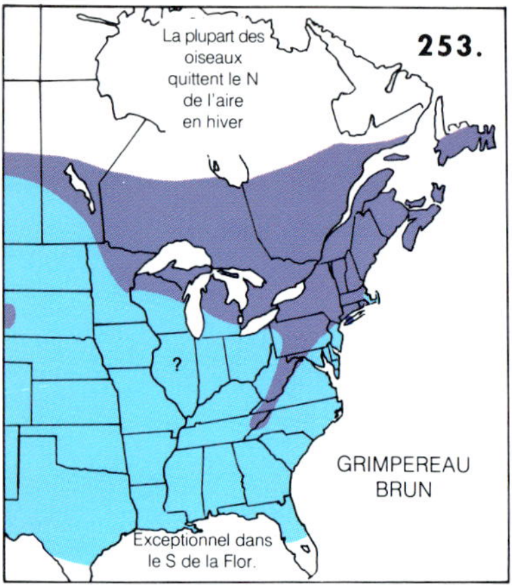

253.
La plupart des oiseaux quittent le N de l'aire en hiver
?
GRIMPEREAU BRUN
Exceptionnel dans le S de la Flor.

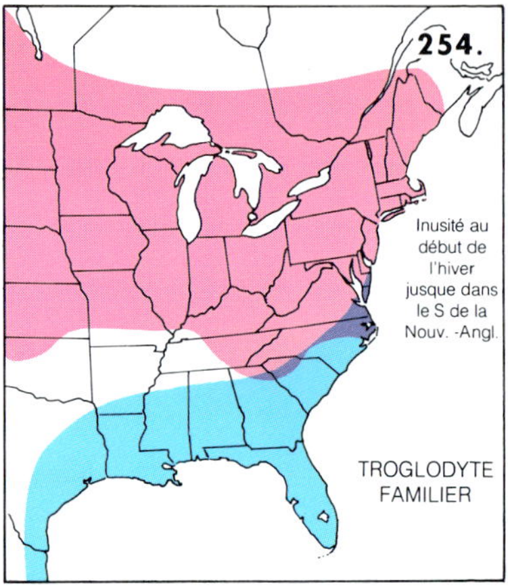

254.
Inusité au début de l'hiver jusque dans le S de la Nouv. -Angl.
TROGLODYTE FAMILIER

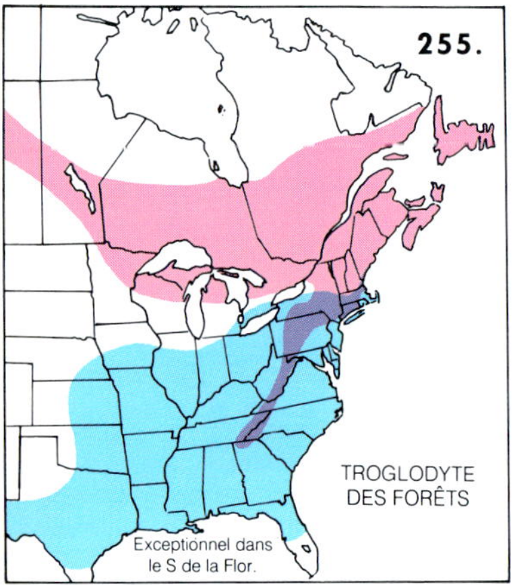

255.
TROGLODYTE DES FORÊTS
Exceptionnel dans le S de la Flor.

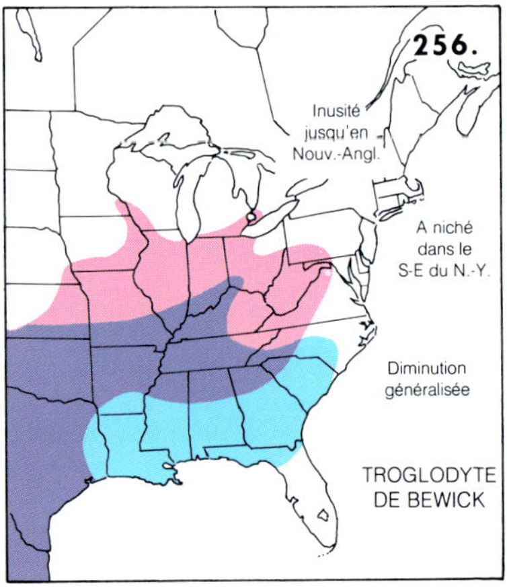

256.
Inusité jusqu'en Nouv.-Angl.
A niché dans le S-E du N.-Y.
Diminution généralisée
TROGLODYTE DE BEWICK

257.
A niché dans le S du Qc
?
?
Fluctuations au N; diminution lors des hivers rigoureux
TROGLODYTE DE CAROLINE

258.
Très localisé dans les marais
Inusité en hiver jusqu'au l. Érié
TROGLODYTE DES MARAIS

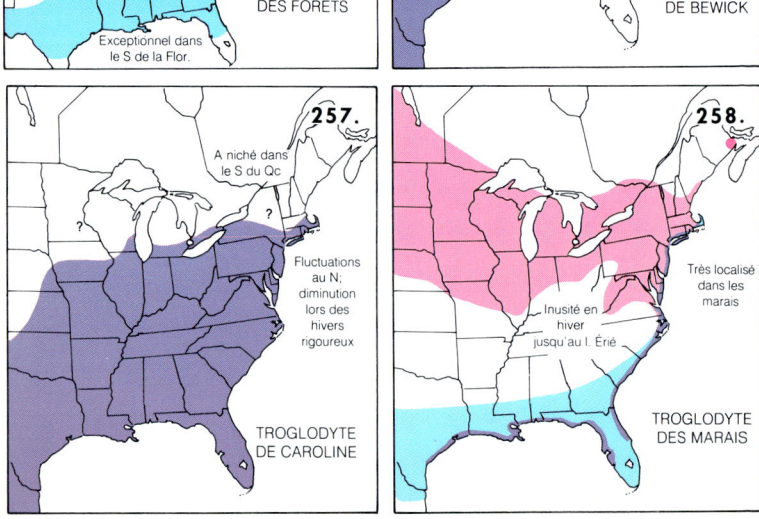

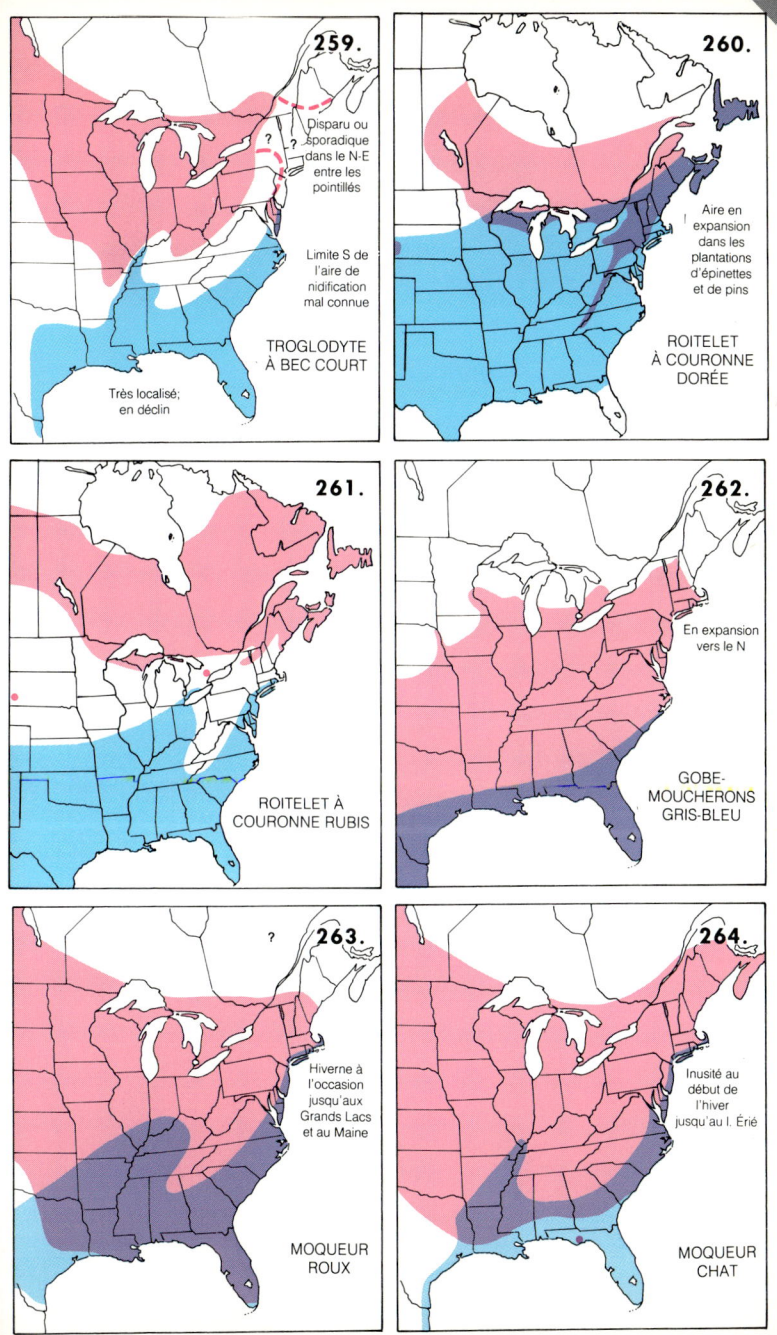

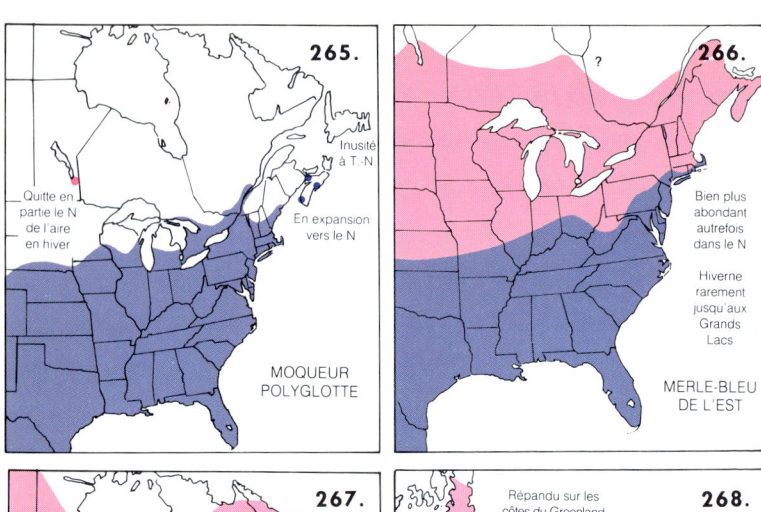
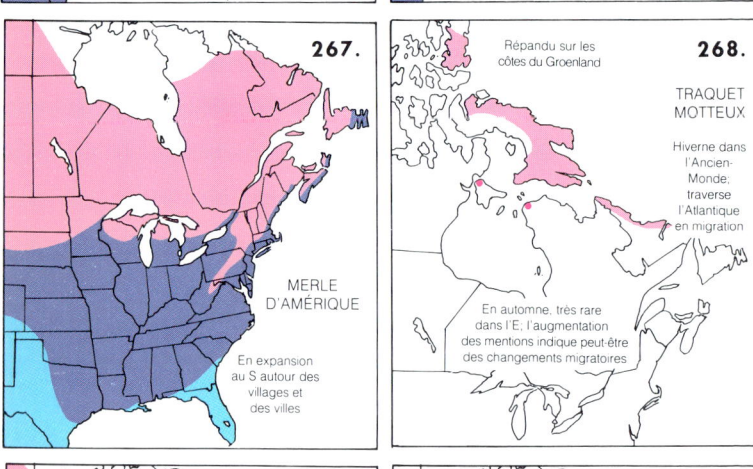
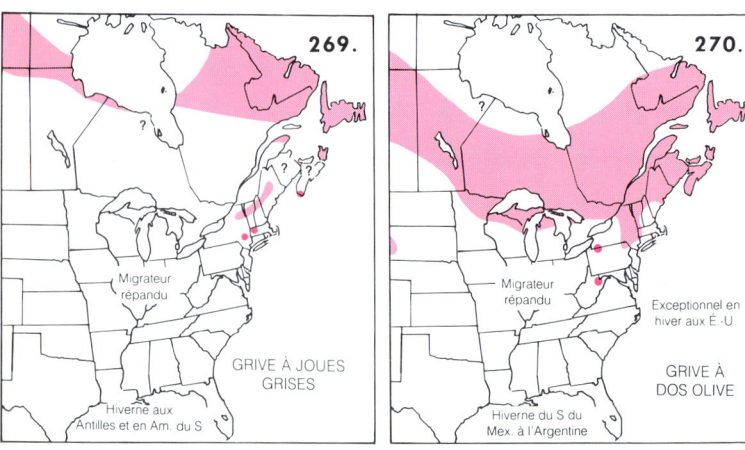

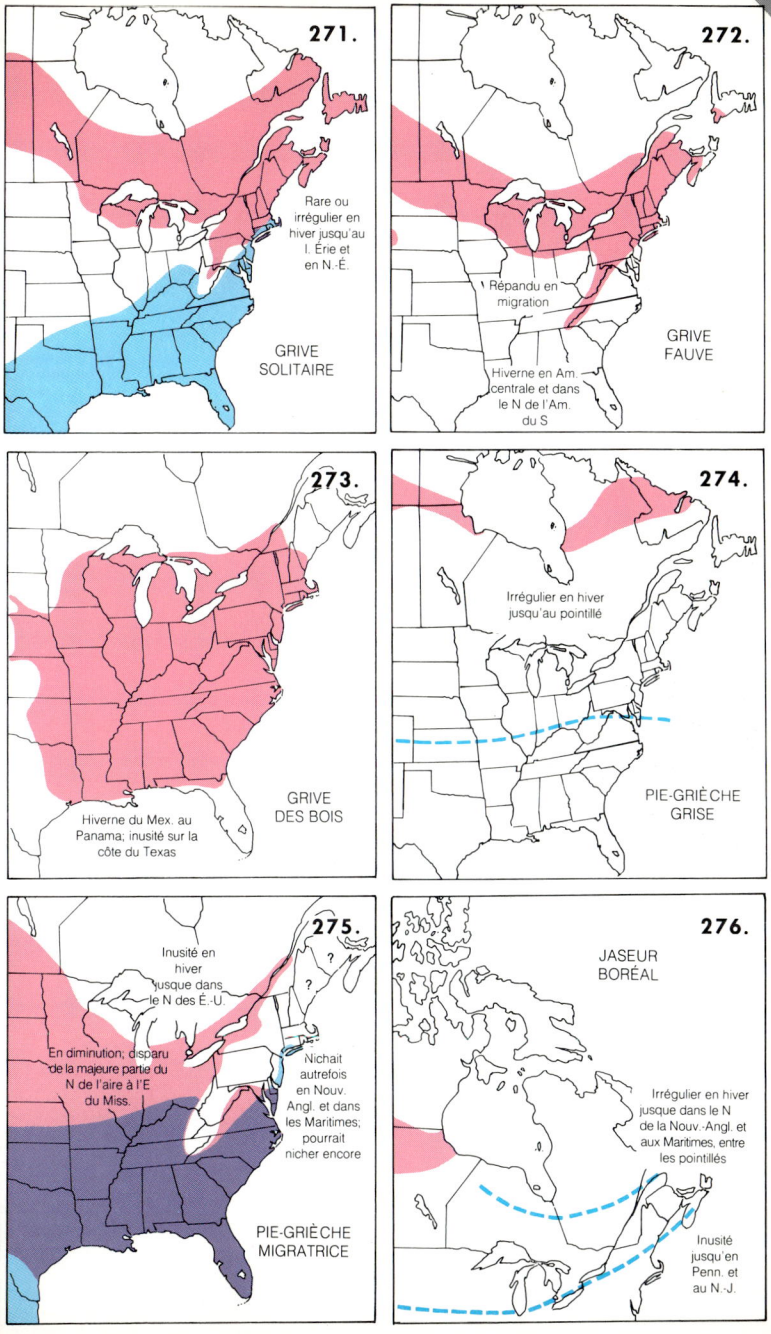

277.
Très irrégulier
et nomade
en hiver
JASEUR
DES CÈDRES

278.
Inusité
à T.-N.
VIRÉO AUX
YEUX ROUGES
Hiverne dans
le N de l'Am. du S

279.
Exceptionnel
en Car. du N
Rare sur la côte
jusqu'en Louis. au
printemps et en été;
pourrait nicher
VIRÉO À
MOUSTACHES
Hiverne dans
le N de l'Am. du S

280.
Inusité
en N.-É.
Très localisé
dans la
majeure partie
de l'aire;
absent des
hautes
montagnes
VIRÉO
MÉLODIEUX
Hiverne au
Mex. et au
Guatemala

281.
VIRÉO DE
PHILADELPHIE
Hiverne du
Mex. au Panama

282.
Inusité au
N.-B. et
en N.-É.
VIRÉO
À GORGE
JAUNE
Hiverne en Am.
tropicale; inusité sur
la côte N du g.
du Mex.

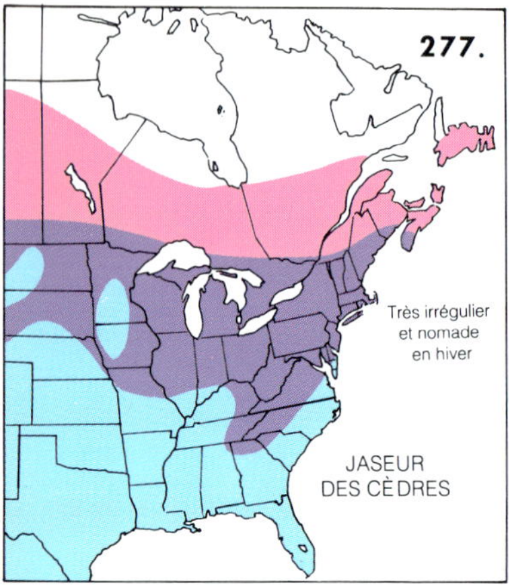

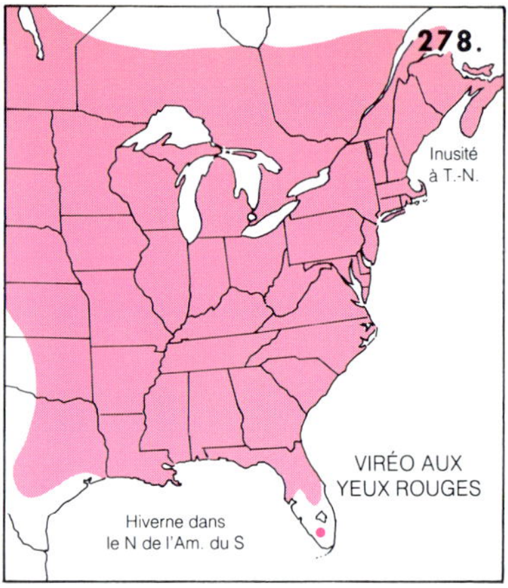

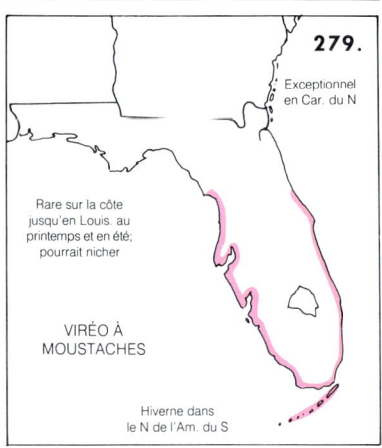

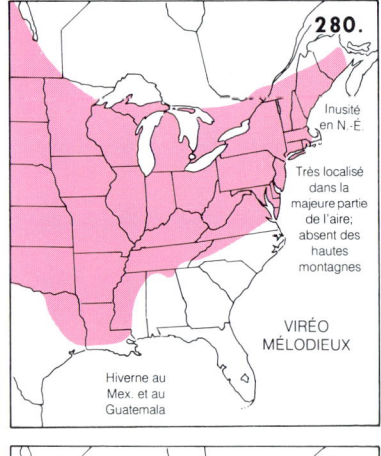

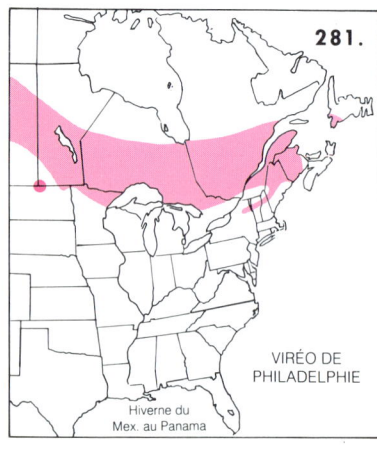

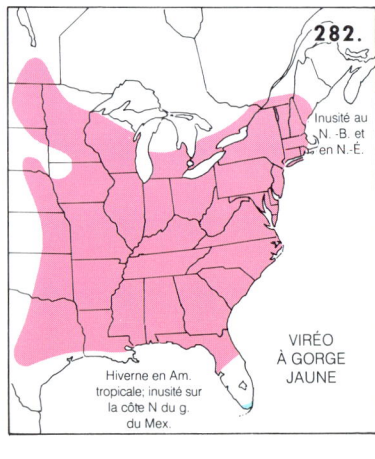

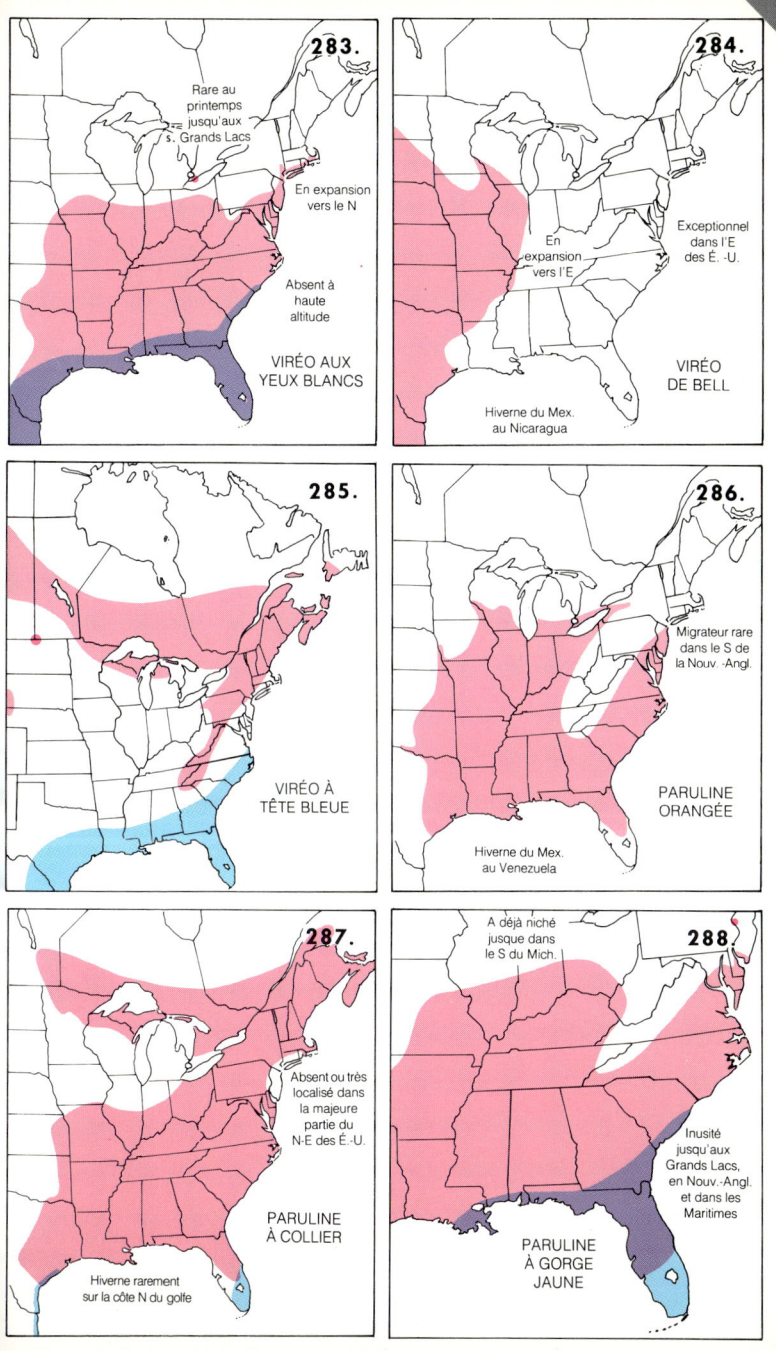

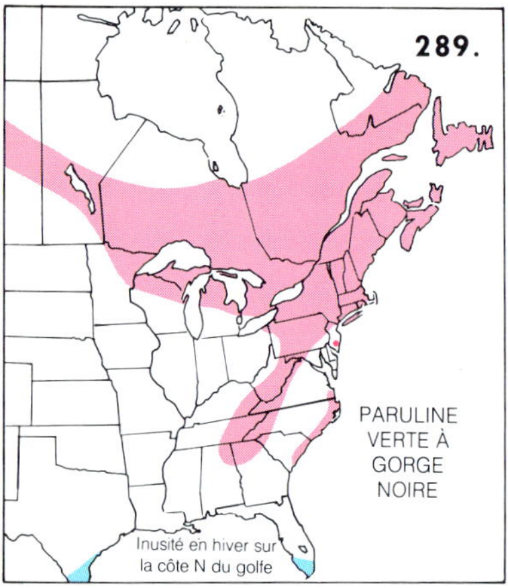
289.
PARULINE
VERTE À
GORGE
NOIRE
Inusité en hiver sur
la côte N du golfe

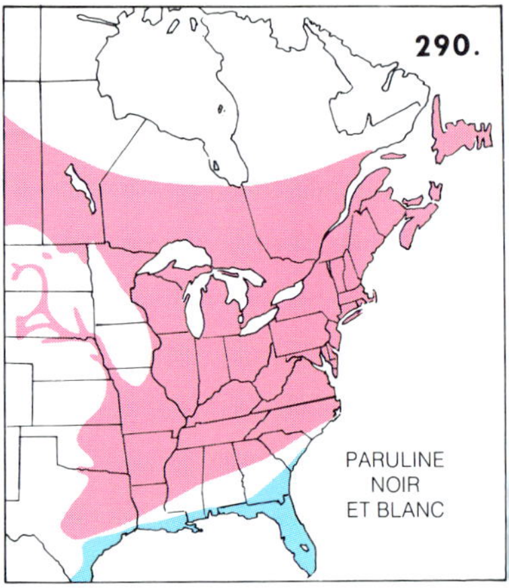
290.
PARULINE
NOIR
ET BLANC

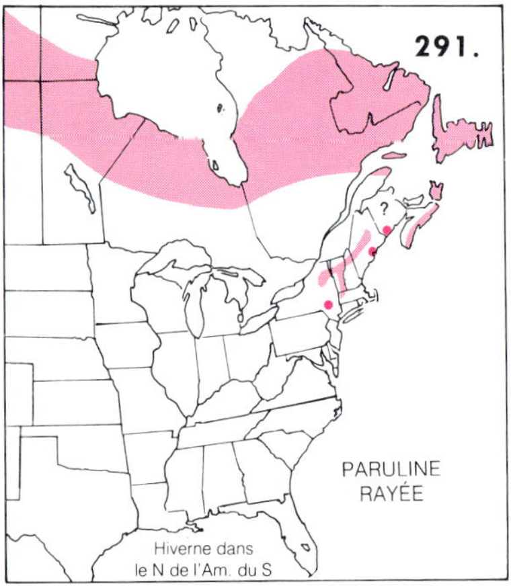
291.
?
PARULINE
RAYÉE
Hiverne dans
le N de l'Am. du S

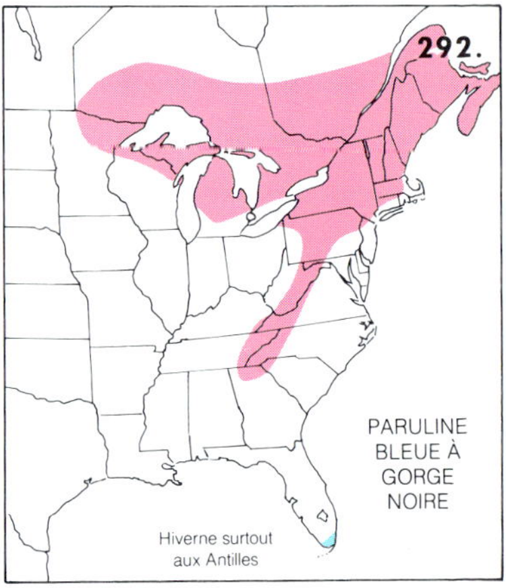
292.
PARULINE
BLEUE À
GORGE
NOIRE
Hiverne surtout
aux Antilles

293.
?
En expansion
dans les États
côtiers
PARULINE
AZURÉE
Hiverne en
Am. du S

294.
PARULINE À
TÊTE CENDRÉE
Hiverne surtout aux
Antilles et du Mex.
au Panama
Inusité en hiver
sur la côte
du golfe

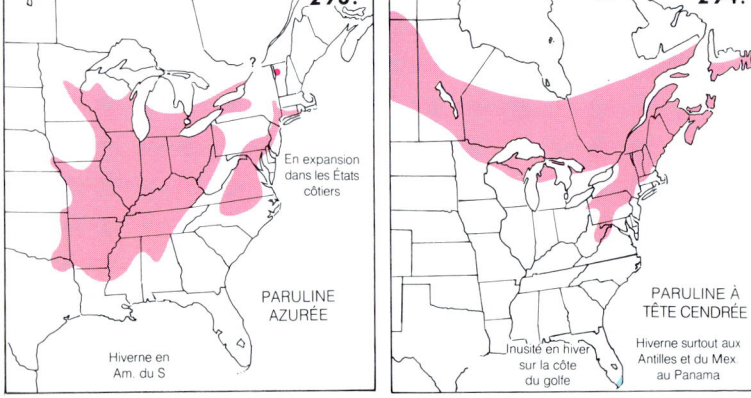

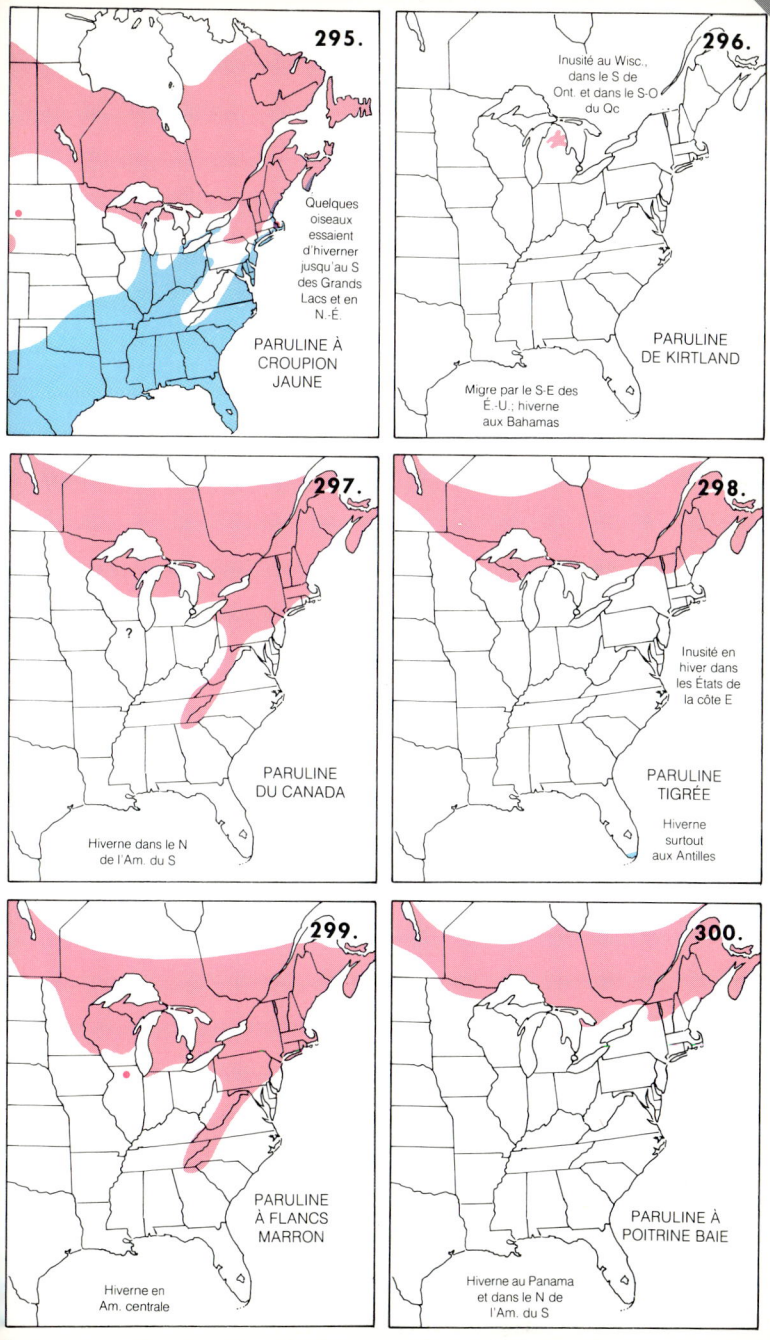

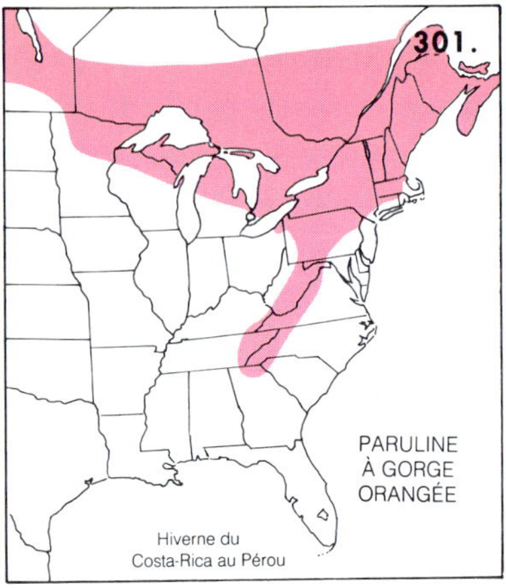
301.
PARULINE
À GORGE
ORANGÉE
Hiverne du
Costa-Rica au Pérou

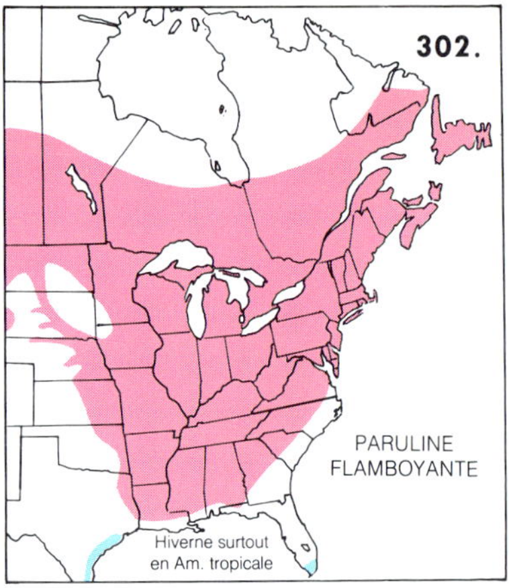
302.
PARULINE
FLAMBOYANTE
Hiverne surtout
en Am. tropicale

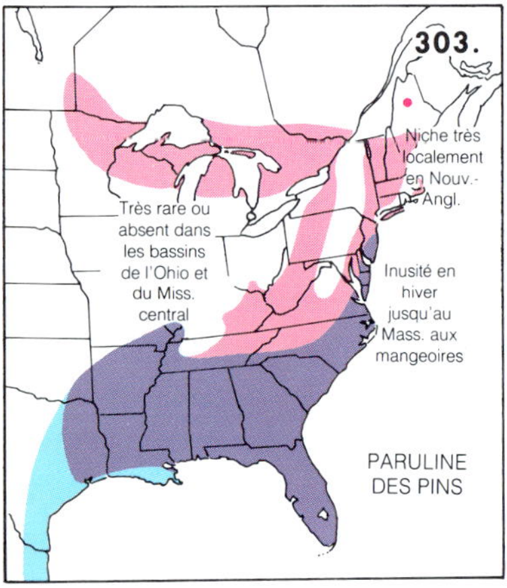
303.
Niche très
localement
en Nouv.-
Angl.
Très rare ou
absent dans
les bassins
de l'Ohio et
du Miss.
central
Inusité en
hiver
jusqu'au
Mass. aux
mangeoires
PARULINE
DES PINS

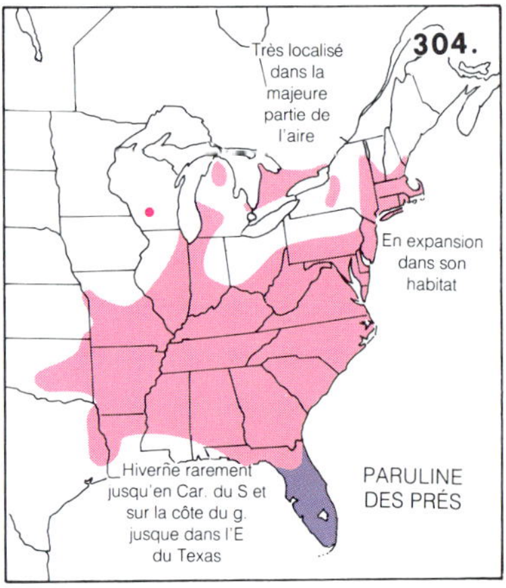
304.
Très localisé
dans la
majeure
partie de
l'aire
En expansion
dans son
habitat
Hiverne rarement
jusqu'en Car. du S et
sur la côte du g.
jusque dans l'E
du Texas
PARULINE
DES PRÉS

305.
Inusité en
hiver
jusqu'en N.-É.
PARULINE
À COURONNE
ROUSSE

306.
En expansion;
supplante
graduellement
la P. à ailes
dorées
?
PARULINE
À AILES
BLEUES
Hiverne du S
du Mex.
au Panama

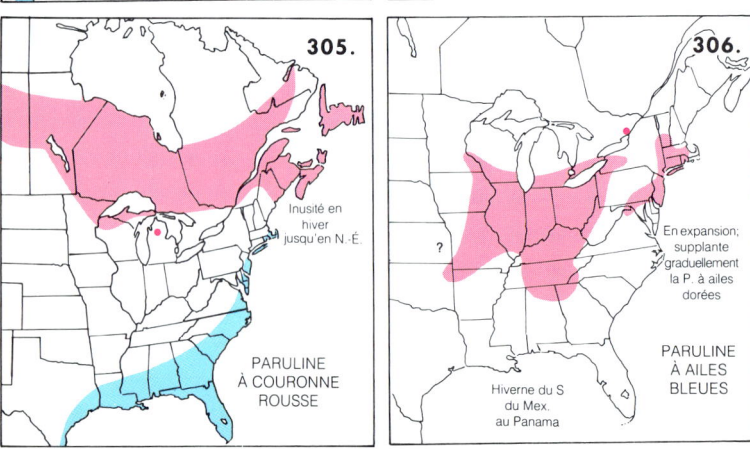

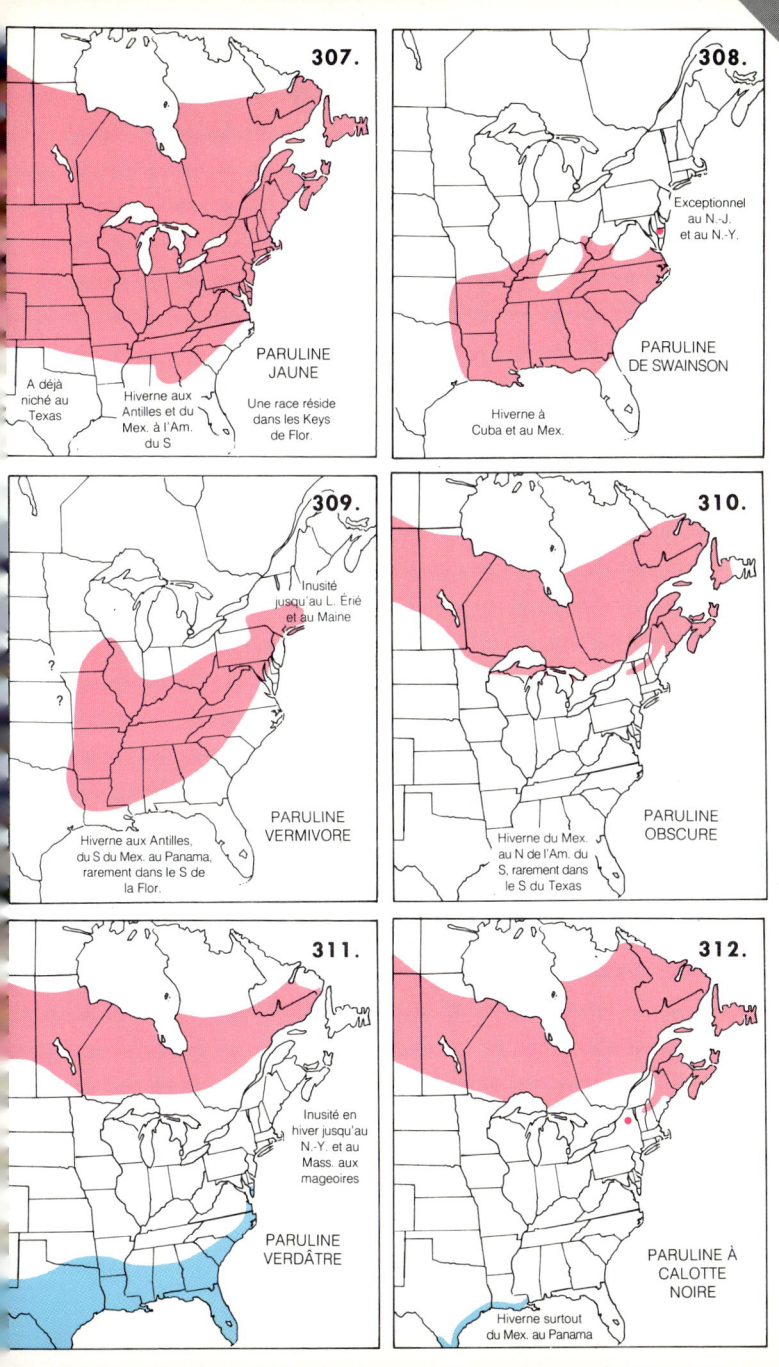

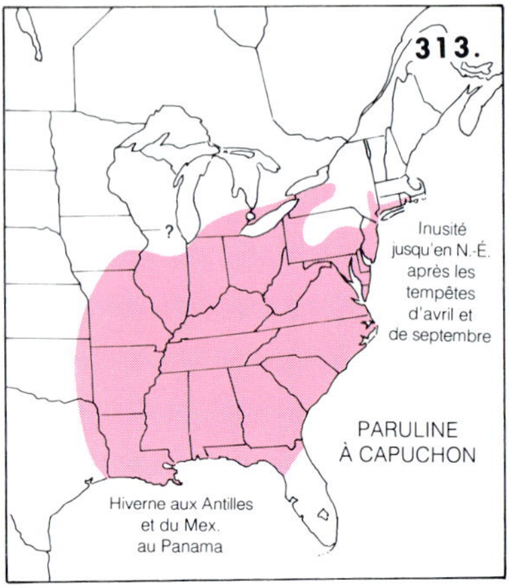
313.
?
Inusité
jusqu'en N.-É.
après les
tempêtes
d'avril et
de septembre
PARULINE
À CAPUCHON
Hiverne aux Antilles
et du Mex.
au Panama

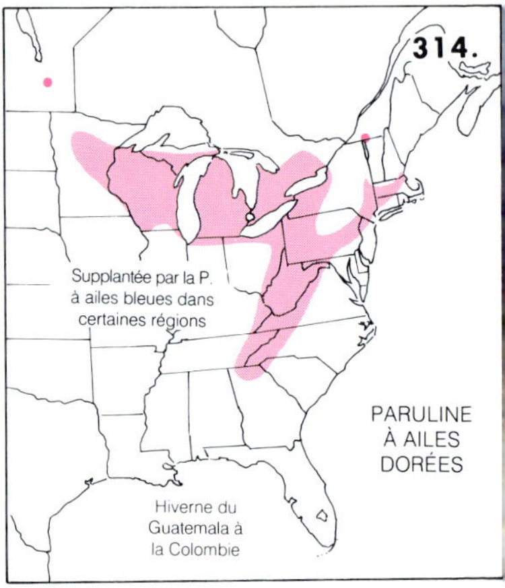
314.
Supplantée par la P.
à ailes bleues dans
certaines régions
PARULINE
À AILES
DORÉES
Hiverne du
Guatemala à
la Colombie

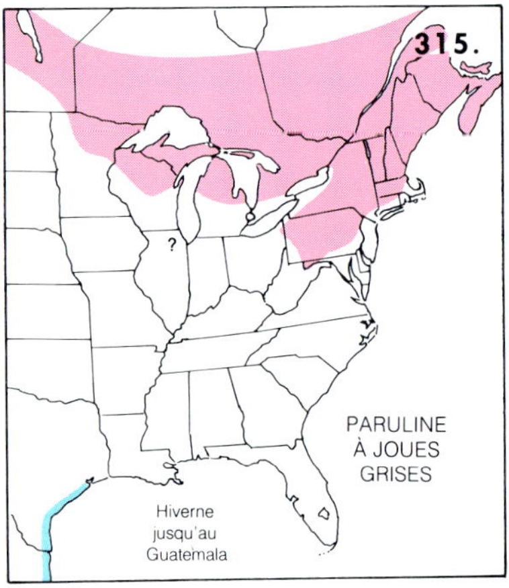
315.
?
PARULINE
À JOUES
GRISES
Hiverne
jusqu'au
Guatemala

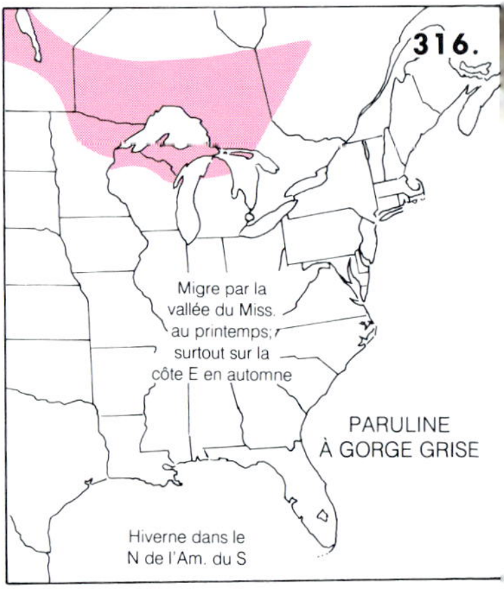
316.
Migre par la
vallée du Miss.
au printemps;
surtout sur la
côte E en automne
PARULINE
À GORGE GRISE
Hiverne dans le
N de l'Am. du S

317.
PARULINE
TRISTE
Hiverne du Nicaragua
à l'Équateur

318.
Inusité
jusqu'en Ont.
et au Mass.
PARULINE
DU KENTUCKY
Hiverne du Mex.
au N de l'Am. du S

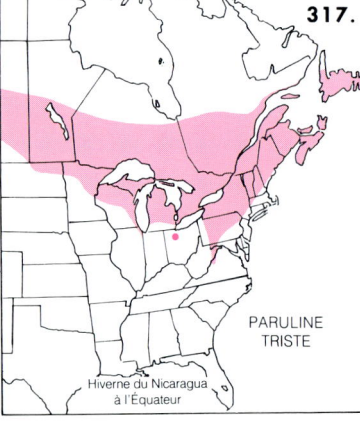

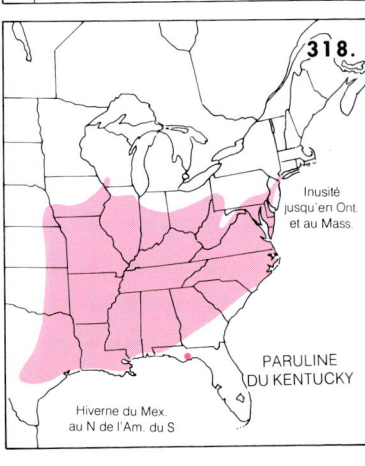

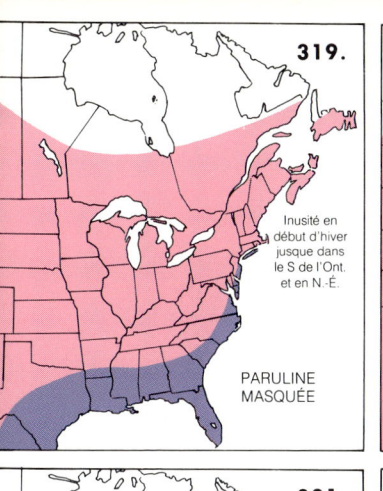
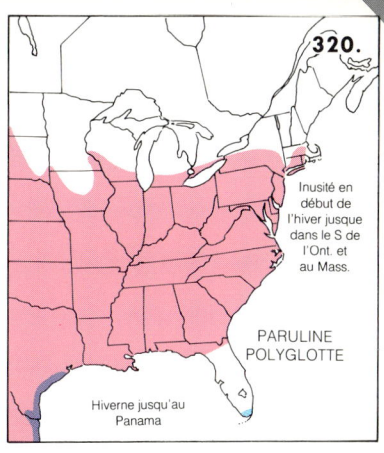
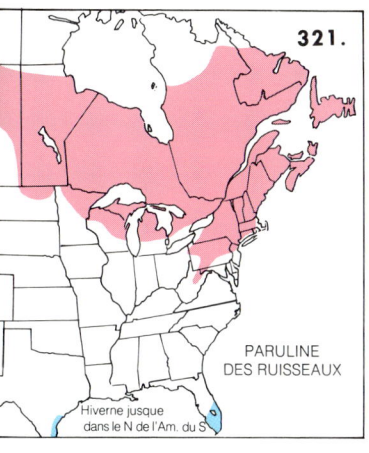
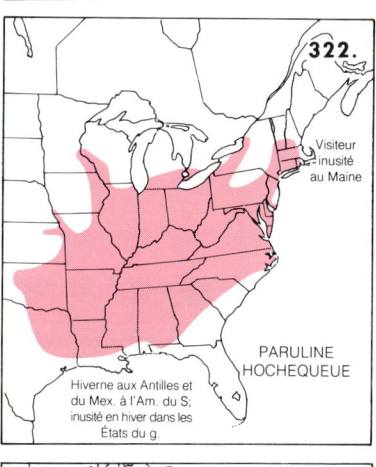
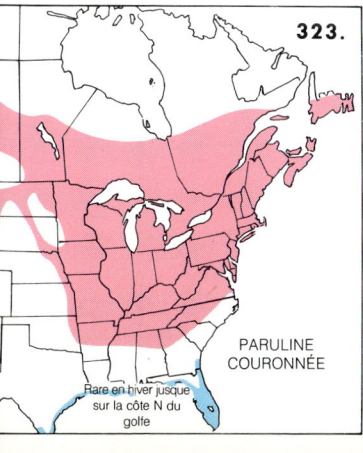
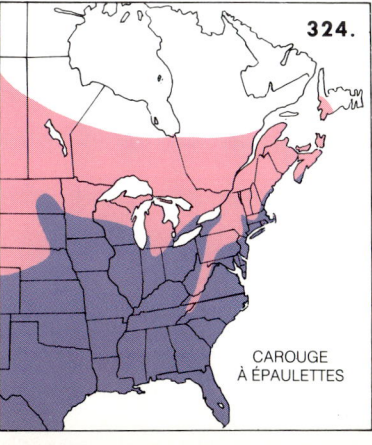

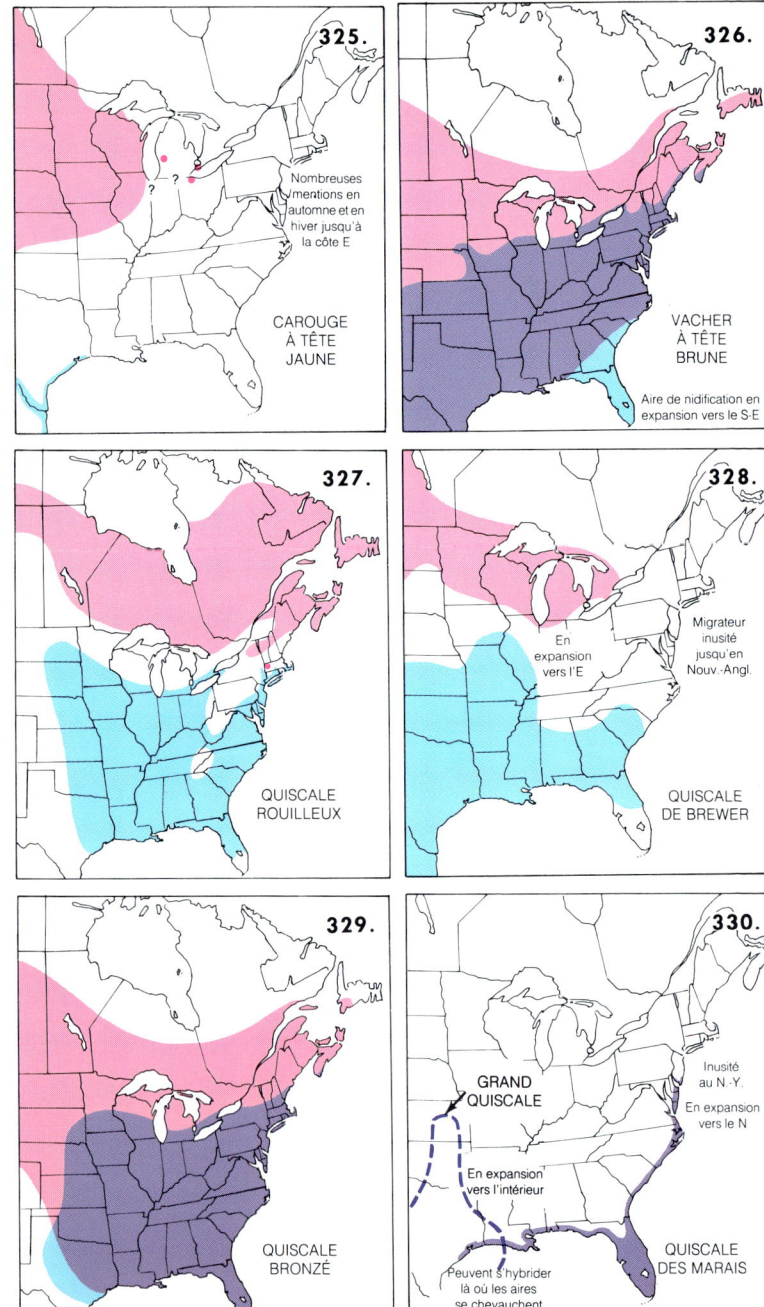

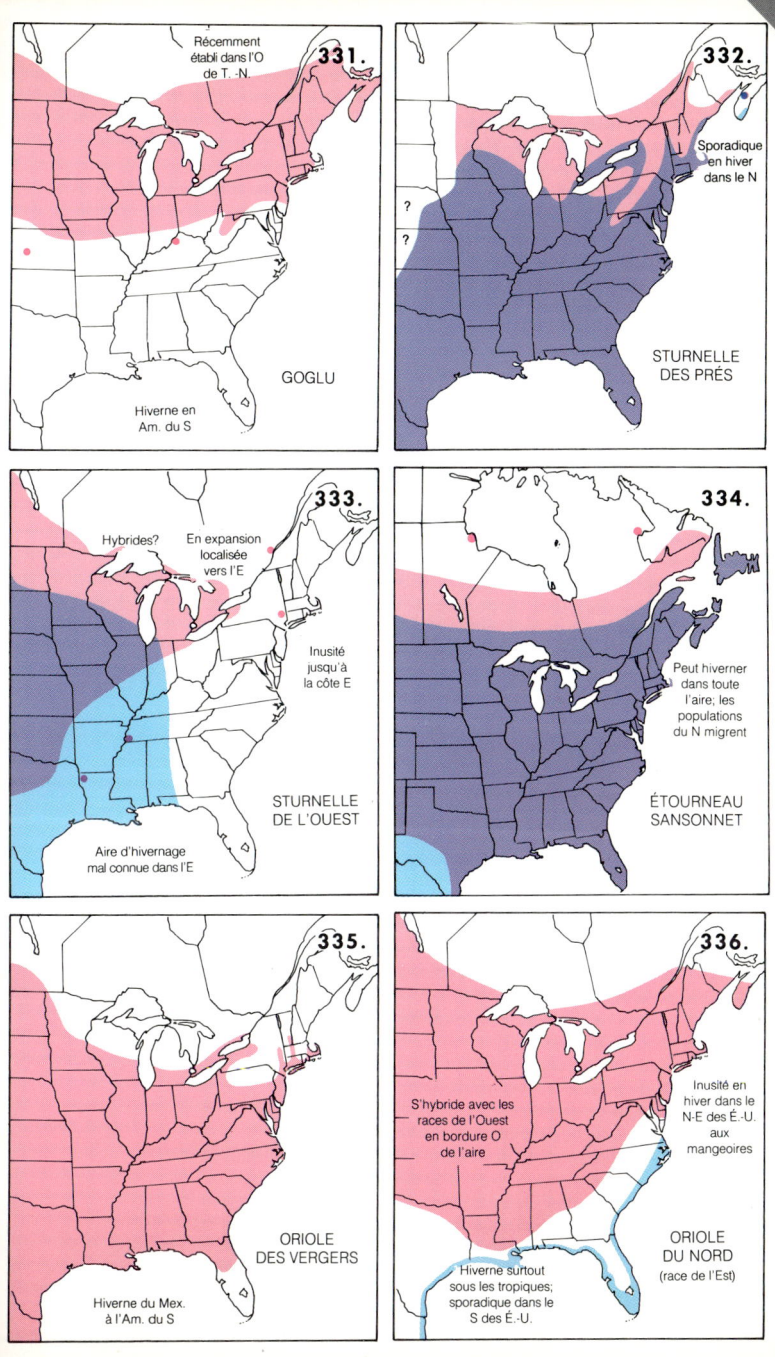

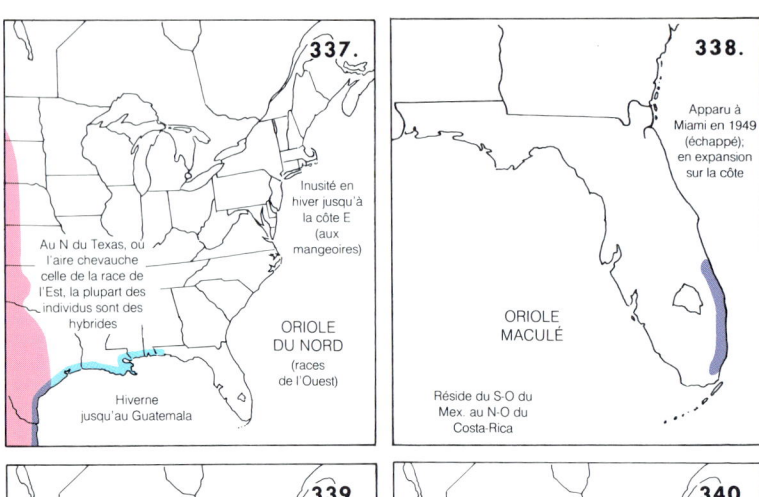
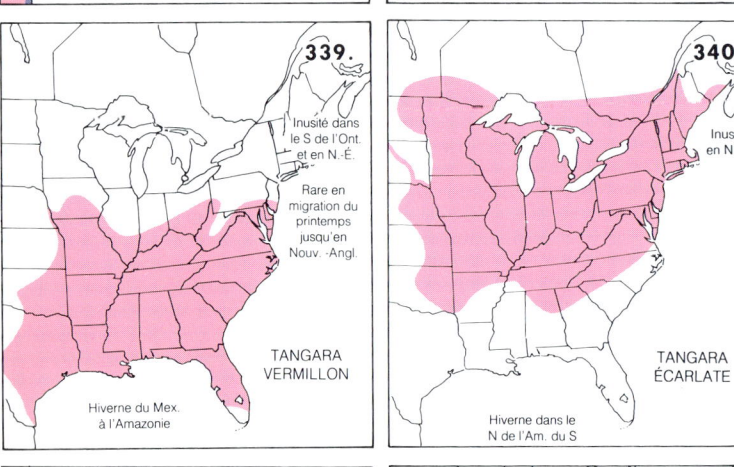
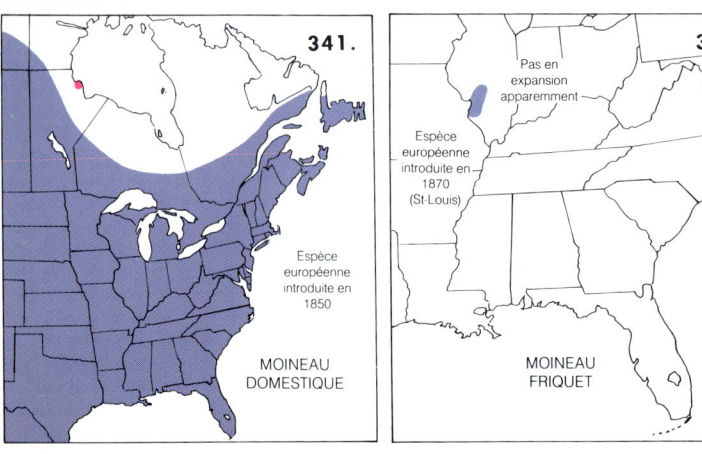

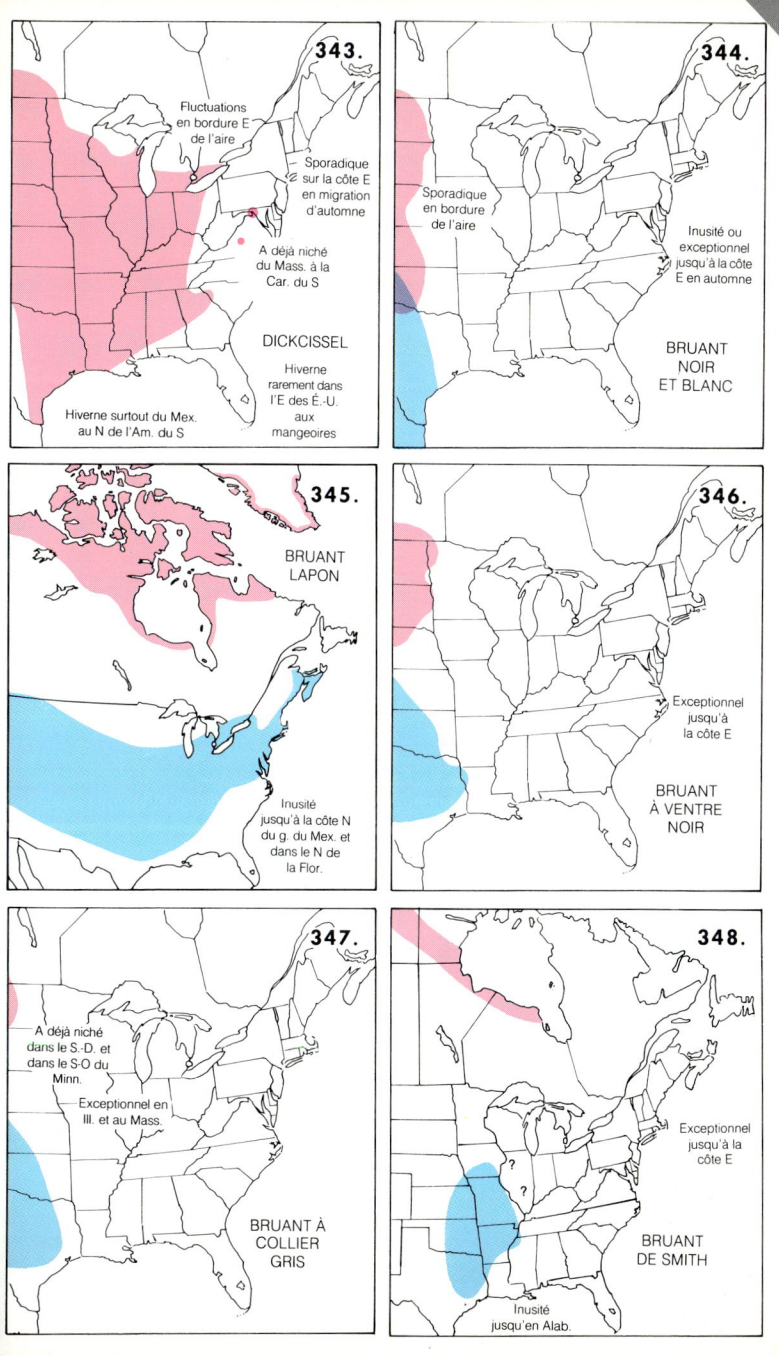

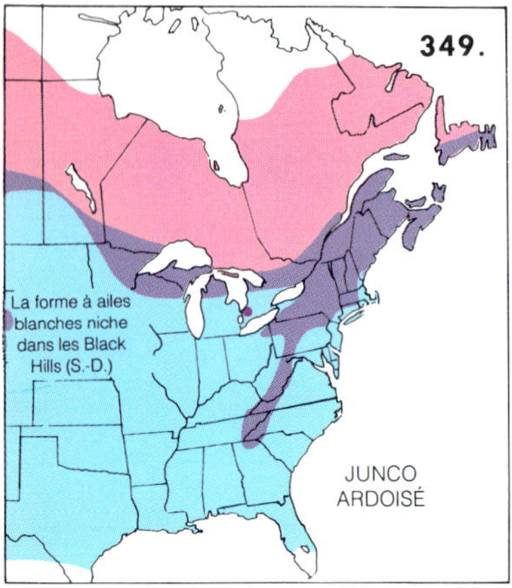
349.
La forme à ailes blanches niche dans les Black Hills (S.-D.)
JUNCO ARDOISÉ

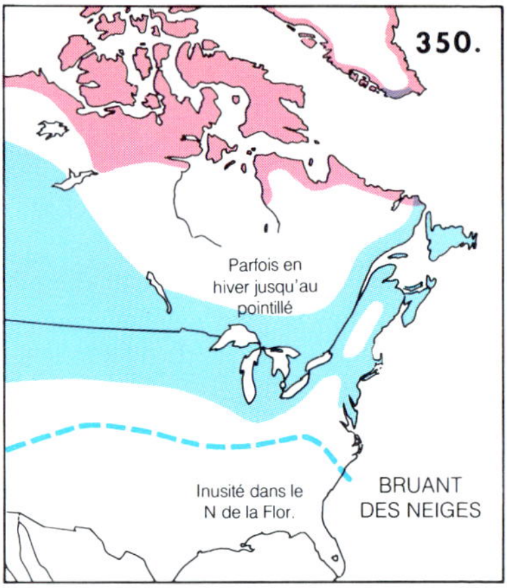
350.
Parfois en hiver jusqu'au pointillé
Inusité dans le N de la Flor.
BRUANT DES NEIGES

351.
A niché au Man.
En expansion vers le N et l'O
A niché en N.-É.
CARDINAL ROUGE

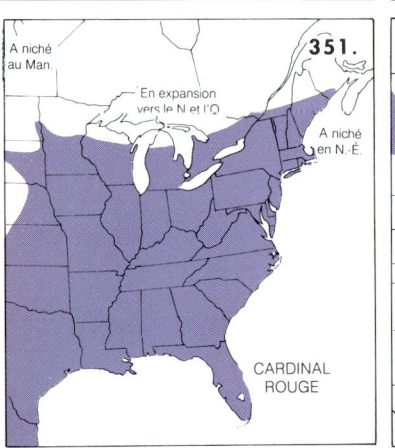

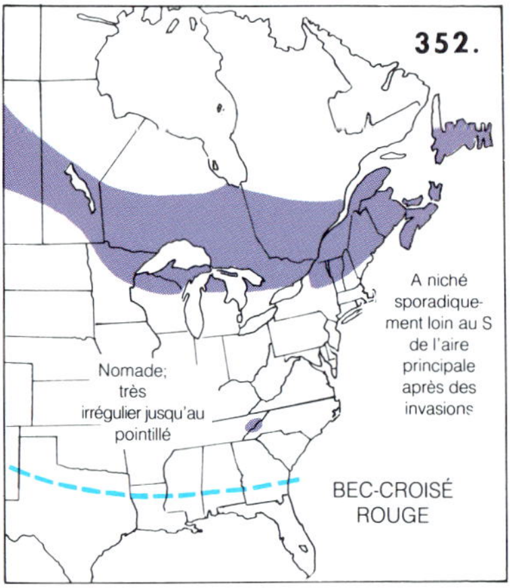
352.
A niché sporadiquement loin au S de l'aire principale après des invasions
Nomade; très irrégulier jusqu'au pointillé
BEC-CROISÉ ROUGE

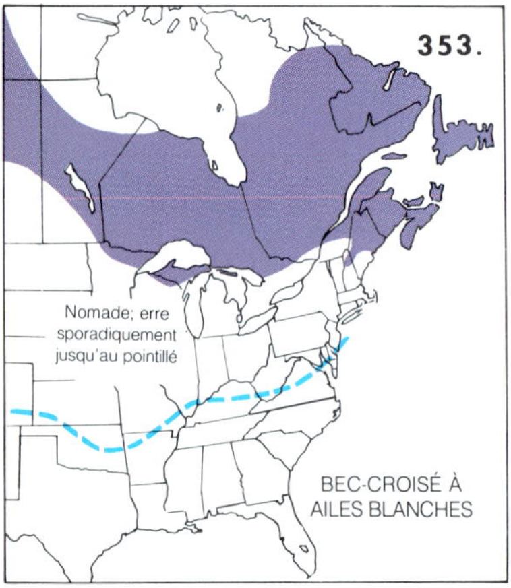
353.
Nomade; erre sporadiquement jusqu'au pointillé
BEC-CROISÉ À AILES BLANCHES

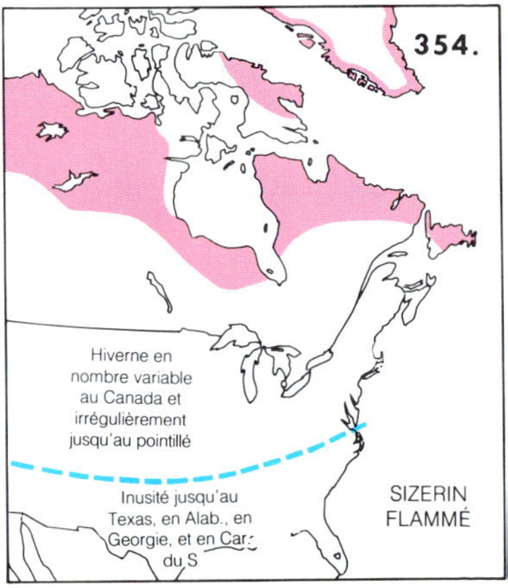
354.
Hiverne en nombre variable au Canada et irrégulièrement jusqu'au pointillé
Inusité jusqu'au Texas, en Alab., en Georgie, et en Car
du S
SIZERIN FLAMMÉ

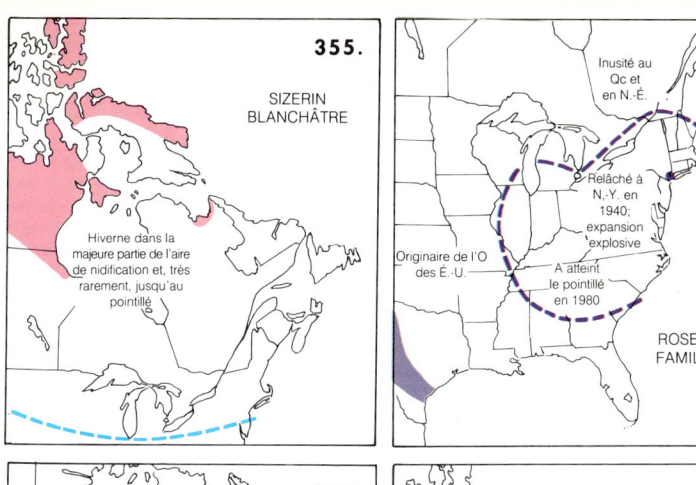
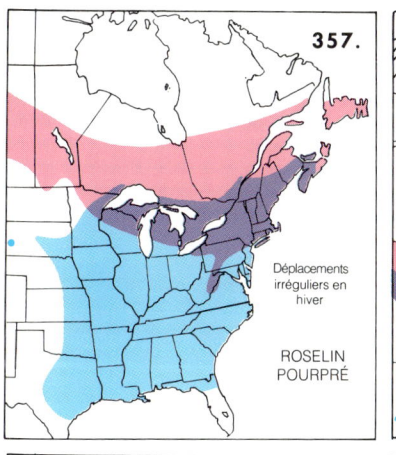
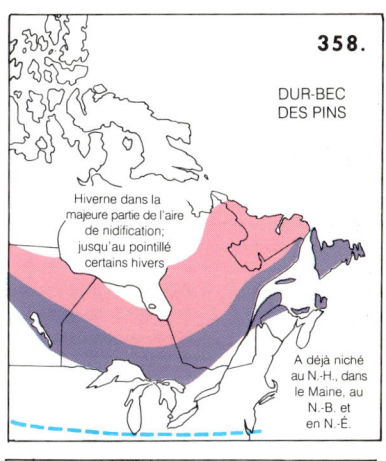
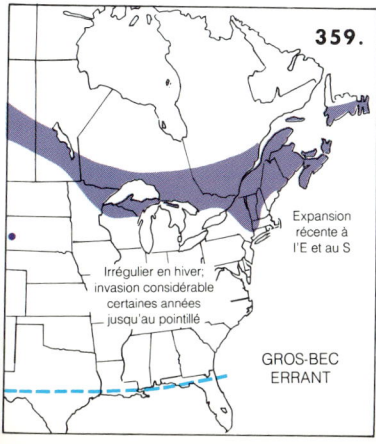
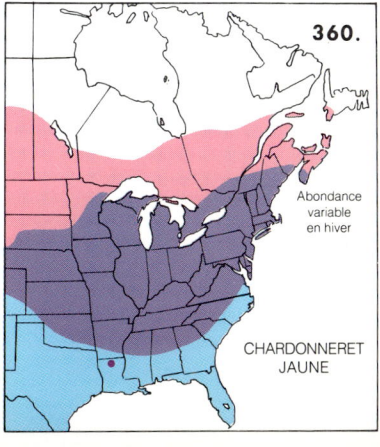

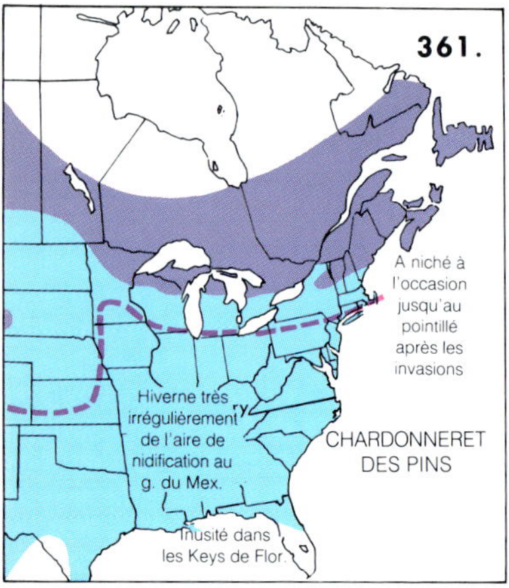
361.
A niché à l'occasion jusqu'au pointillé après les invasions
Hiverne très irrégulièrement de l'aire de nidification au g. du Mex.
Inusité dans les Keys de Flor.
CHARDONNERET DES PINS

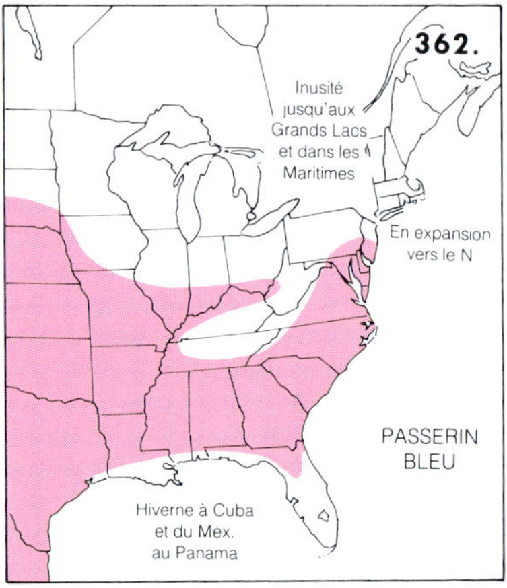
362.
Inusité jusqu'aux Grands Lacs et dans les Maritimes
En expansion vers le N
Hiverne à Cuba et du Mex. au Panama
PASSERIN BLEU

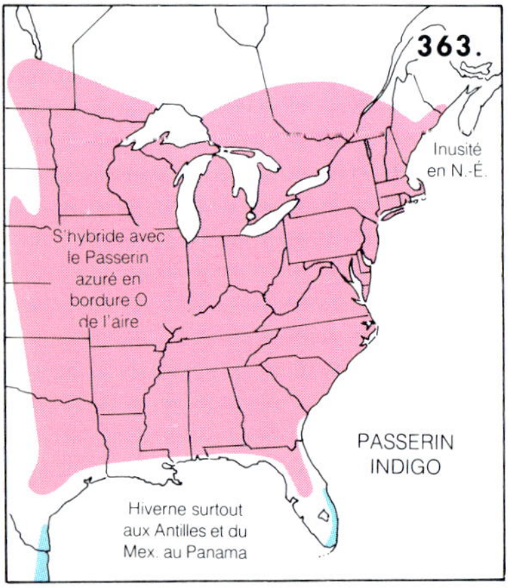
363.
Inusité en N.-É.
S'hybride avec le Passerin azuré en bordure O de l'aire
Hiverne surtout aux Antilles et du Mex. au Panama
PASSERIN INDIGO

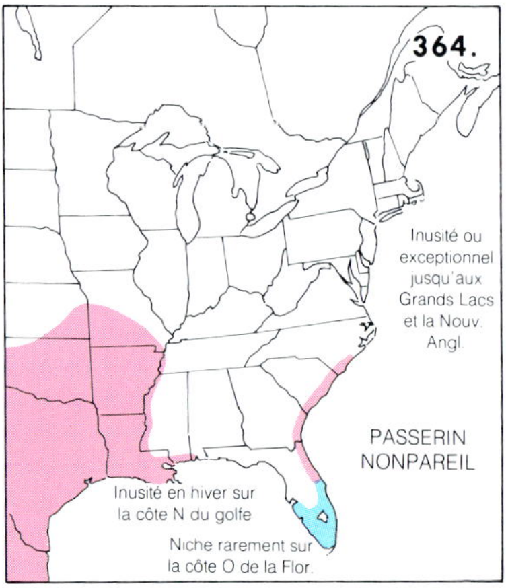
364.
Inusité ou exceptionnel jusqu'aux Grands Lacs et la Nouv. Angl.
Inusité en hiver sur la côte N du golfe
Niche rarement sur la côte O de la Flor.
PASSERIN NONPAREIL

365.
Inusité en hiver jusque dans le N des É.-U. aux mangeoires
Peut s'hybrider avec le Cardinal à tête noire en bordure O de l'aire
Hiverne aux Antilles et du Mex. au Pérou
CARDINAL À POITRINE ROSE

366.
Inusité au N.-B. et en N.-É.
TOHI À FLANCS ROUX

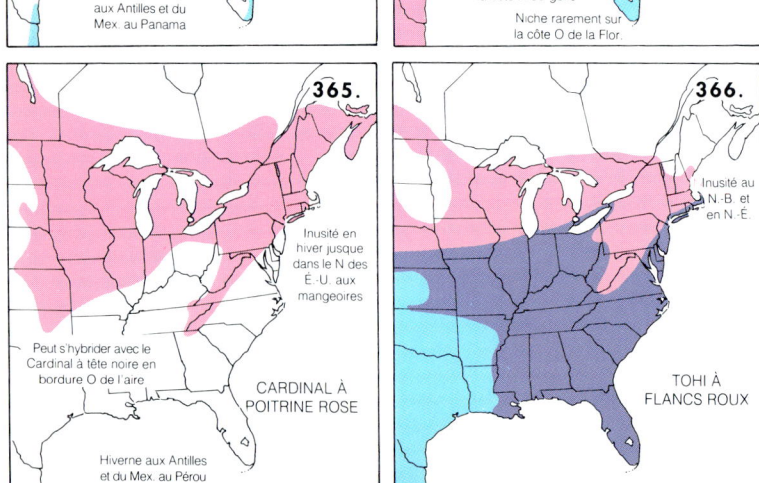

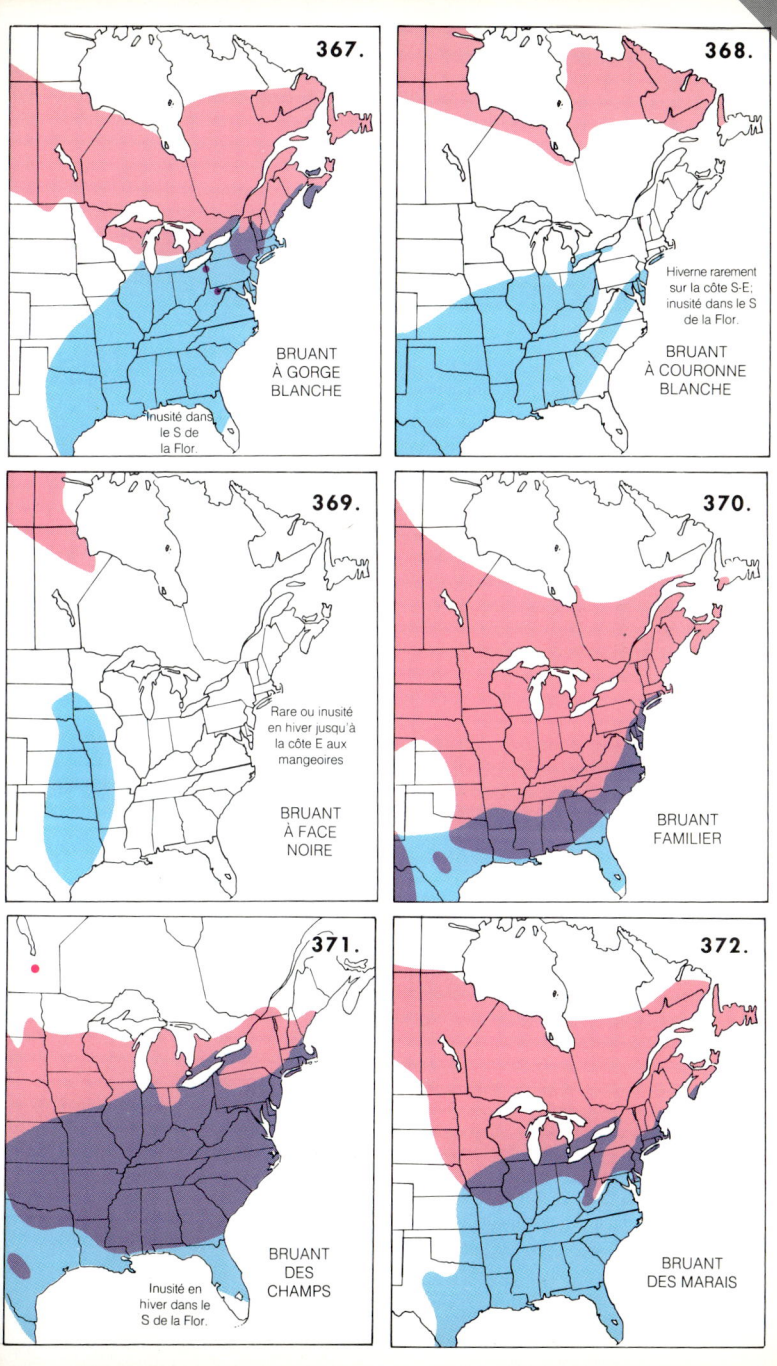

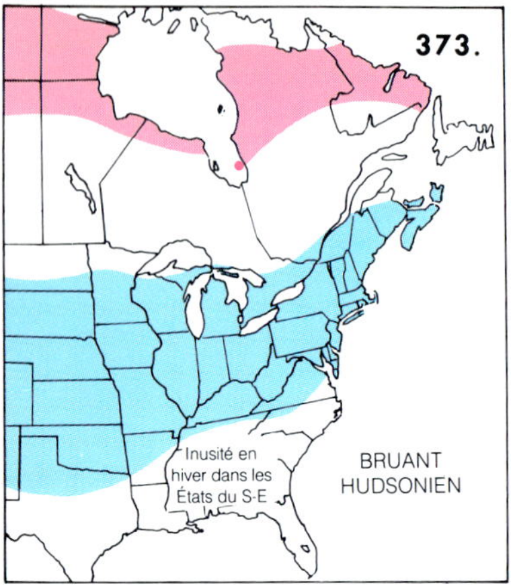

373. BRUANT HUDSONIEN
Inusité en hiver dans les États du S-E

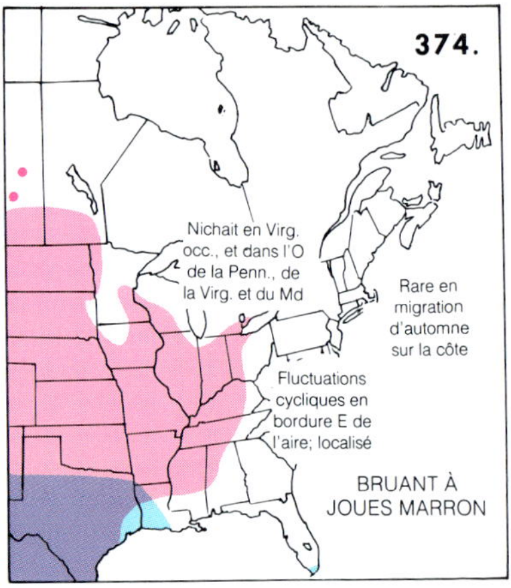

374. BRUANT À JOUES MARRON
Nichait en Virg. occ., et dans l'O de la Penn., de la Virg. et du Md
Rare en migration d'automne sur la côte
Fluctuations cycliques en bordure E de l'aire; localisé

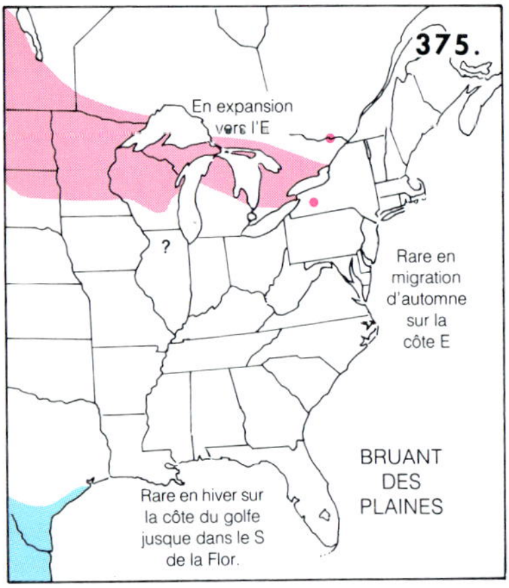

375. BRUANT DES PLAINES
En expansion vers l'E
Rare en migration d'automne sur la côte E
Rare en hiver sur la côte du golfe jusque dans le S de la Flor.

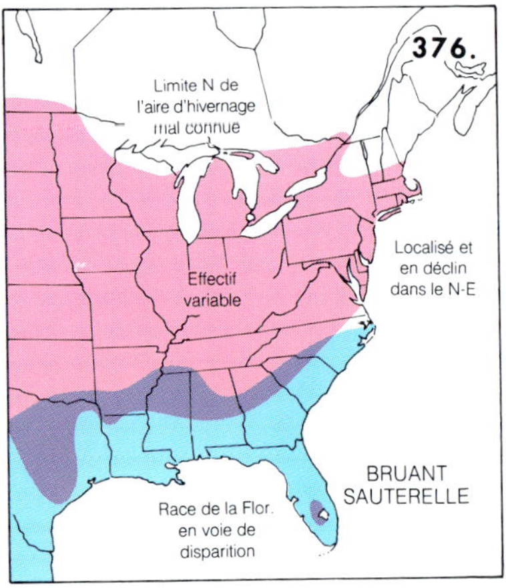

376. BRUANT SAUTERELLE
Limite N de l'aire d'hivernage mal connue
Effectif variable
Localisé et en déclin dans le N-E
Race de la Flor. en voie de disparition

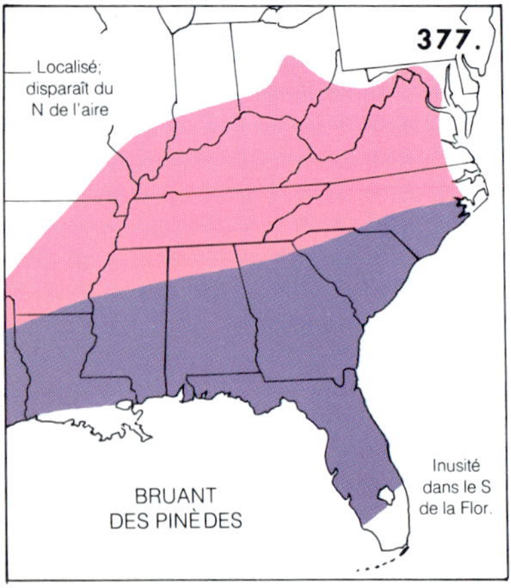

377. BRUANT DES PINÈDES
Localisé; disparaît du N de l'aire
Inusité dans le S de la Flor.

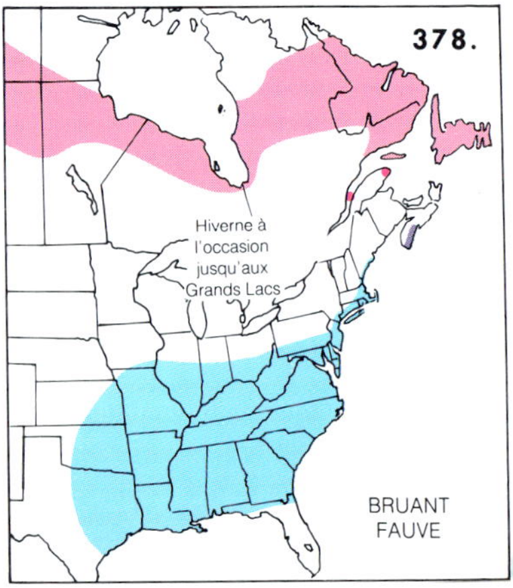

378. BRUANT FAUVE
Hiverne à l'occasion jusqu'aux Grands Lacs

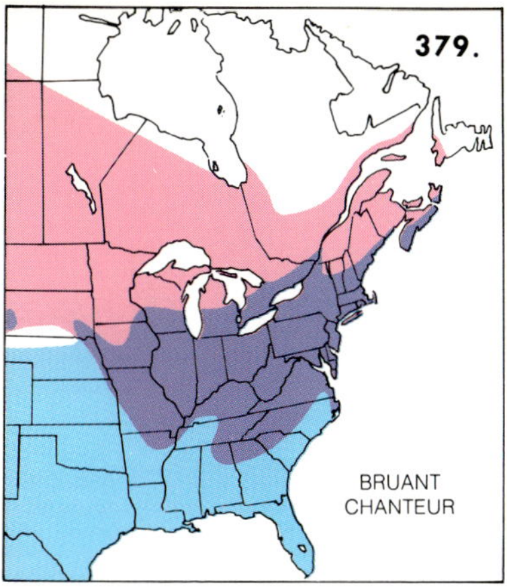

379. BRUANT CHANTEUR

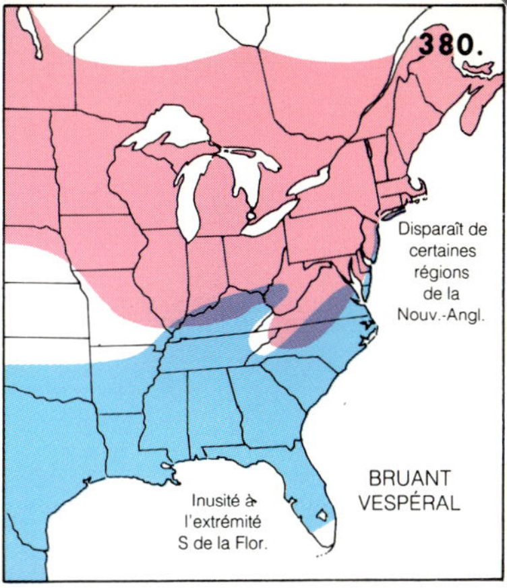

380. BRUANT VESPÉRAL
Disparaît de certaines régions de la Nouv.-Angl.
Inusité à l'extrémité S de la Flor.

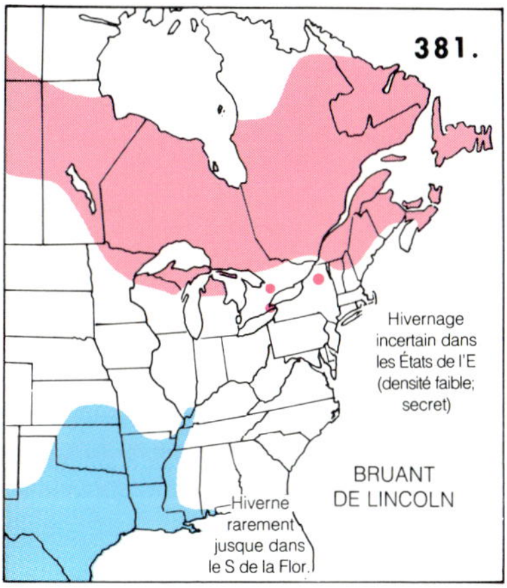

381. BRUANT DE LINCOLN
Hivernage incertain dans les États de l'E (densité faible; secret)
Hiverne rarement jusque dans le S de la Flor.

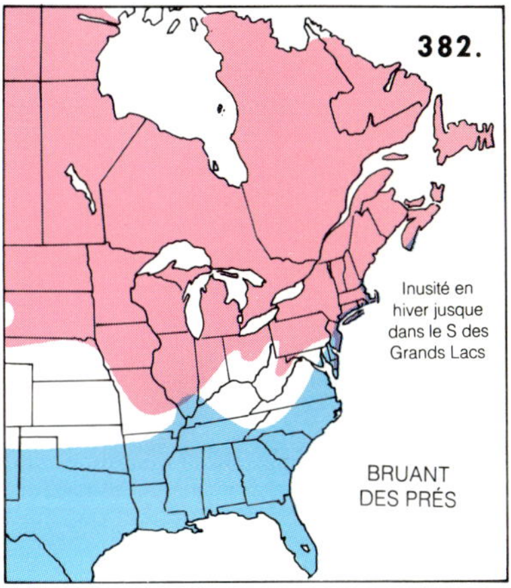

382. BRUANT DES PRÉS
Inusité en hiver jusque dans le S des Grands Lacs

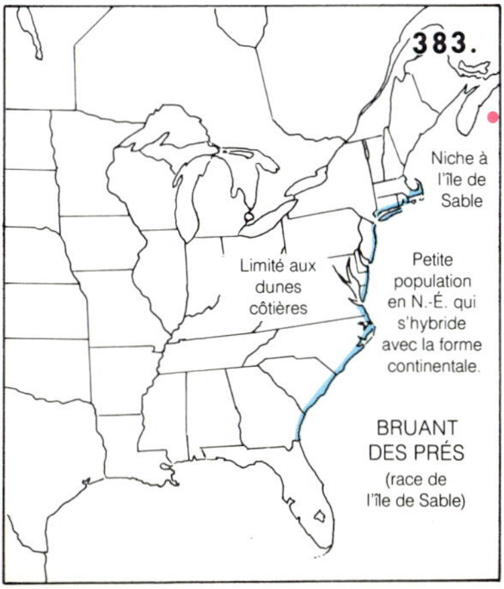

383. BRUANT DES PRÉS (race de l'île de Sable)
Niche à l'île de Sable
Limité aux dunes côtières
Petite population en N.-É. qui s'hybride avec la forme continentale.

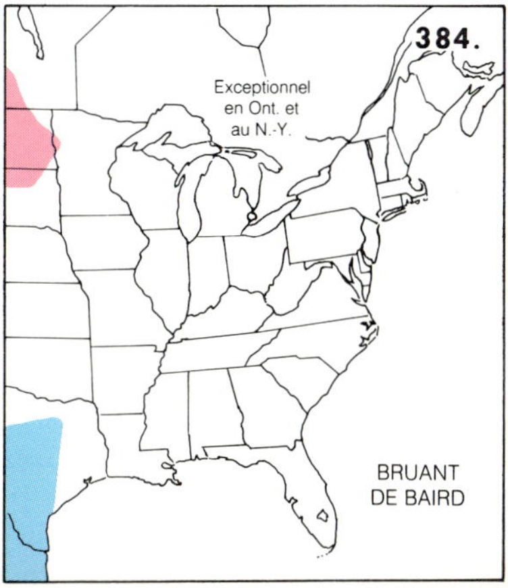

384. BRUANT DE BAIRD
Exceptionnel en Ont. et au N.-Y.

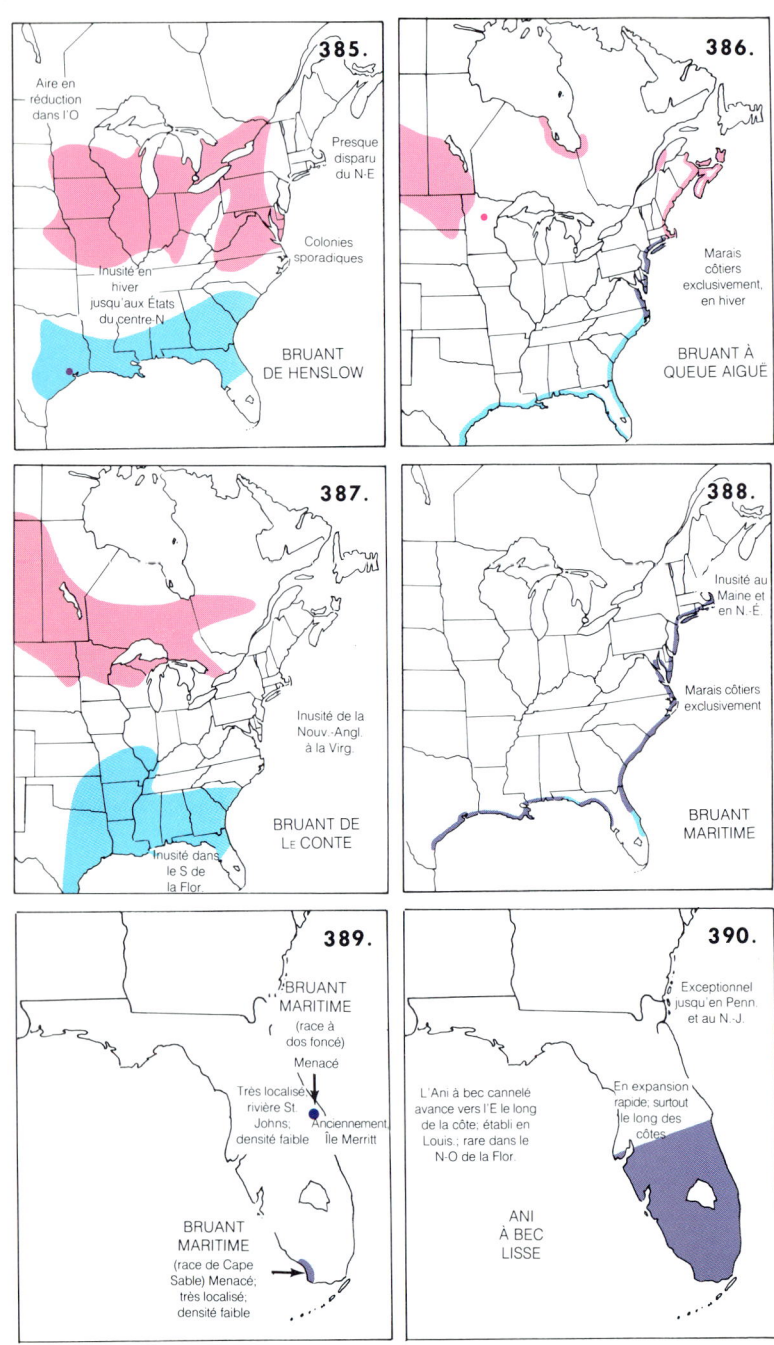

Index

Les noms de toutes les espèces décrites et illustrées dans ce livre figurent dans les index; les oiseaux exceptionnels de l'Ouest, énumérés en p. 304, ne sont pas répertoriés. L'index des noms scientifiques renvoie aux pages des descriptions; celui des noms américains, à la description principale seulement. Sauf de rares exceptions, l'index des noms français renvoie au texte; il est entendu que l'illustration se trouve sur la page opposée. Les chiffres précédés de la lettre C, qu'on ne trouve que dans l'index français, renvoient aux cartes de distribution regroupées à la fin du livre; ils correspondent au numéro placé dans le coin supérieur droit de chaque carte.

INDEX DES NOMS SCIENTIFIQUES

Accipiter
  cooperii, 152,170
  gentilis, 152,170
  nisus, 296
  striatus, 152, 170
Actitis
  macularia, 132, 142
Aechmophorus
  occidentalis, 34
Aegolius
  acadicus, 176
  funereus, 176
Agapornis
  personata, 178
Agelaius
  humeralis, 300
  phoeniceus, 252
Aimophila
  aestivalis, 282
  ruficeps, 280
Aix
  galericulata, 302
  sponsa, 50, 66
Ajaia
  ajaja, 110
Alca
  torda, 36
Alectoris
  chukar, 302, 148
Alle
  alle, 38
Alapochen
  aegyptiacus, 302
Amazona
  ochrocephala, 178
  viridigenalis, 178
Ammodramus
  bairdii, 286
  caudacutus, 288
  henslowii, 286
  leconteii, 288
  maritimus, 288
  savannarum, 282
Anas
  acuta, 50, 66
  americana, 50, 66
  bahamensis, 298
  clypeata, 52, 66
  crecca, 52, 66
  cyanoptera, 52
  discors, 52, 66
  formosa, 296
  fulvigula, 48
  penelope, 50
  platyrhynchos, 48, 68
  poecilorhyncha, 302
  querquedula, 296
  rubripes, 48, 68

strepera, 48, 66
Anhinga
  anhinga, 40
Anous
  minutus, 98
  stolidus, 98
Anser
  albifrons, 44, 46
  anser, 296
  brachyrhynchus, 296
  cygnoides, 320
  erythropus, 296
  fabalis, 296
  indicus, 302
Anthus
  spinoletta, 200
  spragueii, 200
Aphelocoma
  coerulescens, 208
Aquila
  chrysaetos, 158, 166
Aramides
  cajanea, 302
Aramus
  guarauna, 108
Aratinga
  canicularis, 178
  chloroptera, 178
  holochlora, 178
Archilochus
  colubris, 186
Ardea
  herodias, 100, 102
Arenaria
  interpres, 118, 122
Asio
  flammeus, 172
  otus, 172
Athene
  cunicularia, 176
Aythya
  affinis, 58, 72
  americana, 58, 72
  collaris, 58, 72
  fuligula, 296, 58
  valisineria, 58, 72

Bartramia
  longicauda, 130, 140
Bombycilla
  cedrorum, 224
  garrulus, 224
Bonasa
  umbellus, 144
Botaurus
  lentiginosus, 104
Branta
  bernicla, 44, 46

canadensis, 44, 66
  leucopsis, 44, 296
  ruficollis, 296
Brotogeris
  jugularis, 178
  versicolorus, 178
Bubo
  virginianus, 172
Bubulcus
  ibis, 102
Bucephala
  albeola, 60, 72
  clangula, 60, 72
  islandica, 60
Buteo
  brachyurus, 156, 164, 168
  jamaicensis, 154, 164, 168
  lagopus, 156, 164, 168
  lineatus, 156, 164
  platypterus, 156, 164
  regalis, 154, 164
  swainsoni, 154, 164, 168
Buteogallus
  anthracinus, 298
Butorides
  striatus, 104

Cairina
  moschata, 52, 302
Calamospiza
  melanocorys, 262
Calcarius
  lapponicus, 264
  mccownii, 264
  ornatus, 264
  pictus, 264
Calidris
  alba, 130, 142
  alpina, 132, 142
  bairdii, 134, 142
  canutus, 124, 142
  ferruginea, 132, 142
  fuscicollis, 134, 142
  himantopus, 128, 132, 140
  maritima, 132, 142
  mauri, 134, 142
  melanotos, 130, 140
  minutilla, 134, 142
  pusilla, 134, 142
Callipepla
  squamata, 148
Calliphlox
  evelynae, 300
Calonectris
  diomedea, 74
Campephilus
  principalis, 188
Caprimulgus

371

INDEX DES NOMS SCIENTIFIQUES

carolinensis, 184
vociferus, 184
Cardinalis
  cardinalis, 268
Carduelis
  carduelis, 272, 302
  flammea, 270
  hornemanni, 270
  pinus, 272
  tristis, 272
Carpodacus
  mexicanus, 270
  purpureus, 270
Casmerodius
  albus, 102
Catharacta
  maccormicki, 82
  skua, 82
Cathartes
  aura, 160, 168
Catharus
  fuscescens, 222
  guttatus, 222
  minimus, 222
  ustulatus, 222
Catoptrophorus
  semipalmatus, 128, 138
Cepphus
  grylle, 38
Certhia
  americana, 212
Ceryle
  alcyon, 186
Chaetura
  cinereiventris, 300
  pelagica, 204
  vauxi, 204
Charadrius
  alexandrinus, 120, 122
  hiaticula, 120
  melodus, 120, 122
  mongolus, 294
  semipalmatus, 120, 122
  vociferus, 120, 122
  wilsonia, 120, 122
Chen
  caerulescens, 42, 44, 46
  rossii, 42
Chlidonias
  leucopterus, 292
  niger, 98
Chlorostilbon
  ricordii, 300
Chondestes
  grammacus, 282
Chordeiles
  acutipennis, 184
  gundlachii, 184
  minor, 184
Chrysolophus
  pictus, 302
Circus
  cyaneus, 152, 164
Cistothorus
  palustris, 214
  platensis, 214
Clangula
  hyemalis, 56, 70
Coccothraustes

vespertinus, 272
Coccyzus
  americanus, 182
  erythropthalmus, 182
  minor, 182
Coereba
  flaveola, 300
Colaptes
  auratus, 190
Colinus
  virginianus, 148
Columba
  leucocephala, 180
  livia, 180
  squamosa, 298
Columbina
  inca, 180
  passerina, 180
Contopus
  borealis, 196
  virens, 196
Conuropsis
  carolinensis, 178
Coragyps
  atratus, 160, 168
Corvus
  brachyrhynchos, 206
  corax, 206
  cryptoleucus, 206
  ossifragus, 206
Coturnicops
  noveboracensis, 114
Coturnix
  coturnix, 302
Crex
  crex, 114, 294
Crotophaga
  ani, 182
  sulcirostris, 182
Cyanocitta
  cristata, 208
Cygnus
  atratus, 302
  columbianus, 42, 46
  melanocoryphus, 302
  olor, 42

Daption
  capense, 292
Dendragapus
  canadensis, 146
Dendrocygna
  autumnalis, 296
  bicolor, 48, 68
Dendroica
  caerulescens, 232, 250
  castanea, 236, 248
  cerulea, 232
  coronata, 234, 248
  discolor, 238, 248
  dominica, 230
  fusca, 236, 248
  kirtlandii, 234
  magnolia, 234, 248
  nigrescens, 232
  palmarum, 238, 248
  pensylvanica, 236, 248
  petechia, 238, 248
  pinus, 238, 248

  striata, 232, 248
  tigrina, 236, 248
  virens, 230, 248
Diomedea
  chlororhynchos, 290
  melanophris, 290
Dolichonyx
  oryzivorus, 256
Dryocopus
  pileatus, 188
Dumetella
  carolinensis, 218

Egretta
  caerulea, 100, 102
  garzetta, 294
  rufescens, 100, 102
  thula, 102
  tricolor, 100
Elanoides
  forficatus, 150, 170
Elanus
  caeruleus, 150, 170
Empidonax
  alnorum, 198
  flaviventris, 198
  minimus, 196, 198
  traillii, 198
  virescens, 198
Empidonomus
  varius, 300
Eremophila
  alpestris, 200
Estrilda
  astrild, 302
Eudocimus
  albus, 108
  ruber, 110
Euphagus
  carolinus, 254
  cyanocephalus, 254

Falco
  columbarius, 162, 170
  mexicanus, 162, 170
  peregrinus, 162, 170
  rusticolus, 162, 170
  tinnunculus, 296
Francolinus
  francolinus, 302
Fratercula
  arctica, 38
Fregata
  ariel, 290
  magnificens, 78
Fringilla
  montifringilla, 296
Fulica
  americana, 64, 114
  atra, 296
  caribea, 298
Fulmarus
  glacialis, 76

Gallinago
  gallinago, 124, 140
  media, 294
Gallinula
  chloropus, 64, 114

INDEX DES NOMS SCIENTIFIQUES

Gavia
  adamsii, 32
  arctica, 32
  immer, 32
  stellata, 32
Geococcyx
  californianus, 182
Geothlypis
  rostrata, 300
  trichas, 246, 250
Geotrygon
  chrysia, 298
  montana, 298
Gracula
  religiosa, 302
Grus
  americana, 106
  canadensis, 106
  grus, 294
Guiraca
  caerulea, 274

Himatopus
  palliatus, 116
Haliaeetus
  albicilla, 296
  leucocephalus, 158, 166
Helmitheros
  vermivorus, 240
Himantopus
  mexicanus, 116
Hirundo
  fulva, 300
  pyrrhonota, 202
  rustica, 202
Histrionicus
  histrionicus, 56, 70
Hydrobates
  pelagicus, 292
Hylocichla
  mustelina, 222

Icteria
  virens, 246
Icterus
  dominicensis, 300
  galbula, 258
  icterus, 302
  pectoralis, 258
  spurius, 258
Ictinia
  mississippiensis, 150, 170
Ixobrychus
  exilis, 104
Ixoreus
  naevius, 220
Jacana
  spinosa, 298
Junco
  hyemalis, 266

Lagopus
  lagopus, 148
  mutus, 148
Lanius
  excubitor, 224
  ludovicianus, 224
Larus
  agentatus, 86, 90
  atricilla, 88, 92
  belcheri, 290
  californicus, 86, 90
  canus, 290
  delawarensis, 86, 90
  fuscus, 86
  glaucoides, 84, 90
  hyperboreus, 84, 90
  marinus, 86, 90
  minutus, 88, 92
  philadelphia, 88, 92
  pipixcan, 88, 92
  ridibundus, 88, 92
  thayeri, 86
Laterallus
  jamaicensis, 114
Limnocryptes
  minimus, 294
Limnodromus
  griseus, 124, 142
  scolopaceus, 124, 142
Limnothlypis
  swainsoni, 240
Limosa
  fedoa, 126, 138
  haemastica, 126, 138
  lapponica, 294
  limosa, 294
Lonchura
  malacca, 302
  punctulata, 302
Lophodytes
  cucullatus, 62, 68
Loxia
  curvirostra, 268
  leucoptera, 268
Loxigilla
  violacea, 300
Melanerpes
  carolinus, 190
  erythrocephalus, 188
Melanitta
  fusca, 54, 70
  nigra, 54, 70
  perspicillata, 54, 70
Meleagris
  gallopavo, 144
Melopsittacus
  undulatus, 178
Melopyrrha
  nigra, 300
Melospiza
  georgiana, 280
  lincolnii, 284
  melodia, 284
Mergellus
  albellus, 296
Mergus
  merganser, 62, 68
  serrator, 62, 68
Mimus
  gundlachii, 300
  polyglottos, 218
Mniotilta
  varia, 232
Molothrus
  ater, 252
Myadestes
  townsendi, 218

Mycteria
  americana, 106
Myiarchus
  cinerascens, 194
  crinitus, 194
  sagrae, 300
Myopsitta
  monachus, 178

Nandayus
  nenday, 178
Netta
  rufina, 296
Numenius
  americanus, 126, 138
  arquata, 294
  borealis, 126
  phaeopus, 126, 138, 294
Nyctea
  scandiaca, 174
Nycticorax
  nycticorax, 104
  violaceus, 104
Nymphicus
  hollandicus, 178

Oceanites
  oceanicus, 76
Oceanodroma
  castro, 292
  leucorhoa, 76
Oenanthe
  oenanthe, 220
Opororonis
  agilis, 244, 250
  formosus, 244
  philadelphia, 244, 250
Ortalis
  vetula, 302
Otus
  asio, 172
Oxyura
  dominica, 298
  jamaicensis, 60, 72

Padda
  oryzivora, 302
Pagophila
  eburnea, 84, 92
Pandion
  haliaetus, 158, 166
Pardirallus
  maculatus, 298
Paroaria
  coronata, 302
Parula
  americana, 230, 248
Parus
  atricapillus, 210
  bicolor, 210
  carolinensis, 210
  hudsonicus, 210
Passer
  domesticus, 262
  montanus, 262
Passerculus
  sandwichensis, 286
Passerella
  iliaca, 284

373

INDEX DES NOMS SCIENTIFIQUES

Passerina
 amoena, 274
 ciris, 274
 cyanea, 274
Pelagodroma
 marina, 292
Pelecanus
 erythrorhynchos, 78
 occidentalis, 78
Perdix
 perdix, 148
Perisoreus
 canadensis, 208
Phaethon
 aethereus, 290
 lepturus, 80
Phaetusa
 simplex, 292
Phalacrocorax
 auritus, 40
 carbo, 40
 olivaceus, 40
Phalaenoptilus
 nuttallii, 184
Phalaropus
 fulicaria, 136, 142
 lobatus, 136, 142
 tricolor, 128, 136, 140
Phasianus
 colchicus, 144
Pheucticus
 ludovidianus, 276
 melanocephalus, 276
Philomachus
 pugnax, 130, 142
Phoenicopterus
 ruber, 110
Pica
 pica, 208
Picoides
 arcticus, 192
 borealis, 190
 pubescens, 192
 tridactylus, 192
 villosus, 192
Pinicola
 enucleator, 270
Pipilo
 chlorurus, 276
 erythrophthalmus, 276
Piranga
 ludoviciana, 260
 olivacea, 260
 rubra, 260
Pitangus
 sulphuratus, 300
Plectrophenax
 nivalis, 266
Plegadis
 chihi, 108
 falcinellus, 108
Pluvialis
 apricaria, 294
 dominica, 118, 122
 squatarola, 118, 122
Podiceps
 auritus, 34
 grisegena, 34
 nigricollis, 34

Podilymbus
 podiceps, 34
Polioptila
 caerulea, 216
Polyborus
 plancus, 160, 168
Pooecetes
 gramineus, 284
Porphyrula
 martinica, 64, 114
Porzana
 carolina, 114
 etythrops, 298
Progne
 chalybea, 300
 cryptoleuca, 300
 elegans, 300
 subis, 202
Protonotaria
 citrea, 230, 250
Psittacula
 krameri, 178
 roseata, 178
Pterodroma
 arminjoniana, 292
 cahow, 76
 hasitata, 76
 inexpectata, 292
Puffinus
 assimilis, 292
 gravis, 74
 griseus, 74
 lherminieri, 74
 puffinus, 74
Pycnonotus
 jocosus, 216
Pyrocephalus
 rubinus, 196

Quiscalus
 major, 254
 mexicanus, 254
 quiscula, 254
Rallus
 elegans, 112
 limicola, 112
 longirostris, 112
Recurvirostra
 americana, 116
Regulus
 calendula, 216, 248
 satrapa, 216
Rhodostethia
 rosea, 84, 92
Riparia
 riparia, 204
Rissa
 tridactyla, 86, 92
Rostrhamus
 sociabilis, 150, 168
Rynchops
 niger, 98

Salpinctes
 obsoletus, 214
Sarcoramphus
 papa, 160
Sayornis
 phoebe, 196

 saya, 196
Scolopax
 minor, 124, 140
 rusticola, 294
Seiurus
 aurocapillus, 246
 motacilla, 246
 noveboracensis, 246
Selasphorus
 rufus, 186
Setophaga
 ruticilla, 236
Sialia
 currucoides, 220
 sialis, 220
Sitta
 canadensis, 212
 carolinensis, 212
 pusilla, 212
Somateria
 mollissima, 56, 70
 spectabilis, 56, 70
Sphyrapicus
 varius, 190
Spindalis
 zena, 300
Spiza
 americana, 262
Spizella
 arborea, 280
 pallida, 282
 passerina, 280
 pusilla, 280
Starnoenas
 cyanocephala, 298
Stelgidopteryx
 serripennis, 204
Stercorarius
 longicaudus, 82
 parasiticus, 82
 pomarinus, 82
Sterna
 albifrons, 96
 anaethetus, 98
 caspia, 94
 dougallii, 96
 forsteri, 96
 fuscata, 98
 hirundo, 96
 maxima, 94
 nilotica, 94
 paradisaea, 96
 sandvicensis, 94
Streptopelia
 risoria, 180
Strix
 nebulosa, 174
 varia, 174
Sturnella
 magna, 256
 neglecta, 256
Sturnus
 vulgaris, 256
Sula
 bassanus, 80
 dactylatra, 80
 leucogaster, 80
 sula, 290

INDEX DES NOMS SCIENTIFIQUES

Surnia
  ulula, 176

Tachornis
  phoenicobia, 300
Tachybaptus
  dominicus, 298
Tachycineta
  bicolor, 204
  cyaneoviridus, 300
Tadorna
  ferruginea, 296
  tadorna, 296
Thraupis
  episcopus, 260
Thryomanes
  bewickii, 214
Thryothorus
  ludovicianus, 214
Tiaris
  bicolor, 300
  canora, 300
Toxostoma
  rufum, 218
Tringa
  erythropus, 294
  flavipes, 128, 140
  melanoleuca, 128, 140
  nebularia, 294
  solitaria, 128, 140
  totanus, 294
Troglodytes
  aedon, 214
  troglodytes, 214

Tryngites
  subruficollis, 130, 140
Turdus
  iliacus, 296
  migratorius, 220
  pilaris, 296
  plumbeus, 300
Tympanuchus
  cupido, 146
  pallidicinctus, 146
  phasianellus, 146
Tyrannus
  caudifasciatus, 300
  couchii, 300
  dominicensis, 194
  forficatus, 194
  melancholicus, 300
  savana, 300
  tyrannus, 194
  verticalis, 194
Tyto
  alba, 174

Uria
  aalge, 36
  lomvia, 36
Vanellus
  chilensis, 302
  vanellus, 294
Vermivora
  bachmanii, 242
  celata, 240, 250
  chrysoptera, 238, 242
  peregrina, 240, 250

  pinus, 238, 242
  ruficapilla, 244, 250
Vireo
  altiloquus, 226
  atricapillus, 228
  bellii, 228
  crassirostris, 300
  flavifrons, 228
  gilvus, 226
  griseus, 228
  olivaceus, 226, 300
  philadelphicus, 226, 250
  solitarius, 228

Wilsonia
  canadensis, 234, 250
  citrina,.242, 250
  pusilla, 242, 250

Xanthocephalus
  xanthocephalus, 252
Xema
  sabini, 88, 92

Zenaida
  asiatica, 180
  aurita, 298
  macroura, 180
Zonotrichia
  albicollis, 278
  atricapilla, 278
  leucophrys, 278
  querula, 278

INDEX DES NOMS AMÉRICAINS

Albastross,
  Black-browed, 290
  Yellow-nosed, 290
Anhinga, 40
Ani,
  Grove-billed, 182
  Smooth-billed, 182
Auk,
  Great, 37
Avocet,
  American, 116
Bananaquit, 300
Barn-Owl,
  Common, 174
Bittern,
  American, 104
  Least, 104
Blackbird,
  Brewer's, 254
  Red-winged, 252
  Rusty, 254
  Tawny-shouldered, 300
  Yellow-headed, 252
Black-Hawk,
  Common, 298
Bluebird,
  Eastern, 220
  Mountain, 220
Bobolink, 256
Bobwhite,
  Northern, 148
Booby,
  Brown, 80
  Masked, 80
  Red-footed, 290
Brambling, 296
Brant, 44
Budgerigar, 178
Bufflehead, 60
Bulbul,
  Red-whiskered, 216
Bullfinch,
  Cuban, 300
  Greater Antillean, 300
Bunting,
  Indigo, 274
  Lark, 262
  Lazuli, 274
  Painted, 274
  Snow, 266

Canvasback, 58
Caracara,
  Crested, 160
Cardinal,
  Northern, 268
  Red-crested, 302
Catbird,
  Gray, 218
Chachalaca,
  Plain, 302
Chat,
  Yellow-breasted, 246
Chickadee,
  Black-capped, 210
  Boreal, 210
  Carolina, 210
Chuck-will's-widow, 184

Chukar, 302
Cockatiel, 178
Coot,
  American, 64
  Caribbean, 298
  Eurasian, 296
Cormorant,
  Double-crested, 40
  Great, 40
  Olivaceous, 40
Coturnix, 302
Cowbird,
  Brown-headed, 252
Crake,
  Corn, 114, 294
  Paint-billed, 298
Crane,
  Common, 294
  Sandhill, 106
  Whooping, 106
Creeper,
  Brown, 212
Crossbill,
  Red, 268
  White-winged, 268
Crow,
  American, 206
  Fish, 206
Cuckoo,
  Black-billed, 182
  Mangrove, 182
  Yellow-billed, 182
Curlew,
  Eskimo, 126
  Eurasian, 294
  Long-billed, 126

Dickcissel, 262
Dove;
  Inca, 180
  Mourning, 180
  Rock, 180
  White-winged, 180
  Zenaida, 298

Dovekie, 38
Dowitcher,
  Long-billed, 124
  Short-billed, 124
Duck,
  American Black, 48
  Harlequin, 56
  Labrador, 55
  Mandarin, 302
  Masked, 298
  Mottled, 48
  Ring-necked, 58
  Ruddy, 60
  Spot-billed, 302
  Tufted, 296
  Wood, 50
Dunlin, 132

Eagle,
  Bald, 158
  Golden, 158
  White-tailed, 296
Egret

Cattle, 102
  Great, 102
  Little, 294
  Reddish, 100
  Snowy, 102
Eider,
  Common, 56
  King, 56
Emerald,
  Cuban, 300

Falcon,
  Peregrine, 162
  Prairie, 162
Fieldfare, 296
Finch,
  House, 270
  Purple, 270
Flamingo,
  Greater, 110
Flicker,
  Northern, 190
Flycatcher,
  Acadian, 198
  Alder, 198
  Ash-throated, 198
  Fork-tailed, 300
  Great Crested, 194
  La Sagra's, 300
  Least, 198
  Olive-sided, 196
  Scissor-tailed, 194
  Variegated, 300
  Vermilion, 196
  Willow, 198
  Yellow-bellied, 198
Francolin,
  Black, 302
Frigatebird,
  Lesser, 290
  Magnificent, 78
Fulmar,
  Northern, 76

Gadwall, 48
Gallinule,
  Purple, 64
Gannet,
  Northern, 80
Garganey, 296
Gnatcatcher,
  Blue-gray, 216
Godwit,
  Bar-tailed, 294
  Black-tailed, 294
  Hudsonian, 126
  Marbled, 126
Goldeneye,
  Barrow's, 60
  Common, 60
Golden-Plover,
  Greater, 294
  Lesser, 118
Goldfinch,
  American, 272
  European, 272, 302
Goose,
  Bar-headed, 302
  Barnacle, 44, 296

INDEX DES NOMS AMÉRICAINS

Bean, 296
Canada, 44
Chinese, 302
Egyptian, 302
Graylag, 296
Greater White-fronted, 44
Lesser White-fronted, 296
Pink-footed, 296
Red-breasted, 296
Ross', 42
Snow, 42, 44
Goshawk,
  Northern, 152
Grackle,
  Boat-tailed, 254
  Common, 254
  Great-tailed, 254
Grassquit,
  Black-faced, 300
  Cuban, 300
Grebe,
  Eared, 34
  Horned, 34
  Least, 298
  Pied-billed, 34
  Red-necked, 34
  Western, 34
Greenshank,
  Common, 294
Grosbeak,
  Black-headed, 276
  Blue, 274
  Evening, 272
  Pine, 270
  Rose-breasted, 276
Ground-Dove,
  Common, 180
Grouse,
  Ruffed, 144
  Sharp-tailed, 146
  Spruce, 146
Guillemot,
  Black, 38
Gull,
  Band-tailed, 290
  Black-headed, 88
  Bonaparte's, 88
  California, 86
  Franklin's, 88
  Glaucous, 84
  Great Black-backed, 86
  Herring, 86
  Iceland, 84
  Ivory, 84
  Laughing, 88
  Lesser Black-backed, 86
  Little, 88
  Mew, 290
  Ring-billed, 86
  Ross', 84
  Sabine's, 88
  Thayer's, 86
Gyrfalcon, 162

Harrier
  Northern, 152
Hawk,
  Broad-winged, 156
  Cooper's, 152

Ferruginous, 154
Red-shouldered, 156
Red-tailed, 154
Rough-legged, 156
Sharp-shinned, 152
Short-tailed, 156
Swainson's, 154
Hawk-Owl,
  Northern, 176
Heron,
  Great Blue, 100
  Green, 104
  Little Blue, 100
  Louisiana, 100
Hummingbird,
  Ruby-throated, 186
  Rufous, 186

Ibis,
  Glossy, 108
  Scarlet, 110
  White, 108
  White-faced, 108

Jacana,
  Northern, 298
Jaeger,
  Long-tailed, 82
  Parasitic, 82
  Pomarine, 82
Jay,
  Blue, 208
  Gray, 208
  Scrub, 208
Junco,
  Dark-eyed, 266

Kestrel,
  American, 162
  Eurasian, 296
Killdeer, 120
Kingbird,
  Couch's, 300
  Eastern, 194
  Gray, 194
  Loggerhead, 300
  Tropical, 300
  Western, 194
Kingfisher,
  Belted, 186
Kinglet,
  Golden-crowned, 216
  Ruby-crowned, 216
Kiskadee,
  Great, 300
Kite,
  Black-shouldered, 150
  Mississippi, 150
  Snail, 150
  American Swallow-tailed, 150
Kittiwake,
  Black-legged, 86
Knot,
  Red, 124

Lapwing,
  Northern, 294
  Southern, 302
Lark,

Horned, 200
Limpkin, 108
Longspur,
  Chestnut-collared, 264
  Lapland, 264
  McCown's, 264
  Smith's, 264
Loon,
  Arctic, 32
  Common, 32
  Red-throated, 32
  Yellow-billed, 32
Lovebird,
  Masked, 178

Magpie,
  Black-billed, 208
Mallard, 48
Mannikin,
  Chestnut, 302
  Nutmeg, 302
Martin,
  Cuban, 300
  Gray-breasted, 300
  Purple, 202
  Southern, 300
Meadowlark,
  Eastern, 256
  Western, 256
Merganser,
  Common, 62
  Hooded, 62
  Red-breasted, 62
Merlin, 162
Mockingbird,
  Bahama, 300
  Northern, 218
Moorhen,
  Common, 64
Murre,
  Common, 36
  Thick-billed, 36
Muscovy, 52, 302
Mynah,
  Hill, 302

Night-Heron,
  Black-crowned, 104
  Yellow-crowned, 104
Nighthawk,
  Common, 184
Noddy,
  Black, 98
  Brown, 98
Nuthatch,
  Brown-headed, 212
  Red-breasted, 212
  White-breasted, 212

Oldsquaw, 56
Oriole,
  Black-cowled, 300
  Northern, 258
  Orchard, 258
  Spot-breasted, 258
Osprey, 58
Ovenbird, 246

377

INDEX DES NOMS AMÉRICAINS

Owl,
 Barred, 174
 Boreal, 176
 Burrowing, 176
 Great Gray, 174
 Great Horned, 172
 Long-eared, 172
 Northern, Saw-whet, 176
 Short-eared, 172
 Snowy, 174
Oystercatcher,
 American, 116

Parakeet,
 Black-hooded, 178
 Bloossom-headed, 178
 Canary-winged, 178
 Carolina, 178
 Green, 178
 Hispaniolan, 178
 Monk, 178
 Orange-chinned, 178
 Orange-fronted, 178
 Rose-ringed, 178
Parrot,
 Red-crowned, 178
 Yellow-headed, 178
Partridge,
 Gray, 148
Pelican
 American White, 78
 Brown, 78
Petrel,
 Bermuda, 76
 Black-capped, 76
 Cape, 292
 Herald, 292
 Mottled, 292
Phalarope,
 Red, 136
 Red-necked, 136
 Wilson's, 136
Pheasant,
 Golden, 302
 Ring-necked, 144
Phoebe,
 Eastern, 196
 Say's, 196
Pigeon,
 Scaly-naped, 298
 White-crowned, 180
Pintail,
 Northern, 50
 White-cheeked, 298
Pipit,
 Sprague's, 200
 Water, 200
Plover,
 Black-bellied, 118
 Common Ringed, 120
 Mongolian, 294
 Piping, 120
 Semipalmated, 120
 Snowy, 120
 Wilson's, 120
Pochard,
 Red-crested, 296
Poor-will,
 Common, 184

Prairie-Chicken,
 Greater, 146
 Lesser, 146
Ptarmigan,
 Rock, 148
 Willow, 148
Puffin,
 Atlantic, 38

Quail,
 Scaled, 148
Quail-Dove,
 Blue-headed, 298
 Key-West, 298
 Ruddy, 298

Rail,
 Black, 114
 Clapper, 112
 Gray-necked Wood, 302
 King, 112
 Spotted, 298
 Virginia, 112
 Yellow, 114
Raven,
 Common, 206
 Chihuahuan, 206
Razorbill, 36
Redhead, 58
Redpoll,
 Common, 270
 Hoary, 270
Redshank,
 Spotted, 294
Redstart
 American, 236
Redwing, 296
Roadrunner,
 Greater, 182
Robin,
 American, 220
Ruff, 130

Sanderling, 130
Sandpiper,
 Baird's, 134
 Buff-breasted, 130
 Curlew, 132
 Least, 134
 Pectoral, 130
 Purple, 132
 Semipalmated, 134
 Solitary, 128
 Spotted, 132
 Stilt, 132
 Upland, 130
 Western, 134
 White-rumped, 134
Sapsucker,
 Yellow-bellied, 190
Scaup,
 Greater, 58
 Lesser, 58
Scoter,
 Black, 54
 Surf, 54
 White-winged, 54
Screech-Owl,
 Eastern, 172

Shearwater,
 Audubon's, 74
 Cory's, 74
 Greater, 74
 Little, 292
 Manx, 74
 Sooty, 74
Shelduck, 296
 Ruddy, 296
Shoveler,
 Northern, 52
Shrike,
 Loggerhead, 224
 Northern, 224
Siskin,
 Pine, 272
Skimmer,
 Black, 98
Skua,
 Great, 82
 South Polar, 82
Smew, 296
Snipe,
 Common, 124
 Great, 294
 Jack, 294
Solitaire,
 Townsend's, 218
Sora, 114
Sparrow,
 American Tree, 280
 Bachman's, 282
 Baird's, 286
 Chipping, 280
 Clay-colored, 282
 Eurasian Tree, 262
 Field, 280
 Fox, 284
 Golden-crowned, 278
 Grasshopper, 282
 Harris', 278
 Henslow's, 286
 House, 262
 Java, 302
 Lark, 282
 Le Conte's, 288
 Lincoln's, 284
 Rufous-crowned, 280
 Savannah, 286
 Seaside, 288
 Sharp-tailed, 288
 Song, 284
 Swamp, 280
 Vesper, 284
 White-crowned, 278
 White-throated, 278
Sparrowhawk, 296
Spoonbill,
 Roseate, 110
Starling,
 European, 256
Stilt,
 Black-necked, 116
Stork,
 Wood, 106
Storm-Petrel,
 Band-rumped, 292
 British, 292
 Leach's, 76

INDEX DES NOMS AMÉRICAINS

White-faced, 292
Wilson's, 76
Swallow,
  Bahama, 300
  Bank, 204
  Barn, 202
  Cave, 300
  Cliff, 202
  Northern Rough-winged, 204
  Tree, 204
Swan,
  Black, 302
  Black-necked, 302
  Mute, 42
  Tundra, 42
  Whooper, 296
Swift,
  Antillean Palm, 300
  Chimney, 204
  Gray-rumped, 300
  Vaux's, 204

Tanager,
  Blue-gray, 260
  Scarlet, 260
  Stripe-headed, 300
  Summer, 260
  Western, 260
Teal, 52
  Baikal, 296
  Blue-winged, 52
  Cinnamon, 52
  Green-winged, 52
Tern,
  Arctic, 96
  Black, 98
  Bridled, 98
  Caspian, 94
  Common, 96
  Forster's, 96
  Gull-billed, 94
  Large-billed, 292
  Least, 96
  Roseate, 96
  Royal, 94
  Sandwich, 94
  Sooty, 98
  White-winged, 292
Thrasher,
  Brown, 218
Thrush,
  Gray-cheeked, 222
  Hermit, 222
  Red-legged, 300
  Swainson's, 222
  Varied, 220
  Wood, 222
Titmouse,
  Tufted, 210
Towhee,
  Green-tailed, 276
  Rufous-sided, 276
Tropicbird,
  Red-billed, 190
  White-tailed, 80
Troupial, 302
Turkey,
  Wild, 144

Turnstone,
  Ruddy, 118
Turtle-Dove,
  Ringed, 180

Veery, 222
Vireo,
  Bell's, 228
  Black-capped, 228
  Black-whiskered, 226
  Philadelphia, 226
  Red-eyed, 226
  Solitary, 228
  Thick-billed, 300
  Warbling, 226
  White-eyed, 228
  Yellow-throated, 228
Vulture,
  Black, 160
  King, 160
  Turkey, 160

Warbler,
  Bachman's, 242
  Bay-breasted, 236
  Black-and-white, 232
  Blackburnian, 236
  Blackpoll, 232
  Black-throated Blue, 232
  Black-throated Gray, 232
  Black-throated Green, 230
  Blue-winged, 238
  « Brewster's », 228
  Canada, 234
  Cape May, 236
  Cerulean, 232
  Chestnut-sided, 236
  Connecticut, 244
  Golden-winged, 242
  Hooded, 242
  Kentucky, 244
  Kirtland's, 234
  « Lawrence's », 242
  Magnolia, 234
  Mourning, 244
  Nashville, 244
  Northern Parula, 230
  Orange-crowned, 240
  Palm, 238
  Pine, 238
  Prairie, 238
  Prothonotary, 230
  « Sutton's », 230
  Swainson's, 240
  Tennessee, 240
  Wilson's, 242
  Worm-eating, 240
  Yellow, 238
  Yellow-rumped, 234
  Yellow-throated, 230
Waterbrush,
  Louisiana, 246
  Northern, 246
Waxbill,
  Common, 302
Waxwing,
  Bohemian, 224

  Cedar, 224
Wheatear,
  Northern, 220
Whimbrel, 126, 294
Whip-poor-will, 184
Whistling-Duck,
  Black-bellied, 298
  Fulvous, 48
Wigeon,
  American, 50
  Eurasian, 50
Willet, 128
Woodcock,
  American, 124
  Eurasian, 294
Woodpecker,
  Black-backed, 192
  Downy, 192
  Hairy, 192
  Ivory-billed, 188
  Pileated, 188
  Red-bellied, 190
  Red-cockaded, 190
  Red-headed, 188
  Three-toed, 192
Wood-Pewee,
  Eastern, 196
Woodstar,
  Bahama, 300
Wren,
  Bewick's, 214
  Carolina, 214
  House, 214
  Marsh, 214
  Rock, 214
  Sedge, 214
  Winter, 214
Yellowlegs,
  Greater, 128
  Lesser, 128
Yellowthroat,
  Bahama, 300
  Common, 246

INDEX DES NOMS FRANÇAIS

Aigle
  à tête blanche, 158
  doré, 158,
  royal, 158, 166, C174
Aigle-pêcheur, 158
Aigrette
  bleue, 100, 102, C89
  Grande, 102, C92
  neigeuse, 103, C93
  roussâtre, 100, 102, C91
  tricolore, 100, C90
  garzette, 294
Albatros
  à nez jaune, 290
  à sourcils noirs, 290
Alouette
  cornue, 200, 265, C229
  hausse-col, 200
Amazone
  à joues vertes, 138
  à tête jaune, 178
Anhinga
  d'Amérique, 40, C16
Ani
  à bec cannelé, 182
  à bec lisse, 182, C390
Astrild
  ondulé, 302
Autour
  des palombes, 152, 170, C165
Avocette
  d'Amérique, 116, C115

Balbuzard, 158, 166, C175
Barge
  à queue noire, 294
  hudsonienne, 126, 138, C128
  marbrée, 126, 138, C129
  rousse, 294
Bécasse
  d'Amérique, 124, 140, C124
  des bois, 294
Bécasseau
  à croupion blanc, 134, 142,
  à échasses, 128, 132, 140, C139
  à long bec, 124, 142
  à poitrine cendrée, 130, 140, 142
  à poitrine rousse, 124
  cocorli, 132, 142
  combattant, 130, 142
  d'Alaska, 134, 142, C145
  de Baird, 134, 142, C146
  maritime, 132
  maubèche, 124, 142, C127
  minuscule, 134, 142, C143
  roussâtre, 130, 140
  roux, 124, 142, C126
  sanderling, 134, 142, C136
  semipalmé, 134, 142, C144
  variable, 132, 142, C140
  violet, 132, 142, C141
Bécassine
  des marais, 124, 140, C125
  double, 294
  sourde, 294
Bec-croisé
  à ailes blanches, 268, C353

bifascié, 268
des sapins, 268
rouge, 268, C352
Bec-en-ciseaux
  noir, 98, C87
Bec-scie
  à poitrine rousse, 62, 68, C50
  couronné, 62, 68, C51
  Grand, 62, 68, C49
Bernache
  à cou roux, 296
  cravant, 44, 46, C22
  du Canada, 44, 46, C21
  nonnette, 44, 296
Bihoreau
  à couronne noire, 104, C96
  violacé, 104, C97
Bruant
  à collier gris, 264, C347
  à couronne blanche, 278,
  à couronne dorée, 278
  à couronne fauve, 280
  à face noire, 278, C369
  à gorge blanche, 278, C367
  à joues marron, 282, C374
  à queue aiguë, 288, C386
  à ventre noir, 264, C346
  chanteur, 284, C379
  de Baird, 286, C384
  de Henslow, 283, 286, C385
  de Le Conte, 288, C387
  de Lincoln, 284, C381
  des champs, 280, 285, C371
  des marais, 280, 285, C372
  de Smith, 264, C348
  des neiges, 266, C350
  des pinèdes, 282, C377
  des plaines, 281, 282, C375
  des prés, 286, C382
  familier, 280, 283, C370
  fauve, 284, C378
  hudsonien, 280, C373
  indigo, 274
  lapon, 264, C345
  maritime, 288, C388
  noir et blanc, 262, C344
  sauterelle, 282, 287, C376
  vespéral, 284, C380
Bulbul
  orphée, 216
Busard
  des marais, 152
  Saint-Martin, 152, 164, C166
Buse
  à épaulettes, 156, 164, C170
  à queue courte, 156, 164, 168, C172
  à queue rousse, 154, 164, 168, C167
  de Swainson, 154, 164, 168, C168
  noire, 298
  pattue, 156, 164, 168, C169
  Petite, 156, 164
  rouilleuse, 154, 164
Butor
  d'Amérique, 104, C100
  Petit, 104, C99

Caille
  des blés, 302
Calfat, 302
Calopsitte, 178
Canard
  à bec tacheté, 302
  arlequin, 56, 70, C37
  branchu, 50, 66, C29
  brun, 48, C24
  chipeau, 48, 66, C25
  colvert, 48, 68, C26
  de Barbarie, 52
  des Bahamas, 298
  du Labrador, 55
  huppé, 50
  kakawi, 56, 70, C36
  mandarin, 302
  masqué, 298
  musqué, 52, 302
  noir, 48, 68, C23
  pilet, 50, 66, C27
  roux, 60, 72, C48
  siffleur d'Amérique, 50, 66, C28
  siffleur d'Europe, 50
  souchet, 52, 66, C30
Capucin
  marron, 302
  ponctué, 302
Caracara
  huppé, 160, 168, C178
Cardinal
  à poitrine rose, 276, C365
  à tête noire, 276
  du Brésil, 302
  rouge, 268, C351
Carouge
  à épaulettes, 252, C324
  à tête jaune, 252, C325
  Petit, 300
Chardonneret
  des pins, 272, C361
  élégant, 272, 302
  jaune, 272, C360
Chevalier
  aboyeur, 294
  arlequin, 294
  branlequeue, 132, 142, C142
  gambette, 294
  Grand, 128, 140, C133
  Petit, 128, 140, C134
  semipalmé, 128, 138, C132
  solitaire, 128, 140, C135
Chouette
  cendrée, 174
  des terriers, 176, C193
  de Tengmalm, 176
  épervière, 176, C194
  lapone, 174, C189
  rayée, 174, C187
Colibri
  à gorge rubis, 186, C204
  des Bahamas, 300
  roux, 186
Colin
  de Virginie, 148, C160
  écaillé, 148,
Colombe
  à joues blanches, 298

INDEX DES NOMS FRANÇAIS

à queue noire, 180, C196
à tête bleue, 298
inca, 180
roux-violet, 298
Condor
  royal, 160
Conure
  à front rouge, 178
  de Caroline, 178
  maîtresse, 178
  nanday, 178
  verte, 178
  veuve, 178
Corbeau
  à cou blanc, 206
  Grand, 206, C241
Cormoran
  à aigrettes, 40, C14
  Grand, 40, C15
  olivâtre, 40
Corneille
  d'Amérique, 206, C240
  de rivage, 206, C239
Coulicou
  à bec jaune, 182, C197
  à bec noir, 182, C198
  masqué, 182, C199
Courlan, 108, 113, C103
Courlis
  à long bec, 126, 138, C130
  cendré, 294
  corlieu, 126, 138, 294, C131
  esquimau, 126
Crécerelle
  d'Amérique, 162, 170, C179
Cygne
  à cou noir, 302
  noir, 302
  sauvage, 296
  siffleur, 42, 46, C18
  trompette, 42
  tuberculé, 42, C17

Damier
  du Cap, 292
Dendrocygne
  à ventre noir, 298
  fauve, 48, 68
Diablotin
  des Bermudes, 76
  errant, 76
  hérault, 292
  maculé, 292
Dickcissel, 262, C343
Dindon
  sauvage, 144, C151
Dur-bec
  des pins, 270, C358
  des sapins, 270

Échasse
  d'Amérique, 116, C114
Effraie
  des clochers, 174, C188
Eider
  à duvet, 56, 70, C39
  à tête grise, 56, 70, C38
  remarquable, 56
Élanion
  blanc, 150, 170
Émeraude
  de Ricord, 300
Engoulevent
  bois-pourri, 184, C201
  d'Amérique, 184, C200
  de Caroline, 184, C202
  de Gundlach, 184
  de Nuttall, 184, C203
  minime, 184
Épervier
  brun, 152, 170, C163
  de Cooper, 152, 170, C164
  d'Europe, 296
Étourneau
  sansonnet, 256, C334
Faisan
  de chasse, 144, C153
  doré, 302
Faucon
  crécerelle, 296
  des Prairies, 162, 170
  émerillon, 162, 170, C180
  gerfaut, 162, 170, C182
  pèlerin, 162, 170, C181
Fauvette (s), 230
  parula, 230
Flamant,
  rose, 110
Fou
  à pattes rouges, 290
  brun, 80
  de Bassan, 80, C64
  masqué, 80
Foulque
  à cachet, 298
  d'Amérique, 64, 114, C52
  macroule, 296
Francolin
  noir, 302
Frégate
  Petite, 290
  superbe, 78, C63
Fuligule
  milouinan, 58
  morillon, 58, 296
Fulmar
  boréal, 76, C58

Gallinule
  commune, 64
  violacée, 64, 114, C54,
Garrot
  à oeil d'or, 60, 72, C45,
  arlequin, 56
  commun, 60
  de Barrow, 60, C46
  d'Islande, 60
  Petit, 60, 72, C47
Geai
  à gorge blanche, 208, C243
  bleu, 208, C242
  du Canada, 208, C244
  gris, 208
Géocoucou
  Grand, 182, C199

Gélinotte
  à queue fine, 146, C155
  huppée, 144, C152
Gobe-moucherons
  gris-bleu, 216, C262
Gode, 36
Goéland
  à bec cerclé, 86, 90, C71,
  à manteau noir, 86, 90, C73
  arctique, 84, 90, C69
  argenté, 86, 90, C70
  bourgmestre, 84, 90, C68
  brun, 86
  cendré, 290
  de Californie, 86, 90
  de Thayer, 86, C70,
  marin, 86
  sénateur, 84
  siméon, 290
Goglu, 256, 263, C331
Grand-duc
  d'Amérique, 172, C186
Gravelot
  à collier interrompu, 120, 122, C121
  Grand, 120
Grèbe
  à bec bigarré, 34, C6
  à cou noir, 34, C5
  cornu, 34, C4
  élégant, 34, C8
  esclavon, 34
  jougris, 34, C7
  minime, 298
Grimpereau
  brun, 212, C253
Grive
  à collier, 220
  à dos olive, 220, C270
  à joues grises, 222, C269
  des bois, 222, C273
  fauve, 222, C272
  litorne, 296
  mauvis, 296
  solitaire, 222, C271
Gros-bec
  à poitrine rose, 276
  à tête noire, 276
  des pins, 270
  errant, 272, C359
Grue
  blanche d'Amérique, 106
  du Canada, 106, C102
  cendrée, 294
Guifette
  leucoptère, 292
  noire, 98, C86
Guillemot
  à miroir, 38, C12
  de Brünnich, 36,
  de Troïl, 36
  noir, 38

Harelde, 56
Harfang
  des neiges, 174, C190
Harle (s), 62
  piette, 296

381

INDEX DES NOMS FRANÇAIS

Héron
  bihoreau, 104
  garde-boeufs, 102, C94
  Grand, 100, 102, C88
  vert, 104, C98
Hibou
  des marais, 172, C183,
  moyen-duc, 172, C185
Hirondelle
  à ailes hérissées, 204, C236
  à front blanc, 202, C233
  à front brun, 300
  à poitrine grise, 300
  bicolore, 204, C235
  de cheminée, 202
  de Cuba, 300
  de rivage, 204, C237
  des Bahamas, 300
  des granges, 202, C234
  des sables, 204
  gracieuse, 300
  noire, 202, C232
  pourprée, 202
Huart
  à bec blanc, 32
  à collier, 31, C1
  à gorge rousse, 32, C2
  arctique, 32, C3
Huîtrier
  d'Amérique, 116, C113

Ibis
  à face blanche, 108, C104
  blanc, 108, C105
  falcinelle, 108, C104
  rouge, 110
Inséparable
  masqué, 178

Jacana
  roux, 298
Jaseur
  boréal, 224, C276,
  de Bohème, 224
  des cèdres, 224, C277
Junco
  « à ailes blanches », 266
  « à dos roux », 266
  ardoisé, 266, C349

Labbe
  à longue queue, 82, C67
  antarctique, 82
  Grand, 82
  parasite, 82, C65
  pomarin, 82, C66
Lagopède
  alpin, 148
  des rochers, 148, C158
  des saules, 148, C157

Macareux
  moine, 38, C13
Macreuse
  à ailes blanches, 54, 70, C33
  à bec jaune, 54, 70, C35
  à front blanc, 54, 70, C34
  brune, 54
  noire, 54
Mainate

bronzé, 254
  religieux, 302
  rouilleux, 254
Marmette
  commune, 36
  de Brünnich, 36, C10
  de Troïl, 36, C11
Martinet
  à croupion gris, 300
  de Vaux, 204
  petit-rollé, 300
  ramoneur, 204, C238
Martin-pêcheur
  d'Amérique, 186, C205
Maubèche
  branlequeue, 132
  des champs, 130, 140, C137
Mergule
  nain, 38
Merle
  d'Amérique, 220, C267
  vantard, 300
Merle-bleu
  azuré, 220
  de l'Est, 220, C266
Mésange
  à tête brune, 210, C248
  à tête noire, 210, C246
  bicolore, 210, C249
  minime, 210, C247
Milan
  à queue fourchue, 150, 170, C161
  des marais, 150, 168, C162
  du Mississippi, 150, 170, C162
Moineau
  domestique, 262, C341
  friquet, 262, C342
Moqueur
  chat, 218, C264
  des Bahamas, 300
  polyglotte, 218, C265
  roux, 218, C263
Morillon
  à collier, 58, 72, C42
  à dos blanc, 58, 72, C40
  à tête rouge, 58, 72, C41
  Grand, 58, 72, C44
  Petit, 58, 72, C43
Moucherolle
  à côtés olive, 196, C223
  à ventre jaune, 198, C225
  à ventre roux, 196
  des aulnes, 198, C228
  des saules, 198, C227
  phébi, 196, C222
  tchébec, 196, 198, C226
  vermillon, 196
  vert, 198, C224
Mouette
  à tête noire, 88, 92, C74
  blanche, 84, 92
  de Bonaparte, 88, 92, C76
  de Franklin, 88, 92, C74
  de Sabine, 88, 92, C75
  pygmée, 88, 92
  rieuse, 88, 92
  rosée, 84, 92
  tridactyle, 86, 92, C72

Nette
  rousse, 296
Noddi
  niais, 98
  noir, 98
Nyctale
  boréale, 176, C191
  Petite, 176, C192

Oie
  à bec court, 296
  à front blanc, 44
  à tête barrée, 302
  blanche, 42
  bleue, 44
  cendrée, 296
  cygnoïde, 302
  de Ross, 42
  des moissons, 296
  des neiges, 42, 44, 46, C19
  naine, 296
  rieuse, 44, 46, C20
Oriole
  « à ailes blanches », 258,
  à capuchon, 300
  « de Baltimore », 258,
  des vergers, 258, C335
  du Nord, 258, C336, C337
  maculé, 258, C338
  troupiale, 300
Ortalide
  gris-brun, 302

Paille-en-queue
  Grand, 290
  Petit, 80
Paruline
  à ailes bleues, 238, C306
  à ailes dorées, 242, C314
  azurée, 232, C293
  à calotte noire, 242, 250, C312
  à capuchon, 242, 250, C313
  à collier, 230, 248, C287
  à couronne rousse, 238, 248, C305
  à croupion jaune, 234, 248, C295
  à flancs marron, 236, 248, C299
  à gorge grise, 244, 250, C316
  à gorge jaune, 230, C288
  à gorge orangée, 236, 248, C301
  à joues grises, 244, 250, C315
  à poitrine baie, 236, 248, C300
  à tête cendrée, 234, 248, C294
  bleue à gorge noire, 232, 250, C292
  couronnée, 246, C323
  de Bachman, 242
  « de Brewster », 238
  de Kirtland, 234, C296
  « de Lawrence », 242
  des Bahamas, 300
  des pins, 238, 248, C303
  des prés, 238, 248, C304
  des ruisseaux, 246, C321
  « de Sutton », 230
  de Swainson, 240, C308

INDEX DES NOMS FRANÇAIS

du Canada, 234, 250, C297
du Kentucky, 244, C318
flamboyante, 236, C302
grise à gorge noire, 232
hochequeue, 246, C322
jaune, 238, 248, C307
masquée, 245, 246, 250, C319
noir et blanc, 232, C290
obscure, 240, 250, C310
orangée, 230, 250, C286
polyglotte, 246, C320
rayée, 232, 248, C291
tigrée, 236, 248, C298
triste, 244, 250, C317
verdâtre, 240, 250, C311
vermivore, 240, C309
verte à gorge noire, 230, 248, C289

Passerin
  azuré, 274
  bleu, 274, C362
  indigo, 274, C363
  nonpareil, 274, C364

Pélican
  blanc d'Amérique, 78, C61
  brun, 78, C62

Perdrix
  choukar, 302
  grise, 148, C159

Perruche
  à collier, 178
  à tête rose, 178
  ondulée, 178

Petit-duc
  maculé, 172, C184

Pétrel
  cul-blanc, 76, C60
  de Castro, 292
  frégate, 292
  fulmar, 76
  océanite, 76, C59
  tempête, 292

Phalarope
  à bec étroit, 136
  à bec large, 136
  de Wilson, 128, 136, 140, C148
  hyperboréen, 136, 142, C149
  roux, 136, 142, C150

Pic
  à bec ivoire, 188
  à dos noir, 192, C215
  à dos rayé, 192
  à face blanche, 190, C210
  à tête rouge, 188, C206
  à ventre roux, 190, C209
  chevelu, 192, C213
  flamboyant, 190. C208
  Grand, 188, C207
  maculé, 190, C211
  mineur, 192, C212
  tridactyle, 192, C214

Pie
  bavarde, 208, C245

Pie-grièche
  boréale, 224
  grise, 224, C274
  migratrice, 224, C275

Pigeon
  à cou rouge, 298
  à couronne blanche, 180
  biset, 180

Pingouin
  Grand, 37
  Petit, 36, C9

Pinson(s), 278
  du Nord, 296

Pioui
  de l'Est, 196, C221

Pipit
  commun, 200
  des Prairies, 200, C231
  spioncelle, 200, C230

Plongeons, 32

Pluvier
  à collier, 120
  argenté, 118, 122, C116
  de Mongolie, 294
  de Wilson, 120, 122, C122
  doré d'Amérique, 118, 122, C117
  doré d'Europe, 294
  kildir, 120, 122, C123
  semipalmé, 120, 122, C119
  siffleur, 120, 122, C120

Poule-d'eau, 64, 114, C53

Poule-des-Prairies
  Grande, 146, C156
  Petite, 146

Puffin
  cendré, 74, C55
  d'Audubon, 74
  des Anglais, 74
  fuligineux, 74, C57
  majeur, 74, C56
  obscur, 292

Pygargue
  à queue blanche, 296
  à tête blanche, 158, 166, C173

Quiscale
  bronzé, 254, C329
  de Brewer, 254, C328
  des marais, 254, C330
  Grand, 254, C330
  rouilleux, 254, C327

Râle
  à bec peint, 298
  de Caroline, 114, C110
  de Cayenne, 302
  de genêts, 114, 294
  de Virginie, 112, C107
  élégant, 112, C108
  gris, 112, C109
  jaune, 114, C112
  maculé, 298
  noir, 114, C111

Roitelet
  à couronne dorée, 216, C260
  à couronne rubis, 216, 248, C261

Roselin
  familier, 270, 285, C356
  pourpré, 270, 285, C357

Sarcelle
  à ailes bleues, 52, 66, C31
  à ailes vertes, 52, 66, C32
  cannelle, 52
  d'été, 296
  d'hiver, 52
  élégante, 296

Sitelle
  à poitrine blanche, 212, C250
  à poitrine rousse, 212, C251
  à tête brune, 212, C252

Sizerin
  à tête rouge, 270
  blanchâtre, 270, C355
  flammé, 270, C354

Solitaire
  de Townsend, 218

Spatule
  rosée, 110, C106,

Sporophile
  à ailes blanches, 300
  à face noire, 300
  de Cuba, 300
  petit-coq, 300

Sterne
  à collier, 98
  à gros bec, 292
  arctique, 96, C82
  caspienne, 94, C80
  caugek, 94, C78
  commune, 96
  de Dougall, 96, C85
  de Forster, 96, C84
  fuligineuse, 98
  hansel, 94, C77
  noire, 98
  Petite, 96, C81
  pierregarin, 96, C83
  royale, 94, C79

Sturnelle
  de l'Ouest, 256, C333
  des prés, 256, C332

Sucrier
  à poitrine jaune, 300

Tadorne
  casarca, 296
  de Belon, 296
  d'Egypte, 302

Tangara
  à tête rayée, 300
  à tête rouge, 260
  écarlate, 260, C340
  gris-bleu, 260
  vermillon, 260, C339

Tantale
  d'Amérique, 106, C101

Tétras
  des savanes, 146
  du Canada, 146, C154

Tohi
  à flancs roux, 276, C366
  à queue verte, 276
  aux yeux rouges, 276

Toui
  à ailes jaunes, 178
  à menton d'or, 178

INDEX DES NOMS FRANÇAIS

Tournepierre
  à collier, 118, 122, C118,
  roux, 118
Tourterelle
  à ailes blanches, 180
  à queue carrée, 298
  rieuse, 180
  triste, 180, C195
Traquet
  motteux, 220, C268
Troglodyte
  à bec court, 214, C259
  de Caroline, 214, C257
  de Bewick, 214, C256
  des forêts, 214, C255
  des marais, 214, C258
  des rochers, 214
  familier, 214, C254
  mignon, 214

Tyran
  à gorge cendrée, 194
  à longue queue, 194, C216
  à queue fourchue, 300
  de Couch, 300
  de La Sagra, 300
  de l'Ouest, 194, C218
  gris, 194, C219
  huppé, 194, C220
  kiskidi, 300
  mélancolique, 300
  tacheté, 300
  tête-police, 300
  tritri, 194, C217

Urubu
  à tête rouge, 160, 168, C176
  noir, 160, 168, C177

Vacher
  à tête brune, 252, C326
Vanneau
  huppé, 294
  téro, 302
Viréo
  à gorge jaune, 228, C282
  à gros bec, 300
  à moustaches, 226, C279
  à tête bleue, 228, C285
  à tête noire, 228
  aux yeux blancs, 228, C283
  aux yeux rouges, 226, 300, C278
  de Bell, 228, C284
  de Philadelphie, 226, 250, C281
  mélodieux, 226, C280

en vol

1. HIRONDELLE DES GRANGES
2. HIRONDELLE À FRONT BLANC
3. HIRONDELLE NOIRE
4. MARTINET RAMONNEUR
5. ÉTOURNEAU SANSONNET
6. QUISCALE BRONZÉ
7. CAROUGE À ÉPAULETTES
8. MERLE-BLEU DE L'EST
9. MERLE D'AMÉRIQUE
10. CHARDONNERET JAUNE
11. MOINEAU DOMESTIQUE
12. MARTIN-PÊCHEUR D'AMÉRIQUE
13. GEAI BLEU
14. PIC FLAMBOYANT
15. TOURTERELLE TRISTE
16. STURNELLE DES PRÉS
17. COLIN DE VIRGINIE
18. GÉLINOTTE HUPPÉE
19. FAISAN DE CHASSE
20. ENGOULEVENT D'AMÉRIQUE
21. CORNEILLE D'AMÉRIQUE
22. ÉPERVIER BRUN
23. CRÉCERELLE D'AMÉRIQUE
24. PLUVIER KILDIR
25. BÉCASSINE DES MARAIS
26. BÉCASSE D'AMÉRIQUE